Qualification Methodology for Building Management Manager

# 빌딩관리소장 자격화의 방법론

김일효 · 이춘경 공저

도서출판 상학당

# 머리말

빌딩은 건축물로서 빌딩의 기능과 역할을 통하여 인간의 삶과 생활과 일(업무)의 영위를 지원하는 소중한 재산이다. 또한 빌딩은 빌딩관리 서비스를 통하여 바람직한 빌딩의 소유와 사용 및 이용을 물리적 · 경제적 차원에서 지원하고 있다. 그러므로 빌딩은 인간에게 매우 귀중한 재산이자 삶의 공간이고 생활의 터전이며 일(업무)의 기반이다. 뿐만 아니라 빌딩은 빌딩관리를 통하여 생산한 빌딩관리 서비스를 빌딩 소유자와 사용자 및 이용자에게 소유만족과 사용만족 및 이용만족을 제공하고 있다. 그러므로 빌딩은 빌딩을 기반으로 이루어지는 인간의 삶과 생활과 일(업무)의 기반으로서 인간에게 매우 소중한 물리적 · 경제적 생존수단이라 할 수 있다. 따라서 인간에 대한 빌딩의 기능과 역할, 바람직한 빌딩 소유와 사용 및 이용만족 지원과 인간의 삶과 생활과 일의 동반자의 역할과 기반기능의 보장을 위하여 과학적 관리와 기술적 관리 및 전문적 관리를 체계적으로 수행해야 한다.

빌딩의 과학적 관리와 기술적 관리 및 전문적 관리를 체계적으로 수행하기 위해서는 빌딩관리업무 총괄관리 책임자이자 현장조직의 대표와 경영자의 대리인 빌딩관리소장은 반드시 유능하고 자격있는 빌딩관리 유자격자(有資格者)이어야 하고, 전문가이어야 하며, 전기 · 기계 · 건축 · 방재 등의 기술관리 분야와 행정 · 임대 등 분야 종사자 모두 기술성과 전문성이 확보되어야 한다.

그러나 유감스럽게도 국내 빌딩관리 서비스 시장과 현장에는 유자격 빌딩관리소장의 능력과 자격을 인정해주는 빌딩관리소장 양성 교육제도나 법적 · 제도적 장치가 전무한 상태에 있다. 이와 같은 연고로 빌딩관리 전문업체가 자체 교육훈련을 형식적으로 실시하여 빌딩관리소장을 양성하고 빌딩관리소장으로 활용하고 있으며, 타회사 현장에서 스카웃하여 임기응변식으로 빌딩관리소장으로 기용하고 있는 실정에 있다.

이와 같은 문제점으로 인하여 국내 시설관리 현장의 시설관리 양적 생산성은 미국, 일본 등 선진국의 시설관리 서비스 양적 생산성에 비하여 약 절반 이하 수준의 낮은 생산성을 보이고 있으며, 국내 빌딩사용자의 만족도는 문헌조사 결과 약 70% 이하 수준에 머물고 있어 개선이 시급하게 요구되고 있으며, 이는 빌딩관리 서비스 산업계의 문제로 지적되고 있다. 또한 빌딩관리를 위하여 투입되는 비용 대 서비스 생산구조는 아직도 고비용 저효율 서비스 생산구도를 벗어나지 못하고 있으며, 안전사고가 끝임없이 빌생하여 인적 · 물적 피해가 점증일로에 있는 것으로 추정되고 있다.

이와 같은 국내 빌딩관리 현장과 시장 및 빌딩관리 서비스 산업계의 문제점은 시급하게 개선이 요구받고 있다. 이를 위해서는 빌딩관리소장의 자격화가 매우 중요하고 필요하다. 왜냐하면 빌딩관리소장의 자격과 빌딩 소유와 사용 및 이용만족, 인간의 삶과 생활과 일(업무)의 바람직한 영위 그리고 빌딩의 삶의 터전과 생활공간 및 일(업무)의 기반

기능과 역할 간에는 상호 밀접한 상관관계가 있기 때문이다.

이 책《빌딩관리소장 자격화의 방법론》은 빌딩관리소장의 요구능력과 필요조건 충족을 통하여 빌딩관리소장의 자격을 능동적으로 그리고 적극적으로 변화를 가하여 유능하고 자격있는 빌딩관리소장의 재탄생을 지원할 목적으로 출판되었다. 부족한 책이나마 이 책에서 제시하는 이상적(理想的) 빌딩관리 자격화 모형을 토대로 빌딩관리 전문업체의 자체 교육훈련 과정 또는 공공교육기관의 위탁교육 과정을 통하여 빌딩관리소장으로 하여금 빌딩관리 성공의지를 심리적으로 무장하게 하고, 빌딩종합관리 실무지식의 전문화와 빌딩관리소장 요구능력의 역량화를 도모하며, 빌딩관리소장 개인적 필요조건의 충족화와 빌딩관리소장 인사명령의 공식화 과정을 거쳐 능동적으로 그리고 적극적으로 빌딩관리소장의 자격의 변화를 유도하여 유자격(有資格) 빌딩관리소장의 재탄생을 지원할 목적으로 이 책의 출판을 기획하였다. 이 책을 인연으로 유자격 빌딩관리소장이 다수 양성·배출되는 경우, 마침내 국내 빌딩관리 서비스 산업계에 상존하고 있는 현실적 문제의 개선은 물론 빌딩 소유와 사용 및 이용 만족도가 향상되고 빌딩 기반의 삶과 생활과 일(업무)의 영위가 바람직하게 이루어지게 될 것으로 추정된다.

또한 유능하고 자격있는 빌딩관리소장이 재탄생되는 경우, 빌딩관리 서비스의 생산구조가 고비용·저효율 서비스 생산구조에서 저비용·고효율 서비스 생산구조로 변화될 뿐만 아니라 관리종사자의 빌딩관리 서비스의 양적 생산성이 선진국 수준으로 향상되고, 고객만족에 요구되는 질적 고품질의 서비스가 지속적으로 생산·제공될 수 있을 것으로 판단된다. 뿐만 아니라 유능하고 자격있는 빌딩관리소장이 거듭 태어나는 경우, 국내 빌딩관리 서비스 산업계의 위상이 제고되고 빌딩관리기술이 업그레이드되어 빌딩관리 서비스 산업이 전문업으로서 발전하게 될 것으로 인식된다. 이를 통하여 국내 빌딩관리 서비스 관리시스템과 관리기술이 비약적 발전을 도모하여 불원장래에 건축 선진 외국 빌딩현장에서 K-빌딩관리 서비스 브랜드를 만나 볼 수 있을 것으로 인식된다.

이 책《빌딩관리소장 자격화의 방법론》은 국내 빌딩관리 서비스 산업계 발전의 초석이 될 것으로 예상되는 빌딩종합 관리소장 자격인정 빌딩관리사 국가자격시험 제도 도입의 인연을 만들기 위하여 서둘러 기획되고 출판되었다.

왜냐하면 이 책의 공동저자인 이춘경과 공동으로 수행한 '빌딩관리소장 법정 자격 빌딩관리사의 필요성과 유효성 연구'에서 빌딩관리사의 필요성과 유효성이 통계학적 검증결과를 보고 빌딩관리사 국가자격시험 제도 도입이 국내 빌딩관리소장의 자격화에 크게 기여할 것과 국내 빌딩관리 서비스 산업의 발전에 긍정적으로 작용하여 빌딩관리 서비스 산업의 발전에 초석이 될 것으로 확신하게 되었기 때문이다. 또한 이 책《빌딩관리소장 자격화의 방법론》은 저자가 중동 건축현장 소장직을 수행하고 있던 1980년대에 본의 아니게 소속 회사로부터 갑자기 빌딩관리소장(당시 P산업 사옥관리부장)직을 부여받아 빌딩관리 무경험과 무지 상태에서 빌딩관리소장직을 수행하는 동안 매일같이 크고 작은 빌딩관리 문제와 사건사고를 당하면서 무자격(無資格) 빌딩관리소장의 관리행위는 빌딩소유자와 사용자 및 이용자의 불만(불행)으로 귀결된다는 산 교훈을 온 몸으로 체험한 나머지 빌딩관리소장은 반드시 유능하고 자격있는 유자격자(有資格者)가 담당해야 한다는 확신을 전국의 빌딩관리 전문업체 종사자 여러분과 공유하기 위하여 출판을 결심하게 되었다.

부디 이 책의 출판이 인연이 되어 빌딩관리사 국가자격 시험제도가 도입되어 유능하고 자격있는 유자격 빌딩관리소장의 재탄생을 견인하고, 유자격 빌딩관리소장의 관리 행위는 빌딩관리 현장 이해관계자 고객의 행복(만족)으로 귀결된다는 빌딩관리 현장의 상식을 함께 공유하기 바라며, 이 책의 출판이 인연이 되어 국내 빌딩관리 서비스 산업의 발전과 위상제고 및 전문업 인정에 선한 영향력을 더해 주기를 관계자 여러분에게 진심으로 희망해 본다.

빌딩관리소장 자격화를 희망하는 이 책《빌딩관리소장 자격화의 방법론》은 빌딩관리소장 자격화에 관련한 전체 내용을 5개편 14개장으로 편성하고, 제Ⅰ편에서 빌딩관리소장 기초 개념의 이해편을 두고, 2개의 장을 통하여 빌딩관리소장의 기초 개념인 빌딩 개념과 관리소장 개념을 설명하고 있다. 이어지는 제Ⅱ편에서 3개의 장을 통하여 국내 빌딩관리소장 선발사례와 선발사례 문제점 분석 그리고 빌딩사용자 만족도 실태를 소개하고 있다. 또한 제Ⅲ편은 이 책의 본론 편으로서 빌딩관리소장 자격화 방안의 논의 편을 두고, 4개의 장을 통하여 빌딩관리소장 자격화의 기본 개념과 자격화의 요건, 이상적 빌딩관리소장 자격화의 모형 그리고 자격화 달성방안을 구체적으로 논의하고 있다. 그리고 제Ⅳ편에서는 2개의 장을 통하여 빌딩관리사의 필요성과 유효성 연구내용을 요약 정리하여 소개하고 있으며, 연구결론을 논거로 빌딩관리소장 법정 자격인정(가칭) 빌딩관리사 국가자격 시험제도의 도입을 제안하고 도입방법과 추진절차를 소개하고 있다. 또한 이 책의 마지막 편인 제Ⅴ편에서는 빌딩관리소장 자격화의 필요조건인 빌딩종합관리 실무지식의 전문화 편을 두고 3개의 장을 통하여 빌딩시설관리 실무와 빌딩환경위생관리(미화관리) 실무 및 시설경비 실무내용을 구체적으로 설명하고 있다.

머리말을 정리하면서 이 책의 출판을 음으로 양으로 도와준 몇 분에게 감사를 표하고자 한다. 먼저 어려운 출판 환경 속에서 경제적 고려없이 이 책의 출판을 기꺼히 허락해 준 도서출판 상학당의 남승우 사장님께 먼저 감사를 드리고, 이 책의 출판에 필요한 자료를 처음부터 끝까지 검색하여 제공해 준 제자 양준석 박사에게 감사함을 표한다. 그리고 빌딩관리사의 필요성과 유효성 연구수행을 위하여 실시한 설문조사 과정에서 성의를 다하여 설문조사에 응답해 준 전국 소재 빌딩관리소장 여러분과 빌딩관리 종사자 여러분에게 심심한 감사를 드린다.

끝으로 이 작은 책에 영광이 있다면 이 책의 집필과정에서 어려웠던 고비고비마다 용기와 지혜와 힘을 더하여 주신 하나님께 모두 올려 드린다.

2024년 11월
저자 씀

# 차 례

## ■ 제 I 편 ■ 빌딩관리소장 기초 개념의 이해

### 제1장 빌딩 개념의 이해



### 제2장 관리소장 개념의 이해



## ■ 제 II 편 ■ 빌딩관리소장 선발사례와 빌딩사용자 만족도 실태

### 제3장 국내 빌딩관리소장 선발사례 조사



### 제4장 국내 빌딩관리소장 선발사례 문제점 분석

# 제 I 편 빌딩관리소장 기초 개념의 이해

빌딩은 인간의 삶과 생활과 일(업무)의 기반 시설로서 삶의 보금자리요 생활의 터전으로서 업무수행을 위한 3차원 공간이다. 또한 빌딩은 소유와 사용 및 이용목적으로 기획·설계·시공되어 유지·관리되는 건물을 말한다. 전문적 관리 의무대상 빌딩 관리현장에는 빌딩관리소장을 중심으로 관리 종사자가 1년 365일 하루 24시간 교대근무 관리활동을 통하여 양질의 빌딩관리 서비스를 생산하고, 이를 통하여 빌딩관리현장 이해관계자이자 고객인 빌딩소유자의 소유만족과 빌딩사용자의 사용만족 및 빌딩이용자의 이용만족에 최선을 다하여 이바지하고 있다.

그러나 최근의 연구자료에 따르면 빌딩사용자의 빌딩관리서비스 만족도는 평균 67.02%에 머물고 있어 비교적 낮은 빌딩사용자의 만족도로 인하여 빌딩관리 종사자, 특히 빌딩관리소장의 능력(자격)에 문제가 있는 것으로 추정되고 있다. 왜냐하면 빌딩관리현장의 이해관계자의 만족도는 빌딩관리소장과 관리 종사자들이 생산·제공하는 빌딩관리서비스의 양과 질에 따라 결정되며, 빌딩관리현장 이해관계자의 만족도에 직접 영향을 미치는 빌딩관리서비스의 서비스의 양과 질은 전적으로 빌딩관리소장의 능력(자격)의 영향을 받아 생산 공급되기 때문이다.

이와 같은 관점에서 빌딩 사용자 고객의 만족도를 만족도 지표를 100%로 향상시키기 위해서는 보다 양질의 빌딩관리 서비스를 생산·공급해야 하며, 양질의 빌딩관리서비스의 생산과 공급은 전적으로 빌딩관리소장의 능력(자격)에 의존함으로 빌딩 소유자와 사용자 및 이용자의 만족도 향상에 이바지하기 위해서는 빌딩관리소장의 자격화가 현실적으로 이루어져야 한다.

이 책의 서론격인 제 I 편에서는 2개의 장을 통하여 빌딩관리소장 기초 개념인 빌딩 개념과 관리소장 개념을 구체적으로 설명하고 있다.

| 제1장 | 빌딩 개념의 이해 |
|---|---|
| 제 2 장 | 관리소장 개념의 이해 |

## 제1절 빌딩 개념의 의의와 빌딩의 중요성

### 1. 빌딩 개념의 의의

빌딩(건물)은 인간이 세상에 태어나 일생동안 살면서 영위하는 삶과 생활과 일(업무)의 영위를 위한 기반 시설이자 터전이고 소중한 자산이다. 또한 빌딩은 소유 목적과 사용수익 목적 및 이용 목적을 위하여 인간의 자본과 기술과 노동력의 결합에 의하여 인간이 만든 물건으로서 문명의 이기이며 미술과 수학과 건축공학 등이 결합하여 탄생시킨 종합예술작품이다.

그러므로 삶과 생활과 일(업무)의 영위를 지원하기 위한 빌딩의 기반과 터전 및 자산기능과 역할, 그리고 소유 목적과 사용수익 목적 및 이용 목적의 효과적 달성을 위해서는 전문적 관리가 필요하다.

특히 1980년대부터 건축되기 시작한 현대 빌딩 대부분의 경우 일정한 층수와 연면적을 가진 전문적 관리대상 빌딩이므로 전문적 관리가 특별히 요구되고 있다. 왜냐하면 전문적 관리대상 빌딩의 경우 일반적 관리대상 빌딩에 비하여 비교적 첨단설비가 장착되어 있고, 전기 안전사고 · 화재 위험 등이 잠재되어 있으며, 사용자나 이용자가 많아 여러 가지 주의를 요하는 관리 부분이 많기 때문이다. 그러므로 전문적 관리의무 대상 빌딩의 관리는 빌딩관리 전문가(유자격 빌딩관리소장과 기술 인력)에 의하여 전문적으로 관리해야 한다. 따라서 빌딩관리자 특히 빌딩관리 책임자인 빌딩관리소장의 자격화가 매우 필요하고 중요하다.

빌딩관리자 특히 빌딩관리소장은 빌딩소유자와 사용자 및 이용자의 만족을 지원하기 위해서는 먼저 양질의 빌딩관리 서비스를 빌딩관리 최유효 관리법에 따라 가장 경제적 방법으로, 가장 안전하게, 가장 효율적으로, 가장 적합하게, 가장 효과적으로 생산하고 적절하게 제공해야 한다. 이를 위해서는 관리대상 빌딩 개념에 대하여 자세하고 폭넓게 이해할 필요가 있다. 왜냐하면 고객의 만족에 이바지 하는 양질의 빌딩관리 서비스는 빌딩관리의 대상이자 목적물인 빌딩을 대상으로 수행하는 관리활동을 통하여 생산되고 제공되기 때문이다.

빌딩 개념을 포괄하고 있는 건물의 사전적 의미는 사람이 들어 살거나 물건을 보관하기 위하여 지은 집을 통칭하여 건물이라 한다. 우리나라에서는 건물을 건축법에 따라 건축물이라 호칭하고, 이를 줄여서 건물이라 부르기도 하며, 시설 또는 빌딩으로도 호칭하고 있다(이 책에서는 빌딩 개념에 해당하는 용어로 건물, 건축물, 시설 등으로 혼재하여 사용하고 있음).

빌딩의 의미는 학문적으로 일반화된 개념은 아니나 비주거용 건물로서 중앙집중식 냉난방 방식을 채택하고 있거나 승강기 설비를 장착하고 있는 업무용 건물이나 상업용 건물, 문교사회용 건물과 공업용 건물, 기타 정부나 지방자치단체 청사 건물로서 일정한 층수와 연면적을 가지고 있는 철근 콘크리트 구조(철골조 구조 포함)의 건물을 일반적으로 빌딩으로 호칭하고 있다. 따라서 이 책에서 논의하는 빌딩관리소장의 자격화를 통하여 전문적 관리를 요하는 빌딩의 개념은 일반적 빌딩 개념이 아닌 전문적 관리대상 빌딩을 지칭하고 있음을 유의해 주기 바란다.

동서양 건축문화의 차이로 빌딩의 용어 개념은 다소 차이를 보이고 있다. 미국이나 영국 등 서양에서는 완성된 모든 건축물을 통칭하여 빌딩(Building)이라 호칭하고 있으나 우리나라에서는 29개 용도의 건축물 중 10층 이상이거나 3,300제곱미터(약 1천평) 이상의 연건평을 가진 철근 콘크리트 구조의 건물을 일반적으로 빌딩으로 호칭하고 있다.

빌딩개념을 보다 구체적으로 정의하는 의도와 목적은 이 책의 주제인 빌딩관리소장의 능력과 자격을 요구하는 전문적 관리 의무대상 빌딩[철근 콘크리트(철골조 포함) 구조의 빌딩으로서 중앙집중식 냉난방 방식을 채택하고 소방 설비와 승강기 설비를 갖춘 10층 이상이거나 3,300제곱미터 이상(연면적 1천평 이상의 빌딩)의 연면적을 가진 비주거용 빌딩으로서 전문적 관리를 요하는 빌딩]의 범주를 한정하기 위함에 있다.

1960년대 빌딩은 규모가 크지 아니하고 층수가 5층 전후로서 관리자의 자격이나 고도의 기술을 요하지 않은 관리자의 경험과 상식기반의 일반관리기술 만으로도 빌딩의 기능과 역할을 할 수 있도록 유지관리 하였으나, 현대빌딩의 경우 규모의 대형화와 용도의 다양화, 층수의 고층화와 설비의 첨단화, 화재 위험의 잠재성 등 매우 다양한 특성을 가지고 있어 종래의 관리 종사자의 경험과 상식 및 직관에 의하여 관리가 가능하였던 저층 주거용 건물의 일반관리에 비해 고도의 빌딩관리 전문가(빌딩관리 유자격자)에 의한 전문적 관리(기술적 관리와 과학적 관리 및 체계적 관리)가 요구되고 있는 빌딩을 특정하기 위함에 있다.

또한 빌딩의 용도 중 상업용 빌딩의 경우에는 빌딩의 유지관리를 통한 빌딩의 사용가치의 유지 및 향상 외에 수익가치의 향상과 교환가치 극대화(양도수익 최대화) 등이 빌딩관리 측면에서 특별하게 자산관리가 요구되고 있어 FM(Facility Management)측면에서 종래의 전통적인 빌딩의 물리적 유지관리 외에 경제적 수익 관리가 매우 중요하기 때문에 고도의 PM(Property Management)과 FM(Facility Management) 전문지식과 경험을 가진 유능한 빌딩관리소장이 시대적으로 필요하게 되었다. 왜냐하면 빌딩의 물리적 상태의 정상적 보존과 기능의 장기화, 그리고 수익성의 유지와 향상 및 최대화가 함께 요구되기 때문이다. 따라서 오늘날의 빌딩관리소장은 FM 측면과 PM측면의 자격화가 동시에 요구되고 있다.

## 2. 빌딩의 중요성

빌딩은 삶의 터전이요 생활의 공간이며, 업무(일) 수행에 필요한 기반시설로서 빌딩의 기능과 역할을 통하여 바람직한 인간의 삶과 생활과 일의 영위를 지원하고 있다.

빌딩은 인간의 소유 목적과 사용 목적 및 이용 목적에 따라 사람의 손에 의하여 만들어 진 내구성 물건이기는 하나 현대와 같은 컴퓨터 중심의 지식정보사회에 있어서는 농업사회나 산업사회 건물의 기능 및 역할과 다르게 컴퓨터를 중심으로 세상을 움직이는 3차원 공간으로서 빌딩의 특별한 기능과 역할을 통하여 인간의 빌딩의 소유 목적과 사용 목적 및 이용 목적의 효율적 달성에 이바지함으로서 현대 문명사회 건설에 공헌하고 있다. 그러므로 빌딩은 인간에게 매우 소중하고 중요한 존재이다.

또한 빌딩은 일반기능과 역할을 통하여 인간의 삶과 생활과 일(업무)의 영위를 결정적으로 지원하고 있다. 그러므로 빌딩은 매우 인간에게 매우 중요한 자산이라 할 수 있다.

# 제2절 빌딩의 종류

빌딩의 종류를 일정한 기준에 따라 다음과 같이 분류할 수 있다. 빌딩 종류의 분류 목적은 빌딩의 규모나 층수에 따라 설비의 종류와 용도가 다를 수 있음은 물론, 기능이 다양하고 위험의 종류 또한 매우 복잡하기 때문에 이를 관리할 빌딩관리소장의 요구능력과 필요조건을 개발하여 자격화 함으로써 적절하게 대응하기 위함에 있다(참고로 건축법 시행령에 의한 건축물의 용도는 29개 용도로 분류하고 있다).

## 1. 국토부 통계연감에 의한 빌딩(건축물)종류의 분류

### 1) 주거용 빌딩

주거목적의 용도를 가진 건축물을 말하며 단독주택, 다중주택, 다가구 주택, 공관 등의 단독주택과 아파트, 연립주택, 다세대주택, 기숙사 등의 공동주택이 이 범주에 해당된다.

### 2) 상업용 빌딩

백화점, 쇼핑센터, 오피스빌딩, 상점, 오피스텔, 주차장, 호텔 등과 같이 수익의 목적물로서 거래와 경제활동을 통하여 수익을 창출하는 수익성 건축물을 말한다.

### 3) 공업용 빌딩

원자재를 활용하여 완재품을 생산하는 생산공장, 저장, 유통목적의 건축물을 말한다. 이 범주에는 중공업 공장이나 경공업 공장, 물류창고, 유통시설, 산업단지 등이 있다.

### 4) 문교사회용 빌딩

교육, 훈련, 강의, 연구, 의료, 요양 등을 목적으로 하는 건축물로서 이에는 학교, 연구소, 요양원, 병원 등이 있다.

### 5) 기타 용도 빌딩

기타 용도의 빌딩에는 주거용 빌딩, 상업용 빌딩, 공업용 빌딩, 문교사회용 빌딩을 제외한 빌딩으로서 공공청사, 농업 또는 수산업 또는 임업용도 빌딩 등을 말한다.

## 2. 층수기준에 의한 빌딩의 분류

건물의 층수를 기준으로 빌딩의 종류를 분류하면 다음과 같이 분류할 수 있다.

### 1) 저층 빌딩

9층 이하의 빌딩을 말한다.

### 2) 중층 빌딩

10층 이상 29층까지의 빌딩을 말한다.

### 3) 고층 빌딩

30층 이상이거나 높이가 120미터 이상인 빌딩을 말한다(건축법 제1조 제1항의 19).

### 4) 초고층 빌딩

50층 이상의 건축물 또는 200미터 이상의 빌딩을 말한다(초고층 및 지하 연계 복합건축물 재난 관리에 관한 특별법).

### 5) 메가 톨 빌딩

100층 이상의 빌딩을 말한다(참고로 건축학계 일부에서 주장하는 빌딩 층수 분류법임).

## 3. 건축설비 첨단수준 기준 빌딩의 분류

빌딩에 장착하고 있는 건축설비의 기능과 성능의 첨단성 여부에 따라 다음과 같이 분류할 수 있다.

### 1) 일반 빌딩(General Buildings)

빌딩을 사용하는데 필요한 최소한의 일반기능만을 보장하는 제한적 기능 설비만을 장착한 빌딩을 말한다.

### 2) 자동화 빌딩(UBS Buildings)

일반기능 외에 설치한 주요 설비에 자동조절 또는 제어가 이루어지는 빌딩을 말한다.

### 3) 첨단 빌딩(IBS Buildings)

최첨단 설비 및 시설로 준공된 빌딩을 말한다. IBS빌딩 또는 최첨단빌딩으로 호칭하고 있다.

## 4. 연면적 기준 빌딩의 분류

### 1) 소형 빌딩

연면적 1,000평 미만의 빌딩을 말한다.

### 2) 중형 빌딩

연면적 1,000평 이상 10,000평 미만의 빌딩을 말한다.

### 3) 중대형 빌딩

연건평 10,000평 이상 30,000평 미만 빌딩을 말한다.

### 4) 대형 빌딩

연면적 30,000평이상 100,000평 미만의 빌딩을 말한다.

### 5) 초대형 빌딩

연면적 100,000평 이상의 빌딩을 말한다.

## 5. 수익성 기준에 의한 빌딩의 분류

수익성을 기준으로 빌딩의 종류를 분류하면 다음과 같이 분류할 수 있다.

### 1) 수익성 빌딩

빌딩을 이용함으로서 수익이 발생할 수 있는 빌딩을 말한다. 이에는 백화점, 숙박시설, 판매시설, 업무용 사무실, 오피스텔 등이 이에 해당한다.

### 2) 비수익성 빌딩

빌딩을 이용하드라도 수익이 발생하지 아니하는 빌딩을 말한다. 대표적 비수익성 빌딩에는 종교용도 빌딩과 주거용도 빌딩 등이 이 범주에 해당된다. 다만 비수익성 주거 목적이라 할지라도 타인이 사용하는 경우 수익이 발생하는 임대용 주거용 빌딩은 수익성 빌딩 성격으로 전환될 수 있음도 유의할 필요가 있다.

### 3) 수익성과 비수익성 복합용도 빌딩

빌딩 중 일부는 판매시설 용도의 수익성 빌딩 성격을 가지고 있으나, 나머지 일부는 주거 용도의 빌딩 성격을 가진 빌딩을 말한다. 대표적 사례로는 주상복합 빌딩이 이에 해당된다.

## 6. 빌딩 구조에 의한 빌딩의 분류

### 1) 철골 구조 빌딩

빌딩의 구조(뼈대나 골격)가 철골 구조로 건축된 빌딩을 말한다.

### 2) 철근 콘크리트 구조 빌딩

빌딩의 구조(뼈대나 골격)가 철근 콘크리트 구조로 건축된 빌딩을 말한다.

### 3) 목 구조 빌딩

빌딩의 구조(뼈대나 골격)가 나무로 건축된 빌딩을 말한다.

### 4) 벽돌구조 빌딩

빌딩의 구조(뼈대나 골격)가 벽돌로 건축된 빌딩을 말한다.

## 7. 빌딩관리 관계법령 강제 적용여부 기준 빌딩종류의 분류

### 1) 전문적 관리대상 빌딩

철근콘크리트(철골조 포함) 구조의 빌딩으로서 중앙집중식 냉난방 방식을 채택하고 소방설비와 승강기 설비를 갖춘 10층 이상이거나 3,300제곱미터 이상(연면적 1천평 이상의 빌딩)의 연면적을 가진 비주거용 빌딩으로서 자격을 갖춘 빌딩관리소장과 빌딩관리 관계법령에서 요구하는 기술인력에 의하여 전문적 관리를 요하는 빌딩을 말한다.

### 2) 일반적 관리대상 빌딩

9층 이하이거나 연건평 1,000평 미만의 빌딩으로서 승강기와 소방설비기가 설치되어 있으나 개별 냉난방 방식을 채택하고 있는 주거용 빌딩 또는 비주거용 빌딩으로서 일반적 관리기법으로 관리가 가능한 빌딩을 말한다.

## 제3절 빌딩의 복합 개념과 복합적 성격(복합성)

### 1. 빌딩의 복합 개념

빌딩은 물건으로서 유체물이긴 하나 다른 종류의 물건과 같이 물건에만 존재하는 물리적 개념만 존재하는 것이 아니라 다양한 성격의 복합적 개념과 복합성을 가지고 있다. 왜냐하면 빌딩은 인간의 자본과 기술과 노동력의 결합에 의하여 생산된 물건으로서 건축허가와 건축사용승인 가(준공 필) 등의 행정적 절차를 거쳐 완공되었고, 완공 즉시 취득에 의한 소유권 등기를 해야 하며, 건축법과 건축물관리법 및 소방관계법 등에 의하여 법적으로 유지관리를 해야 하기 때문이다.

또한 자연환경과 건축환경 등 환경에 의하여 직접 영향을 받을 뿐만 아니라 안전을 절대적으로 고려하여 설계해야 하고 시공하여야 하며, 유지 · 관리해야 하는 관계로 빌딩에는 물리적 개념 외에 경제적 개념, 행정적 개념, 법률적 개념, 환경적 개념 그리고 안전적 개념 등이 함께 병존하고 있기 때문이다. 따라서 빌딩을 이해할 때 건축물(빌딩)은 건축대지, 건축시설(건축물), 건축설비, 기타 부대시설 등으로 구성되어 있음으로 물리적 개념만으로 빌딩을 이해하게 되면 빌딩에 대한 정확한 이해라 할 수 없다. 그러므로 빌딩은 물리적 물건(부동산의 일종)으로만 인식해서는 안되며, 물리적 개념을 중심으로 건축물의 경제적 개념, 행정적 개념, 법률적 개념, 환경적 개념 안전적 개념 등의 복합적 개념으로 이해해야 한다.

다시 말하면 빌딩은 자본, 기술, 노동력의 결합에 의하여 생산된 건설물이며 경제적 목적으로 기획, 설계, 시공, 유지관리 및 철거되는 상품이고 재산이기 때문이다. 뿐만 아니라 빌딩은 소유권의 목적물이고 건축물 관계법령에 의하여 건축이 허가되고 사용승인가(준공필) 되었으며, 유지관리 관계법령에 따라 유지 · 관리되고 있기 때문이다. 건축물은 행정기관에 의하여 허가되고 준공되었으며 건축물대장, 지적공부 등 건축물 일생동안 행정적으로 영향을 받을 뿐만 아니라 시·군·구 또는 도·특별시 및 광역시 등 지방자치 단체장의 행정력이 작용하고 있기 때문이다.

또한 건축물은 안전성을 충분히 고려하여 설계되고 시공되었으며, 유지·관리되고 있는 등 6종류의 복합적 개념을 가지고 있기 때문이다. 뿐만 아니라 건축물은 자연환경의 영향을 크게 받고 있으며, 건축환경에 의하여 건축물의 사용가치가 결정되기 때문이다. 그러므로 건축물에는 단순한 물리적 개념 외에 건축물의 경제적 개념, 행정적 개념, 법률적 개념, 환경적 개념 그리고 안전적 개념 등 6종류의 개념이 복합적으로 존재하고 있으며 이로 인하여 6개 종류의 복합성이 존재하고 있다. 따라서 빌딩(건축물)을 효율적으로 유지·관리하기 위해서는 빌딩의 복합적 개념을 이해하고 있어야 한다. 빌딩의 복합개념을 구체적으로 설명하면 다음과 같다.

### 1) 빌딩의 물리적 개념

빌딩은 건축대지, 건축시설(건축물), 건축설비, 기타 부대시설 등의 결합체로서 사람에 의해 생산된 물건이다. 그러므로 빌딩은 물건의 성질과 함께 물질로서 물리적 개념이 압도적으로 존재하고 있다.

### 2) 빌딩의 경제적 개념

빌딩은 자본과 기술과 노동력의 결합에 의하여 건축된 자산이자 상품의 일종이다. 뿐만 아니라 빌딩은 사용과 수익 및 처분의 목적(경제적 목적)에 의하여 건축되고 취득하여 유지되며, 철거되는 물건으로서 수입과 지출 및 수지차 개념이 건축물 일생동안 접목되는 거래의 목적물이다. 또한 건축물은 사용가치와 수익가치 및 처분가치인 경제적 가치를 가지고 있는 상품이기 때문에 빌딩에는 경제적 개념이 존재하고 있다.

### 3) 빌딩의 법률적 개념

빌딩은 완공 즉시 물권의 일종인 소유권의 목적물이 된다. 왜냐하면 부동산등기법에 따라 완공 즉시 소유권 등기에 의하여 원시 취득되며, 매매의 경우에는 소유권 이전등기에 의하여 건축물의 소유권이 승계 취득된다. 따라서 건축물은 법률적 개념이 존재하고 있다. 뿐만 아니라 건축물은 건축법과 주차장 법, 건축물관리법 등 건축물종합관리 관계법령에 의하여 유지되고 관리되고 있으며, 건축물종합관리 관계법령의 적용을 일생동안 받고 있어 건축물에는 법률적 개념이 존재하고 있다.

### 4) 빌딩의 행정적 개념

빌딩은 건축행정 처분에 의하여 허가되고 준공되었으며, 건축공부(지적 공부)에 의하여 건축물의 생애기간 동안 유지 · 관리되고 있다. 또한 행정절차에 따라 완성된 건물을 사용할 수 있고 용도에 따라 사용 수익할 수 있다.

또한 멸실신고에 의하여 멸실되고 철거되며 재건축된다. 따라서 건축물에는 행정적 개념이 존재하고 있다.

### 5) 건축물의 안전적 개념

빌딩은 안전을 충분히 고려하여 건축구조가 설계되고 시공되었을 뿐만 아니라 안전성 확보를 전제로 사용하고 수익하는 물건이므로 안전을 최우선으로 고려하여 유지 · 관리하고 있다.

따라서 빌딩에는 안전적 개념이 존재하고 있다.

### 6) 빌딩의 환경적 개념

빌딩은 건축되는 인근지역의 바람의 방향, 햇빛, 온도, 지형, 지역 풍광 등 자연환경을 고려하여 설계되었으며, 이를 고려하여 유지 · 관리되고 있다. 왜냐하면 빌딩은 인근 지역의 자연환경의 영향을 절대적으로 받고 있어 자연환경을 충분히 고려하여 건축되고 유지 · 관리해야하기 때문이다. 또한 빌딩은 자연환경 요소인 온도와 습도, 눈과 비, 바람, 일조, 지형의 조건에 부합할 때 비로소 존재할 수 있기 때문이다. 뿐만 아니라 빌딩은 인공적 환경인 건축 환경(열 환경, 빛 환경, 음 환경)의 절대적 영향을 받고 있기 때문에 빌딩에는 환경적 개념이 존재하고 있다.

## 2. 빌딩의 복합적 성격(복합성)

빌딩은 앞에서 논의한 바와 같이 6종류의 복합적 개념의 존재로 인하여 빌딩에는 눈에 보이는 물리적 성격(물리성) 과 눈에 보이지 않으나 관념적으로 존재하는 경제적 성격(경제성), 법률적 성격(법률성), 행정적 성격(행정성), 환경적 성격(환경성) 그리고 안전적 성격(안전성) 등 6종류의 복합적 성격(복합성)이 존재하고 있다. 따라서 빌딩의 유지관리 대상에는 빌딩의 물리성, 경제성, 법률성, 행정성, 환경성, 안전성 등 6종류의 유지관리의 대상이 되는 업무가 존재하고 있다.

종래의 전통적 국내 건축물종합관리 현장에서 일반적으로 인식하고 있는 건축물

유지관리 대상에는 오로지 유체물로 인식되는 물리적 유지관리 대상(건축대지, 건축시설(건축물), 건축설비, 기타 부대시설(주차장, 조경시설물 등) 만을 유지관리의 대상으로 설정한다. 또한 물리적 유지관리업무 중심으로 건축물종합관리 활동을 수행해 왔으나, 저자가 그간에 건축물종합관리에 대한 연구결과 빌딩에는 6종류의 복합적 개념의 존재와 함께 이로 인한 6종류의 복합적 성격(복합성)이 존재하고 있어 이에 해당하는 6종류의 복합성 해당 업무가 존재하고 있음을 확인하였다.

따라서 빌딩(건축물)의 소유자와 관리자는 해당 빌딩을 유지관리업무를 수행함에 있어서 시설관리와 환경미화관리 그리고 시설경비관리 등 건축물 유지관리 3분야(시설관리/환경미화/시설경비)에 각각 존재하는 6개 영역의 복합적 성격(복합성)에 따라 존재하는 6개 영역의 복합성 해당 업무를 대상으로 빌딩종합관리 활동을 수행해야 한다.

다만, 이 책에서는 시설관리 분야는 6개의 영역의 6종류의 유지관리 업무에 대하여 빌딩시설관리 6개 영역 설명법으로 설명하고 있으나 시설경비 분야와 환경미화 분야는 서비스 3단계 설명법을 통하여 해당 이론과 실무를 소개하고 있다. 빌딩(건축물)의 복합적 성격(복합성)의 내용을 간략하게 살펴보면 다음과 같다.

### 1) 빌딩의 물리성

빌딩(건축물)은 인간의 손에 의하여 생산된 물건의 일종이므로 자연스럽게 물리성(물질성)을 가지고 있다. 따라서 빌딩(건축물)은 물건이고 물질이므로 물질의 자연 이치에 따라 만들어 진 물건(물질)은 일정기간 동안 머물다가 시간의 경과에 따라 기능과 성능이 점차 떨어지거나 고장이나 마모 또는 파손되어 마침내 분해가 되거나 멸실상태에 이르게 되며 마침내 자연으로 회귀하게 되어 다른 물질의 원소로 돌아가게 된다. 그러므로 빌딩(건축물)은 물건으로서 물리성과 물질성을 가지고 있으며 이에 해당 관리 업무가 존재하고 있다.

예컨대 건축물 영선, 건축설비관리, 원상 복구, 개량, 교체, 보강 등의 관리 업무가 이에 해당된다.

### 2) 빌딩의 경제성

빌딩은 소비재인 동시에 경제재이다. 빌딩은 사용목적과 수익 목적 및 처분 목적 등 인간의 경제적 목적에 따라 자본과 기술 및 노동력의 결합에 의하여 생산되어 유통하거나 거래의 객체가 되는 상품인 동시에 재산이자 자산의 성질을 가지고 있다. 그러므로 빌딩은 경제적 산물로서 경제성의 성격을 가지고 있으며, 이로 인하여 경제성 유지관리 대상인 업무가 존재하고 있다.

### 3) 빌딩의 행정성

빌딩은 건축허가에 의하여 건축되고, 멸실신고에 의하여 철거되며 건축물대장, 지적도, 국토이용 및 계획 확인원 등 지적공부(행정공부)에 의하여 관리된다. 따라서 건축물은 지방자치 단체 행정의 산물로서 행정에 의하여 건축되고 유지 · 관리된다. 그러므로 빌딩에는 행정성의 성격이 존재하고 있으며, 이에 해당하는 행정성 업무에 대하여 유지 · 관리해야 한다.

### 4) 빌딩의 법률성

빌딩을 신축하게 되면 보존 등기에 의하여 원시취득 되고, 물권의 하나인 소유권의 목적물이 된다. 뿐만 아니라 빌딩(건축물)은 건축법, 시설물의 안전관리에 관한 특별법, 전기사업법 등 관계법령에 의하여 허가되고 시공되었으며 유지 · 관리되고 있다. 따라서 건축물은 법률적 성격(법률성)을 가지고 있으며, 이에 해당하는 법률성 업무가 존재하고 있으므로 이에 대하여 유지 · 관리해야 한다.

### 5) 빌딩의 안전성

빌딩은 안전을 충분히 고려하여 건축구조가 설계되고 시공되었으며 안전성 확보를 전제로 완공되었다. 또한 빌딩(건축물)은 인간을 위하여 건축된 생산물이므로 생활안전과 작업안전을 유지하기 위한 안전기술이 접목된 건축물이다. 따라서 빌딩(건축물)에는 안전성의 성격(안전성)이 존재하고 있다. 따라서 빌딩종합관리 대상에는 안전성 업무가 존재하고 있으므로 이에 대하여 유지 · 관리해야 한다.

### 6) 빌딩의 환경성

빌딩은 그 지역의 토질, 지형, 비와 눈, 바람, 일조, 예상되는 자연재해 등 자연환경을 충분히 고려하고 반영하여 설계하고 시공한 건축물이므로 건축물에는 환경적 성격(환경성)이 성격이 존재하고 있다. 그러므로 건축물에 유지관리 대상에는 환경성 업무가 존재하고 있으므로 이에 대해서도 유지 · 관리해야 한다.

이상에서 설명한 빌딩의 복합 개념과 복합적 성격(복합성)을 그림으로 정리하면 [그림 1]과 같다.

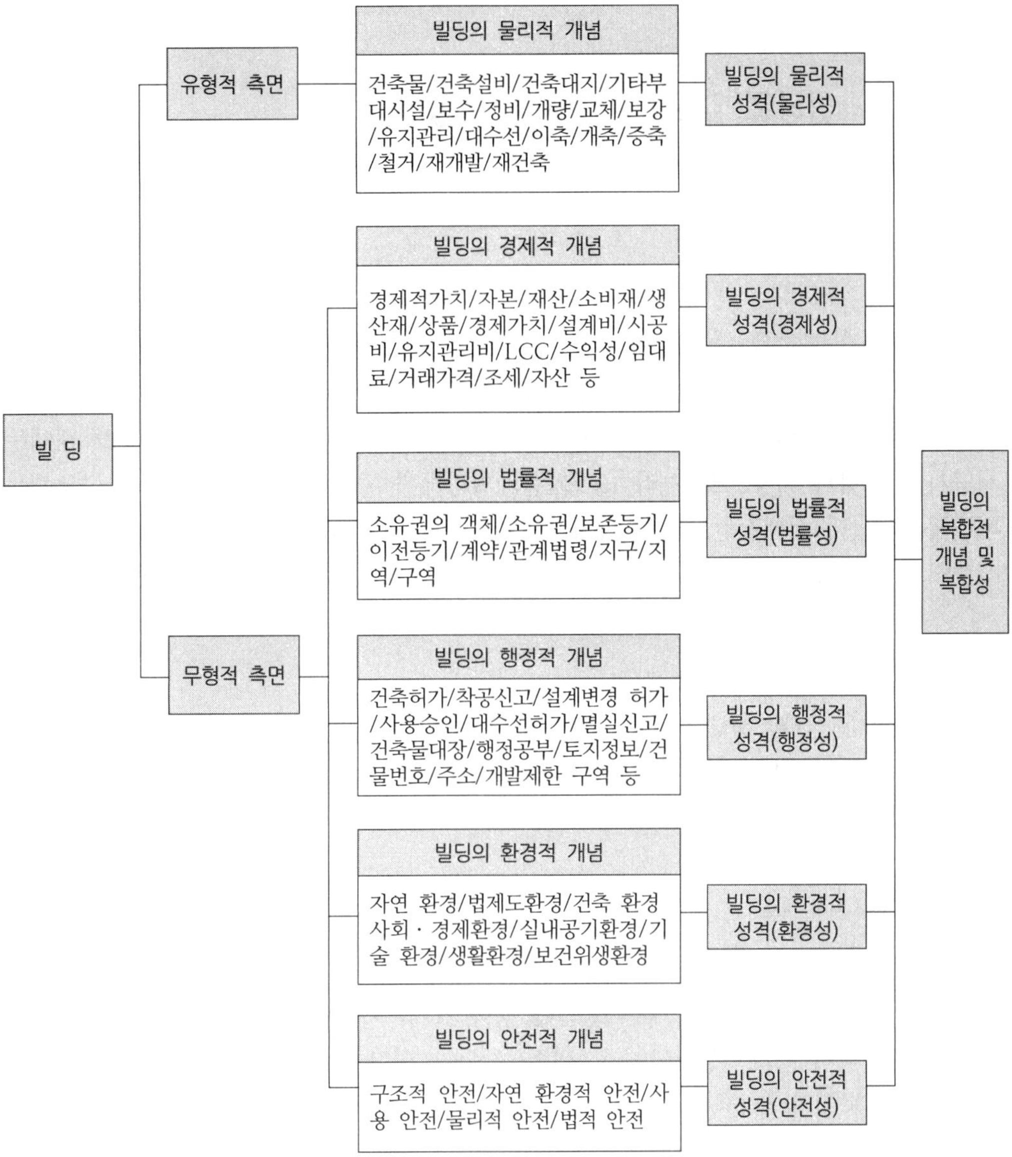


(자료출처 : 김일효(2014), 건물자산관리학원론, 상학당, p.158. 인용 및 재구성)

[그림 1] 빌딩의 복합개념과 복합적 성격(복합성) 개념도

# 제4절 빌딩의 주요 구조체와 구성부분

## 1. 빌딩의 주요 구조체

건축물의 각 부분을 나누어 구분할 때 구조상으로 중요한 부분을 말하며, 바닥 · 기둥 · 벽(내력벽) · 보 · 지붕 · 주 계단을 말한다. 구조체를 일반적으로 골조 또는 뼈대라 부르며 구조체의 하자 보수는 원칙적으로 건축물 시공사가 10년 하자기간 내에는 시공사의 책임과 비용으로 처리하도록 관계법령에서 규정하고 있다. 건축물 구조체는 뼈대와 외피 및 실내공간으로 구성되어 있다. 구조체를 구성하고 있는 요소에 대하여 설명하면 다음과 같다.

### 1) 벽(Wall)

벽이라 함은 건물 상층의 벽, 지붕, 바닥 등의 연직하중과 건물에 가해지는 풍압력, 지진력 등의 횡력인 수평하중을 받는 주요 벽체를 말한다. 주 벽체를 보강하는 벽체의 형태에 따라서 벽체의 종류는 내력벽, 대린 벽, 부축 벽 등으로 분류된다.

### 2) 기둥(Column)

기둥이란 지붕, 바닥 판 등의 상부의 하중을 받아서 토대 및 기초에 전달하고 벽체의 골격을 이루는 수직 구조재를 말한다. 기둥의 종류에는 본 기둥과 샛기둥이 있고, 본기둥에는 다시 통재기둥, 평기둥, 반쪽 기둥이 있다. 기둥이 짧게 된 것을 동바리 또는 동자기둥이라 부른다.

### 3) 바닥(Floor/Slab)

건물 바닥의 수평재 부분으로 사람의 활동이나 물건을 적재하는 공간이며, 적재하중을 기둥 또는 내력벽에 전달하는 역할을 하고 있다.

### 4) 보(Beam)

건물 혹은 구조물의 형틀부분을 구성하는 수평부재로 작은 보(Beam)와 큰 보(Glider)가 있다. 또한 보는 재축에 직각 방향으로 하중을 받는 부재의 총칭을 말한다.

### 5) 지붕(Roof)

건물의 최 상부를 덮어씩운 부분으로 우설을 막는 구조체로서 경사진 부분과 수평으로 된 경사지붕과 평지붕의 종류가 있다.

### 6) 주 계단(Stairs)

주 계단이라 함은 실내 계단 중 주된 계단(메인계단)을 말하며 상층과 하층을 연결하는 층 단으로 복도를 연결하는 연장을 말한다. 층계, 층층대라 호칭하기도 한다.

## 2. 빌딩의 주요 구성부분

빌딩을 (건축물)을 형성하는 주요 부분을 주요 구성부분이라 하며, 주요 구성부분에는 기초 · 기둥 · 벽체 · 바닥 · 지붕 · 천장 · 계단 · 수장 · 창호 · 마무리(마감) 부분 등이 있다. 이를 설명하면 다음과 같다.

### 1) 기초

기초는 건축물에 있어서 하부구조 부분으로 고정하중(자중), 적재하중, 적설하중, 지진력, 풍력, 기타 외력을 받아 그 하중(무게)을 온전하게 지반에 전달하는 지중구조 부분을 말한다. 건축물의 기초는 완공 후 보수가 어렵고 재시공이 불가능하며 육안관찰이 불가능하고 기초 안전에 악영향을 끼치는 것이 많기 때문에 처음 기초공사시 완벽하게 시공되어야 한다. 기초에는 푸팅기초의 종류인 독립기초, 복합기초, 연속기초, 원통기초와 특수기초 등의 종류가 있다.

### 2) 기둥

기둥이란 지붕, 바닥 판 등의 하중을 부담하는 수직 재를 말한다. 또한 기둥이란 지붕, 바닥 판 등의 상부의 하중을 받아서 토대 및 기초에 전달하고 벽체의 골격을 이루는 수직 구조 재를 말한다. 기둥의 종류에는 본 기둥과 샛기둥이 있고 본기둥에는 다시 통재기둥, 평기둥, 반쪽 기둥이 있다. 기둥이 짧게 된 것을 동바리 또는 동자기둥이라 부른다.

### 3) 벽체

수직으로 공간을 차단시킨 구조를 말하며, 내벽과 외벽이 있다. 상부의 하중을 지지하는 벽체를 내력벽(Bearing wall)이라 한다.

### 4) 바닥

건물 바닥의 수평 재 부분으로 사람의 활동이나 물건을 적재하는 공간이며, 적재하중을 기둥 또는 내력벽에 전달한다.

### 5) 지붕

건물의 최 상부를 덮어씌운 부분으로 우설을 막는 구조체로서 경사진 부분과 수평으로 된 경사지붕과 평지붕이 있다.

### 6) 천장

지붕 밑 또는 하층부의 밑을 막아 열 차단, 소음방지와 장식 및 보온을 겸하여 꾸민 부분을 말한다. 천정과 같은 의미로 사용되는 천장(Ceiling)은 반자널이 없는 상층부의 바닥면을 말하며, 천장에는 재료에 따라 종이천장, 회반죽 천장, 금속탄 천장, 보드 천장 등이 있다. 즉, 천장은 반자의 속면을 말한다.

### 7) 계단(Stairs)

상층과 하층을 연결하는 층 단으로 된 복도를 연결하는 연장을 말하며 층계, 층층대라 호칭하기도 한다.

### 8) 수장

벽면, 바닥, 천장에 단열, 방음 등의 차단효과와 장식을 목적으로 본 구조체에 붙여대는 것을 말하고 영어로 Fixture라 한다.

### 9) 창호

창호란 빌딩(건축물)에 있어서 물품의 반 출입 또는 사람의 출입을 위한 문과 환기, 채공, 통풍, 조망을 위해서 만든 창문을 합하여 창호라 한다. 창호는 문 꼴(개구부)에 설치(창문 틀)에 고정 또는 부착한다.

창호의 요구 성능에는 차밀성, 기밀성, 주밀성, 단열성, 견고성, 보안성, 방범성, 미관성 등이 요구된다. 창호의 종류에는 재료에 따라 목재 창호, 알루미늄 창호, 강재 창호, 플라스틱 창호, 스테인리스 창호 등의 종류가 있다 창호를 영어로 Fittings이라 한다.

### 10) 마무리(마감)

건축물의 마감일로서 본 구조체를 덮어 씌워 건물의 내구성을 증대시키고 장식을 목적으로 시공한 것을 말한다. 수장공사 보다 나중에 작업하거나 병행해서 시공해도 무방하다.

## 3. 빌딩 구성요소

빌딩은 건축대지와 건축물(건축시설), 건축설비 그리고 부대시설 등으로 구성된다. 이를 건축물의 구성요소라 하며, 구체적으로 설명하면 다음과 같다.

### 1) 건축대지

건축대지란 29개 토지용도 중 건축을 할 수 있는 토지를 말하며, '공간정보의 구축 및 관리 등에 관한 법률'에 따라 각 필지로 나눈 토지를 말한다. 다만, 대통령령으로 정하는 토지는 둘 이상의 필지를 하나의 대지로 하거나, 하나 이상의 필지일부를 하나의 대지로 할 수 있다.

대한민국의 전체 토지면적(남북한 전체 면적)은 24만㎢ 이고 남한만의 토지면적은 9만 9천㎢이나 이중 2.7% 상당의 토지(2,693㎢)만이 대지의 용도로 이용되고 있다. 다만 형질변경 등에 의하여 대지 면적은 점차 증가추세를 보이고 있다.

### 2) 건축시설(건축물)

건축시설이란 건축물 구성요소 중 하나이다. 건축물을 구성하는 건축대지와 건축시설(건축물), 건축설비 그리고 기타 부대시설 등으로 구성되는 건축물 구성요소 중 하나로서 건축대지와 건축설비 및 부대시설을 제외한 건축물의 요소를 말한다.

주로 건축물 뼈대(골조) 부분과 주요구성부분 및 마감부재를 통칭하여 건축시설(건축물)이라 한다.

### 3) 건축설비

건축설비란 건축물 구성요소 중 하나로서 건축물에 설치하는 전기, 전화설비, 초고속 정보통신 설비, 지능형 홈 네트워크 설비, 가스, 급수 배수(配水)설비, 배수(排水)설비, 환기, 난방, 냉방, 소화, 배연 및 오물처리 설비, 굴뚝, 승강기, 피뢰침, 국기 게양대, 공동시청 안테나, 유선방송 수신시설, 우편함, 저수조, 방범시설 그 밖에 국토교통부령으로 정하는 설비를 말한다.

### 4) 기타 부대시설

빌딩(건축물) 구성 요소 중 하나로서 본 건축물의 용도와 기능을 보완하기 위하여 주된 건축물에 부수하여 지어 진 건축시설물을 말한다.

주요 부대시설에는 창고, 담장, 출입 정문, 경비실, 안내실 등이 있다.

## 제5절 건축법상 건축물의 용도 및 전국 건축물 분포현황

### 1. 건축법상 건축물의 용도

건축법 시행령에서 명시하고 있는 건축물의 용도는 29개 용도로서, 그 내용은 다음과 같다.

| | 용 도 | 세부용도 |
|---|---|---|
| 1 | 단독주택 | 단독주택/다중주택/다가구주택/공관 |
| 2 | 공동주택 | 아파트/연립주택/다세대주택/기숙사 |
| 3 | 제1종 근린생활시설 | 일용품 소매점/조리 제조하여 판매시설/세탁 수선시설/주민 진료시설/체육시설/공공업무시설/주민 공동이용시설/통신용시설/금융업소 중개사무소 등 일반 업무시설 |
| 4 | 제2종 근린생활시설 | 공연장/집회장/서점/사진관/독서실/기원/다중생활시설/제조, 가공, 수리시설/안마시술소/노래연습장 등 |
| 5 | 문화 및 집회시설 | 공연장/집회장/관람장/전시장/동 · 식물원 등 |
| 6 | 종교시설 | 종교집회장/봉안당 |
| 7 | 판매시설 | 도매시장/소매시장/상점 |
| 8 | 운수시설 | 여객자동차터미널/철도시설/공항시설/항만시설 |

| | 용 도 | 세부용도 |
|---|---|---|
| 9 | 의료시설 | 병원/격리병원 |
| 10 | 교육연구시설 | 학교/교육원/직업훈련소/학원/연구소/도서관 |
| 11 | 노유자시설 | 아동관련시설/노인복지시설/사회복지시설/근로복지시설 |
| 12 | 수련시설 | 생활권 수련시설/자연권수련시설/유스호스텔/야영장 |
| 13 | 운동시설 | 운동장/탁구장, 당구장 등으로서 1종시설이 아닌 시설/관람석이 없는 체육관 |
| 14 | 업무시설 | 공공업무시설(공공청사)/일반업무시설(금융, 사무소 등)/오피스텔 등 |
| 15 | 숙박시설 | 일반 숙박시설 및 생활 숙박시설/관광 숙박시설/다중생활시설 등 |
| 16 | 위락시설 | 단란주점/유흥주점/무도장/무도학원/카지노 영업소 |
| 17 | 공장 | 물품의 제조, 가공, 수리에 계속 사용되는 건축물 |
| 18 | 창고시설 | 창고/하역장/물류터미널/집배송시설 |
| 19 | 위험물저장 | 주유소/저장소/판매소/도시가스제조시설/화약류 저장소 및 처리시설 |
| 20 | 자동차 관련 시설 | 주차장/세차장/폐차장/검사장/매매장/정비공장/운전 및 정비학원 |
| 21 | 동물 및 식물 관련 시설 | 축사/가축시설/도축장/도계장/작물재배사/종묘배양 시설/환초분재 온실(동 · 식물원 제외) |
| 22 | 자원순환시설 | 하수 등 처리시설/폐기물 재활용시설/고물상/폐기물 처분시설/폐기물 감량화 시설 |
| 23 | 교정 및 군사시설 | 교정시설/갱생보호시설/소년원/국방 군사 시설 |
| 24 | 방송통신시설 | 방송국/ 전신전화국/촬영소/통신용 시설 |
| 25 | 발전시설 | 발전소 |
| 26 | 묘지관련 시설 | 장례시설/봉안당(종교시설 제외)/묘지관련 건축물/동물화장 시설 |
| 27 | 관광 휴게시설 | 야외 음악당/야외극장/어린이회관/관망탑/휴게소/공원 유원지 부수시설 |
| 28 | 장례시설 | 장례식장/동물전용 장례식장 |
| 29 | 야영장 시설 | 관광진흥법에 따른 야영장 시설 |

## 2. 전국 빌딩(건축물) 분포현황

국토교통부가 조사하여 발표한 2021년 12월 말 기준 용도별 전국 건축물 분포 현황(Status of Buildings by Use)은 다음의 〈표 1〉과 같다.

〈표 1 〉 용도별 전국 건축물 분포현황(단위/동)

| 건축물 용도 | 분포현황 |
|---|---|
| 주거용 건축물 | 4,582,458(62.7%) |
| 상업용 건축물 | 1,341,695(18.3%) |
| 공업용 건축물 | 335,451(4.6%) |
| 문교 사회용 건축물 | 200,425(2.7%) |
| 기타용도 건축물(공공청사, 임업, 수산업, 농업용도) | 854,275(11.7%) |
| 계 | 7,314,264(100%) |

# 제6절 빌딩(건축물)의 설계 및 유지관리 고려사항

## 1. 고려사항의 의의

건축물의 종류 중 주택은 인간의 역사 이래 인간이 가장 오래 머무는 공간이며, 문명이 고도화되고 문화가 발전할수록 건축물에 대한 인간의 사회문화적 욕구가 증대되는 경향을 보이고 있어 설계자와 시공자 및 유지관리자는 이런 점을 감안하여 주관적 고정관념을 버리고 건축물 사용자 및 이용자의 입장에서 요구하는 바를 파악하고 고려하여 설계, 시공 및 유지 · 관리해야 한다.

건축물의 공간설계 및 유지 · 관리시 기본적으로 고려해야 하는 사항은 다음과 같다.

## 2. 고려사항의 내용

### 1) 안전성(Stability)

인간은 건축공간을 통하여 자연의 비와 눈, 태풍, 춥고 더운 온도로부터 몸을 보호받기를 원할 뿐만 아니라 동물 등의 침입이나 위협으로부터 몸을 보호받기를 원하고 있다. 즉 인간은 본능적으로 건축물에 대하여 쉘터(Shelter)역할을 해 주도록 바라고 있다.

또한 인간은 건축물을 통하여 인명이나 재산이 함께 보호받기를 희망하고 있다. 특히 지진이나 풍수해 발생시에 보호받기를 강력히 원하고 있으며, 외부의 침입이나 도난으로부터 안전을 바라고 있다. 즉 건축물 설계와 시공 및 유지 · 관리시에 건축물 공간의 안전성이 보장되도록 설계되고 시공되어야 하며, 유지 · 관리되도록 안전성을 충분히 고려해야 한다.

### 2) 거주성(Habitability)

건축공간의 인간의 삶과 생활과 일을 영위하는 장소이므로 외부의 사회적 자연적 조건에 대하여 건축물 사용자들이 쾌적하고 건강한 생활과 업무수행이 보장되어야 한다. 즉 안전, 상하수도, 전원공급, 온도, 일조, 채광, 습도, 기류, 통풍, 소음, 진동, 악취 등에 문제가 없어야 한다. 왜냐하면 건축물에 거주성이 확보되지 않을 경우에는 질 높은 삶이 보장되지 아니하고 쾌적하고 건강한 생활이 보장될 수 없으며, 생산적이고 창조적인 생산 또는 업무수행이 불가능하거나 제한되기 때문이다.

### 3) 내구성(Durability)

빌딩은 막대한 자금을 투입하여 건축한 반영구적 재산이므로 건축물의 수명이 반영구적이라야 한다. 따라서 조기 노후화를 방지해야하고 물리적 내용연수를 장기화해야 한다. 철근코크리트 구조의 건축물의 물리적 내용연수는 60년으로 평가되고 있다. 건축물종합관리를 통하여 건축물의 물리적 내용연수나 경제적 내용연수 및 기능적 내용연수를 획기적으로 연장하도록 해야 한다.

### 4) 경제성(Economy)

빌딩은 사용목적과 수익목적 및 처분 목적 즉, 경제적 목적으로 건축하거나 매입하여 사용수익하고 있다. 즉 투입하는 비용으로 보다 큰 경제적 효과를 얻어야 하는 경제원리가 작동하고 있으므로 설계, 시공, 유지 · 관리시에 경제성을 충분히 고려하여 설계, 시공, 유지 · 관리해야 한다.

### 5) 예술성(Beauty)

빌딩은 종합예술품으로 평가되고 있다. 왜냐하면 건축물은 그림 성격의 설계와 조각 성격의 시공 등을 통하여 설치미술의 성격을 가지고 있으며, 색과 조형 및 외형을 아름답게 창조한 작품이기 때문이다.

또한 빌딩은 삶의 보금자리요 생활의 터전이며 일(업무)의 기반이다. 그러므로 가족이나 조직의 구성원은 건축물을 기반으로 오랜 시간 함께 삶을 유지하고 생활하며 일을 영위해 가고 있다. 따라서 건축물은 인간에게 정서적으로 안정감을 주어야 하고 아름답고 즐거움을 주는 공간이어야 한다. 왜냐하면 인간은 사용하는 건축물을 통하여 아름답게 삶과 생활과 일을 영위하기를 의욕하고 희망하고 있기 때문이다. 그러므로 건축물은 아름답게 설계하고 시공해야 하며 유지·관리해야 한다.

## 제7절 빌딩의 사용가치 개념과 빌딩 사용 최적화 조건

### 1. 빌딩의 사용가치 개념

빌딩의 사용가치라 함은 빌딩을 사용함에 있어서 인정되는 빌딩의 의의나 중요함을 말한다. 빌딩의 사용가치를 구성하는 가치요소에는 빌딩의 기능, 쾌적, 안전, 편의, 위생, 환경 등의 가치요소가 있다. 빌딩관리자는 빌딩사용상 요구되는 빌딩의 사용가치를 향상 또는 극대화 하도록 관리해야 한다.

### 2. 빌딩사용 최적화 조건

빌딩 사용자는 빌딩(건축물)을 기반으로 이루어지는 삶과 생활과 일(업무)을 영위하기 위해서 불가피하게 사용해야 하는 빌딩의 시설이나 설비(화장실, 엘리베이터, 조명설비, 위생설비, 소방설비, 입출입설비, 실내공기조화설비, 환경의 청결 등) 들에 대하여 이용상 불편이나 문제가 없어야 한다. 다시 말하면 빌딩사용자는 빌딩에 부속되고 있는 시설이나 설비의 사용상의 조건을 최고 또는 최선의 상태(최적화 조건)을 요구하고 있다. 따라서 빌딩종합관리자는 빌딩의 시설이나 설비의 사용상의 조건을 최고 또는 최선의 상태로 유지할 수 있도록 관리해야 한다. 빌딩의 사용상 요구되는 최적화 조건의 대상은 빌딩 기능조건과 빌딩 구조조건 및 빌딩 환경조건으로 그 내용은 다음과 같다.

#### 1) 빌딩 기능조건

빌딩은 기능조건(기능, 안전, 편의, 쾌적, 위생, 환경 등의 기능)을 확보하고 있어야 한다. 이를 통하여 수면, 식사, 휴식, 호흡, 위생처리, 개인의 프라이버시 보호 등 인간의 생리적 욕구를 충족할 수 있는 빌딩 기능조건을 구비하고 있어야 한다.

#### 2) 빌딩 구조조건

비바람이나 대기의 온·습도, 태양열과 자외선, 전자파, 지진, 태풍 등 자연재해나 외부의 침입으로부터 인간을 보호할 수 있는 구조조건을 가지고 있어야 한다.

#### 3) 빌딩 환경조건

빌딩 환경조건에는 일조권이 보장되고 물의 흐름에 문제가 없어야 하며, 산불 또는 산사태의 위험이 없는 등 자연환경 조건과 청결, 위생, 질서, 안전 등의 인위적 환경조건 등이 있으며, 환경조건이 보장되도록 해야 한다.

## 제8절 빌딩의 일반기능과 역할

### 1. 빌딩의 일반기능

기능의 사전적 의미는 사물의 작용이나 활용을 말한다. 빌딩 역시 건축물로서 작용이 있고 활용부분이 존재하고 있는바 이를 빌딩의 기능(Functions of Building)이라 한다. 빌딩종합관리자가 빌딩에 대한 일반기능의 이해의 목적은 관리대상 빌딩의 기능이 바람직하게 나타나고 유지하도록 하는데 있다.

빌딩의 기능은 빌딩의 성격, 규모, 용도, 골조, 자재, 장착 건축설비의 종류와 설비의 수준 등에 따라 빌딩 기능의 종류와 강도가 차이가 있을 수 있음을 이해해야 한다. 또한 빌딩종합관리자는 빌딩의 기능과 역할이 부분적으로 상충되는 면이 있음도 이해하고 있어야 한다. 빌딩의 일반적 기능은 〈표 2〉와 같다.

〈표 2〉 빌딩(건축물)의 일반기능(예시)

| | |
|---|---|
| (1) 실내 온·습도 조절기능 | (25) 에너지 사용상태 감시기능 |
| (2) 상수도 공급기능 및 하수 배출기능 | (26) 화재 확산 방지기능 |
| (3) 공기급기 및 배기기능 | (27) 화재 소화 기능 |
| (4) 가스에너지 공급기능 | (28) 화재 연기차단 기능 |
| (5) 전원 공급기능 | (29) 화재시 대피 유도기능 |
| (6) 승강기능 | (30) 열보존 기능 |
| (7) 적재하중 지지기능 | (31) 소음차단 기능 |
| (8) 조명기능 | (32) 빛 조절 기능 |
| (9) 적재기능 | (33) 시건기능 |
| (10) 업무(사무/생산)지원 기능 | (34) 실내공기 조절기능 |
| (11) 방화/방재/방범기능 | (35) 생활지원 기능 |
| (12) 공간기능 | (36) 프라이버시 보호기능 |
| (13) 안전기능 | (37) 적재기능 |
| (14) 외부영향 차단기능 | (38) 보안기능 |
| (15) 통풍 및 환기기능 | (39) 단열기능 |
| (16) 방음기능 | (40) 비, 바람, 태풍, 지진 등 자연재해 보호기능 |
| (17) 방습기능 | (41) 채광 기능 |
| (18) 주차기능 | (42) 사용/수익/처분/담보기능 |
| (19) 위생처리기능 | (43) 입출입 기능 |
| (20) 전기누전 차단기능 | (44) 인간생존 3대 조건 중 주조건(住條件) 기능 |
| (21) 화재경보 기능 | (45) 조망기능 |
| (22) 가스누설 감지기능 | (46) 건축환경 기계적 조절기능 |
| (23) 도난감시기능 | (47) 건축환경 자연적 조절기능 등 |
| (24) 승강기 작동 감시기능 | |

(자료 출처 : 김일효(2014), 건물자산관리학원론, 도서출판 상학당, 인용 및 재구성)

## 2. 빌딩의 역할

일반적으로 역할이라 함은 어떤 구실을 담당하는 것을 말한다. 빌딩의 용도, 성격, 소유자와 사용자 및 이용자의 목적, 위치, 건축물의 양태 및 양식 등에 따라 빌딩의 역할은 매우 다양하게 나타날 수 있다.

빌딩의 기본적 역할은 자연의 눈과 비, 바람과 외부 위협으로부터 보호하는 역할로부터 인간의 생활과 일의 영위에 있어서 기반 역할, 거리의 이정표 역할 그리고 경제적 부의 척도 역할, 소유자의 신인도 역할 등 여러 가지 역할을 담당하고 있다. 특히 건축물은 은유적 메시지 역할과 시대와 역사 기록물 역할은 사회 문화와 역사측면에서 매우 의미가 있는 역할인 것으로 인식된다.

빌딩 유지관리자들이 빌딩의 기능과 함께 역할에 대하여 이해함으로서 빌딩 유지관리 과정에서 빌딩관리소장과 유지관리자는 유지관리 대상 빌딩의 현재의 역할을 계속 이어감은 물론 바람직한 문화적, 사회적, 경제적 역할을 담당할 수 있도록 관리해야 한다. 여기에서 소개하는 빌딩의 역할은 빌딩의 일반적 역할로서 이를 정리하면 〈표 3〉과 같다.

〈표 3〉 빌딩의 역할

| |
|---|
| (1) 쉘터(Shelter) 역할 |
| (2) 삶과 생활 및 업무의 기반 역할 |
| (3) 생활의 터전 역할 |
| (4) 삶의 보금자리 역할 |
| (5) 생산기지 역할 |
| (6) 상품 역할 |
| (7) 재산 역할 |
| (8) 자산 역할 |
| (9) 개인 프라이버시 보호 역할 |
| (10) 매매, 임대차, 담보의 목적물 역할 |
| (11) 시대와 역사의 기록물 역할 |
| (12) 빌딩 소유자와 설계자의 은유적 메시지 역할 |
| (13) Land Mark 역할 |
| (14) 기업 또는 단체의 상징(Symbol) 역할 |
| (15) 경제적 부의 척도 및 표상 역할 |
| (16) 물건 적재 공간 역할 |
| (17) 종합예술 작품 역할 |
| (18) 개인과 조직의 무대역할 |
| (19) 거주자의 신분상징 역할 |
| (20) 개인 또는 단체의 수행 업무성격 표상 역할 |
| (21) 주(住) 환경 측면의 인간생존지원 역할 등 |

(자료 출처 : 김일효(2014), 건물자산관리학원론, 도서출판 상학당, 인용)

# 제9절 빌딩공부의 빌딩정보

빌딩공부의 정보는 건축물공부를 통하여 파악할 수 있다. 빌딩(건축물)공부에는 지적공부와 등기공부가 있다. 지적공부는 시 · 군 · 구 지방자치단체가 작성하고 유지하면서 건축물행정관리와 민원인의 요구에 따라 교부, 열람, 발급 등을 통하여 건축물 정보를 제공하고 있다.

등기공부는 등기소 또는 법원, 지원 등에서 등기공무원이 작성하고 비치하여 열람 또는 사본을 교부하여 권리의 실체를 증명하는 용도로 활용되고 있다. 건축물 관련 지적공부(행정공부)에는 건축물 대장이 있으며 등기 공부에는 등기사항전부증명서 - 건물(건물등기부) 또는 - 토지(토지등기부) 등이 있다.

건축물종합관리자는 공부상의 건축물 정보를 파악하여 경제적, 법률적, 행정적 하자가 발생하지 않도록 관리해야 한다. 해당 공부에 대하여 설명하면 다음과 같다.

## 1. 행정공부의 빌딩정보(건축물대장의 건축물 정보)

건축물대장은 〈건축물의 기재 및 관리 등에 관한 규칙〉에 의하여 시, 군, 구가 발급하고 열람하는 지적 공부로서 다음과 같은 빌딩(건축물) 정보를 담고 있다.

(1) 건물명/건물번호
(2) 대지 위치/지번/도로명 주소
(3) 대지면적/연면적/지역/지구/구역
(4) 건축면적/연 면적/용적률 산정용 연 면적/주 구조/주용도/층 수
(5) 건폐율/용적률/높이/지붕/부속건축물
(6) 조경면적/공개공지 면적 또는 공개공간의 면적/건축선 후퇴 면적/건축선 후퇴거리
(7) 지하수위/기초형식/설계지내력/구조설계 해석법
(8) 건축물 현황[층별/구조/용도/면적(제곱미터)]
(9) 소유자 현황(소유자성명/주민 번호 앞자리/주소/소유권 지분/소유권 변동일)
(10) 건축주[성명 또는 명칭/면허(등록)번호]
(11) 설계사[성명 또는 명칭/면허(등록)번호]

(12) 공사감리자[성명 또는 명칭/면허(등록)번호]
(13) 공시시공자[성명 또는 명칭/면허(등록) 번호]
(14) 주차장(옥내, 옥외/기계식/자주식/대/제곱미터)
(15) 승강기(승용/비상용/대)
(16) 오수 정화시설(형식/용량/인용)
(17) 허가일/착공일/사용승인일
(18) 건축물에너지등급 인증(등급/에너지 절감률/유효기간)
(19) 에너지 성능지표 점수(    점)
(20) 녹색 건축 인증(등급/인증점수/유효기간)
(21) 지능형 건축물 인증(등급/인증점수)
(22) 기재 변동사항(변동일/변동내용 및 원인/그 밖의 기재사항)
(23) 기타 위변조 확인용 바코드 및 발급일로부터 90일 유효사용 조항

## 2. 등기공부의 빌딩정보[등기사항전부증명서(건물)의 빌딩정보]

등기사항전부증명서 – 건물(건물 등기사항 증명서)은 부동산 등기법에 의하여 법원, 등기소 등기공무원에 의하여 작성하고 해당 건물의 소유권과 기타 권리 등을 기재하여 증명하는 등기공부 중 하나이다. 등기사항전부증명서는 표제부와 갑구 및 을구로 구성되어 있으며, 기재사항은 다음과 같다.

1) 표제부(건물의 표시)
    (1) 주소
    (2) 표시번호
    (3) 접수일
    (4) 소재지번 및 건물번호
    (5) 건물내역
    (6) 등기원인 및 기타사항
2) 갑 구(소유권에 관한 사항)
    (1) 순위번호
    (2) 등기 목적
    (3) 접수(연/월/일/접수번호)
    (4) 등기원인

(5) 권리자 및 기타사항
3) 을 구(소유권 이외의 권리에 관한 사항)
(1) 순위번호
(2) 등기목적
(3) 접수(연/월/일/접수번호)
(4) 등기원인
(5) 권리자 및 기타사항

## 제10절 빌딩에 대한 인간의 욕구

빌딩(건축물)은 인간을 위하여 존재한다. 다시 말하면 빌딩은 인간의 욕구에 부응하기 위하여 존재한다. 빌딩에 대한 인간의 욕구는 기본적 요구(생리적 욕구)와 사회문화적 욕구 및 경제적 욕구 등으로 집약 된다. 이를 설명하면 다음과 같다.

### 1. 기본적 욕구

건축물에 대한 인간의 기본적 욕구는 생존의 지원에 대한 욕구이다. 인간은 생존을 위하여 기본적으로 의식주(衣食住) 조건을 어느 정도 충족해야만 생존이 가능하다. 빌딩(건축물)은 주(住)의 조건에 해당하는 생존조건으로서 인간의 생존에 매우 중요한 조건으로 작용한다. 따라서 건축물은 인간생존에 필수적인 주(住)의 조건으로서 다음과 같은 조건을 충족하고 있어야 한다.

(1) 건축물은 수면, 식사, 휴식, 호흡, 위생처리 등 인간의 생리적 욕구를 충족할 수 있는 건축물 거주조건을 구비하고 있어야 한다.
(2) 비바람이나 대기의 온·습도, 태양열과 자외선, 전자파, 지진, 태풍 등 자연재해나 외부의 침입으로부터 인간을 보호할 수 있는 보호조건(Shelter)을 가지고 있어야 한다.
(3) 일조권이 확보되고 물의 흐름이나 산불 또는 산사태 등의 위험이 없어야 하며 깨끗하고 위생적인 건축물 환경 조건을 가지고 있어야 한다.

## 2. 사회문화적 욕구

빌딩은 그 사회와 그 시대문화의 소산물이자 역사의 기록물이므로 사회의 시대적 사조와 문화에 부합하는 건물이어야 한다. 예컨대 농업경제사회의 건축물은 농업사회에 조화되고 부합하는 건축물이어야 하고, 산업사회의 건축물은 산업사회의 요구에 부합하는 건물이어야 한다.

특히 현대와 같은 지식경제사회의 건축물은 지식을 생산하고 가공하며 저장하는데 유익한 시설과 설비를 갖춘 건축물이어야 비로소 건물로서 가치와 의미가 있다. 다시 말하면 건물은 그 시대, 그 사회가 문화적으로 요구하는 바를 충족하는 건물이어야 한다.

## 3. 경제적 욕구

빌딩은 인간의 사용목적과 수익 목적 및 처분목적에 따라 신축하거나 매입 등을 통하여 취득된다. 즉 건물은 인간의 경제적 욕구에 의하여 생산되고 유통되며 소비된다. 인간은 저마다의 사정과 여건, 의도와 목적에 따라 건물을 사용하고 수익하며 처분의 과정을 반복하며 경제적 욕구를 관철해 가고 있다. 그러므로 건물은 인간의 경제적 욕구에 부응하는 건축물이 되도록 건물 유지관리 방향이 설정되고, 설정된 유지관리 방향에 따라 유지 관리해야 한다.

# 제11절 빌딩대지의 자연적 특성과 빌딩(건축물)의 인문적 특성

빌딩(부동산)의 특성에는 빌딩대지의 자연적 특성과 건물의 인문적 특성이 있다. 인문적 특성은 그 시대, 그 사회의 문화에 의하여 나타나는 특성으로서 건축물에는 대체로 다음과 같은 인문적 특성이 존재하고 있다. 건축물을 중심으로 건축대지(토지)의 자연적 특성과 건물의 인문적 특성을 살펴보면 다음과 같다.

## 1. 빌딩대지의 자연적 특성

토지의 자연적 특성에는 부동성, 부증성, 연속성, 개별성 등의 특성이 있으며, 건축대지(토지)의 특성의 내용을 살펴보면 다음과 같다.

### 1) 부동성

토지의 부동성이라 함은 사람의 힘으로는 움직일 수 없는 특성을 말하는 것으로 고정성의 특성이라고도 한다. 그러나 자연의 힘으로 움직일 수 있으며, 토지에 정착하고 있는 건축물 역시 이동할 수 있음을 유의해야 한다. 또한 토지의 일부를 이루고 있는 물이나 토양과 바위 및 광물 등은 이동이 가능하다.

### 2) 부증성

토지의 자연적 특성 중 하나인 부증성은 사람의 힘으로는 물리적으로 증가가 되지 않는다는 특성이다. 토지의 부증성은 인간의 힘으로는 증가하거나 재생산할 수 없다. 왜냐하면 토지는 물건이 아니라 자연이기 때문이다. 그러나 자연의 힘으로 토지의 증가 또는 소멸이 언제든지 가능하다. 매립의 경우와 방조제 축조 등의 방법으로 일정부분 물리적으로 증가가 가능하다.

### 3) 영속성

사람의 힘으로는 소멸되지 않는다는 특성이다. 또한 토지는 사용하여 소모 또는 마모되지 않으며, 영속성과 불변성을 가지고 있다 그러나 경제적 가치는 언제든지 변할 수 있으며 물리적으로 변화되지 않는다는 특성을 영속성이라 한다. 그러나 영속성의 특성을 가지고 있는 토지라 할지라도 자연의 힘으로 언제든지 소멸될 수 있음을 유의해야 한다.

### 4) 개별성

동일한 토지는 절대적으로 존재할 수 없다는 특성을 말한다. 다시 말하면 토지는 위치와 지형, 지반, 방향, 특징 면에서 동일한 토지는 없다는 물리적 특성을 말한다. 그러나 토지 필지의 인접성으로 인하여 개별성은 다소 완화될 여지가 있어 보인다. 토지의 개별성으로 인하여 1물 1가의 법칙이 적용되지 않으며 토지가액이 각각 다르게 형성되고 거래되고 있다.

## 2. 빌딩(건축물)의 인문적 특성

빌딩(건축물)에 대한 법과 제도 등에 의하여 문화적으로 존재하는 빌딩의 인문적 특성을 살펴보면 다음과 같다.

### 1) 물건성

빌딩은 물건의 일종이다. 물건의 개념은 자연의 상대적 개념으로서 인간의 손에 의하여 만들어 진 재화나 물질을 말한다. 따라서 건축물에는 물건의 성질이 존재한다.

### 2) 상품성

빌딩은 화폐 단위로 거래가 가능한 물건이므로 경제학적으로 상품으로 분류된다. 따라서 빌딩에는 거래하는 재화로서 상품성이 존재한다.

### 3) 유한성과 희소성

빌딩은 물질이므로 물리적 내용연수가 있으며, 물질의 원리상 시간의 경과에 따라 기능이나 성능이 떨러지고 마모되며 고장을 일으키다가 마침내 자연으로 돌아가는 물질의 원리가 작용하고 있어 건축물에는 유한성의 성질이 있다. 또한 건축물은 인간의 손에 의하여 생산된 물건이므로 제한적으로 생산 유통되므로 희소성의 특성이 있다. 따라서 건축물에는 유한성과 희소성이 함께 존재하고 있다.

### 4) 토지의 정착성

빌딩(건물) 토지의 정착물이 원칙이다. 소수의 수상 건축물, 우주 공간에 떠 있는 우주 건축물, 지상 수목위에 건축한 수목 건축물 등을 제외하고는 원칙적으로 모든 건축물은 토지 지표면과 지하에 정착하고 있다. 따라서 건축물은 토지정착성의 성질을 가지고 있다.

### 5) 재산성

빌딩(건축물)은 일반적으로 경제적 가치를 가지고 있어 재산으로서 평가된다. 왜냐하면 재산이란 토지 건물 화폐 등 개인이나 단체가 소유한 유형·무형의 경제적 가치가 있는 것의 총체를 말하기 때문이다. 따라서 빌딩(건축물)은 유형의 건물로서 경제적 가치가 있으므로 빌딩에는 재산성이 존재하고 있다.

### 6) 용도의 다양성

빌딩(건축물)의 용도란 건축물의 종류를 유사한 구조, 이용목적, 및 형태별로 묶어 분류한 것을 말한다. 건축물의 용도에는 주거용, 상업용, 공업용, 문교사회용 기타용도 외에 단독 주택에서부터 교육연구 시설, 의료시설 등 무려 29개 용도로 분류되고 있다. 따라서 건축물에는 다양한 용도성이 존재하고 있다.

### 7) 토지용도별 건축의 제한성

빌딩은 토지의 정착물로서 토지 29개용도 중 대지에 국한하여 건축할 수 있다. 농지나 임야 등 일정한 경우에 건축물을 건축할 수 있으나, 대지로의 용도전환 후에 건축물의 건축이 가능하다. 따라서 건축물은 토지용도의 제한을 받고 있어 토지용도별 건축 제한성이 존재하고 있다.

또한 건축물은 건축법에 따라 토지의 용도에 따라 건폐율과 용적률이 각각 다르므로 건축물의 용도와 지구, 지역, 구역에 따라서 건축의 연 면적과 층수가 제한되고 건축행위 가부가 결정되고 있음을 유의해야 한다.

### 8) 건축물 용도별 사용성

건축물은 용도에 따라 사용하고 수익해야 한다. 왜냐하면 건축물에는 건축법에 의하여 용도가 지정되어 있고 지정된 용도에 따라 건축물을 사용하고 수익할 수 있도록 법적으로 규정하고 있기 때문이다. 만일 타용도로 사용하기를 바란다면 시 · 군 · 구로부터 용도변경 허가를 받아야 한다.

### 9) 종합예술작품성

건축물은 과학과 기술 및 미(美)가 총합하여 생산된 공작물이다. 따라서 건축물에는 종합예술작품성이 존재하고 있다.

### 10) 복합성

건축물에는 물리적 성격(물리성) 외에 행정적 성격(행정성), 경제적 성격(경제성), 법률적 성격(법률성) 환경적 성격(환경성), 안전적 성격(안전성) 등 복합적 성격(복합성)이 존재하고 있다.

### 11) 내구성

건축물은 물질이므로 영원히 존재할 수 없다. 그러나 철근콘크리트 구조의 건축물의 물리적 내용연수는 60년으로 평가되고 있어 반영구적 내구성이 확보되어 있다. 따라서 건축물에는 내구성이 존재하고 있다.

### 12) 기능성

건축물에는 건축물을 사용하고 수익하는데 필요한 에너지 공급기능과 조명기능 및 실내 공기조절 기능 등 수십 종류의 건축물의 기능이 있다. 이를 건축물의 일반 기능이라 한다. 따라서 건축물에는 기능성이 존재하고 있다.

# 제12절 빌딩의 생애단계

빌딩은 인간의 성장단계와 유사한 생애단계 개념이 있다. 이를 건축물의 생애단계라 하며, 이에는 기획설계단계, 시공단계, 유지관리단계 그리고 철거단계 등 4단계가 있다. 이를 설명하면 다음과 같다.

## 1. 기획설계단계

빌딩의 생애 중 첫번째 생애단계로서 건축주의 건축의도와 목적 및 여건과 건축사의 빌딩에 대한 해석을 통하여 빌딩의 건축을 계획하고 설계도서를 작성하여 건축허가를 받는 단계까지를 말한다.

## 2. 시공단계

빌딩 생애단계 중 두번째 생애단계로서 건축허가 후부터 설계도와 기술시방서에 따라 건설회사가 기술 인력과 자재 및 장비를 투입하여 완공하는 단계를 말한다.

### 3. 유지 · 관리단계

빌딩 생애단계 중 세번째 생애단계로서 완공 후부터 철거시까지 완공된 건축물의 기능을 보전하고 이용자의 안전과 편의를 높이기 위하여 일상점검 정비하고, 손상된 부분은 원상회복하며 시간의 경과에 따라 요구되는 보수, 개량, 교체, 보강활동을 수행해 가는 과정을 말하며 철거 될 때 까지를 말한다.

### 4. 철거단계(멸실단계)

빌딩의 생애 중 마지막 생애단계로서 재건축 또는 재개발 등의 명목으로 건축물을 멸실 또는 해체하고 멸실 결과를 시 · 군 · 구에 멸실 신고할 때까지를 말한다.

## 제13절 빌딩의 총 생애비용

빌딩의 총 생애비용(BLCC/Buildingl Life Cycle Cost)이라 함은 빌딩의 기획설계, 시공, 유지관리, 그리고 철거 등 빌딩의 생애 동안 소요되는 비용을 말한다. 다만 빌딩 총 생애비용은 건축물의 규모, 성격, 용도, 수준, 건축설계 및 시공기간, 자재 수준, 장비의 종류와 특성, 유지관리 품질, 철거방법 등에 따라 건축물의 총 생애비용은 단계별로 얼마든지 달라질 수 있다.

### 1. 설계비

건축주가 건축물을 사용 수익 및 처분을 위하여 설계하는 단계에 소요되는 비용을 말하는 것으로 연구 자료에 의하면 전체 건축물 일생비용 중 약 0.4%가 소요되는 것으로 조사되고 있다.

## 2. 시공비

시공공법과 사용자재 및 설비, 공기, 천재지변 등 환경 등에 따라 건축시공비는 얼마든지 달라 질 수 있으나 연구자료에 의하면 전제 건축물 일생 총 소요비용 중 약 16%가 소요되는 것으로 조사되고 있다.

## 3. 유지관리비

건축물이 완공되어 철거할 때까지의 기간동안 소요되는 비용으로서 약 83.2%가 소요되는 것으로 조사되고 있다.

## 4. 철거비(해체비)

건축물의 기능 저하 도는 목적에 의하여 철거되는 경우 소요되는 비용으로서 연구자료에 의하면 약 0.4%가 소요되는 것으로 조사되고 있다.

특별한 건축물의 건축을 제외한 일반 건축물의 건축에 소요되는 건축물의 총 생애비용을 일본 능률협회의 연구자료를 토대로 정리하면 다음과 같다.

〈표 4〉 건축물 총 생애비용(BLCC)

| 구분 | 설계비 | 시공비 | 유지관리비 | 철거비 | 계 |
|---|---|---|---|---|---|
| 비율(%) | 0.4% | 16% | 83.2% | 0.4% | 100% |

(자료출처 : 일본능률협회 건축물 총 생애비용 조사자료)

# 제14절 빌딩의 내용연수

빌딩에는 인간의 수명과 같은 내용연수 개념이 존재하고 있다. 건축물의 내용연수 개념에는 여러 종류의 연수개념이 있으나 대표적 연수 개념에는 물리적 내용연수 개념이 있다. 이 밖에도 세법에서 말하는 법정 내용연수 개념이 있고 기타 기능적 내용연수, 경제적 내용연수, 행정적 내용 연수 개념 등이 있다.

빌딩은 신축되어 철거에 이르는 동안 건축설계능력, 시공기술, 유지관리 기술과 능력, 사용조건, 관리 상태 등의 조건에 따라 건축물의 이용효과와 물리적 내용연수가 단축될 수 있으며, 반대로 극대화 할 수도 있다. 건축물에 관계되는 내용연수 개념들에 대하여 설명하면 다음과 같다.

## 1. 물리적 내용연수

물리적 내용연수(Physical Life)라 함은 빌딩의 물리적 유용성 한계기간을 말한다. 빌딩을 구성하는 주요 설비나 부재가 물리적으로 그 수명을 다하여 기술적으로 더 이상 사용이 불가능하게 되어 폐기할 때까지의 연수를 물리적 내용연수라 한다.

건축물이 사용과 시간의 경과로 발생하는 마모, 파손, 온도나 습도의 변화에 의한 수축과 팽창, 눈과 비 및 바람 등 자연현상으로 생기는 노후화 현상, 지진, 태풍, 화재 등의 원인으로 사용이 불가능하게 될 때까지 견디는 유용성 한계 연수를 물리적 내용연수라 한다.

〈표 5〉 건축물의 구조별 물리적 내용연수(년)

| 구조 | 사무용 건축물 | 숙박시설 | 창고공장 | 주거용 건축물 |
|---|---|---|---|---|
| 철근 콘크리트조 | 55 | 50 | 45 | 50 |
| 벽돌조 | 50 | 45 | 40 | 45 |
| 연와조 | 45 | 40 | 35 | 40 |
| 블록조 | 45 | 40 | 35 | 40 |
| 목조 | 35 | 30 | 25 | 40 |

(자료출처 : 한국감정원(1999), 유형고정자산 내용연수 표, pp.5-11)

사무용도의 빌딩은 구조를 기준으로 길게는 55년, 짧게는 35년의 물리적 내용연수를 가지고 있다. 또한 건축물에 장착되어 있는 건축물 주요 설비의 물리적 내용연수는 짧게는 15년, 길게는 20년의 물리적 내용연수를 가지고 있어 적어도 3~4번의 교체가 있어야 건축물 본체와 물리적 수명을 함께 이어 갈 수 있다. 건축물의 내용 연수와 주요 설비의 내용연수를 정리하면 〈표 6〉과 같다.

〈표 6〉 빌딩 주요설비별 물리적 내용연수(년)

| 구분 | 주요시설 | 내용연수 |
|---|---|---|
| 전 기 | 수변전 설비 특 고압정식 | 20 |
| | 특 고압약식 | 15 ~ 20 |
| | 발전설비 | 20 |
| | 전화교환대 | 10 |
| | U.P.S 설비 | 10 |
| | 방송설비 | 10 |
| | T.V 공시청 설비 | 10 |
| | 피뢰침 설비(일반식) | 10 |
| | 화재탐지 설비 | 10 |
| 기 계 | 난방설비 | 15 ~ 20 |
| | 냉방설비 | 15 ~ 20 |
| | 공기조절설비 | 10 ~ 15 |
| | 공기세정기 | 10 |
| | 가열기 | 10 |
| | 승강기 | 15 ~ 20 |
| | 주차설비(타워파킹식) | 10 ~ 15 |
| | 주차요금계산 설비 | 10 ~ 15 |
| | 위생기구 | 10 ~ 15 |
| | 배관 및 장비 | 10 ~ 20 |
| | 옥내소화전 설비 | 15 ~ 20 |
| | 스프링클러설비 | 15 ~ 20 |
| | 덤웨이터 설비 | 15 ~ 20 |
| | 곤도라 설비 | 10 ~ 15 |
| | 문, 지붕, 창 등 잡시설 | 10 ~ 30 |

(자료출처 : 한국감정원(1999), 유형고정자산 내용연수표, pp.53-54)

## 2. 법정 내용연수

법정내용연수(法定耐用年數)라 함은 부동산재산의 과세, 평가, 감정 또는 감가상각을 목적으로 우리나라 법인세법에서 명시하고 있는 내용연수를 말한다. 법정 내용연수는 물리적 내용연수와 매우 상이한 연수로서 주로 감가상각이나 건축물의 잔존가에 대한 경제적 가치평가, 재산 감정평가 등에 활용되고 있다. 건축물의 법정내용연수는 건축물의 구조와 재료 등에 따라 상이하다. 법정내용연수는 법인세법 시행규칙

제15조 제3항 별표5에서 명시하고 있으며, 그 내용은 〈표 7〉과 같다.

〈표 7〉 건축물 법정내용연수

| 구 분 | 법정내용 연수 |
|---|---|
| 연와조, 블록조, 콘크리트조, 토조, 토벽조, 목조, 목골모르타르조, 기타 조의 모든 건축물(부속 설비 포함)과 구축물 | 20년<br>(최소 15년~최대 25년) |
| 철골콘크리트조, 석조, 연와석조, 철골조의 모든 건축물(부속 설비 포함)과 구축물 | 40년<br>(최소 30년~최대 50년) |

(자료출처 : 법인세법 시행규칙 제5조 제3항 별표)

## 3. 기능적 내용연수

기능적 내용연수(Functional Life)라 함은 기능적으로 유효한 기간을 말하며 부지와 건축물의 부적응, 설계의 부실이나 시공한 설비의 불량과 용량의 부족 그리고 외관의 부적절한 자재 선택 등이 기능연수에 영향을 미친다. 기능적 내용연수는 건축물이 기능적으로 한계에 도달하여 더 이상 사용할 수 없기 때문에 기능적 내용연수를 연장하기 위해서는 보수, 개량, 교체, 대수선 등의 공사가 필요하다.

## 4. 행정적 내용연수

행정적 내용연수(Administrative Life)라 함은 법 제도나 행정처분에 의해 건축물의 수명이 다할 때까지의 기간을 말한다. 예컨대 철거 대상 지정 행정처분, 재개발, 재건축 허가, 안전진단 결과 E등급 판정 등으로 사용할 수 없게 될 때까지의 기간을 행정적 내용연수라 한다.

## 5. 경제적 내용연수

경제적 내용연수(Economic Life)란 건축물의 경제적 수명이 다할 때까지의 수명을 말한다. 경제적 내용연수는 동일생활권의 변화, 시장경기의 변화, 상권의 이동, 인근 환경과 부적합 등의 요인에 의하여 결정된다. 상업용 건축물은 상업권의 타 지역 이동으로 영향을 받으며, 업무용 건축물의 경우에는 업무지구가 이동함으로써 수요가 감퇴하고 임대조건이 나빠지는 요인에 의하여 영향을 받는다.

# 제15절 빌딩의 환경

빌딩의 환경이란 빌딩 유지관리 현장을 둘러싸고 있는 환경으로서 직접 또는 간접으로 건축물 유지관리 현장에 영향을 미치고 있는 환경을 말한다. 건축물 유지관리 현장에 영향을 미치고 있는 환경에는 자연환경과 인문적 환경(외부환경 및 내부 환경) 등이 있다. 이를 살펴보면 다음과 같다.

## 1. 환경의 개념

환경의 사전적 의미는 인간을 비롯한 동식물을 둘러싸고 있는 모든 것을 말하며 햇빛, 물, 바람, 토양, 동물, 나무 등 식물등과 같이 자연적으로 이루어 진 자연환경과 건물, 도로, 제도, 학문, 법령, 정책 등으로 인하여 만들어 진 인문적 환경 등 두 종류의 환경개념이 있다. 빌딩종합관리현장에 영향을 주는 환경에는 자연환경과 인문적 환경(인공 환경) 모두 영향을 주고 있으며, 환경은 자연의 활동과 인간의 활동에 의하여 계속 변화되고 있다. 왜냐하면 자연과 인간은 환경변화를 통하여 자연을 계속 변화시켜 왔으며 인간의 문명을 지속적으로 발전시켜 왔기 때문이다.

## 2. 자연환경

자연환경은 문자 그대로 자연히 만들어 진 환경을 말한다. 즉, 비, 바람, 햇빛, 토양 동물, 식물 등 자연환경 요소들로 만들어진 환경으로서 인간에게 인간생존에 필요한 물과 햇빛과 바람 및 토양 그리고 각종 광물자원 및 식물자원을 제공해 주는 등 많은 영향을 주고 있으나 인간은 자연환경에게 나쁜 영향을 계속 주고 있어 자연과 인간 간에는 심각한 환경문제가 대두되고 있다. 특히 자연환경요소 중 대기환경 오염요소와 수질환경오염요소는 빌딩 유지관리에 직접 영향을 미치고 있어 빌딩종합관리자는 이에 대한 연구가 필요하다.

### 1) 대기환경

지구는 공기로 둘러쌓여 있으며 지구를 둘러쌓고 있는 공기를 대기라 하고 이와 같은 대기가 이루고 있는 층을 대기권이라 한다. 대기는 78%의 질소와 21%의 산소 그리고 아르곤, 이산화탄소, 네온, 수소, 헬륨, 매탄 등 기타 기체로 구성되어 있다.

대기는 주지하는 바와 같이 동식불이 숨을 쉬는데 반드시 필요한 산소를 공급해 주고 있어 인간은 대기환경을 청정하게 관리할 필요가 있다. 그러나 자연적 요인과 인위적 요인에 의하여 대기는 점차 오염일로에 있어 자연환경의 문제를 일으키고 있다. 자연의 대기환경 오염원은 화산 폭발과 지진, 산불과 황사현상 등을 들 수 있으며, 사람에 의한 오염원은 공장 매년과 자동차 배기가스, 건축물의 냉난방으로 인한 배출 연기, 화력발전소의 석탄연소로 인한 매연 등을 들 수 있으며 생활 전자기기의 하나인 냉장고와 에어컨에서 나오는 냉매 염화플루오르화탄소는 오존층을 파괴시키고 있으며 대기를 오염시키고 있다.

시대적으로 고찰해 보면 18세기 영국을 중심으로 일어 난 산업혁명과 도시화는 자연을 부분별 하게 개발하여 지구를 황폐화 시켜가고 있으며 이로 인한 사막의 황사 유입과 각종 공장으로부터 내뿜는 공장매연과 도로를 달리고 있는 자동차의 매연, 각종 생활 전자기기들인 냉장고, 에어컨 등의 과도한 사용은 대기권의 공기를 오염시켜 사람이 숨조차 마음 놓고 쉴 수 없는 지경으로 만들고 있다. 특히 건축물에서 냉방과 난방을 위하여 사용하는 각종 에너지와 생활 쓰레기와 산업폐기물 소각, 실내 담배연기 등이 대기 오염원으로 작용하고 있어 건축물종합관리자는 대기환경 오염원을 제거하고 관리하여 친환경 건축물로 유지 관리하는 노력이 필요하다.

건축물종합관리자가 유지관리하고 있는 건축물을 친환경 건축물로 만들기 위해서는 다음과 같은 조치가 필요하다.

(1) 냉난방 배출물질의 농도를 기술을 적용하여 감소시키고 유해성이 적은 물질로 변화시켜야 한다.
(2) 전기 등 에너지 사용을 최소화해야 한다.
(3) 생활 쓰레기와 산업폐기물을 최대로 줄여 배출해야 한다.
(4) 건축물 내외에서 먼지를 일으키지 않도록 해야 한다.
(5) 건축주는 대기오염 방지시설을 설치해야 한다.
(6) 건축물 주변에 나무를 많이 심어야 한다.

### 2) 수질환경

물은 동물과 식물들이 생존하는데 요구되는 필수적 요소이다. 건축물 내 외에서 인간은 매일 물을 마셔야 살아 갈 수 있으나 유감스럽게도 수질이 오염되어 아무 물이나 마실 수 없는 세상이 되었다. 생활폐수와 공장폐수 및 축산폐수 등으로 인한 강물의 오염과 오염된 강물로 인한 바닷물의 오염도 점차 확대되어 가고 있어 지구 전체의 수질오염의 재앙화를 시사하고 있다.

수질의 오염의 원인을 살펴보면, 생활하수와 공장폐수 및 축산폐수 등을 들 수 있다. 이와 같은 수질오염원의 배출은 모두 건축물로부터 시작되고 있어 이에 대한 연구가 필요하다. 수질오염원에 대하여 살펴보면 다음과 같다.

### (1) 생활하수가 수질오염원으로 작용하고 있다

생활하수는 인간의 생활로부터 배출되는 하수로 사람의 배설물과 합성세제를 포함한 각종 오염물질 생활하수에 포함되어 건축물 밖으로 매일 배출된다. 배출되는 생활하수를 정화하지 아니하고 밖으로 배출되는 경우 수질 오염원으로 작용하고 있다.

### (2) 공장폐수가 수질오염원으로 작용하고 있다

공장에서 사용하고 버리는 물로서 유해한 화학물질과 중금속을 포함하고 있다. 공장폐수를 정화 처리하지 않고 배출하는 경우, 수질 오염의 주범이 된다.

### (3) 축산폐수가 수질오염원으로 작용하고 있다

축산폐수는 다량의 유기물질과 병원체를 가지고 있으며, 화학 비료와 농약에 쓰인 비료는 식물과 고기나 어패류를 죽게 하며 이것이 증발하여 대기 중의 구름 속에 있다가 일정한 온도와 결합하여 비나 눈으로 지구상에 떨어 질 때, 인체에 유해한 작용을 하게 되다. 수질오염피해를 방지하기 위해서는 다음과 같은 대책을 수립하여 실천해야 한다.

① 생활하수, 공장 폐수 및 축산폐수 처리기술을 개발하여 하천으로 수질 오염배출을 최대로 억제하거나 최소화해야 한다. 하수종말처리장, 오수 처리장, 공단 폐수처리장, 분뇨 처리장, 축산폐수 처리장 등을 통하여 수질오염배출 전에 정화하고 배출해야 한다.
② 국가와 지방자치단체는 수질오염방지를 위하여 필요한 법령을 변화하는 환경에 따라 제정하고 제도를 정비 보완해 나가야 한다.
③ 수질오염원을 배출하는 개인이나 기업체에 대하여 적정한 처리비용을 부담하게 해야 한다.
④ 가정에서도 각종 세제사용을 억제하고 생활하수를 줄여 최소로 방류하도록 노력해야 한다.
⑤ 건축물 유지관리자도 건축물종합관리 활동 과정에서 발생하는 각종 폐수 및 악성 알카리성 물질을 정화 처리하여 건축물 밖으로 배출해야 한다. 특히 보일러 세관 작업 후의 악성폐수는 반드시 환경업체에 위탁하여 환경관계법령에 따라 처리하고 기록을 남겨야 하며, 건축물 마감재 카펫트 청소와 바닥 왁스 작업 후 청소장비에 모이는 악성 알카리성 폐수는 공중위생관리법 및 관계법령에 따라 희석 처리해야 하고 처리결과에 대하여 기록을 남기어 보관하고 있어야 한다. 먹는 물 관리법에 따라 배수 또는 급수배관은 정기적으로 청관작업을 실시해야 하며, 저수조와 고가수조 등은 정기적으로 청소 및 검사(법정 1년 2회) 실시해야 한다.

## 3. 인문적 환경(인공환경)

건축물종합관리 현장에 영향을 미치는 환경에는 건축물종합관리 법제도 환경, 도시환경 환경, 건축물 유지관리 기술환경과 시장환경, 건축물종합관리 조직의 내부환경, 건축물종합관리조직의 과업환경 그리고 건축물종합관리조직의 일반환경 및 토지정책환경 등이 건축물종합관리 환경요소로 작용하여 건축물종합관리 현장에 영향을 미치고 있다. 이를 구체적으로 살펴보면 다음과 같다.

### 1) 빌딩관리 법제도 환경

건축물 유지관리 업무 대부분은 관계법령과 관계법령에 의하여 만들어 진 법정제도와 시장과 기업에서 만들어 진 임의제도 등에 의하여 주로 운영관리 된다.

건축물종합관리 관계법령에는 건축법, 시설물의 소유 및 관리에 관한 법률, 공동주택관리법과 소방시설의 설치 유지 및 안전관리에 관한 법률, 승강시설 안전관리법, 주차장법, 전기사업법, 도시가스사업법 등이 있으며 주요 유지관리제도에는 법정검사제도, 법정자격 선임 및 해임제도 등이 있다. 이와 같은 건축물종합관리 관계법령과 제도가 건축물종합관리에 결정적으로 영향을 미친다.

건축법령에 의하여 증개축 건축행위 가능여부가 결정되며 대수선이 허가 된다. 뿐만 아니라 건축물에 대한 유지관리 행위가 작위의무가 되기도 한다. 왜냐하면 건축물종합관리는 반드시 관계법령과 제도에 의하여 운영관리 되고 있기 때문이다. 따라서 건축물 소유자와 관리자는 건축물종합관리 관계법령과 제도에 관하여 연구와 이해가 필요하다.

### 2) 도시환경

도시란 상공업을 중심으로 한 경제 및 행정, 문화, 교통망, 편의 시설 따위의 중심지를 말하며 대량 건축물이 집결되어 있고 인구가 집중하여 인구밀도가 매우 높은 지역을 말한다. 도시는 각 도시마다 도시의 특성이 있고 성격이 각각 다르다.

도시환경이란 이와 같이 도시를 둘러싸고 있는 건축물, 인구, 교통망, 도로, 편의시설 등으로 형성되는 환경을 말한다. 특히 도시는 관계법령과 국가정책에 의하여 도시계획이 수립되고 이에 따라 도시의 구획, 가로, 교통, 위생, 주택 등에 관한 건축물의 건축과 개량사업이 추진되기 때문에 건축물의 유지관리 역시 해당되는 도시의 환경에 적합하게 유지 관리되어야 한다. 즉, 도시계획상에 요구하고 있는 건축물의 용도 유지와 규모 유지 및 성격 보존과 유지는 매우 중요하다. 이와 같이 도시환경은 해당 건축묵물유지관리에 영향을 주고 있다.

### 3) 건물종합 · 관리기술환경

건물종합 · 관리기술환경의 변화가 해당 건축물종합관리에 영향을 미치고 있다. 건축물 설계 및 시공기술의 발전과 자재장비의 발달은 건축물의 질적 양적으로 변화를 가져왔으며, 이로 인하여 유지 · 관리기술 또한 건축물의 설계와 시공기술 수준과 이를 통하여 도입하고 장착 또는 시공된 자재와 장비의 유지관리에 문제가 발생하지 않도록 관리되어야 한다.

### 4) 빌딩종합관리 서비스 시장환경

빌딩종합관리 서비스 시장을 형성하는 요소에는 건축물의 소유주와 입주자(사용자/ 점유자 등) 등과 관리자 등이 있다. 종전에는 건축주가 중심이 되는 유지관리 서비스 시장이 형성되어 있었으나, 현제에는 건축물 사용자가 중심이 되는 서비스 시장환경으로 변모하여 건축물 사용자가 요구하는 각종 서비스를 제공해야 하는 환경이 되었다. 따라서 건축물소유자와 유지관리자는 건축물 사용자의 요구에 적절하게 대응해야 한다. 이와 같이 빌딩종합관리 서비스 시장 환경변화가 건축물 유지관리에도 영향을 주고 있다.

### 5) 빌딩관리 조직의 내부환경

빌딩종합관리 조직의 내부 환경은 일반 환경과 과업환경으로 이루어지는 외부환경에 대한 상대적 환경개념으로 경영자와 종업원 및 조직문화 등에 의하여 이루어지는 환경을 말한다. 경영자는 경영방침과 건축물 유지관리에 대한 신념과 철학을 통하여 건축물 유지관리에 영향을 주게 되며 종업원은 조직에 대한 충성심이나 속해 있는 조직의 문화에 따라 서비스 정신으로 무장하고 고객에게 충성하는 면을 보일 수도 있으나 보상이나 조직의 문화가 종업원 이기주의로 흐르는 경우 서비스 정신은 살아지고 매일매일 수동적인 업무에 안일하게 임하게 된다.

즉 조직의 문화가 비 자율적 업무 수행 형태의 X인간형을 선호하게 하는 경우 감독관이 있는 경우에만 일하고 감독관이 없는 경우에는 작업이나 사무를 중단하게 된다. 그러나 조직의 문화가 자율적 업무수행 형태의 Y인간형을 선호하게 되는 경우에는 감독관이 있든 없든 종사자 모두가 열심히 고객에게 충성하게 된다. 따라서 내부환경이 건축물종합관리에 영향을 미치므로 건축물종합관리자는 내부 환경에 매우 유의해야 한다.

### 6) 빌딩종합관리 · 관리조직의 과업환경

빌딩종합관리 과업환경이란 외부환경에 속하는 환경으로서 경쟁사와 자재장비 납품업자 및 인력시장 등으로 형성되는 외부 환경을 말한다. 인력시장은 유지관리 현장에 인력을 공급하는 것을 통하여 건축물 유지관리에 영향을 미치며, 자재 장비 납품업자는 자재와 장비를 납품을 통하여 건축물종합관리 현장에 영향을 미친다. 또한 경쟁사는 건축물종합관리 용역시장에서 경쟁을 통하여 건축물종합관리 현장에 영향을 미치고 있다. 따라서 건축물종합관리자는 과업 환경요소들에 대한 영향 정도를 면밀히 검토하고 분석하여 건축물종합관리가 효과적으로 이루어지도록 해야 한다.

### 7) 빌딩종합관리 조직의 일반환경

빌딩종합관리 외부환경에 해당하는 일반 환경은 경제환경, 정치사회환경, 국제환경 등으로 형성되는 외부환경을 말한다. 경제 환경은 경기변동과 수요 · 공급을 통하여, 정치사회환경은 정치적 안정과 사회의 질서를 통하여 그리고 국제환경은 국제적 평화와 분쟁을 통하여 건축물종합관리에 간접적으로 영향을 미치게 된다. 따라서 건축물 유지관리자는 일반 환경요소들의 변화에 대하여 면밀히 검토하고 분석하여 이에 적절히 대응해야 한다.

## 제16절 빌딩의 기본요소

빌딩은 사용목적과 수익목적 및 처분 목적의 전체 또는 일부에 해당하는 목적으로서 건축물이 신축되거나 재개발 또는 매입 등의 방법으로 취득하고 보유하게 된다. 이와 같은 목적이 이루어지려면 건축물에는 사용수익을 위하여 요구되는 건축물의 기능이 있어야 하고, 공간이 구획되어 있어야 하며, 안전성이 확보되어야 함은 물론 건축물 특유의 아름다움(미)이 있어야 한다. 이를 건축물의 기본 요소라 한다.

건축물종합관리자는 건축물의 기본요소에 대하여 이해를 바탕으로 각 기본요소에 대하여 분석하고 요소에 맞게 유지 관리해야 한다. 건축물의 기본요소에 대하여 살펴보면 다음과 같다.

### 1. 빌딩의 기능

빌딩의 기능이라 함은 빌딩의 작용이나 활용을 말한다. 즉 빌딩을 활용하는데 필요한 작용을 빌딩의 기능이라 한다. 예컨대 빌딩의 사용수익에 필요한 기능으로는 현관이나 대문을 통하여 출입하는 출입기능 그리고 엘리베이터나 에스컬레이터 또는 계단 등을 통한 이동기능, 전원 및 전열 공급기능, 위생 처리기능, 온습도 조절기능 등 많은 종류의 건축물 기능 등이 있다. 빌딩종합관리자는 건축물의 사용과 수익에 필요한 건축물의 기능을 파악하고 건축물의 사용과 수익에 적합한 양질의 건축물 기능을 제공할 수 있도록 해야 한다. (제8절 빌딩의 일반기능 참조)

## 2. 빌딩의 공간

빌딩의 사용과 수익을 위해서는 일정한 공간이 필요하다. 왜냐하면 건축물은 사람이 들어가 살거나 물건을 적재하기 위하여 지어진 집을 말하기 때문이다. 공간의 사전적 의미는 아무것도 없이 비어 있는 칸을 말하나, 건축학에서는 가로 세로 높이가 있는 3차원 공간으로서 사람이 생활하거나 물건을 적재하고 업무수행 또는 생산하기 위한 장소를 공간이라 한다.

빌딩의 공간은 물리적으로만 존재하는 공간이 아니라 공간을 사용 수익하기 위하여 필요한 열 환경, 빛 환경, 음 환경이 갖추어 져야 하고 위생적인 공간에다 사무자동화가 편리하게 작동되어야 하는 공간이어야 한다. 뿐만 아니라 공간은 청결성과 쾌적성 및 안전성이 확보되어야 한다. 따라서 빌딩종합관리자는 건축물의 공간을 유지·관리할 때 반드시 사용수익에 매우 적합한 공간으로 관리해야 한다.

## 3. 빌딩의 안전

빌딩의 사용수익을 위해서는 안전성이 우선적으로 확보되어야 한다. 사람에 대한 사망, 위해, 부상, 상해, 질병의 감염으로부터 자유로워야 하고 재산의 멸실이나 감손으로부터 자유롭도록 빌딩을 유지·관리해야 한다. 따라서 빌딩종합관리자는 빌딩의 사용과 수익을 위하여 빌딩의 안전을 우선적으로 확보해야 한다.

## 4. 빌딩의 미(美)

건축이 건물과 다른 점을 구분하는 잣대는 미가 있는 공작물을 건축이라 하고 미(美)가 없는 공작물을 건물이라 구분한다. 건축물은 종합예술과 기술이 결합하여 건축한 건축물로서 고유의 미를 가지고 있다. 따라서 빌딩종합관리자는 고유의 건축의 미를 살리는 방향으로 유지·관리해야 한다. 결론적으로 건축물 유지관리자는 건축물 기본요소별로 요구하는 바를 파악하여 기본요소에 부합하도록 유지 · 관리해야 한다.

# 제17절 빌딩의 가치

## 1. 빌딩 가치개념의 의의

모든 빌딩에는 각각 동일하지 않으나 나름대로의 의미와 중요성을 가지고 있다. 수익성 건축물의 경우에는 건축물의 가치 중 사용가치와 수익가치 및 처분가치 등 경제적 가치를 모두 가지고 있으나, 비수익성 건축물의 경우 경제적 가치 중 오직 사용가치만 존재하는 건축물도 있다.

또한 빌딩에 따라 상이하나 문화적 가치와 역사적 가치 및 예술적 가치를 모두 가지고 있는 빌딩이 있는가 하면 어떤 빌딩은 역사적 문화적 예술적 가치가 전무한 건축물도 있다. 따라서 빌딩 유지관리자는 관리대상 빌딩의 가치범위를 파악하고 존재하고 있는 가치를 보존, 유지 및 개량하도록 관리해야 한다.

## 2. 빌딩가치의 종류

### 1) 빌딩의 기능적 가치

빌딩의 사용에 있어 필요로 하는 기능적 가치로서 이에는 빌딩의 기능, 안전, 편리, 미관, 쾌적, 위생 환경 등의 가치가 존재하고 있다. 빌딩의 기능적 가치는 빌딩 사용에 요구되는 가치를 의미한다.

### 2) 빌딩의 경제적 가치

빌딩에는 경제적 가치가 존재한다. 빌딩의 경제적 가치는 사용가치와 수익가치 및 처분가치를 말한다. 수익성 빌딩에는 사용가치와 수익가치 및 처분가치 모두 존재하나 비 수익성 건축물이 아닌 교회 건물, 사찰, 성당, 학교 등의 건축물에는 사용가치는 있으나, 수익가치와 처분가치가 원칙적으로 없다. 다만 학교시설의 경우 교육부

장관의 용도 폐기 결정이 있는 경우, 사용가치와 수익가치 및 처분가치 모두 있어 경제적 가치가 인정 된다. 빌딩종합관리자는 경제적 가치가 있는 빌딩을 유지·관리할 때 경제적 가치가 보존되고 유지되며 개량될 수 있도록 관리해야 한다.

### 3) 빌딩의 문화적 가치

빌딩에도 문화가치가 인정된다. 음악당으로 건축된 빌딩이나 종교 용도로 건축한 종교 성당, 사찰 등은 종교적 문화를 배경으로 건축되고 그 용도로 사용되어 왔기 때문에 당시의 문화적 창조물이라 할 수 있다.

빌딩종합관리자가 문화적 가치를 지니고 있는 건축물을 유지·관리할 때, 빌딩종합관리자는 그 빌딩에 존재하는 문화적 가치를 보존하고 유지하며 개량될 수 있도록 관리해야 한다.

### 4) 빌딩의 역사적 가치

빌딩이 건축 당시 시대의 메시지를 은유적으로 전하는 빌딩인 경우에는 역사적 가치를 지니고 있는 빌딩이라 할 수 있다. 예컨대 독립기념관이나 남대문, 서대문 형무소, 일제 강점기의 한국은행 본점 건물, 조선총독부 청사로 사용 하였던 중앙청 청사와 같은 빌딩은 역사성이 매우 깊은 건축물이며 역사적 차치가 존재하고 있다.

이와 같은 건축물을 건축물종합관리자가 유지·관리할 때 역사적 가치가 보존되고 유지되며 개량될 수 있도록 유지·관리해야 한다.

### 5) 빌딩의 종합예술적 가치

예술성이 인정되는 것을 건축물이라 호칭하고, 아름다운 미(美)가 없는 건축물은 건물이라 일반적으로 부르고 있는 점만 보드라도 건축물에는 아름다움이 존재해야 하고 미적 가치와 종합 예술적 가치가 존재하고 있어야 한다.

건축물은 기술과 과학 및 예술이 결합하여 창조한 작품이므로 당연히 종합 예술적 가치가 존재하고 있다. 이태리 로마의 고색창연한 고대 건축물마다 아름다움을 표현하기 위하여 당시에 살았던 로마 미술가나 조각가 및 건축사의 예술적 노력을 볼 때 건축물에는 확실하게 예술적 가치가 존재 하고 있음을 알 수 있다. 빌딩관리소장은 그 빌딩에 존재하는 예술적 가치가 보존되고 유지되며 개량될 수 있도록 관리해야 한다.

| 제 1 장 | 빌딩 개념의 이해 |
|---|---|
| 제2장 | 관리소장 개념의 이해 |

## 제1절 관리소장의 일반적 개념과 중요성

### 1. 관리소장 개념의 일반적 의미

일반적으로 소장(所長)의 사전적 의미는 연구소, 사무소와 같이 소(所)자가 붙어 있는 기관 또는 직장의 책임자를 의미한다. 최근에는 사업소 소장 또는 센터장, 사업소 디렉터 등으로 호칭하는 사례도 종종 발견되고 있다. 또한 빌딩관리현장에는 시설관리나 환경위생관리, 경비보안관리 등의 개별 사업장을 가지고 있는 현장의 경우에는 관리책임자의 호칭은 ○○빌딩 시설관리소장, ○○빌딩 환경위생(미화) 관리소장 또는 ○○빌딩 보안관리소장 또는 팀장이나 감독 등으로 호칭하는 사례도 일반적 사용되는 호칭 개념이라 할 수 있다.

본래 소(所)란 영업소, 연구소 등과 같이 영업이나 연구 뒤에 붙어서 영업하는 곳 또는 연구하는 곳 등을 의미한다. 이와 비슷한 원(院)은 지칭하는 명사 뒤에 붙어서 지칭하는 일이나 시설(집)을 의미한다. 예컨대 학술원, 고아원 등과 같이 사용된다. 일반적으로 소장(所長)호칭의 사용에는 대리점, 물류창고, 운송, 구매, 하역과 같은 유통사업계통에서 관리소장으로 호칭하고 건설현장에서는 ○○건축현장 소장이라 하며 오피스, 공장, 아파트, 빌딩 등의 관리 책임자는 아파트 관리사무소 소장 또는 시설관리 소장, 빌딩관리소장(빌딩종합관리 현장의 경우)으로 호칭하고 있다. 그러나 정부 조직 산하의 보건소, 보건지소, 산림지소, 파출소 등의 기관은 보건소장, 파출소장, 보건소 소장 등으로 호칭하고 있다.

소장개념의 본래 의미는 자기 분야의 재능이나 가장 능한 재주를 나타내는 말이나 일반적으로 소장의 의미는 회사를 대표하는 단위사업장의 현장사무소, 시설관리 사무소, 시설, 경비, 청소 등의 관리 현장의 장으로서 기업경영상 현장에 파견된 경영자 대리인을 말한다.

빌딩관리소장 개념을 정의하면 빌딩관리소장이란 빌딩관리현장 관리업무 총괄 책임자를 말하며, 관리현장 조직의 대표로서 소속회사의 경영자 대리인 역할을 수행하는자를 말한다.

또한 빌딩관리소장이란 파견 또는 종속된 단위사업장의 최고 관리책임자의 직책을 말하며, 관리대상 빌딩 또는 시설물을 소유자나 관리주체로부터 관리권한을 넘겨받아 단위 사업장을 대외적으로 대표하고, 대내적으로 관리업무를 총괄하는 소유주체 또는 관리 주체의 경영자 대리인을 말한다. 이와 같이 빌딩관리소장이란 빌딩의 소유자 또는 관리 주체로부터 관리권한을 위임 또는 위탁 받아 빌딩관리현장의 관리업무를 총괄하는 관리사업소나 현장의 최고 관리 책임자의 직책을 말한다.

다시 말하면 빌딩관리소장이란 빌딩관리소장 업무총괄에 요구되는 빌딩종합관리 실무 전문성을 확보하고 지도능력(리더십), 문제해결 능력, 업무추진 능력, 리스크 관리 능력 등의 빌딩관리소장 업무 수행에 요구되는 요구능력을 갖춘자가 인성과 품성 및 기타 기술자격 필요조건과 학력 필요조건 및 건강 필요조건 등 개인적 자격화 요건을 구비한 자 중에서 빌딩소유자나 관리주체 최고 경영자에 의하여 해당 빌딩관리현장소장으로 인사발령을 공식적으로 받은자를 말한다.

그리고 빌딩관리소장이란 대내적으로 계약 또는 관련 법령에 의하여 위탁 또는 위임 받은 빌딩관리업무[빌딩의 시설관리, 환경위생관리(환경미화관리), 경비보안관리, 기타 시설물관리 등]를 총괄적으로 책임지는 빌딩관리 최고 관리책임자(Building Site General manager)를 말한다.

또한 빌딩관리소장은 관리현장의 리더(Leader)로서 대내적 관리업무 총괄자 역할과 대외적 관리현장 조직의 대표자 역할 및 빌딩관리 주체 소속회사의 경영자 대리인 역할을 수행하는자를 말한다. 영미에서는 순수 시설관리 현장 책임자를 Faclities Manager (FM Manager)라 호칭하고 있다.

## 2. 빌딩관리소장의 중요성

빌딩관리소장은 대내적으로 빌딩관리 총괄 책임자이고, 대외적으로 빌딩관리현장 조직의 대표자 역할과 소속 회사(파견회사)의 경영자 대리인 역할을 수행하고 있으므로 매우 중요한 보직을 맡은 사람을 말한다. 따라서 빌딩관리전문성과 요구능력 및 품성 필요조건 등을 교육과정을 거쳐 확보한 빌딩전문가이어야 한다. 또한 빌딩관리소장은 음악 장르의 오케스트라 연주의 지휘자 역할과 병원의 전문의 유사역할을 담당하고 있어 매우 중요한 관리책임자이자 관리현장의 리더이다.

빌딩관리소장은 수백억원, 수천억 또는 경우에 따라서는 수조원 상당의 빌딩재산관리를 최종 책임지는 자이고 수백 수천의 입주자(빌딩사용자와 이용자)들의 생명과 건강을 보호해야 하는 막중한 책임을 지고 있는 자이므로 빌딩관리소장은 매우 중요한 사람이다. 뿐만 아니라 빌딩관리현장 이해관계자 겸 고객인 빌딩소유자와 사용자 및 이용자 만족도에 영향을 미치는 자이므로 매우 중요한 관리자이다.

또한 빌딩관리소장은 빌딩의 각종 시설과 설비를 매일 같이 점검하고 부정적인 현상 발견시 즉시 수선, 정비, 보수, 보강 ,개량, 교체 등을 통하여 빌딩의 정상적인 기능과 상태(사람의 건강 상태)를 유지하도록 24시간 365일 지하에서부터 지상 옥상까지 직접 또는 간접적으로 매일 점검하고 관리하므로 빌딩관리소장은 빌딩의 물리적 상태의 정상적 보존과 기능과 성능 유지를 위하여 매우 중요한 사람이다. 그러므로 빌딩관리소장은 자격화 과정을 거쳐 빌딩관리 전문가로 거듭 태어나야 하며, 관리 책임을 담당하고 있는 빌딩을 최선을 다하여 사랑(관심)해야 한다. 왜냐하면 빌딩관리소장은 관리를 맡고 있는 빌딩으로 하여금 정상적 기능과 성능을 발휘할 수 있도록 최선을 다하여 관심을 가져야 하기 때문이다.

뿐만 아니라 유자격(有資格) 빌딩관리소장은 빌딩관리현장 이해관계자 고객의 만족(행복)으로 이어지나 무자격(無資格) 빌딩관리소장은 빌딩관리현장 이해관계자 고객의 불만(불행)을 야기하기 때문에 유자격자에 의한 빌딩관리는 매우 중요하며, 이를 책임지고 있는 빌딩관리소장은 더욱 더 중요하다.

## 제2절 빌딩관리소장의 호칭문제와 호칭의 분류

### 1. 빌딩관리소장의 호칭문제

빌딩관리소장이라 함은 앞에서 논의한바와 같이 대내적으로 계약 또는 관련 법령에 의하여 위탁 또는 위임 받은 빌딩관리업무[빌딩의 시설관리, 환경위생관리(환경미화관리), 경비 보안관리, 기타 시설물관리 등]를 총괄적으로 책임지는 빌딩관리 최고 관리책임자(Building Site General manager)를 말한다. 또한 빌딩관리소장은 관리현장의 리더(Leader)로서 대내적 관리업무 총괄자 역할과 대외적 관리현장 조직의 대표자 역할 및 빌딩관리 주체 소속 회사의 경영자 대리인 역할을 수행하는자를 말한다.

영미에서는 순수 시설관리 현장 책임자를 Faclities Manager(FM Manager)라 호칭하고, 자산운영관리 성격의 빌딩관리현장 책임자를 Property Manager(PM Manager)라 부르며, 자산 경영관리 대리인을 Asset Manager(AM Manager)로 호칭하고 있다.

결론적으로 빌딩관리소장이란 파견 또는 종속된 단위사업장의 최고 관리책임자의 직책을 말하며, 관리대상 빌딩 또는 시설물을 소유자나 관리 주체로부터 관리권한을 넘겨받아 단위 사업장을 대외적으로 대표하고, 대내적으로 관리업무를 총괄하는 소유주체 또는 관리 주체의 경영자 대리인을 말한다.

이와 같이 빌딩관리소장이란 빌딩의 소유자 또는 관리주체로부터 관리권한을 위임 또는 위탁받아 빌딩관리현장의 관리업무를 총괄하는 관리사업소나 현장의 최고 관리책임자의 직책을 말하며, 관리 최고책임자의 직책을 가진자를 말한다.

## 2. 빌딩관리소장 호칭의 분류

일반적으로 빌딩관리 총괄책임자를 빌딩관리소장으로 호칭하고 있으나 관리대상 빌딩의 성격이나 소유 형태, 관계법령 등에 의하여 빌딩관리소장의 호칭은 여러가지로 불리어지고 있다.

이를 살펴보면 대체로 다음과 같다.

### 1) 갑측 소장과 을측 소장

빌딩관리소장의 호칭종류를 빌딩관리소장 선임권자를 기준으로 분류하면 갑측 소장(甲側所長)과 을측 소장(乙側所長)으로 분류할 수 있다. 갑측 소장은 빌딩소유자 또는 경영자(빌딩 소유 주체)로부터 직접 소유 또는 경영하는 빌딩에 대한 관리권한을 위임받은 관리소장을 말하며, 을측 소장은 빌딩소유자 또는 빌딩경영자 등으로부터 계약에 의하여 관리업무를 도급 받거나 위탁받은 관리 주체(관리전문 업체)로부터 고용관계에 의하여 인사명령으로 관리권한을 위임받아 관리현장에 파견된 빌딩관리소장을 말한다.

전자의 경우에는 빌딩소유자가 직접 고용한 자 중에서 빌딩관리소장으로 선임하고 인사명령에 의하여 빌딩관리소장 또는 사옥관리부장이나 관재부장 또는 총무부장 등의 지위를 가진 빌딩관리 책임자를 말하고, 후자의 을측 소장은 빌딩 소유주체와 관리 용역계약을 체결한 관리전문 업체로부터 관리소장으로 선발되고 현장에 배치된 자를 말한다. 전자는 빌딩관리소장으로서 빌딩소유자로부터 관리권한을 수여 받은자이나 후자는 관리업체로부터 관리권한을 부여 받은자의 법적 지위를 가진자이다.

전자의 보고 대상은 빌딩소유자 또는 경영자로 제한되나 후자의 경우에는 빌딩소유자 또는 경영자 및 갑측 소장 그리고 관리 권한을 위임한 소속회사인 관리업체의 장에게 보고의무를 부담하는 지위를 가지고 있다. 경우에 따라서는 같은 빌딩관리현장에는 갑측 소장(보통 빌딩소유회사 조직의 총무이사나 관재 부장 또는 총무과장이 담당함) 갑측 소장의 지휘를 받는 을측 소장이 동시에 존재할 수 있으며, 이와 같은 경우에는 을측 소장은 갑측 소장의 지휘를 받아야 하고, 업무 전반에 대하여 갑측 소장에게 보고할 의무와 책임을 지게 된다.

또한 빌딩관리가 PM(Property Management)형태로 운영 · 관리되는 경우에는 갑측 소장과 갑측 소장을 대행하는 PM Manager 및 을측 소장이 동시에 같은 현장에 위치하게 되며, 이 경우 을측 소장은 PM Manager에게 주로 업무현황을 보고하게 된다.

### 2) 빌딩종합 관리소장과 개별 관리소장

빌딩관리영역을 기준으로 빌딩관리소장의 종류를 분류하면 ○○빌딩종합관리소장( 종종 00빌딩 시설관리소장으로 호칭하는 경우도 있음), 환경미화(개별)관리소장, 경비 보안(개별)관리소장(종종 경비보안 팀장으로 호칭하는 경우도 있음) 등으로 분류할 수 있다.

빌딩관리조직이 혼합관리 형태로 관리 되는 경우, 상기와 같은 빌딩관리소장 호칭이 다르게 불러지고 있다. 또한 빌딩관리현장에는 빌딩종합관리소장(일반적으로 ○○빌딩관리소장으로 호칭하고 있음)과 시설관리나 환경미화관리(환경위생관리) 또는 경비보안관리 등의 개별업종 관리의 관리책임자를 ○○빌딩 시설관리소장, ○○빌딩 환경미화 관리소장 또는 ○○빌딩 경비보안 관리소장 등으로 호칭하고 있다.

다시 말하면 빌딩종합관리의 경우, 총괄책임자의 직책은 ○○빌딩종합 관리소장으로 호칭하고, 개별관리의 경우에는 해당 용역 관리소장으로 호칭하고 있다.

### 3) 1급 빌딩관리소장과 2급 빌딩관리소장, 3급 빌딩관리소장 및 건물관리인

빌딩의 규모나 층수에 따라 빌딩관리소장의 공식적 분류방법은 아니나 1급 빌딩관리소장과 2급 빌딩관리소장 또는 3급 빌딩관리소장 및 건물관리인 등으로 분류할 수 있다.

1급 빌딩관리소장이란 31층 이상의 초고층 또는 3만평 이상의 연건평 가진 대형빌딩관리 책임자를 말하고, 2급 빌딩관리소장은 10층에서 29층 사이의 중층 규모의 빌딩이나 1만평에서 2만평 미만의 연건평 규모의 중형 빌딩관리 책임자를 말한다. 그리고 3급 관리소장이란 9층 이하의 소형 빌딩관리 책임자를 말한다. 특히 5층 이하의 꼬마빌딩 관리책임자는 관리소장이라 호칭하지 아니하고, 일반적으로 건물관리인으로 부르고 있다.

### 4) 관리사무소 소장 또는 관리센터 센터장

빌딩관리소장의 경우 관리주체의 조직표에 따라 단위 현장명을 ○○관리사무소 또는 ○○관리센터로 조직화되어 있는 경우에는 빌딩관리소장을 관리사무소 소장 또는 관리센터 센터장으로 호칭하기도 한다.

### 5) 국유재산 관리청의 재산 분임관

국유재산은 국유재산관리법에 의하여 관리되고 있다. 동법에 따르면 전체 국유재산의 총괄은 기획재정부에서 담당하고 소관부처가 사용하는 국유재산은 해당 부처가 관리청이 되어 소속 공무원 중에서 재산관리 책임을 선임하고 관리업무를 위임하여 관리하고 있다. 이 경우 관리를 위임받은 관리책임자를 ○○청사 재산 분임관이라 호칭하고 있다.

### 6) 집합건물 관리단의 관리인

상업용도와 업무용도 거주용도 등 복합 시설물로서 구분 소유권의 대상이 되는 빌딩은 집합건물 소유 및 관리에 관한 법률에서 상업용도나 업무용도의 건물의 연면적이 주거용도의 연면적보다 큰 경우에는 구분 소유권자들에 의하여 관리단을 구성하고, 관리단의 결의에 의하여 관리 책임자인 관리인을 선임하도록 규정하고 있다. 이 경우 관리소장의 명칭은 ○○빌딩관리인으로 호칭된다.

### 7) 시군구의 청소행정팀 팀장 또는 시설장비팀, 환경관리팀 팀장

지방자치단체 시군구의 경우 종전의 도급계약제로서 운영하던 시설관리와 환경미화(청소) 및 경비용역 업무를 포괄승계하고, 청소행정팀 또는 시설장비팀에서 이를 운영·관리하고 있다. 이 경우 빌딩관리소장 역할의 책임자 명칭은 ○○구 청소행정팀장 또는 ○○시 시설장비팀장으로 호칭되고 있다.

### 8) 사옥관리부장, 관재부장

소유하고 있는 빌딩 소유주체가 사옥으로 사용하는 경우, 관리소장을 사옥관리부장 또는 관재부장으로 호칭하고 있다.

## 제3절 빌딩관리소장의 법적 지위와 성격

빌딩관리소장은 빌딩소유자나 경영자, 빌딩관리 주체, 관련 법령(국유재산관리법의 재산 총괄청 또는 관리청) 등 빌딩관리의 리가 있는 자 등으로부터 관리권한(관리권)을 수여, 위임, 계약, 관계법령의 규정 등에 의하여 넘겨 받은자로서 이들을 대신하여 빌딩관리권한을 행사하는자이다. 다시말하면 빌딩관리소장은 빌딩관리 대리권을 수여 받은 대리인은 아니나 대리인과 유사한 법적 지위를 가지며, 계약 또는 고용 및 관계법령에 의하여 해당 빌딩의 관리에 대하여 대리권과 유사한 관리권한을 행사하는 이른바 사무 수탁자의 법적 성격을 가지고 있는 자를 말한다.

## 제4절 빌딩관리소장의 위치와 역할

### 1. 빌딩관리소장의 위치

빌딩관리 갑측 소장은 빌딩 소유자나 경영자 바로 밑에 위치하나 을측 소장은 빌딩관리현장 이해관계자 3면 구조 한가운데 위치하게 된다. 빌딩종합관리가 PM형태로 위탁관리 되는 경우 빌딩관리현장에는 다음과 같은 3면 3각 구조가 이루어지게 되며, 을측 소장은 빌딩관리현장 3면 3각 구조 중앙에 위치하면서 이해 당사자인 빌딩 소유자(갑측 소장과 PM Manager포함)와 빌딩관리 주체인 소속 관리전문업체 그리고 빌딩 사용주체인 빌딩입주자 또는 빌딩 임차인(Tenant) 등에게 각각 상이한 역할과 빌딩관리 업무를 총괄 수행을 통하여 해당 이해관계자 고객(빌딩소유자와 사용자 등)의 요구에 부합하는 빌딩종합관리 서비스를 생산하고 제공하게 된다.

#### 1) 빌딩관리현장 1면 구조

빌딩관리현장 이해관계자 간에는 다음과 같이 이해 당사간의 계약 관계에 따라 1

면 구조와 2면 구조 및 3면 구조로 구성되는 3면 3각관계가 성립된다.

1면 구조는 빌딩소유자(BO/Building Owner) + 빌딩관리 전문업체(FMC/Facilities Management Company) 간의 빌딩관리 도급계약 또는 용역계약에 의하여 성립된다. 참고로 빌딩관리현장이 상업용 임대빌딩의 경우에는 이상과 같은 1면 구조 아래 운영관리를 대행하는 운영관리 전문업체(PMC/Property Management Company)가 빌딩소유자와 PM계약을 체결하고, 빌딩관리현장에 PM Manager를 파견하여 FM사를 감독하게 되며 임대업무를 총괄하게 되는 추가적 구조가 성립된다.

### 2) 빌딩관리현장 2면 구조

빌딩관리현장 2면구조는 빌딩소유자(BO/Building Owner) + 빌딩 사용주체(T/Tenant) 간에 임대차 계약에 의하여 성립된다. 이 경우 임대인에 임차인에 대하여 일정 부분 빌딩공간을 점유하게 하거나 빌딩 공용시설 사용권을 허여하게 되며, 임차인의 빌딩 사용수익에 필요한 빌딩관리 서비스를 빌딩관리 관리업체를 경유하여 제공하게 된다. 반대로 임차인은 임대인에게 임대료와 관리비(경우에 따라서는 관리비는 빌딩관리 전문업체에 납부하는 경우도 있음)를 의무적으로 납부하게 된다.

### 3) 빌딩관리현장 3면 구조

빌딩관리현장 3면 구조는 빌딩관리 전문업체(FMC/Facilities Management Company) + 빌딩사용 주체(T/Tenant) 간에 관리계약에 의하여 성립된다. 이 경우 FMC는 임차인에게 빌딩 오너 또는 임대인(임대대행사 PM사 포함)을 대신하여 임차인의 빌딩 사용수익에 필요한 각종 빌딩관리 서비스를 제공하게 된다.

이와 같이 을측 빌딩관리소장은 빌딩소유 주체와 관리 주체 및 사용주체로 이루어지는 빌딩관리현장 이해관계자 3면 3각 구조 한 가운데 위치하게 되며, 위치하고 있는 현장에서 다음에서 설명하는 빌딩관리소장의 대내적 역할과 대외적 역할을 통하여 빌딩관리 업무를 총괄하게 된다. 다시 말하면 빌딩관리소장은 대내적으로 빌딩관리 업무를 총괄 지휘 감독하며 대외적으로 빌딩관리 조직을 대표하거나 경영자(소속회사) 대리인의 역할을 수행하게 된다.

## 2. 빌딩관리소장의 역할

빌딩관리소장은 두가지 역할을 통하여 빌딩관리의 목표를 달성하는 자이다. 빌딩관리소장의 역할에는 대내적 역할과 대외적 역할 등이 있다. 이의 내용을 살펴보면 다음과 같다.

### 1) 빌딩관리소장의 대외적 역할

빌딩관리소장은 소속회사(빌딩 소유주체 또는 관리주체)가 해당 현장에 파견한 소속사의 현장 대리인 또는 경영자 대리인으로서 빌딩관리현장을 대표하는 역할을 수행한다. 갑측 소장의 경우에는 빌딩소유자의 고용에 의하여 대리권을 위임받아 해당 빌딩관리현장조직을 대표하는 역할을 수행하고, 을측 소장은 관리용역업체의 고용에 의하여 선임된 빌딩관리소장으로서 대외적 역할을 수행한다. 빌딩관리소장의 대외적 역할의 종류를 정리하면 다음과 같다.

(1) 빌딩 소유주체를 대리한 관리주체의 역할
(2) 관리도급업체 경영자 대리인 역할
(3) 소유주체 또는 관리관계자 요구사항 및 의사수령자 역할
(4) 관리주체 조치사항 전달자 겸 보고자 역할
(5) 빌딩관리소장이 전기안전기사 또는 기계설비유지관리자 등을 겸하는 경우, 법정자격자역할
(6) 빌딩관리현장 조직의 대표자 역할

### 2) 빌딩관리소장의 대내적 역할

빌딩관리소장은 건물소유자나 경영자, 빌딩관리 주체, 관계법령상 관리권한이 있는 자 등으로부터 관리권한을 수여, 위임, 계약, 법령 또는 고용 등에 의하여 넘겨 받은 자 이므로 이들을 대신하여 빌딩관리 권한을 행사하는 자이다. 다시 말하면 빌딩관리소장은 대리권을 수여 받은 대리인은 아니나 대리인과 유사한 법적 지위를 가지고 있음으로 대내적으로 계약, 고용, 위임이나 위탁, 관계법령 등이 정하는 범위 내에서 해당 빌딩을 전면적으로 점유하여 대내 관리 조직을 지휘하고 조직을 장악하며 지휘, 통제, 조정 관리하는 이른바 빌딩관리업무를 총괄하는 역할을 수행하게 된다.

또한 빌딩관리현장에는 빌딩관리와 관련하여 빌딩소유 주체인 빌딩소유자(Building Owner)와 빌딩소유자와 계약 또는 관계법령에 의하여 관리계약 또는 관리권을 위임받은 관리주체(편의상 관리전문업체)인 FMC(Facilities Management Company) 및 계약 또는 관련법에 따라 해당 빌딩을 사용·수익하는 사용주체인 입주자, 임차인(Tanent) 등이 3면 3각 관계를 가지고 서로 상호작용하는 가운데 빌딩관리 서비스가 생산·공급 또는 수급되고, 용역비가 지급되며 임대료와 관리비 등이 정기적으로 지불되는 업무가 특별한 사정 변경이 없는 한 계약기간 또는 계약이 정하는 기간 동안 정기적으로 또는 수시로 이루어진다. 특히 계약에 의하여 빌딩소유자(국유재산관리법상 국유재산 총괄청

또는 관리청 및 재산 분임관 포함)와 관리도급계약을 체결한 경우, 빌딩관리현장에는 도급 관리업체가 관리 주체의 지위를 가지고 관리현장에 빌딩관리 조직을 구축하게 되며 빌딩관리소장을 파견하여 빌딩관리 업무를 수행하게 된다. 다시 말하면 빌딩관리소장은 빌딩관리현장에서 이해관계를 가진 빌딩소유주체(빌딩운영주체 포함)와 빌딩관리주체 및 빌딩 사용주체 등에 의하여 이루어지는 빌딩현장 이해관계자 3면 3각 구조 속에서 빌딩관리 용역 도급회사에 고용된 빌딩관리소장은 빌딩관리 주체인 소속회사의 감독아래 빌딩관리현장에 파견되어 소속 빌딩관리 종사자를 지휘 감독하여 빌딩관리 서비스를 도급계약 범위 내에서 생산하고 빌딩사용 주체에게 적절하게 공급하여 빌딩 사용주체의 빌딩사용수익 활동을 적절하게 지원하게 된다.

한편 빌딩소유주체에게 빌딩관리 주체를 대신하여 정기적으로 또는 수시로 주요 빌딩관리 업무를 보고해야 하며 지휘 감독을 받아 빌딩관리 업무를 총괄관리하는 빌딩관리 대내적 역할을 수행하게 된다. 빌딩관리현장 이해관계자 3면 3각 구조중심에 위치하고 있는 빌딩관리소장의 대내적 역할은 매우 중요하며 빌딩관리의 핵심 업무를 총괄 지휘하게 된다. 빌딩관리소장의 대내적 역할을 정리하면 대체로 다음과 같다.

(1) 현장관리 업무 총괄관리자 역할
(2) 관리종사자 업무지원자 역할
(3) 현장종사자 업무감독자 역할
(4) 현장 관리종사자 교육자 역할
(5) 관리종사자 갈등 및 분쟁조정자 역할
(6) 사건사고 예방 및 수습자 역할
(7) 문제해결자 역할
(8) 관리업무 최종책임자 역할
(9) 관리업무 지휘자 역할
(10) 외부 환경으로부터 조직 구성원의 생명건강 및 신분보호자 역할
(11) 빌딩소유자(AMC, PMC 포함) 및 소속업체에 대한 보고자 역할
(12) 빌딩관리 위험(Risk) 예방 및 위험사고 방지자 역할
(13) 빌딩 재산 및 입주자(빌딩사용자 등) 관리자 겸 보호자 역할
(14) 빌딩관리현장 화재예방 및 질서유지자 역할

빌딩관리소장은 빌딩관리현장 이해관계자 3면 3각 구조 중앙에 위치하면서 대내외적 역할을 통하여 이해당사자가 각각 요구하는 서비스를 생산하고 이를 적절하게 제공하고 있으며, 이해관계자의 요구에 부합하는 작용을 담당하고 있다. 이를 그림으로 정리하면 다음과 같다.

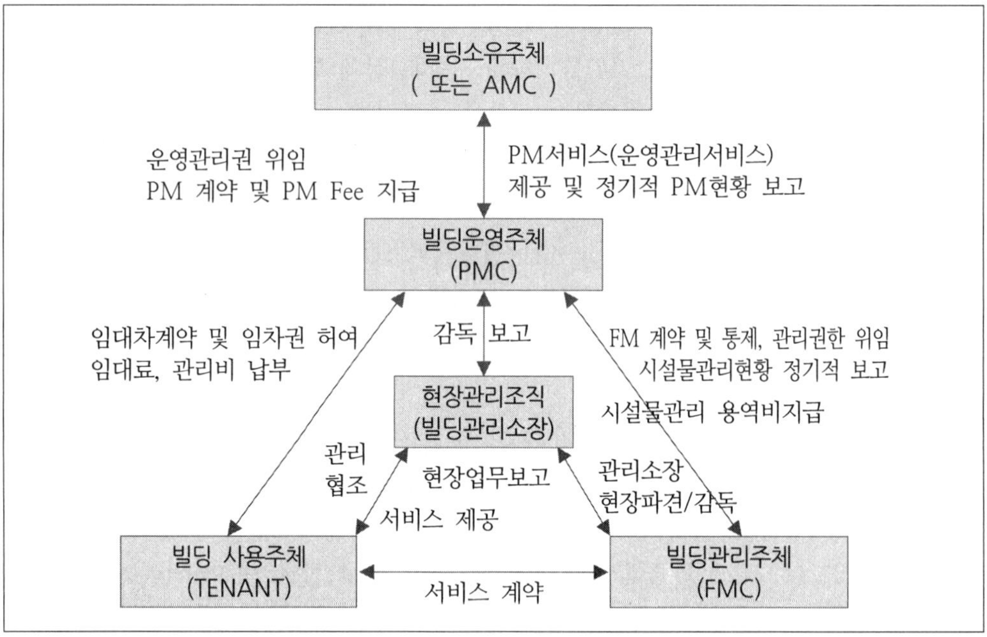


(자료 출처 : 김일효(2011), 건물자산운영관리론, 남두도서, p.31 인용 및 일부 수정)

[그림 2] 빌딩관리현장 이해관계자 3면 3각 구조와 빌딩관리소장의 대내외적 역할 개념도

## 제5절 빌딩관리소장의 주요 업무

빌딩관리소장의 주요 업무를 관리현장 업무종사자와 관계법규 및 참고문헌 등을 대상으로 조사해 본 결과 빌딩관리소장의 주요 업무는 대체로 다음과 같다.

1. 빌딩종합유지관리 업무(빌딩시설관리, 환경위생관리 및 시설경비 보안관리)의 총괄관리 조직 구성원 지휘 및 관리 협력업체 감독 업무
2. 관리대상 빌딩 주(主)용도(예 판매용도, 숙박용도, 임대용도) 활성화 관련 업무
3. 빌딩관리 도급계약서 및 과업지시서 등의 이행사항 또는 의무사항 수행업무
4. 관리비 및 사용료, 장기수선 충담금 등의 수납과 사후관리 업무
5. 빌딩 건축물의 하자의 발견 및 보수 청구, 장기수선계획의 수립 및 조정, 시설물 안전점검 계획의 수립 및 안전점검 업무
6. 관리 관계법령에 의한 법정 자격 선임 및 해임 보고 업무

7. 빌딩소유자 또는 갑측 소장 및 PM현장의 경우 PM Manager 등의 협조 요청 지원업무
8. 빌딩관리현장 질서 유지업무
9. 화재예방 등 재난방지 업무 및 사고수습 업무와 원상복구 업무
10. 지방자치단체 관계부서와 관할 소방서 및 관할 보건소, 관할 경찰서 등 합법적 요청지원 업무
11. 도급계약에 의하여 임대 대행을 합의하는 경우 임대료의 수납 및 정산업무
12. 관리계획의 수립 및 집행 업무
13. 현장구성원 교육 업무
14. 현장구성원 업무지원 업무
15. 실행예산 작성, 집행 및 정산보고 업무
16. 빌딩 소유주체 및 관리주체에 대한 정기적 보고업무
17. 빌딩시설물의 운영, 관리, 유지, 보수, 교체, 개량 업무
18. 빌딩 운영관리 규칙 감독 업무
19. 현장관리 문제해결 업무
20. 관리사무소 현장 조직관리 및 인사노무관리 업무
21. 경비, 청소 등 하도급 업체관리 업무
22. 입주 고객관리 등 현장고객 관계관리 업무
23. 현장리스크(Risk)관리 업무
24. 임대용도 빌딩의 경우 임대 등 빌딩 자산관리 지원업무
25. 빌딩 소유주와 관계자 신뢰관계 유지 업무
26. 입주자 관리 및 사후관리 업무
27. 기타 빌딩 소유주체와 경영주체, 관리 주체 및 빌딩 사용주체 협조요청 업무 등

## 제6절 빌딩관리소장의 권한과 의무

### 1. 빌딩관리소장의 권한

빌딩관리소장은 갑측 소장이나 을측 소장을 불문하고 권한과 의무(책임)를 동시에 가지고 있는 자이다. 빌딩관리소장은 빌딩관리대상 빌딩을 빌딩사용가치의 유지 및 향상과 빌딩사용조건의 최적화 및 빌딩의 물리적 상태의 정상적 보존과 빌딩기능의

보전을 가장 경제적인 방법으로 가장 안전하게, 가장 효율적으로, 가장 적합하게, 가장 효과적으로 달성하는데 필요한 권한과 의무를 동시에 지고 있다.

빌딩관리소장이 가지고 있는 권한이라 함은 권리가 아닌 것으로 어떤 행위를 할 수 있는 자격 또는 법적 지위를 말한다. 빌딩관리소장이 가지고 있는 권한에는 빌딩관리 행위를 할 수 있는 자격으로서 대체로 다음과 같은 권한을 가지고 있다.

(1) 관리사무소 또는 관리현장 조직의 대표권한
(2) 대내적 관리 업무총괄 지휘 감독 권한
(3) 관리비 등의 징수 및 정산 권한
(4) 관리계약의 체결 및 임차인 사후관리 권한(임대상업용 빌딩 경우와 PM사가 없는 경우 임대계약 포함)
(5) 관리업무에 대한 공정한 의사결정 및 선택권한
(6) 관리 현장 조직내 구성원의 업무 분담 및 조정 권한
(7) 실행예산의 집행 및 사후관리 권한
(8) 관리종사자 인사노무관리 권한
(9) 관리종사자 분쟁 및 갈등조정 권한
(10) 청소, 경비 등 하도급 업체 관리 및 감독권한
(11) 입주자 관리 권한 등

## 2. 빌딩관리소장의 의무

빌딩관리소장은 권한을 가지고 있는 동시에 법적 구속력은 없으나 윤리·도덕적으로 부담해야 하는 의무를 지니고 있다. 빌딩관리소장의 의무에는 적극적으로 이행해야 하는 작위(作爲) 의무와 소극적으로 행하지 말아야 하는 부작위(不作爲) 의무가 있다. 이를 구체적으로 살펴보면 다음과 같다.

### 1) 빌딩관리소장의 작위 의무

빌딩관리소장이 현장에서 적극적으로 이행해야 하는 작위의무에는 대체로 다음과 같은 의무가 있다.

(1) 선량한 관리자의 주의 의무
(2) 인명과 재산보호 의무
(3) 정직 및 공정관리 의무
(4) 재난방지 의무

(5) 공공의 이익 우선 보호 및 질서유지 의무
(6) 품위유지 의무
(7) 성실보고 의무
(8) 청렴 의무
(9) 기술 및 비밀 보안유지 의무
(10) 부정 용역 및 발주금지 의무
(11) 피해 또는 손해배상 의무
(12) 자기관리 의무
(13) 자기계발 의무

### 2) 빌딩관리소장의 부작위 의무

빌딩관리소장이 관리현장에서 소극적으로 행하지 말아야 하는 소극적 의무는 대체로 다음과 같다.

(1) 자기계약 금지 의무
(2) 불공정 공사계약 체결 금지 및 지득한 비밀누설 금지 의무
(3) 부정 청탁 금지 의무
(4) 부정한 방법으로 예산낭비 방지 의무
(5) 사익 우선관리 행위 금지 의무
(6) 금품요구 및 향응 접대 금지 의무
(7) 불법행위 금지 의무
(8) 조직내 파당 조성 금지 의무

# 제7절 빌딩관리소장의 자격과 빌딩사용자 만족도 상관관계

## 1. 빌딩관리소장 자격 수준

빌딩관리소장의 자격 수준은 0%에서 100%까지의 자격 수준을 상정할 수 있다. 빌딩관리소장 자격화를 통하여 양성 배출하고자 하는 빌딩관리소장은 100%의 자격 수준을 가진 빌딩관리소장을 말하며 전문적 관리의무대상 빌딩을 전문적으로 관리할

수 있는 유능하고 능력있는 자격 있는 빌딩관리소장을 말한다. 이상적 빌딩관리소장 자격화모형 이론에 따르면 100%의 자격 수준을 갖춘 빌딩관리소장이란 다음의 빌딩관리소장 자격화 요건을 두루 충족한 자를 말한다.

1차적으로 정신적 자격화 요건인 빌딩관리현장 이해관계자 고객인 빌딩소유자와 사용자 및 이용자의 만족에 요구 되는 양질의 빌딩관리 서비스 생산과 제공에 있어 책임감과 사명감을 가지고 있는 자가 빌딩관리의 성공을 통하여 빌딩관리소장 자신도 성공하겠다는 정신 무장을 한 자로서 2차적으로 자격화 요건인 빌딩종합관리 실무 전문 지식을 확보하고 3차적으로 빌딩관리소장 요구능력(업무집행 능력, 문제해결 능력 등)을 무장하고, 4차적으로 개인적 자격화 요건인 인성과 품성 필요조건, 기술자격 필요조건, 빌딩종합관리 5년 이상의 관리경력 필요조건, 학력 필요조건 그리고 건강 필요 조건을 충족하고 5차적으로 빌딩소유자 또는 관리 주체 최고 경영자로부터 해당 빌딩관리소장으로 인사발령을 공식적으로 수여 받음으로서 이상적 빌딩관리소장으로 거듭 태어나게 된다.

이와 같이 거듭 태어난 자격 있고 유능한 빌딩관리소장은 100%의 빌딩관리소장의 자격을 갖추게 되며 빌딩관리현장 이해관계자 고객의 빌딩 소유만족과 사용만족 및 이용 만족에 요구되는 양질의 빌딩관리 서비스를 100% 생산하고, 이를 적절하게 제공할 수 있게 된다.

## 2. 빌딩관리현장 이해관계자 고객만족도

빌딩현장 이해관계자인 빌딩소유자와 사용자 및 이용자는 빌딩의 소유와 사용 및 이용에 필요한 양질의 빌딩관리 서비스를 유능하고 자격 있는 빌딩관리소장이 100% 생산하고 제공할 때 비로소 빌딩소유자는 소유만족과 사용자의 사용만족 및 이용자의 이용만족을 100% 충족하게 된다.

## 3. 빌딩관리소장 자격 수준과 빌딩사용자 만족도 간의 상관관계

빌딩관리소장 자격 수준과 빌딩관리현장 이해관계자 고객만족도는 매우 밀접한 상관관계를 가지고 있다. 왜냐하면 100%의 자격을 가진 빌딩관리소장은 고객의 100% 만족에 요구되는 양질의 빌딩관리 서비스를 생산하고 제공할 수 있으며, 100%의 서비스를 제공받은 때 비로소 고객인 빌딩소유자와 사용자 및 이용자가 100% 만족할 수 있기 때문이다. 따라서 빌딩관리소장의 자격 수준과 고객만족도 간에는 상관관계가 존재하고 있음을 확인할 수 있다.

# 빌딩관리소장 선발사례와 빌딩사용자 만족도 실태

# 제II편

제I편에서 살펴 본 바와 같이 빌딩관리소장은 빌딩관리현장에서 대내적으로 빌딩종합관리 업무총괄책임자인자겸 리더의 역할을 수행하는 자이고, 대외적으로는 빌딩관리현장조직의 대표로서 소속회사의 경영자 대리인 역할을 수행해야 하는 자이므로 빌딩관리소장은 빌딩관리현장에서는 빌딩소유자 입장이나 소속회사의 차원에서도 매우 막중하고 중요한 책임을 지고 있는 자이다. 뿐만 아니라 고객의 만족(소유자의 소유만족과 사용자의 사용 수익만족 및 이용자의 이용만족)에 부합하는 양질의 빌딩종합관리서비스(빌딩시설관리 서비스와 환경미화 서비스 및 빌딩 경비보안 서비스 등)를 관리자원의 효율적 배분과 빌딩관리 최유효관리법을 통하여 가장 경제적 방법으로 가장 안전하게, 가장 효율적으로, 가장 적합하게, 가장 효과적으로, 생산 · 제공하여 고객 모두를 만족하도록 지원해야 하기 때문에 현장관리 종사자 중에서 가장 출중하고 탁월한 능력과 자격을 갖춘자를 빌딩관리소장으로 설발하고 해당 빌딩관리현장에 배치해야 한다.

왜냐하면 전문적 관리의무 대상 빌딩은 화재 등 안전위험이 상존하고 있어 전문적 관리(기술적 관리와 과학적 관리 및 체계적 관리)를 요하기 때문에 유능하고 자격있는 빌딩관리소장에 의하여 전문적으로 관리해야 한다. 따라서 개인적으로는 빌딩관리소장의 직업을 천직으로 인식하고, 성공하겠다는 강한 의지를 가지고 있어야 하며, 공적으로는 빌딩관리의 사명감과 책임감을 가지고 최선을 다하여 빌딩관리의 목적과 목표를 달성하고자 하는 정신자세와 태도를 가지고 있는 자 중에서 대내적 역할과 대외적 역할을 성공적으로 감당할 수 있는 빌딩관리소장의 능력과 자격을 가진 유자격자를 선발하고, 공식적 인사 명령을 통하여 해당현장에 배치할 필요가 있는 것으로 판단된다.

본편에서는 3개의 장을 통하여 국내 빌딩관리현장 소장의 선발사례를 조사하고, 이의 선발사례의 문제점을 분석하여 개선 방안을 제시하고 있으며, 선발사례의 문제점 분석결과의 시사점을 소개하고 있다. 또한 빌딩 사용자의 만족도 실태를 함께 조사하여 제시함으로서 도출한 빌딩관리 선발사례의 문제점과 빌딩사용자 만족실태 문헌조사 결과가 빌딩관리현장에서 빌딩을 기반으로 이루어지는 인간의 삶과 생활과 일의 영위에 어떤 영향을 미치며 빌딩관리현장 이해관계자 고객인 빌딩소유자와 사용자 및 이용자의 만족도에 어떤 작용을 하고 있는지에 대하여 살펴보고, 빌딩사용자의 빌딩 사용만족도 실태의 시사점을 함께 소개하고 있다.

| 제3장 | 국내 빌딩관리소장 선발사례 조사 |
|---|---|
| 제 4 장 | 국내 빌딩관리소장 선발사례 문제점 분석 |
| 제 5 장 | 국내 빌딩사용자의 만족도 실태 |

## 제1절 국내 빌딩관리소장 선발사례 조사의 의의와 목적

### 1. 국내 빌딩관리소장 선발사례 조사의 의의

국내에 산재하고 있는 빌딩관리현장을 대상으로 선발 배치되고 있는 빌딩관리소장의 자격여부를 요구능력과 필요조건 측면에서 조사하여 어떤 능력과 필요조건을 충족하고 있는지, 아니면 이를 충족하지 못하여 대내적 빌딩관리 업무총괄과 대외적 빌딩관리현장 조직의 대표 및 경영자 대리인 역할을 수행하는데 문제점이 없는지를 분석하고 문제점을 도출하여 개선책을 마련하는데 본 조사의 중요성과 의미가 있다.

### 2. 국내 빌딩관리소장 선발사례 조사의 목적

빌딩관리소장의 무자격(無資格)은 빌딩관리현장 이해관계자 고객 모두에게 불행(불만족)으로 작용함으로 이를 개선하기 위해서는 빌딩관리소장의 자격화(有資格)가 매우 중요하고 필요하다. 국내에 산재하고 있는 각종 빌딩의 관리소장의 자격여부와 정도를 확인해 보기 위해 국내 빌딩관리소장의 양성과 선발 배치사례 조사를 통하여 빌딩관리소장의 자격의 문제점을 파악할 수 있다. 따라서 본 조사의 목적은 빌딩관리소장양성 및 선발사례의 문제점을 도출하고, 도출된 빌딩관리소장 자격 문제점의 개선방안을 마련하는데 목적이 있다.

빌딩관리소장의 자격화 개념의 논의의 목적은 향후 도입이 예상되는 빌딩관리소장 법정 자격 인정(가칭) 빌딩관리사 국가자격 시험제도 도입의 견인과 바람직한 빌딩관리소장의 대내적 역할과 대외적 역할 수행에는 어떤 종류의 능력이 필요하고 충족해야 하는 필요조건에는 어떤 조건이 요구되는지를 탐색하고, 이를 바탕으로 이상적 빌딩관리소장 자격화의 모형을 개발하여 빌딩관리 전문업체와 빌딩오너에게 제시함으로서 빌딩관리 전문업체와 빌딩오너로 하여금 자체 빌딩관리소장 자격화 교육훈련 프로그램을 수립하고, 이를 통하여 이상적 빌딩관리소장 자격화 과정을 통하여 유능하고 자격 있는 빌딩관리소장의 양성하고 선발을 지원하는데 있다.

## 제2절 국내 빌딩관리소장 선발사례 유형

### 1. 국내 빌딩관리소장 선발사례 유형조사

빌딩관리소장의 직책은 앞에서 논의한 바와 같이 빌딩관리현장 이해관계자 고객의 만족을 위하여 매우 막중하고 중요한 직책이다. 따라서 기 선발 배치된 빌딩관리소장의 자격화 정도를 발주처와 빌딩 소유자 및 빌딩관리 전문업체 등을 대상으로 조사해 볼 필요가 있다. 이와 같은 관점에서 국내 빌딩관리소장 선발 배치사례를 빌딩관리 전문회사와 관리용역 발주처 및 관계법령을 토대로 조사해 본 결과, 국내 빌딩관리현장에는 대체로 다음과 같은 4가지 유형으로 빌딩관리소장을 선발 · 배치하고 있는 것으로 조사되고 있다.

(1) 빌딩관리 용역 발주처 빌딩관리소장 선발 자격조건 제시 유형
(2) 빌딩관리 전문업체의 자체 선발기준 빌딩관리소장 선발유형
(3) 공동주택관리 관계법령 아파트 관리사무소 소장[주택관리사(보)] 선발 유형
(4) 빌딩관리 용역업체 최고경영자 임의 빌딩관리소장 선발 유형

### 2. 국내 빌딩관리소장 선발사례 유형별 내용

#### 1) 빌딩관리 용역 발주처 빌딩관리소장 선발 자격조건 제시유형

최근 들어 유력 빌딩관리 용역 발주처에서는 입찰공고시 낙찰업체에게 발주처가 제시하는 빌딩관리소장 자격기준에 합당한 자를 신규 빌딩관리소장으로 선발 · 배치할 것을 주문하는 경향을 보이고 있다. 최근에 확인된 발주처 제시 빌딩관리소장의 자격사례는 다음과 같다.

#### (1) ○○총회 유지재단의 빌딩관리소장 자격 제시 사례

① 연면적 10,000평 이상 업무용 빌딩(사옥)관리 소장 경력 5년 이상인자

② 40대 또는 50대 남자

#### (2) ○○산업협회의 빌딩관리소장 자격 제시 사례

① 시설관리 소장 경력 10년 이상인자

② 50세 미만

#### (3) ○○드림 타워빌딩의 관리소장 자격 제시 사례

① 빌딩종합관리 20년 이상 관리경력 소지자

② 일일 8시간 근무 가능한자

#### (4) ○○과학 기술원의 빌딩관리소장 자격 제시 사례

① 전문대 졸 이상의 학력 소지자

② 전기기계, 소방, 안전 산업기사 이상의 기술자격 소지자

③ 시설관리 경력 5년 이상인자

### 2) 빌딩관리 전문업체의 자체 선발기준 빌딩관리소장 선발유형

중대형 유력 빌딩관리(주로 시설관리) 전문업체에서는 자체적으로 빌딩관리소장 선발기준을 마련해 두고, 수립한 빌딩관리소장 선발기준에 따라 관리소장 후보들을 평상시에 교육 훈련을 통하여 양성하고 있으며, 신규 낙찰받은 관리대상 빌딩의 규모나 용도, 건축설비의 성능과 성격 및 기능과 종류에 따라 빌딩관리소장을 선발·배치하고 있는 경향을 보이고 있다. 조사대상 2개 빌딩관리 중견업체의 빌딩관리소장 선발사례를 살펴보면 다음과 같다.

#### (1) I 사(社)의 자체 빌딩관리소장 양성 및 선발유형(I사 빌딩관리 전문업체의 자체 선발 기준 인용 및 일부 수정)

I사의 경우에는 빌딩관리소장 체계구축 및 선정절차를 미리 수립하여 두고, 회사의 인적 역량을 제고하고자 빌딩관리현장 최적 소장 인력의 사전 구축 등 빌딩관리소장관리 체계확립을 목적으로 다음과 같은 절차에 따라 관리소장을 선발·배치하고 있다.

가. 다음과 같은 빌딩관리소장 선정 프로세스에 따라 관리소장 선정작업을 진행한다.

① 빌딩관리소장 선발 기준을 규정화 한다.

② 해당 팀으로부터 인재 풀 해당자 중에서 2~3명 후보자 추천을 받는다.

③ 빌딩관리소장(사업소 소장) 선발평가위원회를 위원장 1인 위원 2인 등 도합 3인으

로 구성하고, 인재 풀에 등록된 자 중에서 소속 현장에서 관리소장 후보를 2~3명 추천받아 다음과 같은 관리소장 선발평가를 실시하고, 최고 점수를 받은자를 최고 경영자에게 품의하여 최종적으로 해당 관리현장의 소장으로 선발하고 해당 현장관리 소장으로 인사 발령하여 빌딩관리소장으로 근무하도록 인사발령을 한다.

④ 정량 평가 점수(1)와 정성평가 점수(2)를 합산하여 최고 점수를 받은 1인을 대표이사에게 보고하여 최종 승인을 득한후 최종 선발을 확정하고, 선발배치에 필요한 행정 처리(인사명령, ERP인사 정보 등록, 사내 관계부서 협조전 등)한다.

소속팀 소장 후보 추천 → 평가위원회구성 및 정량평가와 정성평가실시 → 선정 → 대표이사 보고 및 승인 신청(채용 품의, 신상기록표, 이력서, 평가표 각 1부) → 채용승인 득 → 최종 선발 → 인사명령(사업소장 채용 업무 협조전, ERP 인사정보 등록)

나. 평가위원회를 다음과 같이 구성하고, 빌딩관리소장 후보의 자격을 다음의 기준에 따라 평가한다.

위원장(1인) : 기술지원 본부장
평가위원(2인) : 영업팀장, 기술지원 팀장

### (2) 빌딩관리소장 적합 여부 평가항목

다음 기준에 따라 평가위원회가 정성평가 및 정량평가를 실시하여 평가결과 고점수 득점자 1인을 우선적으로 선발하여 최고 경영자에게 해당 현장소장 선발을 품의한다. 평가항목은 다음과 같다.

| (1) 정성평가표 | | | |
|---|---|---|---|
| 구분 | 인성과 품성 | 빌딩종합관리 실무 전문성 | 리더십 |
| 점수배점 | 10 | 60 | 30 |
| 평가점수 | | | |
| (2) 정량평가표 | | | |
| 구분 | 관리현장 근무 경력 | 기술자격증 | 학력조건 |
| 점수배점 | 50 | 30 | 20 |
| 평가점수 | | | |
| 총 점 : (1) + (2) = (          ) | | | |

**(3) K 사(社)의 자체 빌딩관리소장 육성 및 선발유형(K사 빌딩관리소장 선발 기준 인용)**

K사는 빌딩관리소장의 핵심 역할과 책임을 빌딩시설관리 현장관리총괄, 관리소 현장조직관리, 경비, 청소용역 등 하도급 업체관리, 입주 고객관리 및 입주사 민원사항(불만사항 또는 불편사항) 등 현장 고객관리, 임대 등 담당 빌딩 자산관리업무 지원에 두고 이를 담당할 소장후보의 사전선발을 위하여 적재적소에 투입할 수 있는 관리소장 후보 풀 확보, 관리소장으로서 회사에서 필요로 하는 요구역량을 체계적으로 개발 · 육성한다. 또한 현장관리자로서 성장 · 발전할 수 있도록 체계적인 인적 자원을 관리할 목적으로 관리소장 선발기준을 다음의 내용으로 관리소장 후보선발과 육성 기준을 규정화하여 빌딩관리소장 선발업무를 수행하고 있다.

K사의 경우, 빌딩관리소장 후보 선발기준을 규정화하고 다음과 같은 선발기준과 절차에 따라 역량있는 빌딩관리소장 후보를 선발하거나 필요 역량을 향상하도록 평소에 교육 또는 멘토링을 통하여 양성교육을 실시하고 있다. K사의 빌딩관리소장 후보 선발기준과 절차, 양성교육 프로그램 및 관리소장 후보 풀 관리제도 등의 내용은 다음과 같다.

가. 빌딩관리소장후보 선발대상 기준 설정

① 회사의 핵심가치에 부합하고, 직전 2년 성과 및 역량 평가결과 A등급 이상인자

② 빌딩관리현장경험 5년 이상인자로서 해당 분야 산업기사 이상의 기술자격을 보유하고, 타 분야 안전관리자 선임 자격증 보유자

③ 임대차 관리 능력, 인사 노무관련 기초지식 등 현장 조직관리 능력과 리더십 잠재력을 보유한자

④ CS 마인드를 갖춘자

나. 빌딩관리소장 선정절차

| 후보 추천 → | 대상자 List-Up → | 후보 선정 → | 소장 후보 선정 통보 |
|---|---|---|---|
| • 지부장<br>• PM1.2.3 팀장 | • 인재관리실 | • 인재관리실장<br>• 안전기술지원실장<br>• PM사업 1본부장<br>• PM사업 2본부장 | • 해당 조직장 및 당사자 |

① 선정시기 : 매년 10월

② 선정인원 : 매년 10명 선정(누적)

③ 선정된 소장 후보명단을 해당 조직과 당사자에게 통보하고, 월 10만원 상당의 자기계발비를 지급하여 동기부여 한다.

다. 관리소장 후보 양성 프로그램

관리소장 선발 직후 역량진단 실시, 역량 개발, 멘토링 실시 등 소장양성 프로그램을 통하여 양성하고 육성한다.

① 역량진단 : 후보 선정 직후 개인별 역량 진단(요구 역량과 보유 역량의 GAP 분석)을 통한 교육(육성) Need 파악 하고, 본인과 상사(지부장)의 다면 진단을 통한 정확한 진단을 실시한다.

② 자체 양성교육 실시 : 자체교육을 통하여 역량을 개발한다. 소장 후보자 양성교육 과목과 교육방법 등은 다음과 같다.

| 교육항목 | 교육방법 | 주관 및 담당자 |
|---|---|---|
| 시설관리 능력 | 관리소장 양성과정을 개설하여 자체교육 실시 | 기술 지원실 |
| 현장 조직원 관리 | 관리소장 양성과정을 개설하여 자체교육 실시 | 인재관리실 |
| 리더십 , 협상력, 커뮤니케이션 스킬 | 외부 교육 실시 스마트 Leaning 실시 | 인재관리실 |
| CS Skill | 관리소장 양성과정을 개설하여 자체교육 실시 | 인재관리실 |
| 임대차 관리 | 관리소장 양성과정을 개설하여 자체교육 실시 | PM사업 1.2 본부 |

③ 멘토링 실시 : 해당 소장을 멘토로 지정하여 소장 경험과 업무 노하우(Know-how)를 지도 받도록 한다.

라. 관리소장 후보풀 관리

① 경영지원팀에서 소장 후보 양성관리 이력을 종합적으로 관리한다.

② 누적 관리된 역량 수준 향상도 및 요구 역량 달성 수준을 토대로 신규 현장관리소장 필요시 우선적으로 선정 한다.

③ 전 년도 소장후보 중 소장 미보임자는 필요시 신규 소장후보 선정시 포함하여 지속적으로 관리한다.

### 3) 공동주택관리 관계법령 아파트 관리사무소 소장[주택관리사(보)] 선발유형

의무관리 대상 아파트(150세대 이상의 아파트로서 중앙집중식 난방방식을 채택하고 승강기가 설치된 아파트 또는 300세대 이상의 아파트) 관리사무소 소장 법정 자격 주택관리사(보) 시험제도를 공동주택관리법 시행령 제69조에 명시하고 공동주택관리사무소 소장필요시 주택관리사의 자격 보유자를 의무적으로 선임하고 배치하도록 명시하고 있다. 향후 빌딩관리 분야에도 빌딩관리 기본법 역할을 담당하고 있는 건축물관리법의 일부개정을 통하여 빌딩관리소장 법정자격 인정 빌딩관리사 국가자격 시험제도를 도입하고 자격시험을 매년 1회 이상 실시하여 자격시험에 합격한 자 중에서 전문적 관리 의무대상 빌딩(철근콘크리트 구조/철골조 포함)의 빌딩으로서 중앙집중식 냉난방 방식을 채택하고, 소방설비를 장착한 10층 이상이거나 3,300제곱미터 이상의 연건평을 가진 빌딩으로서 건축물관리법, 전기 사업법, 도시가스 사업법, 소방관계법 등의 빌딩관리 관계법령의 전면적 강제 적용을 받아 유지·관리되는 업무용 빌딩과 상업용 빌딩, 공업용 빌딩과 문교 사회용 빌딩 및 정부와 지방 자치단체 청사 용도 빌딩)의 빌딩관리소장 선임에 빌딩관리사를 의무적으로 선임하고 배치함이 바람직해 보인다. 참고로 주택관리사보 자격시험 관계기관과 시험과목은 다음과 같다.

### (1) 시험 주관 부처 및 시험대행기관

국토교통부가 주관하고 한국산업인력공단에서 자격 시험업무를 위탁받아 대행하고 있다. 주택관리사보 자격시험 시행을 위탁받은 한국산업인력공단에서는 시험위원회를 설치하고 산하에 문제 출제 위원회와 시험평가위원회를 두고 매년 정기적으로 시험을 시행하고 있다.

### (2) 주택관리사(보) 자격시험 제도관련 근거법

주택관리사 자격 시험 제도는 공동주택관리법 시행령 제69조에 근거하고 있다.

### (3) 자격시험 과목 및 합격기준

자격시험은 제1차와 제2차로 나누어 실시하며 과목당 40점 과락없이 평균 60점 이상 취득한 자를 합격자로 결정한다. 자격 시험과목은 다음과 같다.

가. 제1차 시험과목(40점 과락없이 평균 60점 이상인자 합격)

① 민법총칙, 물권총칙, 채권총칙(매매, 임대차, 도급, 위임, 부당 이득, 불법행위 등)

② 공동주택관리 회계원리

③ 공동주택 시설개론(목구조, 특수 구조를 제외한 일반 건축구조와 철골구조, 홈 네트워크를 포함한 건축설비개론, 장기 수선계획 수립 등을 위한 건축 적산을 포함한다.)

나. 제2차 시험과목

다. 주택관리 관계법률 중 주택관리에 관계되는 규정

① 주택법
② 공동주택관리법
③ 민간 임대주택에 관한 특별법
④ 공동주택 특별법
⑤ 건축법
⑥ 소방 기본법
⑦ 화재의 예방 및 안전관리에 관한 법률, 소방시설의 설치 및 관리에 관한 법률
⑧ 승강기 안전관리법
⑨ 전기사업법
⑩ 시설물의 안전 및 유지관리에 관한 특별법
⑪ 도시 및 주거환경 정비법
⑫ 도시 재정비 촉진을 위한 집합건물의 소유 및 관리에 관한 특별법
⑬ 집합건물의 소유 및 관리에 관한 법률

나. 공동주택관리 실무

시설관리, 환경위생관리, 공동주택 회계관리, 입주자 관리, 공동주거관리 이론, 대외 업무, 사무, 인사관리, 안전 및 방재관리, 리모델링, 공동주택 하자관리(보수공사 포함)

### 4) 빌딩관리 용역업체 최고경영자 임의 빌딩관리소장 선발유형

빌딩관리 업체가 신규로 수주한 빌딩 관리소장을 선발하는 사례를 살펴보면 관리종사자 중 기계, 전기 등의 기술 자격이 있거나 주택관리사(보) 자격소지자 중 적당한자를 선임하거나 타회사 빌딩관리 근무 현장에서 갑작스럽게 스카웃하여 배치하는 사례가 종종있다.

이와 같은 관리소장 선발배치 사례는 빌딩관리소장의 역량이나 자격의 사전 검증을 거치지 아니한 관계로 빌딩관리 과정에서 많은 문제점과 부정적 현상이 나타나는 것으로 추정된다. 아무리 급해도 이와 같은 빌딩관리 업체의 최고경영자가 사전 자격 검증없이 관리소장을 갑자기 선발하는 사례는 반드시 지양해야할 빌딩관리소장 선발 사례로 판단된다.

| 제 3 장 | 국내 빌딩관리소장 선발사례 조사 |
|---|---|
| 제4장 | 국내 빌딩관리소장 선발사례 문제점 분석 |
| 제 5 장 | 국내 빌딩사용자의 만족도 실태 |

## 제1절 빌딩관리용역 발주처의 관리소장 선발 자격조건 제시 및 선발사례 문제점 분석

발주처가 발주 당시 임의로 빌딩관리소장 자격을 제시하는 사례는 종종 찾아 볼 수 있는 사례이나 주로 10년 이상의 경력이나 연령대 또는 학력 정도를 제시하고 있어 정작 관리소장의 필요한 역량(능력)이나 전문성 검증이 어려워 관리소장으로서 문제가 있는 선발사례라 할 수 있다.

빌딩관리소장은 빌딩 종합관리의 총괄 책임자이기 때문에 빌딩종합관리 전반에 대한 실무 수행능력이 있어야 하고, 문제가 발생할 때 이를 지체없이 해결 처리하는 능력 또한 있어야 한다. 뿐만 아니라 빌딩관리소장은 리더십과 커뮤니케이션 및 설득 능력이 있어야 함은 물론 청소경비 등 하도급 업체관리와 종사자 인사노무관리에도 실무 처리 실력을 갖추어야 한다. 이와 같은 관점에서 빌딩관리 용역 발주처가 제시하는 단순한 빌딩관리소장 자격조건 만으로는 현실적으로 빌딩관리소장 자격을 검증할 수 없어 결과적으로 빌딩관리소장의 자격에 흠결이 있는 것으로 판단되는바, 이는 빌딩관리현장 이해관계자인 빌딩소유자와 사용자 및 이용자 모두에게 불행(불만족)으로 작용하게 되므로 빌딩관리소장 선발사례로는 매우 문제가 많은 선발사례로 분석할 수 있다.

## 제2절 빌딩관리 전문업체의 관리소장 선발사례 문제점 분석

관리전문업체 관리소장 선발사례는 빌딩관리소장 양성계획에 따라 선발절차를 수립하고, 정성평가와 정량평가를 실시하여 최소한의 관리소장 역량을 평가를 통하여 검증하고 있으나 정작 빌딩관리소장의 핵심 역량인 빌딩관리 전문성과 문제해결 능력 평가는 자격시험을 거치지 않은 상태에서 내리는 주관적 평가(정성평가)이기 때문에 능력 있는 빌딩관리소장 선발사례로는 완전한 빌딩관리소장 선발방법이라 할 수 없다. 왜냐하면 빌딩종합관리 실무 전문성 평가는 반드시 교육을 통하여 전문성을 제고하고 객관적인 시험방법으로 평가해야만 빌딩관리소장의 빌딩관리 전문성을 파악할 수 있기 때문이다.

단순하게 자격평가 위원의 느낌이나 생각만으로 이루어지는 정성평가나 주관적 평가를 통하여 빌딩관리소장을 선발하는 경우 친한 직장 인맥에 의존하여 선발하기 쉬우며, 빌딩관리소장의 핵심 능력인 빌딩관리 전문성 평가가 미흡하여 이 사례 또한 완전한 빌딩관리소장 선발사례로 볼 수 없다.

그러나 발주처의 빌딩관리소장 자격 제시사례에 비하면 진일보한 빌딩관리소장 선발사례로 평가되며, 빌딩관리소장 법정자격 인정 빌딩관리사 국가자격시험 제도 실시 이전단계까지는 국내 중견관리 전문업체가 이를 벤치마킹하여 빌딩관리소장양성 및 선발방법으로 활용해 봄이 타당해 보인다.

## 제3절 공동주택관리 관계법령 아파트 관리사무소 소장 선발사례 문제점 분석

관리관계법령에 따라 아파트관리 사무소 소장(주택관리사(보)) 법정 자격자 인정 선발사례는 공동주택관리법에 의한 주택관리사보 국가자격 시험제도 사례가 유일하며, 공동주택 아파트 관리에 필요한 소정의 공동주택관리 실무 분야에 대한 1차 시험과 2차 시험결과 40점 과락없이 평균 60점 이상인자를 주택관리사(보) 시험에 합격하게 한다.

합격한 자가 공동주택관리사무소 소장, 소장 경력 3년 이상인자나 공동주택관리 사무소 직원 또는 주택관리업 임직원으로 5년 이상인자가 주택관리사보 자격시험 합격증서를 수여받은 시·도지사에게 신청하는 경우 주택관리사 자격증을 취득하게 된다.

그러나 빌딩 종합관리에 필요한 해당 과목에 대한 시험제도가 아니어서 빌딩관리소장 선발사례로는 다소 미흡한 선발사례로 평가되며, 향후 도입이 예상되는 빌딩관리소장 법정자격 인정 빌딩관리사 국가자격시험 제도도입의 비교 검토대상으로 의미가 있는 사례로 평가된다. 또한 빌딩관리 전문성 평가 외에 빌딩관리소장으로서 필요한 조건(예 요구능력, 인성조건) 충족여부를 평가할 방법이 없어 빌딩관리소장으로서 필요한 자격요건 충족에 문제가 있어 보인다. 따라서 빌딩관리사 법정자격 시험제도 도입에 참고는 될 수 있으나 100% 벤치마킹할 수 있는 자격 시험제도로 평가할 수 없는 사례로 평가된다.

더욱 더 문제가 되는 점은 2023년 공동주택 관리법의 일부 개정을 통하여 법제 77조 제2항 제2호에 따라 특별시장, 광역시장, 특별자치시장, 도지사, 특별자치도지사 등은 주택관리사(보) 시험에 합격한 후 다음 각호에 해당하는 경력을 갖춘자가 주택관리사 자격증을 신청하는 경우 주택관리사 자격증을 발급하도록 규정하고 있다. 다음 항목에 해당하는 경우 주택관리사 자격증을 발급받을 수 있도록 최근에 공동주택관리법이 개정되어 주택관리 실무 전반의 전문성 검증에 더욱 더 문제점을 보이고 있다. (공동주택관리법 시행령 제73조, 2023년 6월 13일 개정) 주택관리사 자격을 신청할 수 있는 자는 아래와 같다.

(1) 주택관리사보 시험 합격자로서 공동주택관리사무소 소장, 소장 경력 3년 이상인자
(2) 주택관리사보 시험 합격자로서 공동주택관리 사무소 직원 또는 주택관리업 임직원으로 5년 이상인자
(3) 한국토지공사 또는 지방공사의 직원으로 주택관리업무에 종사한 경력 5년 이상인자
(4) 공무원으로 주택관련 지도, 감독 및 인허가 업무 등에 종사한 경력 5년 이상인 자
(5) 법제 81조 제1항에 따른 주택관리사 단체와 국토교통부 장관이 정하여 고시하는 공동주택 관리와 관련된 단체의 임직원으로 주택관련 업무에 종사한 경력 5년 이상인자
(6) 빌딩관리사보로서 주택관리사무소 소장 3년 이상, 공동주택관리 사무소 직원 5년 이상 주택관리회상 임직원 5년 이상을 포함하여 상 (1)에서(5) 항 해당 경력 합산 5년 이상인자

주택관리사자격증 신청방법은 주택관리사보 자격증을 발급한 시 · 도지사에게 자격증 발급 신청서와 실무 경력 증명서 및 사진 등을 첨부하여 신청한다.

이와 같이 다양한 주택관리 관련 관계기관 근무 5년 이상 경력자들에게 시도지사가 주택관리사 자격증을 발급함으로서 더욱 더 주택관리 전문성을 평가를 기대할 수 없어 빌딩관리현장의 전문가로서는 적절하지 않은 선발사례로 평가된다.

## 제4절 빌딩관리업체 최고경영자 임의 선발사례 문제점 분석

관리업체 최고경영자 등에 의한 빌딩관리소장 선발사례는 관리현장 종사자 중 법정 자격이 있는 기계, 전기, 소방기사 중에서 한 명을 임의로 선정하고, 이를 현장 인건비 절감 차원에서 신규 관리소장으로 대체 선발하는 사례로 빌딩관리 업무 총괄과 대외적 대표 역할 등이 필요한 전문성과 요구역량을 사전에 확인할 방법이 없는 선발사례로 평가된다. 또한 타회사 현장에서 빌딩관리소장을 급하게 스카웃하거나 신뢰관계에 있는 친인척 중에서 빌딩관리소장으로 선발하는 사례가 종종 발견되는 빌딩관리소장 임의 선발 배치사례는 전문성이나 문제해결능력 또는 업무 추진력, 리더십, 커뮤니케이션 스킬 등의 요구능력을 사전에 검증할 방법이 없어 무자격 빌딩관리소장 선발사례로 전락할 수 있다. 따라서 빌딩관리소장 선발사례로는 반드시 지양해야할 선발사례로 평가된다.

## 제5절 국내 빌딩관리소장 선발사례 문제점 분석결과의 시사점

앞에서 설명한 바와 같이 국내 빌딩관리소장 선발 4가지 사례 분석결과 하나같이 빌딩관리소장 자격요건 충족에 필요한 요구능력과 필요조건을 충족하지 못하고 있음이 사실로 밝혀지고 있다. 이와 같은 분석결과는 자연스럽게 자격을 갖춘 빌딩관리소장의 선발에 실패하고 있으며, 이로 인하여 빌딩을 기반으로 이루어지는 인간의 삶과 생활과 일(업무)의 바람직한 영위 지원을 충분하게 하고 있지 못함과 빌딩관리 서비스의 양과 질의 문제점으로 빌딩관리현장 이해관계자 고객의 만족도가 비교적 낮을 것으로 추정된다. 이와 같은 빌딩관리소장 선발사례는 전문적 관리 의무대상 빌딩에 대한 전문적 관리를 보장할 수 없어 빌딩관리현장 이해관계자 고객인 빌딩소유자와 사용자 및 이용자의 빌딩소유 만족과 빌딩사용 만족 및 빌딩이용 만족에 적지 않은 부정적인 현상이 나타날 것으로 추정된다. 이와 같은 빌딩관리소장 선발사례는 향후 빌딩관리소장의 자격화의 강력한 요구를 시사하고 있다.

| 제 3 장 | 국내 빌딩관리소장 선발사례 조사 |
|---|---|
| 제 4 장 | 국내 빌딩관리소장 선발사례 문제점 분석 |
| **제5장** | **국내 빌딩사용자의 만족도 실태** |

## 제1절 국내 빌딩사용자 만족도 실태 조사

### 1. 빌딩사용자 만족도 조사의 의의

빌딩사용자 만족도 조사라 함은 빌딩사용을 목적으로 계약 또는 관계법령에 의하여 입주한 빌딩 입주자의 입주 목적인 빌딩의 사용수익에 필요한 빌딩관리 서비스에 대한 만족여부를 설문조사 또는 면담을 통하여 확인하는 과정 또는 활동을 말한다.

빌딩사용자의 빌딩사용 만족도 조사의 목적은 빌딩사용에 필요한 빌딩 시설관리와 환경 미화관리 및 경비보안관리 활동을 통하여 양질의 빌딩관리 서비스의 양과 질을 확인하여 빌딩사용자의 만족도에 어떤 영향을 미치고 있는지를 평가하는데 의미와 중요성이 있다.

### 2. 빌딩사용자 만족도 조사의 목적

빌딩사용자의 만족도 조사의 목적은 빌딩사용에 필요한 빌딩 시설관리와 환경미화관리 및 경비보안관리 활동을 통하여 생산·공급하는 빌딩관리 서비스가 양과 질 측면에서 양호 여부를 확인하여 고객의 만족도에 부정적으로 작용하고 있는지를 점검하여 입주자 고객의 만족도에 부정정적으로 작용하는 경우 그 원인을 분석한다.

빌딩관리자 특히 빌딩관리소장의 자격(능력)을 점검하고 자격수준(능력수준)을 자격화 작업을 통하여 업그레이드하여 다시 양질의 빌딩관리 서비스 생산을 유도하여 빌딩 사용자의 만족도를 유지 또는 향상시키는데 목적이 있다.

## 제2절 국가기술표준원 시설관리 서비스 표준화 연구의 만족도 실태

국가기술표준원(2006)의 시설관리 서비스 표준화 연구에서 발표한 시설관리 서비스의 만족도는 67.7%로 조사되고 있다. 산업통상자원부 국가기술 표준원의 빌딩 종합관리 서비스의 구체적인 만족도는 시설관리 만족도는 67.7%, 환경위생관리 서비스 만족도는 78.7%, 경비보안관리 서비스 만족도는 79.1%로 조사되어 빌딩종합관리 평균 서비스만족도는 75.1%로 조사되었다.

한편 시설관리 서비스의 구체적인 서비스 항목별 만족도는 고객 불편사항 조치 84.2%, 실내 조명 72.2%, 실내 온습도 54.5%, 사무환경 57.8%, 승강기 이용 70.2%로 조사되어 빌딩사용자의 빌딩시설관리 서비스 평균만족도는 67.7%로 조사되고 있다. 따라서 빌딩사용자 빌딩 사용만족도 지표(100%)에 크게 미달하고 있음이 밝혀지고 있어 빌딩관리 서비스에 대한 빌딩사용자 만족도 개선이 연구과제로 대두되고 있다.

## 제3절 극동대학교대학원 학위논문(박사)의 시설관리 서비스 만족도 실태

김상준(2011)의 시설관리 서비스 만족도에 미치는 영향 연구의 빌딩관리 만족도는 겨우 69.0%로 집계되고 있다.

또한 김지영(2015)의 건물 입주자 건물종합관리 서비스의 불만족 결정요인에 관한 연구의 시설관리 만족도는 66.0%로 조사되고 있으며, 이재훈(2015)의 건물위생관리 서비스 문제 개선방안 연구의 시설관리 서비스 만족도는 62.5%로 조사되고 있다. 뿐만 아니라 성한경(2020)의 건물시설관리 서비스표준화의 건물사용 만족도 영향 연구에서는 시설관리 서비스 만족도는 68.4%로 분석하고 있다.

이상의 연구 문헌상에 나타나는 우리나라 빌딩 입주자의 빌딩사용에 요구되는 빌딩 시설관리 서비스 평균 만족도는 66.4%로 조사되고 있어 빌딩사용자 고객목표 만족도 지표에(100%)에 상당 부분 미치지 못하고 있는 것으로 평가되고 있어 개선이 크게 요구되고 있다.

## 제4절 빌딩사용자 만족도 연구결과의 시사점

국가기술표준원의 연구자료에 따르면 빌딩 종합관리 서비스 평균 만족도는 75.1%로 집계되고 있으며, 시설관리 항목별 구체적인 서비스 만족도는 평균 67.7%로 조사되고 있다. 또한 연구문헌(박사학위 논문) 빌딩사용자의 시설관리 서비스 평균 만족도는 겨우 66.4%로 조사되고 있어 빌딩사용자 고객평균만족도 지표(100%)에 크게 미달하고 있는 것으로 밝혀지고 있다.

이와 같은 낮은 빌딩사용자의 시설관리 서비스 만족도는 빌딩관리자 특히 빌딩관리소장의 자격(능력)상 문제가 있는 것을 의미하며, 빌딩관리소장의 자격화의 필요성을 강력하게 시사하고 있다. 왜냐하면 빌딩사용자의 빌딩사용 만족도에 기여하는 빌딩관리 서비스의 질과 양은 전적으로 빌딩관리소장의 능력(자격)과 상관관계에 있으며, 두 변수(빌딩사용자 빌딩사용 만족도)와 빌딩관리소장의 빌딩관리 능력 간에는 상관관계가 존재하고 있기 때문이다.

# 제III편

# 빌딩관리소장 자격화 방안의 논의

빌딩관리소장의 자격화는 매우 중요하고 필요하다. 왜냐하면 빌딩관리소장의 유자격(유능)은 빌딩관리현장 이해관계자 고객인 빌딩의 소유자와 사용자 및 이용자의 만족(행복)으로 이어지나 빌딩관리소장의 무자격(무능력)은 빌딩관리현장 이해관계자 고객의 불만(불행)으로 귀결되기 때문이다.

또한 무자격 빌딩관리소장은 빌딩을 기반으로 이루어지는 인간의 삶과 생활과 일(업무)의 바람직한 영위를 충분하게 지원할 수 없다. 왜냐하면 빌딩관리소장의 무자격은 빌딩을 기반으로 이루어지는 인가의 삶과 생활과 일의 영위에 필요한 양질의 빌딩관리 서비스(시설관리 서비스와 환경 위생관리 서비스 및 경비보안관리 서비스 등)를 가장 경제적 방법으로, 가장 안전하게, 가장 효율적으로, 가장 적합하게, 가장 효과적으로 생산하고 공급하지 못하기 때문이다. 뿐만 아니라 빌딩관리소장의 무자격은 빌딩사용가치(기능, 편의, 안전, 위생, 쾌적 등의 가치)와 빌딩 사용조건의 최적화를 합리적으로 도모할 수 없어 빌딩관리현장의 이해관계자 고객(빌딩소유자와 사용자 및 이용자)의 빌딩소유만족과 사용만족 및 이용만족을 효과적으로 보장할 수 없기 때문이다. 따라서 빌딩관리현장 이해관계자 고객의 만족 보장과 빌딩을 기반으로 이루어지는 인간의 삶과 생활과 일의 바람직한 영위 지원을 위하여 빌딩관리소장의 자격화는 반드시 이루어져야 한다. 이와 같은 빌딩관리의 목적을 위하여 자격을 갖춘 빌딩관리전문가를 빌딩관리소장으로 선발 배치하고 빌딩관리를 전문적 관리를 수행하도록 해야 한다.

본편에서는 4개의 장을 두고 빌딩관리소장 자격화 기본 개념의 이해와 빌딩관리소장 자격화 요건을 살펴보고, 이를 토대로 이상적 빌딩관리소장의 모형을 개발하여 제시하고 있으며, 빌딩관리소장 자격화 방안을 구체적으로 논의하고 있다.

# 제6장 빌딩관리소장 자격화 기본 개념의 이해



## 제1절 빌딩관리소장 자격 개념 정의와 자격화 개념의 의의

### 1. 빌딩관리소장 자격 개념의 정의

자격의 사전적 의미는 어떤 행위를 하는데 필요한 정신적 의지의 확보와 실제적 빌딩관리 업무 총괄에 요구되는 요구능력과 필요조건의 충족, 그리고 공식적으로 빌딩관리소장으로 인사명령을 수령받아 빌딩관리소장의 신분 또는 지위 및 권한 있음을 인정받은 상태를 말한다.

따라서 빌딩관리소장의 자격이란 빌딩관리소장이 대내적으로 빌딩관리업무의 총괄과 대외적으로 빌딩 관리조직의 대표 및 소속회사의 경영자 대리인 역할을 수행할 수 있는 정신적 의지나 신분이나 지위 또는 자격과 능력 및 권한이 있음을 공식적으로 인정해 주는 상태를 말한다.

다시 말하면 빌딩관리소장의 자격이란 관리대상 빌딩을 전면 점유하고 지배하여 빌딩관리 수단(인적 자원, 물적 자원, 재무적 자원, 기술적 자원, 정보 자원)을 효율적으로 배분·활용하여 빌딩의 소유와 사용 및 이용에 요구되는 양질의 빌딩종합관리 서비스 생산활동을 총괄지휘 감독할 수 있는 정신적 의지와 실질적 빌딩관리소장의 요구능력이나 전문성 충족을 의미하고 공식적으로는 빌딩관리 소유주체 또는 빌딩경영 주체의 최고 경영자로부터 해당 빌딩관리현장의 관리소장으로 인사명령을 받아 빌딩관리를 총괄할 수 있는 힘(능력)를 가진 상태와 권한과 지위를 부여받은 상태를 총칭하여 빌딩관리소장의 자격이라 한다.

## 2. 빌딩관리소장 자격화 개념의 의의

빌딩관리소장의 자격화라 함은 빌딩관리의 필요성과 중요성을 인식하고 빌딩관리 목표의 성공적 달성을 위하여 요구되는 긍정적 사고와 적극적 자세와 태도 확립의 정신적 의지 무장화, 대내적 빌딩관리 총괄과 대외적 빌딩관리현장 조직의 대표 및 소속 회사의 경영자 대리인 역할 수행을 위하여 실질적으로 요구되는 빌딩종합관리 실무 지식의 전문화, 대내외적 빌딩관리 업무처리에 기반이 되는 요구능력의 역량화, 빌딩관리소장 자격인정에 요구되는 기타 개인적 필요조건의 충족화 그리고 빌딩관리소장의 권한을 공식적으로 인정해 주는 인사 명령의 공식화 등 과정을 통하여 무자격에서 유자격으로 또는 낮은 자격 수준에서 높은 자격 수준으로 의도적으로 변화를 가하거나 또는 계획적으로, 능동적으로, 적극적으로 능력을 변화시키는 과정을 빌딩관리소장의 자격화라 한다.

다시 말하면 빌딩관리소장의 자격화라 함은 정신적 무장화와 실무 지식의 전문화, 요구 능력의 역량화, 기타 개인적 필요조건(학력 조건, 기술자격 조건, 품성 조건, 건강 조건, 연령대 조건, 관리경력 조건 등)의 충족화, 그리고 인사 명령의 공식화 과정을 통하여 50%의 자격 보유자를 100% 자격 보유자로 전환하는 창조적 변화 과정이나 無資格 빌딩관리소장 상태(0%의 자격 상태)에서 유자격(有資格) 빌딩관리소장 상태(100% 자격 상태)로 의미있는 창조적 변화 과정을 거쳐 대내적 빌딩관리 업무 총괄과 대외적 관리 현장 조직의 대표 및 소속회사의 경영자 대리인 역할을 온전하게 감당할 수 있는 정신적 의지와 실질적 빌딩관리 전문지식과 능력의 제고, 빌딩관리소장 인사 발령으로 빌딩관리소장의 능력과 권한을 공식적으로 인정받는 일련의 발전적 변화 과정을 빌딩관리소장의 자격화라 한다.

기존의 빌딩관리소장으로 근무하고 있는자나 신규 빌딩관리소장 후보자를 대상으로 빌딩관리소장으로서 대내적 관리업무 총괄과 대외적 관리 조직의 대표 및 소속회사의 경영자 대리인 역할에 필요한 정신적 의지와 실제 빌딩관리 능력 및 관리실무 전문성과 문제해결 및 업무추진 능력 등 요구능력 필요조건을 점검하고 부족한 정신적 의지와 문제해결 능력이나 지도능력(리더십) 및 기타 필요조건을 충족하여 빌딩관리 총괄 능력을 업그레이드하거나 권한이나 지위를 부여하고 부족한 조건을 보충하여 관리 능력을 향상시키므로서 부족한 자격을 완전한 빌딩관리소장 자격을 가지도록 전환하는 일체의 발전적 변화 과정을 빌딩관리소장 자격화라 한다. 앞에서 논의한 바와 같이 50%의 자격자를 100%의 자격자로 의미있는 자격 향상을 도모하거나 0%의 능력자를 100%의 능력자로 창조적으로 변화시켜 빌딩관리 능력(힘)을 보충해 주거나 권한이나 자격(힘)을 가지도록 하는 일련의 자격 보충이나 충족과정을 빌딩관리소장 자격화라 한다.

또한 빌딩관리소장의 자격화란 자격이 없거나 부족한 자격소지자를 교육훈련을 통하여 대내적으로 빌딩관리 업무 총괄과 대외적 빌딩관리 조직의 대표와 경영자 대리인 역할을 정상적으로 감당할 수 있도록 실질적 빌딩관리 업무총괄에 필요한 확고한 정신적 빌딩관리 의지와 빌딩관리 전문성이나 능력을 확보 또는 함양하고 인사 명령 방법으로 빌딩관리소장으로 공식적으로 인정해 주는 발전적 변화과정을 말한다.

빌딩관리소장으로서 자격을 인정받도록 하는 빌딩관리소장의 자격화 과정은 1차적으로 정신적 자격화 변화과정을 거쳐야 한다. 왜냐하면 빌딩관리소장이 관리현장에서 빌딩관리의 중요성과 필요성에 대하여 정신적으로 인식해야 하고, 빌딩관리 목표의 성공적 달성을 위하여 요구되는 긍정적 사고와 적극적 자세와 태도 확립의 정신적 의지의 무장화가 빌딩관리소장의 자격화의 첩경이기 때문이다. 이와 같이 정신적 자격화 변화과정을 통하여 빌딩 관리의 사명감과 책임감을 가지고 고객의 만족에 부합하는 양질의 빌딩관리 서비스를 가장 경제적 방법으로, 가장 안전하게, 가장 효율적으로, 가장 적합하게, 가장 효과적으로 생산하고, 이를 적절하게 제공하여 빌딩관리현장 이해 관계자 고객인 빌딩소유자와 사용자 및 이용자를 반드시 만족하도록 하겠다는 확고한 정신적 의지가 없는 경우에는 아무리 교육과 훈련과정을 통하여 실질적 빌딩관소장의 자격화에 요구되는 빌딩관리 전문성과 요구능력 및 개인적 필요조건을 충족한다 할지라도 고객의 만족에 요구되는 양질의 빌딩관리 서비스를 효과적으로 생산하거나 고객을 만족하게 할 수 없기 때문이다. 즉, 마음에 확고한 있지가 있을 때 고객 만족을 위한 양질의 서비스가 비로소 생산되고 공급되기 때문이다(一切唯心造의 原理).

또한 양질의 빌딩관리 서비스 생산과 고객 만족에 정신적으로 의지가 없거나 부정적 자세 및 태도로 빌딩관리에 임하는 경우, 빌딩관리 총괄과 대외적 역할 수행에 필요한 빌딩관리 실무 전문성과 요구능력 및 필요조건을 교육하고 훈련과정을 거쳤다 하드라도 빌딩관리소장 자격화에 필요한 긍정적 교육 훈련 효과가 나타날 수 없기 때문이다.

빌딩관리소장 자격화를 도모하기 위해서는 1차적으로 정신적 자격화 요건을 구비한 자에게 2차적으로 빌딩관리 전문지식 자격화 요건 충족과 3차적으로 빌딩관리소장요구 능력 요건을 교육과 훈련과정을 통하여 충족해 주어야 한다. 또한 4차적으로 실질적 자격화 요건에 해당하고 있으나 개인에게 전적으로 의존하는 기술자격 필요조건이나 5년 이상의 빌딩종합관리 경력 필요조건, 학력 필요조건, 연령대 필요조건, 인성과 품성 필요조건 그리고 건강 필요조건 등은 향후 빌딩관리소장이 되고자 하는 자가 스스로 노력으로 자기계발 과정을 거처 개인적으로 충족해야 한다. 그리고 마지막 빌딩관리소장 자격화를 완성하기 위해서는 5차적으로 공식적 자격화 요건인 인사명령 과정을 통하여 공식적으로 ○○빌딩 관리소장의 직위와 권한을 부여받아야 한다.

그러므로 자격있는 빌딩관리소장이라 함은 정신적 자격화 요건과 빌딩관리 전문실무지식 자격화 요건, 요구능력 자격화 요건, 개인적 자격화 요건 및 공식적 자격화 요건(인사명령) 등을 두루 충족한자를 말한다. 빌딩관리소장의 정신적 자격화 요건과 빌딩관리 실무 전문지식 자격과 요건 및 요구능력 자격화 요건은 일정기간 소속회사의 자체 교육훈련 과정이나 공공교육 기관(예 한국표준협회, 한국 생산성 본부, 대학교 평생 교육원 등)의 위탁 교육과정을 거처 일정 부분 자격화가 달성될 수 있으며 최종적으로는 빌딩관리소장 자격 인정 빌딩관리사 국가자격 시험제도 도입을 통하여 자격화를 도모할 수 있다.

다만 빌딩관리소장 실질적 자격화에 요구되는 기술 필요조건, 인성 및 품성 필요조건, 학력 필요조건, 빌딩종합관리 현장 5년 관리경력 필요조건, 건강 필요조건, 연령대 필요조건 등은 개인 차원에서 자기계발 과정을 거쳐 해결되어야 하는 개인적 자격화 필요조건이라 할 수 있다.

## 제2절 빌딩관리소장 자격화의 목적

### 1. 자격화 목적의 의의

빌딩관리소장 자격화의 목적이라 함은 자격없는 빌딩관리소장에게 자격을 부여하고 자격정도가 부족한 빌딩관리소장에게는 자격 수준을 높이는 교육훈련과 빌딩관리사 국가자격시험 제도를 통하여 도달하거나 달성하고자 하는 빌딩관리소장 자격화의 목표와 방향을 말한다. 부족한 빌딩관리소장의 능력을 함양하고 전문성을 높이며 자격수준과 정도를 향상하여 달성하고자 하는 방향이나 목표를 빌딩관리소장 자격화의 목적이라 한다. 빌딩관리소장 자격화의 궁극적 목적은 국내 빌딩관리현장 관리종사자 중에서 우선적으로 빌딩관리소장부터 자격화를 통하여 변화시켜 다른 관리종사자의 관리기술을 변하게 하여 빌딩관리기술을 선진화 하고, 이를 통하여 국내 빌딩 관리산업의 발전에 이바지하는데 있다.

### 2. 자격화 목적의 내용

무지와 무능 및 비 전문성으로 표상되는 무자격 빌딩관리소장은 빌딩관리현장에서 잦은 시행착오와 시간과 자원 낭비 그리고 빌딩관리현장 이해관계자 고객과 갈등과 마찰 등을 빚는 등 매우 부정적인 빌딩관리 현상을 만들 수 있다. 또한 빌딩관리소장의 무자격은 리더십 부족과 문제해결 능력, 업무추진 능력, 관리종사자의 업무지원

미숙과 관리현장 분위기 조정미숙 및 관리종사자 사기관리 능력 부족으로 생산하는 빌딩관리 서비스는 양적 · 질적으로 생산성이 낮을 뿐만 아니라 고객 만족에 부정적으로 작용하며 빌딩소유와 사용 및 이용만족에 부합하는 양질의 빌딩관리 서비스를 가장 경제적 방법으로, 가장 안전하게, 가장 효율적으로, 가장 적합하게, 가장 효과적으로 생산 · 공급할 수 없게 만들 수 있다. 뿐만 아니라 무자격 빌딩관리소장의 관리업무를 총괄하는 경우 잦은 현장 안전사고가 발생하여 인적 · 물적 피해를 가중 시켜 빌딩소유자는 물론 빌딩관리 주체 소속회사에게 경영상 피해를 유발하는 등 빌딩관리에 있어 유익보다 손실이 많아 성공적인 빌딩관리를 기대할 수 없다.

또한 빌딩관리소장의 무자격은 빌딩종합관리 전문성의 결여로 빌딩관리를 위하여 요구 되는 선택과 의사결정에 흠결과 하자를 만들어 업무상 시행착오를 유발하여 빌딩관리에 투입되는 비용과 시간 및 노력을 헛되게 만들고 있다. 그러므로 빌딩관리소장의 자격화 과정을 통하여 무자격 빌딩관리소장을 유자격 빌딩관리소장으로 창조적 변화를 유도하여 거듭 태어나게 해야 한다. 빌딩관리소장 자격화를 통하여 달성하고자 하는 방향이나 목표는 대체로 다음과 같다.

### 1) 전문적 관리 수행능력 확보

빌딩관리소장 자격화의 1차적 목적은 전문적 관리대상 빌딩에 대한 전문적 관리 수행능력을 확보하는데 있다. 전문적 관리대상 빌딩이라 함은 철근콘크리트 구조(철골구조 포함)의 빌딩으로서 중앙집중식 냉난방 시스템을 채택하고 소방설비와 승강기설비가 설치된 연건평 3,300제곱미터(1,000평) 이상의 빌딩 또는 10층 이상의 규모를 가진 비주거용 빌딩으로서 자격을 갖춘 빌딩관리소장과 빌딩관리 관계법령에서 요구하는 기술인력에 의하여 전문적 관리를 요하는 빌딩을 말한다.

이와 같은 전문적 관리의무대상 빌딩의 관리는 일반 빌딩관리 경험이나 상식 및 직관으로 효과적 빌딩관리를 수행할 수 없기 때문에 반드시 전문적 관리(빌딩관리 전문지식과 관리능력을 갖춘 빌딩관리소장이 빌딩관리 관계법령에서 요구하는 기술인력과 함께 관리대상 빌딩을 철저하게 파악하고 관리계획을 수립하여 빌딩관리 최유효 관리법에 따라 고객만족에 적합한 양질의 빌딩관리 서비스를 가장 경제적 방법으로, 가장 안전하게, 가장 효율적으로, 가장 적합하게, 가장 효과적으로 생산 · 제공하는데 요구되는 과학적 관리와 기술적 관리 및 체계적 관리를 전문적으로 수행하는 관리 기법)가 필요하다. 따라서 전문적 관리대상 빌딩에 대한 전문적 관리를 수행하기 위해서는 빌딩관리 총괄책임자인 빌딩관리소장의 자격화가 매우 중요하고 필요하다 따라서 빌딩관리소장 자격화의 1차적 목적은 전문적 관리대상 빌딩에 대한 전문적 관리 수행능력을 확보하는데 있다.

### 2) 양질의 빌딩관리 서비스 생산 및 고객만족 실현

빌딩관리소장 자격화의 2차적 목적은 빌딩관리 최유효관리법에 따라 빌딩의 소유 만족과 사용만족 및 이용만족에 부합하는 양질의 빌딩관리 서비스(시설관리 서비스와 환경 위생관리 서비스 및 시설 경비 보안서비스)를 가장 경제적 방법으로, 가장 안전하게, 가장 효율적으로, 가장 적합하게, 가장 효과적으로 생산하고, 이를 적절하게 제공하여 빌딩소유자와 빌딩사용자 및 빌딩이용자 고객 모두의 만족을 실현하도록 하는데 있다.

### 3) 빌딩관리 5대 원칙에 따른 빌딩관리 서비스의 양적 · 질적 생산성 향상

빌딩관리 5대 원칙이라 함은 빌딩관리를 수행함에 있어서 반드시 지켜야 하는 다섯 가지 원칙이 있는 바, 이를 빌딩관리 5대 원칙이라 한다. 빌딩관리 5대 원칙에는 첫째, 빌딩관리 비용 경제화의 원칙, 둘째, 안전성 우선의 원칙, 셋째, 서비스 생산 업무 효율화의 원칙 넷째, 빌딩관리 서비스 고객 만족 적합화의 원칙 그리고 다섯째, 관리활동 효과화의 원칙 등이 있다

빌딩관리소장의 자격화를 통하여 유능하고 자격을 갖추지 않은 비전문가는 빌딩관리 5대 원칙을 활용하여 양질의 빌딩관리 서비스를 생산할 수 없다. 따라서 빌딩관리소장 자격화의 3차적 목적은 빌딩관리 5대 원칙을 활용하고, 이를 통하여 고객만족에 부합하는 양질의 빌딩관리서비스를 양적 생산능력과 질적 서비스 생산능력을 향상시키는데 목적을 두고 있다.

### 4) 경제적 비용으로 안전하게 유지관리 및 임대소득 극대화

빌딩관리소장 자격화의 목적은 보유기간 동안 소유빌딩을 합리적으로 이용하여 임대소득의 극대화를 달성하며 양도시 양도차익 실현에 4차적 목적을 두고 있다. 또한 빌딩소유자는 소유하고 있는 빌딩을 가장 경제적 비용으로 안전하게 유지 · 관리하여 정상적 기능과 온전한 상태 보존과 개량을 희망하고 있을 뿐만 아니라 빌딩소유자는 빌딩임대와 관련하여 빌딩입주자가 입주기간 동안 불만이 없이 안전하고 편리하게 빌딩을 사용 수익하도록 희망하고 있다. 이와 같은 빌딩소유자의 바라는 경제적 요구와 희망을 합리적으로 달성하도록 하는데 4차적 목적을 두고 있다.

관리소장이 빌딩관리 전문성과 요구능력을 갖추어 빌딩관리소장의 자격화가 이루어지는 경우, 빌딩 시설관리와 환경미화관리 및 시설경비 보안관리 등의 전문적 관리를 통하여 입주자가 장기적으로 입주 상태를 유지하게 하고 임대 공실률을 제로화하며, 경제사정에 따라 종종 이루어지는 빌딩 임대료와 관리비 인상조건을 사전에 만들어 주어 임대료와 관리 인상을 용이하게 하여 높은 경제적 이익을 확보하게 하고, 전

문적 리스크관리와 안전사고를 사전에 방지하여 인적·물적 피해를 최소화함으로서 경제적 이익의 최대화를 통하여 빌딩 소유의 목적을 합리적으로 달성하게 지원한다. 또한 빌딩관리소장의 자격화를 통하여 수행하는 전문적 관리는 빌딩의 물리적 상태를 정상적으로 장기화 하고 통상 15년 또는 20년 마다 실시해야 하는 주요 설비와 기기들의 대수선 기간을 연장하여 조기 대수선 비용지출의 피해를 방지하고 빌딩사용자의 빌딩사용상의 잘못을 방지하여 수선비용을 절감하게 하며, 전기·가스·수돗물 등의 에너지 사용을 효율화하여 에너지 비용절감을 통하여 빌딩 유지관리비의 경제화를 지원하게 된다. 뿐만 아니라 빌딩관리소장의 자격화는 빌딩의 이미지를 개선하고 랜드마크 빌딩화하여 빌딩소유자(소유회사 포함) 대외 신용도를 높이고 빌딩 소유회사의 경제적 심볼효과를 통하여 회사 주 생산품의 시장거래 점유율을 높여 줌으로서 빌딩소유자에게 경제적 유익를 부가적으로 제공하게 한다.

### 5) 빌딩사용자 업무향상 지원

빌딩관리소장 자격화의 5차적 목적은 빌딩사용자의 빌딩사용에 요구되는 빌딩 사용 편의와 안전 및 청결과 쾌적한 환경을 조성하여 빌딩사용자의 업무생산성 향상지원에 있다.

빌딩관리소장 자격화의 목적은 전문적 관리를 통하여 빌딩사용자(빌딩입주자)의 빌딩 사용상 요구되는 안전과 편의와 실내 환경조건을 조절하며 청결하고 위생적인 공간을 조성하여 빌딩사용자의 업무의 생산향상에 이바지함으로서 빌딩사용자를 지원하고 있다. 뿐만 아니라 빌딩관리소장의 자격화는 빌딩 사용자의 각종 민원과 요구사항을 접수, 즉시 해결해 줌으로서 빌딩사용상 발생할 수 있는 불편을 방지하고 빌딩 사용만족도를 높여 빌딩 사용상의 불편으로 나타나는 잦은 이사비용과 이동으로 인하여 발생하는 기타비용을 절감하게 함으로서 경제적 유익도 가져다 주고 있다.

### 6) 빌딩관리업무의 시행착오와 자원낭비 방지 및 위험과 피해 최소화

빌딩관리소장 자격화의 6차적 목적은 전문적 관리를 통하여 빌딩관리 업무의 시행착오와 시간과 자원낭비를 사전에 방지하고, 현장 안전사고를 사전에 예방함으로서 인적·물적 피해를 방지하거나 최소화 하여 빌딩관리 주체 소속회사의 경제적 손실방지와 비용절감 효과를 얻게 한다. 또한 빌딩관리소장의 자격화는 빌딩관리현장의 전문적 관리를 통하여 창출하는 기술력과 전문성을 빌딩소유자로부터 인정받게 하여 빌딩관리 용역 계약종료 전에 재계약이 성사되는 사례를 만들어 소속회사의 경영을 지원할 수 있으며, 빌딩관리소장 자격화를 통하여 소속회사의 경영지원에 이바지 할 수 있다.

### 7) 빌딩기반 인간 삶의 생활과 일(업무)의 바람직한 영위 지원

빌딩관리소장 자격화를 통하여 수행되는 전문적 관리를 통하여 생산 · 제공하는 양질의 빌딩관리 서비스를 기반으로 이루어지는 삶의 질을 높이고, 편의와 안전을 향상시키며 빌딩의 기능을 보전하여 빌딩소유자나 사용자의 업무(일)를 생산적으로 영위할 수 있도록 주환경(住環境) 측면에서 인간의 삶과 생활과 일(업무)의 바람직한 영위를 지원하는데 빌딩관리소장 자격화의 7차적 목적이 있다.

### 8) 빌딩관리소장의 변화로 빌딩관리 서비스 산업 발전 견인 및 국가 경제발전 이바지

빌딩관리소장의 자격화의 목적은 빌딩관리 서비스의 양과 질을 개선하여 빌딩관리 서비스 산업발전을 견인하고, 국가 경제발전 이바지에 자격화의 8차 목적을 설정하고 있다. 그러므로 빌딩관리소장의 자격화는 매우 다양한 가치 실현에 목적을 두고 있으므로 빌딩관리소장의 자격화는 조속히 실현되어야 한다.

### 9) 빌딩관리현장 조직 대표 및 경영자 대리인 역할의 성공적 수행

빌딩관리소장의 자격화는 대내적 빌딩관리 업무 총괄 역할과 대외적으로는 빌딩관리현장 조직의 대표 역할 및 소속회사의 경영자 대리인 역할의 성공적 수행능력을 함양하는데 9차적 목적을 설정하고 있다.

## 제3절 빌딩관리소장 자격화의 필요성과 중요성의 의의와 문화적 배경

### 1. 빌딩관리소장 자격화의 필요성과 중요성의 의의

빌딩관리소장 자격화는 어떤 이유에서 필요하고 중요한가? 빌딩은 주거용빌딩이나 비주거용 빌딩을 막론하고 세상 사람들의 삶의 기반이자 생활의 터전이며 일(업무)의 공간의 기능과 역할을 담당하기 때문에 빌딩관리 전문가(빌딩관리소장)에 의하여 반드시 전문적 관리(과학적 관리와 기술적 관리 및 체계적 관리 등의 빌딩관리 기법)를 접목해야 한다.

또한 소유 목적과 사용 목적 및 이용 목적을 위하여 막대한 재원을 투입하여 건축한 신축빌딩이나 매입 빌딩 등은 반드시 건축 목적이나 매입 목적을 효율적으로 달성하기 위하여 전문적 관리가 요구된다. 왜냐하면 빌딩관리의 무능과 무경험 등으로 이어지는 무자격 빌딩관리소장의 빌딩관리 행위는 빌딩의 역할 보장과 건축목적 및 매입의 목적의 합리적 달성에 요구되는 양질의 빌딩관리 서비스를 가장 경제적 방법으로, 가장 안전하게, 가장 효율적으로, 가장 적합하게, 가장 효과적으로 생산하고 적절하게 공급할 수 없기 때문이다.

그러므로 빌딩관리소장의 자격화가 필요하고 중요하다. 왜냐하면 무자격 빌딩관리소장의 관리 업무 총괄행위는 빌딩관리현장 이해관계자 고객인 빌딩소유자와 빌딩사용자 및 빌딩이용자 모두에게 불행(불만)으로 이어지기 때문에 빌딩관리소장은 반드시 자격있는 빌딩관리소장으로 하여금 빌딩관리 업무를 총괄해야 한다. 그러므로 빌딩관리소장의 자격화는 매우 필요하고 중요하다. 왜냐하면 빌딩관리 전문가에 의한 전문적 관리와 체계적 관리 및 기술적 관리 없이는 삶의 기반이나 생활의 터전 및 일(업무)의 공간사용과 이용에 필요한 기술적 기능적 지원과 사무행정적 지원을 적절하게 할 수 없기 때문이다.

또한 세상 사람들은 소유의 목적과 사용목적 및 이용목적을 위하여 빌딩(건물)을 기획설계하고 건축(시공)하거나 매입하여 저마다의 방법으로 유지관리하면서 빌딩(건물)과 더불어 삶과 생활과 일(업무)를 영위하면서 살아가고 있다. 뿐만 아니라 세상 사람들은 빌딩을 기반으로 각자의 인생 대소사를 함께 경험하면서 희노애락을 빌딩과 함께 하고 있다. 또한 세상 사람들은 건물(빌딩)을 지으나 지어진 건물은 사람을 다시 만든다는 사회적 명제를 구현하기 위하여 끊임없이 빌딩을 건축하고 있다. 이와 같이 세상 사람들이 빌딩소유와 사용 및 이용목적의 효과적 달성과 빌딩기반의 인간의 삶과 생활과 일의 바람직한 영위를 위하여 그리고 빌딩의 사회적 명제를 구현하기 위하여 건축한 빌딩은 반드시 유능하고 자격 있는 빌딩관리전문가(유자격 빌딩관리소장)의 손에 의하여 전문적으로 그리고 기술적으로 체계적으로 관리해야 한다. 그러므로 빌딩관리소장의 자격화는 더욱 필요하고 중요하다

왜냐하면 빌딩의 소유와 사용 및 이용 목적의 성공적인 달성과 빌딩 기반의 삶과 생활과 일의 영위 및 빌딩의 사회적 명제의 구현은 자격있는 빌딩관리 전문가에 의한 전문적 관리와 기술적 관리 및 체계적 관리의 결과로 달성되고 구현될 수 있기 때문이다. 특히 층수의 고층화와 규모의 대형화, 건축설비의 첨단화와 용도의 복합화 등 다양한 특성을 가지고 있는 현대빌딩의 관리를 총괄하는 빌딩관리소장의 자격화는 더욱 필요하고 중요하다.

음악장르에서 오케스트라 연주의 경우, 지휘자의 자격(음악적 예술성과 전문성)은 음

악을 듣고 있는 청취자의 행복을 위하여 매우 필요하며 중요하다. 빌딩관리소장의 자격 역시 빌딩관리 이해관계자 고객인 빌딩의 소유자와 사용자 및 이용자의 행복(만족)을 위하여 매우 필요하고 중요함은 재론의 여지가 없다. 왜냐하면 빌딩관리소장의 무지와 무능 및 무경험으로 이어지는 무자격은 빌딩관리현장 이해관계자인 빌딩소유자와 빌딩사용자(입주자) 및 이용자 모두에게 불행(불만)으로 작용하기 때문이다. 그러므로 빌딩관리현장 이해관계자의 행복(만족)을 위하여 빌딩관리소장의 자격은 매우 중요하고 필요하다.

또한 빌딩관리소장은 대외적 역할이 막중하고 대내적 역할 또한 매우 중요한 책임을 지고 있는자 이므로 빌딩관리소장의 자격화는 선택이 아니라 필수이다. 그러므로 빌딩관리소장은 빌딩관리의 목표를 효과적으로 달성하기 위해서는 이를 달성하는데 요구되는 권한이나 능력과 필요조건 및 바람직한 정신자세와 태도가 견지되어야 하는 등 일정한 자격조건을 갖추어야 한다. 왜냐하면 빌딩관리소장은 빌딩관리현장 종사자 중 유일하게 빌딩관리 업무를 총괄하고 빌딩관리 목표을 효과적으로 달성하기 위해서 홀로 존재하는 빌딩관리 최고 책임자이기 때문이다. 따라서 빌딩관리소장은 매우 유능해야 하고 막중한 대내외적 역할 수행에 필요한 요구능력과 필요조건을 구비한 자격을 구비한 자격자 자이어야 한다. 뿐만 아니라 빌딩관리소장은 빌딩관리현장에 부여된 빌딩관리 목표(빌딩 사용가치의 유지 및 향상과 빌딩사용 조건의 최적화 등)과 빌딩관리소장의 고유업무의 효과적 달성을 위하여 요구되는 대외적 역할과 대내적 역할을 바람직하게 수행하기 위해서는 빌딩관리소장의 자격이 전제되어야 하기 때문이다. 혹자는 현대 빌딩관리현장에는 업무의 표준화가 이루어져 있으며 빌딩관리 업무는 시스템적으로 관리되고 있기 때문에 빌딩관리소장의 원맨쇼 시대는 이미 지나갔으므로 빌딩관리소장의 자격이 다소 제한적이라 할지라도 특별한 문제가 없을 것으로 주장하고 있으나, 그럼에도 불구하고 아직도 빌딩관리 목표 달성에는 빌딩관리소장의 오케스트라적 지휘능력과 업무추진력 등 빌딩관리소장의 영향력과 작용이 결정적이기 때문에 빌딩관리소장은 대내외적 역할에 필요한 빌딩관리 실무 전문성이나 인성과 품성 필요조건 등 자격 요건을 반드시 갖추어야 한다. 그러므로 빌딩관리소장의 자격화는 매우 필요하고 중요하다.

전술한 바와 같이 빌딩관리소장은 대내적으로 관리업무자 총괄 역할과 대외적으로 관리조직의 대표 및 경영자 대리인의 역할 수행하여 관리 목표를 효과적으로 달성해야 한다. 따라서 빌딩관리소장은 대내적 역할과 대외적 역할을 수행하여 빌딩관리 목표를 효과적으로 달성하는데 필요한 자격을 가지고 있어야 한다. 왜냐하면 빌딩관리소장이 자격이 없는 경우에는 대내적 역할과 대외적 역할을 바람직하게 수행할 수 없을 뿐만 아니라 아무리 시설관리 업무가 표준화와 시스템적으로 운영관리 된다고 하드라도 현장관리 업무 분야는 관리소장의 절대적인 영향을 받을 수 밖에 없는 분야로서 관리소장의 능력에 따라 관리효과가 결정되기 때문이다. 또한 빌딩관리 업무는 음악의 오케스트라적 업무와 유사한 업무이므로 지휘자인 빌딩관리소장의 빌딩관리 지휘자격은 매우 중요하다. 특히 빌딩관리소장의 자격화의 중요성과 필요성은 무자격 빌딩관리소장의 빌딩관리 결과로 생산되는 빌딩관리 서비스는 빌딩관리현장 이해관계자인 빌딩소유자와 사용자 및 이용자 그리고 관리 종사자 모두에게 불행으로 귀결되는 현실적 빌딩관리현장의 사례에서 웅변으로 증명되고 있기 때문이다.

## 2. 빌딩관리소장 자격화의 필요성과 중요성의 문화적 배경

빌딩관리소장 자격화의 필요성과 중요성의 문화적 배경은 다음의 연구자료에서 찾아 볼 수 있다.

(1) 김일효, 이춘경(2024)이 2024년 2월부터 동년 6월까지 수행한 빌딩관리사의 필요성과 유효성 연구에서 전국의 빌딩관리 종사자들을 대상으로 설문조사하고 그 응답 자 중 신뢰성이 확보된 104명의 응답 결과를 토대로 빌딩관리사의 필요성과 유효성에 대하여 실증 분석결과 빌딩관리소장 법정 자격 빌딩관리사는 빌딩의 전문적 관리와, 기술적 관리, 체계적 관리와 과학적 관리, 빌딩의 안전관리와 빌딩산업 발전에 매우 필요하고 유효 한 것으로 실증분석 된 연구결과가 빌딩관리소장 자격화의 필요성과 중요성에 대한 문화적 배경으로 작용하고 있다. 빌딩관리사의 필요성과 중요성을 검증하기 위하여 설정한 연구 가설 7개 항(㉖ 빌딩관리소장 법정 자격 빌딩관리사는 빌딩 전문적 관리에 필요성과 유효성이 있나요?) 모두에 필요하고 유효함에 유의한 값을 나타내어 검증해 줌으로서 빌딩관리사의 필요성과 중요성을 입증되었다.

(2) 국가기술 표준원(2006) 시설관리 서비스 표준화 연구와 최근의 극동대학교 대학원 박사과정 4명의 대학원생들이 연구한 빌딩사용자 만족도 조사에서 빌딩 사용 평균 만족도가 70%이하로 분석됨으로서 빌딩관리 종사자 특히 빌딩관리소장의 능력과 자격이 100%에 미달되고 있음을 시사하고 있다는 점에서 빌딩관리소장 자격화의 필요성과 중요성의 문화적 배경을 찾아 볼 수 있다. 산업자원 통상부 국가기술표준원과 극동대학교 대학원 4명의 박사 학위 논문에서 분석한 빌딩 사용자의 만족도 현황은 다음과 같다. 국가기술표준원(2006)의 시설관리 서비스 표준화 연구에서 시설관리 서비스의 만족도는 69.2%로 조사되고 있으며, 김상준(2011)의 박사학위 논문 시설관리 서비스 만족도에 미치는 영향 연구에서 시설관리 서비스 만족도가 겨우 69.0%로 분석하고 있다. 또한 김지영(2015)의 박사학위 논문 건물 입주자 건물 종합관리 서비스의 불만족 결정요인에 관한 연구에서는 시설관리 만족도가 66.0%

로 조사되고 있으며, 이재훈(2015)의 박사학위 논문 건물위생관리 서비스 문제개선 방안연구에서 시설관리 서비스 만족도는 62.5%로 분석하고 있다. 뿐만 아니라 성한경(2020)의 박사학위 논문 건물시설관리 표준화의 건물사용 만족도 영향 연구 논문에서는 시설관리 서비스 만족도가 68.4%로 분석되고 있다. 이상의 연구 문헌상에 나타나는 우리나라 시설관리 서비스 평균 만족도는 67.02%로 조사되고 있어 빌딩관리 고객 목표 만족도는 만족도 지표(100%)에 상당 부분 미치지 못하고 있는 것으로 분석되고 있어 빌딩관리소장의 자격화 정도와 수준이 약 70% 수준 이하임을 추정할 수 있으며, 빌딩관리소장의 자격화(100%) 달성이 빌딩 사용자 고객의 만족도 100% 달성을 위하여 매우 필요하고 중요함을 시사하고 있다.

(3) 국내 빌딩관리소장 선발사례 조사결과가 빌딩관리소장의 필요성과 중요성의 문화적 배경으로 작용하고 있다. 국내 빌딩관리소장 선발 사례조사 결과 4가지 선발 사례 유형으로 나타났으며, 국가나 공공기관이 빌딩관리소장 자격 인정 자격시험제도를 거치지 아니하고 임의로 빌딩관리 전문업체나 빌딩관리 용역발주 기관들이 빌딩관리소장 자격 조건을 제시하거나 정하고 있는 선에서 빌딩관리소장을 선발 배치하고 있어 빌딩관리소장 자격에 대한 신뢰성이 매우 결여되고 있다. 이와 같은 관점에서 빌딩관리소장 자격문제에 대한 개선이 시급하게 요구되는 관점에서 빌딩관리소장 자격화의 필요성과 중요성의 문화적 배경을 찾아 볼 수 있다.

(4) 자격있는 유자격 빌딩관리소장은 빌딩소유자와 사용자 및 이용자 고객의 만족(행복)으로 이어지나 무자격 빌딩관리소장은 빌딩관리 이해관계자 빌딩소유자와 사용자 및 이용자의 불행(불만족)으로 결과된다는 점에서 빌딩관리소장 자격화의 필요성과 중요성의 문화적 배경을 찾아 볼 수 있다. 왜냐하면 빌딩관리소장은 빌딩관리현장의 리더(Leader)이기 때문에 리더가 리더십을 발휘할 때 반드시 적용되는 법칙(리더의 한계법칙)을 영향을 받고 있다. 따라서 빌딩관리소장은 현장의 리더로서 현재의 능력을 뛰어 넘는 양과 질의 서비스를 생산할 수 없기 때문이다. 예컨대 70%의 능력(자격) 소유자 빌딩 관리소장은 빌딩 소유자나 사용자 및 이용자의 100% 만족을 위하여 필요한 100%의 양과 질의 서비스 생산을 할 수 없으며, 리더의 한계의 법칙에 따라 70% 이하의 서비스만을 생산하고 제공하기 때문에 고객의 만족도는 70% 이하에서 머물고 있게 되어 빌딩입주자 고객의 불만이 빌딩관리현장 마다 존재하고 있는 점에서 빌딩관리소장의 자격화 필요성과 중요성의 문화적 배경을 읽을 수 있다.

(5) 빌딩관리소장 자격화는 빌딩관리현장 이해관계자 고객인 빌딩 소유자와 빌딩 사용자(입주자) 및 빌딩이용자의 소유 만족과 사용 만족 및 이용 만족도 향상에 목적을 두고 있으며 빌딩관리소장의 자격화는 빌딩관리현장 이해관계자 만족에 이바지에 요구되는 양질의 빌딩 종합관리 서비스를 가장 경제적 방법으로, 가장 안전하게, 가장 효율적으로, 가장 적합하게, 가장 효과적으로 생산하고, 적절한 제공에 목적을 두고 있기 때문에 빌딩관리소장 자격화는 매우 필요하고 중요하다. 또한 빌딩관리소장

자격화는 양질의 빌딩관리 서비스를 통하여 빌딩기반의 인간의 삶의 질을 높이고 생활의 편의와 안전을 높이며 빌딩의 기능을 보전하여 빌딩 소유자나 사용자의 업무(일)를 생산적으로 영위할 수 있도록 지원하는데 목적을 두고 있으며, 빌딩관리소장의 자격화는 빌딩관리 서비스의 양과 질을 개선하여 빌딩관리 산업 발전을 견인하고 국가 경제 발전에 목적을 설정하고 있는 점에서 빌딩관리소장의 자격화의 필요성과 중요성의 문화적 배경을 찾아 볼 수 있다.

## 제4절 무자격 빌딩관리소장과 유자격 빌딩관리소장의 차이점 비교와 시사점

### 1. 차이점 비교

무자격(無資格) 빌딩관리소장과 유자격(有資格) 빌딩관리소장 간에는 어떤 차이점이 있는가를 살펴보고, 무엇 때문에 빌딩관리소장의 자격화가 필요하며 중요한가를 살펴보기 위하여 다음과 같은 비교문항을 설계한다. 이를 토대로 무자격 빌딩관리소장과 유자격 빌딩관리소장의 차이점을 상호 비교해 보기로 한다.

| | 무자격 빌딩관리소장 | 유자격 빌딩관리소장 |
|---|---|---|
| 전문적 관리대상 빌딩 관리 능력 | 無 또는 제한적 | 有 또는 무제한적 |
| 전문적 관리 수행기술 | 전문적 관리기술 無<br>또는 제한적 관리 능력 | 전문적 관리기술 有 |
| 빌딩사용자 고객만족도 | 부분적 만족<br>부분적 불만 | 대부분 만족 |
| 양질의 빌딩관리 서비스 생산방법 | 비경제적 방법으로 생산<br>불안전하게 생산<br>부적합하게 생산<br>비효율적으로 생산<br>비효과적 방법으로 생산 | 가장 경제적 방법으로 생산<br>가장 안전하게 생산<br>가장 효율적으로 생산<br>가장 적합하게 생산<br>가장 효과적 방법으로 생산 |

| | 무자격 빌딩관리소장 | 유자격 빌딩관리소장 |
|---|---|---|
| 서비스 질적 · 양적 생산성 | 양적 생산정 : 저하<br>질적 생산성 : 저 품질 | 양적 생산성 : 고생산성<br>질적 생산성 : 고품질 |
| 리스크 관리 | 부분적 리스크 관리<br>인적 · 물적 피해 증가 | 전면적 리스크 관리<br>사고예방 및 방지<br>인적 · 물적 피해 최소화 |
| 안전사고 대처방법 | 사후 수습 | 사전 예방 |
| 직장 분위기 | 어더움, 우울 , 지옥분위기 | 밝음, 명랑, 천당 분위기 |
| 관리종사자 사기 | 낮음 또는 보통 | 높음 |
| 빌딩소유자와의 인간관계 | 불신임<br>또는 평범한 인간관계 | 신임 및 우호적 신뢰 관계 |
| 재계약 성공기회 | 無 | 有 |
| 발주처 관리능력 인정 여부 | 불인정 | 인정 |
| 일상적 관리현장 현상 | 부정적 현상 종종 발생<br>불안정 분위기 무질서유지<br>관리 종사자간 비협조, 갈등<br>수시회의 /긴 회의 시간<br>관리종사자 회사 불평불만 표출<br>공실 5% 이상 발생<br>입주자 잦은 민원제기<br>입주자 만족도 낮음<br>입주자 이사율 높음<br>안전 사고 종종 발생 | 긍정적 현상 자주 발생<br>안정 분위기 질서 유지<br>관리 종사자간 협조, 평화<br>정기적 회의/짧은 회의시간<br>관리종사자 회사 불평불만 자제<br>공실 제로베이스 유지<br>입주자 민원 제기 최소화<br>입주자 만족도 높음<br>입주자 이사율 낮음<br>365일 무사고 상태 유지 |

## 2. 차이점 비교결과의 시사점

유자격 빌딩관리소장이 관리하는 빌딩의 관리효과는 무자격 빌딩관리소장의 관리효과 보다 유익이 매우 높은 것으로 인식되고 있다. 따라서 무자격 빌딩관리소장과 유자격 빌딩관리소장의 비교결과는 빌딩관리소장은 자격화 과정을 거쳐 빌딩관리소장의 자격을 확보한 자를 빌딩관리소장으로 선발하고 배치의 필요성을 시사하고 있다.

## 제5절 빌딩관리소장 자격화의 기대효과

빌딩관리소장의 자격화는 '어떤 효과가 있는가?', '어떤 점에서 빌딩관리소장의 자격화는 어떤 효과가 기대되는가?'에 대한 질문에 대한 해답은 다음과 같다.

(1) 빌딩관리소장 자격화는 전문적 관리대상 빌딩에 대한 전문적 관리수행능력 확보를 기대할 수 있다.
(2) 빌딩관리소장 자격화는 빌딩관리 최유효관리법에 따라 고객만족에 부합하는 양질의 빌딩관리 서비스를 생산하고, 이를 통하여 고객만족 실현의 효과를 기대할 수 있다.
(3) 빌딩관리소장의 자격화는 빌딩관리 5대 원칙에 따라 양질의 빌딩관리 서비스 생산을 기대할 수 있다. 빌딩관리소장의 자격화는 자격을 갖춘 빌딩관리소장이 양질의 빌딩관리 서비스를 가장 경제적인 방법으로, 가장 안전하게, 가장 효율적으로, 가장 적합하게, 가장 효과적으로 생산할 수 있다.
(4) 빌딩관리소장의 자격화는 빌딩소유자 소유목적의 합리적 달성을 지원하는 효과를 기대할 수 있다.
(5) 빌딩관리소장 자격화는 빌딩사용자의 빌딩사용에 요구되는 빌딩사용 편의와 안전 및 청결과 쾌적한 환경을 제공하여 빌딩 입주자의 업무생산성을 향상시키는 효과를 기대할 수 있다.
(6) 빌딩관리소장 자격화는 인적 · 물적 피해를 최소화하여 빌딩관리소장 소속회사의 경영을 지원하는 효과를 기대할 수 있다.
(7) 빌딩관리소장 자격화는 주환경 측면에서 빌딩기반의 삶과 생활과 일(업무)의 바람직한 영위지원의 효과를 기대할 수 있다.
(8) 빌딩관리소장 자격화는 빌딩관리 서비스 산업발전 견인 및 국가 경제발전 이바지 효과를 기대할 수 있다.
(9) 빌딩관리소장 자격화는 대내적 관리업무 총괄과 대외적 현장 조직대표 및 소속회사의 경영자 대리인 역할의 성공적 수행효과를 기대할 수 있다.

| 제 6 장 | 빌딩관리소장 자격화 기본 개념의 이해 |
|---|---|
| **제7장** | **빌딩관리소장 자격화의 요건** |
| 제 8 장 | 이상적(理想的) 빌딩관리소장 자격화 모형 |
| 제 9 장 | 빌딩관리소장 자격화 달성방안 |

## 제1절 자격화 요건의 의의와 종류

### 1. 자격화 요건의 의의

자격화 요건이란 빌딩관리소장이 자격을 확보하는데 필요한 조건을 말한다. 다시 말하면 빌딩관리소장 자격화 요건이란 빌딩관리소장의 자격을 업그레이드 하는데 필요한 필요조건이나 요구사항을 말한다. 빌딩관리소장 자격화를 도모하기 위해서는 정신적으로 빌딩관리의 중요성과 필요성을 인식하고 양질의 빌딩관리 서비스를 통하여 고객을 만족시켜야 한다는 사명감과 책임감으로 정신을 무장하고, 빌딩관리 목표를 성공시키겠다는 굳건한 의지를 가져야 하며, 빌딩관리 총괄에 필요한 빌딩종합관리 실무지식의 전문화와 빌딩관리소장 요구능력의 역량화 그리고 개인적 자격화에 필요조건을 충족해야 하고, 공식적으로 빌딩관리소장의 권한과 지위를 인정받는 인사명령을 수령받아야 한다. 이를 빌딩관리소장 자격화 5대 요건이라 한다.

빌딩관리소장이 자격화 과정을 거쳐 빌딩관리소장의 자격을 확보하려면 5대 요건의 충족이 필요하다.

### 2. 자격화 요건의 종류

빌딩관리소장의 자격화 요건에는 전술한 바와 같이 5대 자격화 요건이 존재하고 있으며, 빌딩관리소장이 자격화 과정을 거쳐 유능하고 자격 있는 빌딩관리소장으로 거듭 태어나려면 적어도 5대 자격화 요건을 충족해야 한다. 빌딩관리소장 자격화 제1요건에는 정신적 의지 무장화 요건이 있으며, 제2자격화 요건에는 빌딩종합관리 실무 지식의 전문화 요건이 있다. 그리고 제3자격화 요건에는 빌딩관리소장 요구능력의 역량화 요건이 있다. 그리고 제4자격화 요건에는 개인적 필요조건의 충족화 요건이 있다. 그리고 마지막 제5자격화 요건에는 인사명령의 공식화 요건이 있다.

## 제2절 정신적 의지 무장화 요건

### 1. 정신적 의지 무장화 요건의 의의

정신적 의지 무장화 요건이라 함은 향후 빌딩관리소장이 되고자 하는자나 현재 빌딩관리소장으로서 유능하고 자격있는 빌딩관리소장의 자격을 희망하는 자가 바람직한 빌딩관리 목적과 목표의 성공적 달성을 위하여 요구되는 사명감과 책임감을 가지고 긍정적 의지와 적극적인 정신자세 및 태도를 가져야 한다는 심리적 자격화 조건을 말한다.

### 2. 정신적 의지 무장화 요건의 내용

정신적 의지 무장화 요건이라 함은 빌딩관리소장의 5대 자격화 요건 중 첫 번째 충족이 요구되는 요건으로서 빌딩관리의 책임감과 사명감 그리고 빌딩관리의 필요성과 중요성을 마음으로 깨닫고 최선을 다하여 양질의 빌딩관리 서비스를 가장 경제적 방법으로, 가장 안전하게, 가장 효율적으로, 가장 적합하게, 가장 효과적으로 생산하고, 이를 적절하게 제공하여 빌딩관리현장 이해관계자 고객인 빌딩소유자와 사용자 및 이용자의 만족에 적극적으로 이바지 하고자 의욕하는 심리적 자격화 조건을 말한다.

사람은 몸과 마음으로 결합되어 있어 마음에 따라 생각하고 말하며 행동하게 됨으로 빌딩관리소장으로서 자격을 갖추려면 우선 마음에서부터 빌딩관리소장으로서 빌딩관리 목표를 성공적으로 달성하겠다는 확고한 신념과 의지가 있어야 비로소 빌딩관리 총괄과 대외적으로 빌딩관리현장조직의 대표 역할과 소속회사의 경영자 대리인 역할을 바람직하게 수행할 수 있다. 이를 위해서는 소속회사의 경영에 도움이 되도록 현장관리소장으로 처신해야 하며, 절대 정직과 신뢰성과 책임감으로 정신적으로 무장하고 빌딩 관리업무에 임해야 할 뿐만 아니라 향응이나 접대로부터 자유로워야 하며, 언행과 행동에 조심하여 항상 자기관리에 철저해야 하고, 언제나 당당한 마음과 자세를 견지해야 한다.

빌딩관리소장은 관리대상 빌딩의 규모와 성격에 따라 다소 인식에 차이가 있을 수 있으나 빌딩관리 종사자 보직 중 꽃보직에 해당하는 자리로서 빌딩관리자 중 가장 인정받으며 직장생활을 성공적으로 할 수 있는 자리이므로 빌딩관리소장 스스로 자부심을 가지고 소속회사의 경영자 대리인임을 한시도 잊어서는 안되는 자리이다. 따라서 빌딩관리 총괄에 요구되는 요구능력 확보에 최선을 다해야 하며, 전문지식 등 필요조건 충족에 최선을 다해야 한다.

정신적 의지 무장화 요건은 교육과 훈련을 통하여 충족할 수 있으나 빌딩관리소장 자격화를 도모하고자 하는 본인 스스로 빌딩관리의 중요성과 필요성을 마음으로 깨닫고 굳은 의지를 신념과 함께 정신무장 함으로서 정신적 의지 무장화 요건은 생각보다 쉽게 충족할 수 있다.

빌딩관리소장은 양질의 빌딩관리 서비스를 주어진 빌딩관리 자원(인적 자원과 물적 자원, 재무적 자원과 기술적 자원 및 정보 자원 등)을 효율적으로 배분 활용하여 빌딩 소유와 사용 및 이용 만족에 절대적으로 필요한 양질의 빌딩관리 서비스를 가장 경제적 방법으로, 가장 안전하게, 가장 효율적으로, 가장 적합하게, 가장 효과적으로 생산하고 공급해야 하기 때문에 양질의 빌딩관리 서비스 생산과 공급에 정신적으로 사명감을 가지고 긍정적 사고와 적극적 자세를 취해야 하고, 고객만족을 위한 바람직한 친절하고 겸손한 마음의 태도를 견지해야 한다.

아무리 실질적으로 빌딩관리소장 자격화에 요구되는 빌딩종합관리 실무 전문지식과 요구능력을 확보하고 있다 하더라도 그리고 공식적으로 빌딩관리현장관리소장으로 인사명령을 받았다 하더라도 정신적으로 확고한 신념으로 무장하지 아니하거나 부정적 사고와 소극적 자세와 태도를 취하는 경우 양질의 빌딩관리 서비스 생산에 실패할 수 있으며, 정신적 의지 무장화 요건을 충족하지 못한 상태에서 생산·제공하는 서비스의 품질은 저질 서비스로 나타날 수 있으므로 빌딩관리현장 이해관계자 고객인 빌딩소유자와 사용자 및 이용자의 만족에 이바지 할 수 없다. 그러므로 정신적 의지 무장화 요건을 우선적으로 충족해야 한다.

## 제3절 빌딩종합관리 실무 지식전문화 요건

### 1. 빌딩종합관리 실무 지식전문화 요건의 의의

빌딩관리소장의 자격화를 도모하기 위해서는 빌딩종합관리 실무 지식전문화 요건을 충족해야 한다. 빌딩종합관리 실무 전문지식 자격화 요건을 충족하기 위해서는 빌딩종합관리 실무에 필요한 빌딩시설개론 빌딩종합관리 실무(빌딩시설관리 실무, 빌딩환경관리 실무, 빌딩 경비관리 실무 및 대외업무 등)에 대하여 전문지식을 확보해야 한다. 왜냐하면 빌딩관리소장은 대내적으로 빌딩관리 업무를 총괄해야 하고, 대외적 업무와 역할을 수행해야 하기 때문이다. 빌딩종합관리 실무지식의 전문화 부분은 이 책 제Ⅴ편에 수록하고 있다.

### 2. 빌딩종합관리 실무 지식전문화 요건의 내용

빌딩관리소장의 가장 중요한 역할은 대내적 역할로서 해당 관리현장 빌딩관리 업무의 총괄관리자 역할이다. 따라서 빌딩관리소장은 빌딩종합관리 실무 전문지식을 충분하고도 폭 넓게 이해하고 있어야 한다. 다시 말하면 빌딩관리소장은 빌딩 종합관리의 전문성을 최우선적으로 확보하고 있어야 하며, 빌딩관리 전문가 수준의 실력을 보유하고 있어야 한다. 따라서 빌딩관리소장에게 최우선적으로 요구되는 빌딩종합관리 실무지식 전문화는 향후 도입이 기대되는 빌딩관리소장 자격 인정(가칭) 빌딩관리사 국가자격시험의 합격과 빌딩관리 전문업체의 자체 빌딩관리소장 양성 프로그램 교육과 훈련과정 그리고 외부교육 전문교육 기관 위탁교육 과정을 수료함으로서 충족될 수 있다. 빌딩관리소장 자격화를 위하여 요구되는 빌딩종합관리 실무 지식전문화 요건을 충족하기 위하여 요구되는 빌딩종합관리 실무 전문지식 분야는 다음과 같다.

(1) 소속회사 핵심 가치와 경영철학의 이해(추후 발간 예정인 빌딩관리소장 양성교육 교재 참조)
(2) 빌딩관리소장개념 구성요소 빌딩개념과 관리소장개념의 이해(이 책의 제Ⅰ편 참조)
(3) 빌딩종합관리 실무(시설관리실무, 환경 미화관리 실무(환경 위생관리) 및 시설경비 실무 및 대외업무 등(이 책의 제Ⅴ편 참조)
(4) 빌딩시설개론(이 책의 제Ⅰ편 빌딩개념 참조)

(5) 빌딩관리 재무 회계실무(추후 발간 예정인 빌딩관리소장 양성 교육 교재 참조)
(6) 빌딩관리 관계법령 관리 실무(빌딩관리 사법/계약, 매매, 위임, 사무관리, 불법행위 등) 및 빌딩관리 공법(건축법, 건축물관리법, 전기 사업법, 건축설비관리법 등의 빌딩관리 공법 중 빌딩관리 관계조항), (추후 발간예정인 빌딩관리소장 양성교육 교재 참조)
(7) 관리현장 인력의 인사 노무관리 실무(추후 발간예정인 빌딩관리소장 양성교육 교재 참조)
(8) 빌딩관리소장요구 능력의 개발(추후 발간예정인 빌딩관리소장 양성교육 교재 참조)
(9) 빌딩임대관리 실무(추후 발간예정인 빌딩관리소장 양성교육 교재 참조)
(10) 빌딩관리소장 직업윤리(추후 발간예정인 빌딩관리소장 양성교육 교재 참조)
(11) 신규 빌딩관리현장 Mobilization & 기존 현장 Start-up 업무 처리요령(추후 발간 예정인 빌딩관리소장 양성교육 교재 참조)
(12) 현장 사건사고 Case sturdy(추후 발간예정인 빌딩관리소장 양성교육 교재 참조)

## 제4절 빌딩관리소장 요구능력의 역량화 요건

### 1. 빌딩관리소장 요구능력의 역량화 요건의 의의

빌딩관리소장이 대내적 관리 업무 총괄과 대외적 조직의 대표 및 경영자 대리인 역할을 성공적으로 달성하기 위해서, 그리고 유능하고 자격있는 빌딩관리소장이 되기 위해서는 요구능력의 역량화 요건을 충족해야 한다. 능력의 사전적 의미는 어떤 활동이나 업무를 수행할 수 있는 힘을 말하는 것으로서 어떤 일을 해낼 수 있는 역량과 매우 유사한 개념이라 할 수 있다. 이를 위한 필요조건을 빌딩관리소장 요구능력의 역량화 요건이라 한다.

### 2. 빌딩관리소장 요구능력의 역량화 요건의 내용

빌딩관리의 대내적 관리업무 총괄과 대외적 조직의 대표 및 경영자 대리인 역할을 감당하는데 요구되는 능력을 빌딩관리소장의 능력이라 하며, 이를 감당하기 위하여 요구되는 요구 능력에는 다음에서 열거하는 35개 항목의 능력 종류가 있다. 다만 빌딩관리소장 업무총괄과 대외적 관리현장 조직대표 역할로 소속회사의 경영자 대리인 역할 수행에 필요한 요구능력은 매우 방대하고 다양한 능력을 요구하기 때문에 완벽하게 역량화하기란 매우 어려운 과제로 보이나 빌딩관리소장의 자격화를 도모하기 위해서는 보다 많은 능력을 교육훈련과 스스로의 공부와 연구를 통하여 구비하거나 확보할 필요가 있다. 유능하고 자격있는 빌딩관리소장이 되기 위하여 요구되는 35개 항목의 요구 능력의 종류는 다음과 같으며, 저자의 빌딩관리소장 시절의 현장관리 경험과 다수의 빌딩관리소장과의 면담을 통하여 도출한 빌딩관리소장 요구능력의 항목임을 참고로 부기해 둔다.

1) 빌딩관리현장 관리조직 비전(Vision) 제시 능력
2) 지도능력(리더십)
3) 빌딩관리현장의 현황과 상황파악 능력
4) 관리계획 수립 능력
5) 현장 조직 및 구성원 장악 능력
6) 관리 업무 총괄 지휘 및 협력 업체 감독 능력
7) 빌딩소유 주체(빌딩오너)와 사용주체(입주자) 신뢰 및 우호관계유지 능력
8) 관리종사자 업무수행 지원 능력
9) 관리현장 문제해결 및 수습 능력
10) 바람직한 의사결정 및 합리적 선택 능력
11) 현장 리스크 관리 능력 및 사건사고 방지 능력
12) 업무 추진 능력
13) 소통(커뮤니케이션) 및 설득 능력
14) 신규 현장 Mobilization 능력 및 기존현장 Start-up 능력
15) 실행예산 관리 및 원가관리 능력
16) 현장 질서 유지 능력
17) 업무 협업 능력
18) 보고서 작성 및 보고 능력
19) 현장관리 종사자 인사 노무관리 능력
20) 청소경비 등 하도급업체 관리감독 능력
21) 재계약 추진 능력
22) 에너지비 절감 능력
23) 조직문화관리 능력
24) 현장 구성원 갈등조정 능력
25) 빌딩소유자와 사용자 및 이용자 등의 고객만족도 관리 능력
26) 관리종사자 관리 서비스 양적 생산성 및 질적 생산성 유지 및 향상 능력

27) 환경변화 대응능력
28) 직장 분위기 명랑화 조성 및 근무자 사기진작 능력
29) 빌딩 수선 정비, 보수 및 인테리어 등 공사관리 능력
30) 전산 행정사무처리 능력
31) 회의, 프리젠테이션, 토론 등을 위한 스피치 능력
32) 빌딩사용가치(기능, 편의, 안전, 위생, 환경 가치 등) 유지 및 향상 능력
33) 빌딩사용조건 최적화 유지 능력
34) 빌딩주용도(主用途) 활성화 제고 능력
35) 관리종사자 교육능력

이상에서 열거한 35개 항목의 빌딩관리소장 요구능력별 내용을 간략하게 설명하면 다음과 같다.

### (1) 빌딩관리현장 관리조직 비전(Vision) 제시 능력

유능하고 자격있는 빌딩관리소장이 되기 위해서는 빌딩관리현장 관리조직 비전(Vision) 제시 능력이 있어야 한다. 왜냐하면 빌딩관리소장이 신규 관리현장이나 기존 관리 현장을 승계하여 빌딩관리소장으로 부임하는 즉시 새롭게 시작하는 빌딩관리현장의 조직목표나 기대 서비스 품질 수준 또는 고객만족도 목표, 관리목표 등 소속회사의 관리방침을 토대로 확실한 구상을 발표하고, 이를 실천하도록 리더십을 발휘해야 하기 때문이다.

빌딩관리소장은 해당관리 현장의 업무를 성공적으로 수행하기 위해서는 관리조직의 비전을 제시하고 미래의 달성 목표를 발표하여 현장관리 종사자로 하여금 하나의 가치있는 미래상을 공유하게 하고 목표 달성에 공동으로 참여하게 하여 자발적 협력을 유도해 내어야 하기 때문이다. 비전의 사전적 의미는 미래의 구상을 의미하며 도달하거나 달성해야 하는 미래상을 말한다. 따라서 빌딩관리소장은 취임 즉시 전체 관리종사자를 대상으로 향후 달성해야하는 빌딩관리현장조직의 미래상을 제시하고 이를 위하여 공동으로 노력하도록 지도해야 한다.

### (2) 지도능력(리더십)

유능하고 자격있는 빌딩관리소장이 되기 위해서는 지도능력(리더십)이 있어야 한다. 왜냐하면 리더십 없이는 빌딩관리소장의 대내적 업무 수행과 역할을 감당할 수 없기 때문이다.

리더십(Leadership)의 사전적 의미는 앞장서서 여러 사람을 이끌어 가는 사람을 리더(Leader)라 하고, 리더의 힘을 통솔력 또는 지도력이라 하며, 이를 리더십이라 한다. 빌딩관리소장은 대내적으로 관리 업무 총괄관리자이기 때문에 여러 직종의 근무

자를 통솔하고 지도해야 함으로 반드시 빌딩관리소장은 지도 능력(리더십)을 구비하고 있어야 한다.

존 맥스웰(2023)의 리더십 불변의 법칙에 의하면 리더십의 역량이 성공의 한계를 결정하는 한계의 법칙이 적용되며, 리더십의 진정한 척도는 영향력이므로 리더는 영향력을 가지고 있어야 한다. 또한 리더는 조직의 성공을 위하여 훌륭한 리더십을 발휘해야 한다. 이를 위해서는 리더는 반드시 신뢰성을 가지고 있어야 한다. 왜냐하면 리더십의 기본 토대는 신뢰이기 때문이다.

또한 사람들은 자기보다 강한 리더를 따르기 때문에 리더는 강함을 표상하는 강점을 가지고 있어야 하고, 리더의 힘은 곁에 있는 사람들로 부터 오기 때문에 이너서클을 조직화할 줄 알아야 한다. 또한 리더는 봉사로 가치를 더할 줄 알아야 하고 조직을 성장시켜야 하기 때문에 다른 리더를 양성할 수 있어야 한다. 또한 리더는 희생할 줄 알아야 하고 모범을 보여야 하며 조직을 무조건 승리로 이끌 수 있는 힘을 가져야 한다. 또한 조직을 성공으로 이끌기 위해서 권한 위임을 해야 하며 업무의 우선순위를 정확하게 결정하고 성공과 실패의 분기점(모멘텀)을 정확하게 포착할 줄 알아야 한다. 또한 리더는 관리 종사자에게 유익을 주어야 하며, 실제로 성장 발전할 수 있도록 배려하고 지도해야 한다.

특히 빌딩관리소장이 리더십을 발휘하기 위해서는 도덕적으로 흠결이 없어야 하고, 윤리적으로 하자가 없어야 하며, 리더는 겸손해야 한다. 왜냐하면 겸손은 리더십의 기반이기 때문이다.

### (3) 빌딩관리현장의 현황과 상황파악 능력

유능하고 자격있는 빌딩관리소장이 되기 위해서는 빌딩관리현장 현황과 상황파악 능력이 있어야 한다. 왜냐하면 빌딩관리소장이 빌딩관리의 목표를 체계적·효율적으로 달성하기 위해서는 빌딩관리현장의 현황과 상황 파악을 통하여 필요한 자료와 데이터를 수집하고 이를 토대로 관리계획 수립이 먼저 이루어 져야 하기 때문이다. 이를 위해서는 빌딩관리현장의 현황과 상황 파악이 선결되어야 한다. 따라서 빌딩관리소장은 빌딩관리현장의 현황과 상황을 파악하는 능력이 있어야 한다.

현황의 사전적 의미는 현재의 상황을 말하고 상황이란 일이 되어가는 형편이나 모양을 의미한다. 따라서 빌딩관리소장은 이와 같은 일련의 빌딩관리현장의 현황파악의 역량을 가지고 빌딩관리현장의 현황과 상황을 정확하게 파악하여 빌딩관리 계획 수립에 필요한 자료를 정확하게 추출할 줄 알아야 한다. 왜냐하면 빌딩 전문적 관리의 구체적인 관리기법인 과학적 관리와 기술적 관리 및 체계적 관리의 첫발은 관리계획 수립에 있으며, 관리계획 수립을 위해서는 관리현장의 현황과 상황파악은 필수적이기 때문이다. 빌딩관리현장의 현황과 상황 파악의 목적은 빌딩관리 계획 수립에 요구되는 자료와 데이터를 추출하고 이를 제공하는데 있다.

빌딩관리의 목표를 체계적·효율적으로 달성하기 위해서는 관리계획의 수립이 행적으로 이루어져야 한다. 따라서 빌딩관리소장은 빌딩관리현장의 현황과 파악능력이 있어야 한다. 빌딩관리소장이 장단기 관리계획을 수립하기 전에 파악해야하는 빌딩관리현장의 현황과 상황파악 대상은 다음과 같다.

① 물리적 관리 대상 현황과 상황 파악(건축대지, 건축시설물, 건축설비, 기타 부대 시설) : 빌딩관리소장은 현장 인수 전에 실사를 통하여 빌딩의 시설과 설비 등에 대하여 소상하게 파악해야 한다. 특히 관리 대상 빌딩이 신축빌딩인 경우에는 인계자와 함께 인수 작업을 통하여 빌딩의 시설과 설비 등의 상태와 성능을 함께 파악해야 한다. 파악대상 시설과 설비에 대하여 체크리스트를 작성하고 상태 점검은 육안 검사로 파악하고 성능검사는 커미셔닝을 통하여 파악해야 한다. 해당 빌딩에 대한 현황과 상황 파악이 부실한 경우에는 향후 관리 시점에서부터 예상치 못한 비용 발생과 문제가 발생하게 되며 책임을 추가적으로 지게 될 뿐만 아니라 빌딩 소유자와 분쟁과 갈등이 생기게 되고 관리 계약 기간 동안 분쟁에서 자유로와 질 수 없게 된다. 또한 기존 빌딩관리현장을 인수하는 경우에는 물리적 관리 대상 빌딩의 유지 보수와 정비 내역 등에 대하여 도면과 함께 파악해야 한다.

② 경제적 관리 대상 현황과 상황파악(도급계약 금액, 실행예산, 임대 수익관리 등) : 빌딩관리소장은 신규빌딩의 경우에는 빌딩 소유자나 빌딩소유자가 선임한 PMC로부터 임대료와 관리비 및 사용료 등에 대한 정보 파악과 함께 소속사로부터 도급 금액과 실행예산에 대하여 파악해야 한다.

③ 법률적 관리대상 현황과 상황파악(관리도급계약 및 과업지시서의 내용) : 빌딩관리소장은 소속사 영업팀으로부터 관리 도급계약의 내용과 과업지시서 및 특수사항에 대하여 파악하여 향후 관리계획 수립과 관리활동 수행과정에서 이를 반영해야 한다.

④ 행정적 관리 대상현황과 상황파악(현장 조직, 구성원, 매뉴얼, 각종 규정, 규칙, 양식, 보고서, 자재, 부품. 원료, 에너지 사용 상태, 공도구, 기계장비 등) : 빌딩관리소장은 기존의 관리현장을 인수하는 경우, 종전의 현장 조직의 틀과 구성원의 인적 자료나 정보, 각종 매뉴얼과 사용설명서 및 준공도면과 보수 정비 공사 이력 도면, 각종 규정이나 규칙과 양식 업무일지의 종류와 보고서의 종류와 내용, 진행상황과 미결사항 등에 대하여 소상하게 파악하여 향후 관리활동에서 활용 또는 반영해야 한다. 특히 기존 현장조직의 구성원을 승계하는 경우에는 저들이 이력서와 근로 계약서 등을 인계받아 법정 자격 여부와 업무능력과 이력 등을 꼼꼼하게 파악해야 한다.

⑤ 환경적 관리대상 현황과 상황파악(쓰레기 수집시설 및 관리상태, 금연구역 및 운영 상태, 환경관리 대상 파악) : 빌딩관리소장은 빌딩의 환경적 요인에 대하여 현황과 상황을 파악해야 한다. 우기시 침수나 폭설시 환경적 피해가 발생할 수 있는 지형이나 바

람의 방향, 수질의 오염 여부 등에 대하여 파악하고 환경관리 업무에 반영해야 한다.

⑥ 안전적 관리대상 현황과 파악 대상(위험 시설 및 위험성, 인적 위험과 물적 위험, 경제적 위험, 법률적 위험, 환경적 위험, 기존에 발생한 사건 및 사고의 종류와 처리 경위 등) : 빌딩관리소장은 필수적으로 관리대상 빌딩의 위험시설이나 위험요인을 철저하게 파악해야 한다. 위험 파악 대상에는 위험 시설 및 설비위험성, 인적 위험과 물적 위험, 경제적 위험, 법률적 위험, 환경적 위험 등에 대하여 파악해야 한다.

### (4) 관리계획 수립 능력

유능하고 자격있는 빌딩관리소장이 되기 위해서는 관리계획 수립능력이 있어야 한다. 왜냐하면 빌딩관리는 시설관리, 환경 미화관리, 경비 보안관리 등의 업무를 수행함에 앞서 관리 방법, 차례나 절차, 규모 등을 미리 생각하여 관리의 방법이나 절차 등의 얽이를 세우는 것이 필요하기 때문이다. 다시 말하면 빌딩관리의 목표를 관리 계획의 수립을 통하여 달성하고자 하는 방향이나 목표를 사전에 설정할 필요가 있기 때문이다.

관리계획의 수립을 통하여 달성하고자 하는 방향이나 목표를 관리계획 수립의 목적이라 한다. 관리계획 수립의 목적은 빌딩관리의 목표를 가장 경제적인 방법으로 가장 안전하게, 가장 효율적으로 가장 적합하게 가장 효과적으로 달성하는데 있으며, 시간이나 비용 및 노력의 양을 적절하게 경제화 하여 자원의 낭비방지와 업무의 시행착오의 예방에 있다.

관리계획의 종류에는 중장기관리 계획과 단기관리 계획으로 나눌 수 있다. 전자에는 월간 관리 계획과 년간 관리계획이 있으며, 후자에는 주간 관리계획과 일간 관리계획 등이 있다. 관리계획의 수립절차는 다음과 같다.

관리계획팀 구성 → 현장 현황 및 상황 조사(이행과제 및 필요 업무 파악) → 중장기 계획 수립 → 단기계획 수립 → 수립계획 경영자 보고 및 승인 → 승인된 관리계획 전체 교육 및 공유 → 관리계획 실행 및 결과평가 → 목표 미달시 관리계획 수정 및 보완

### (5) 현장조직 및 구성원 장악 능력

유능하고 자격있는 빌딩관리소장이 되기 위해서는 현장조직 및 구성원 장악 능력이 있어야 한다. 장악의 사전적 의미는 무엇을 손에 꽉 쥔다는 의미로 무엇을 마음대로 할 수 있게 됨을 말한다. 빌딩관리소장이 빌딩관리 목표을 효과적으로 달성하기 위해서는 빌딩관리현장 조직과 그 구성원에 대한 장악이 무엇보다 중요하다. 왜냐하면 현장조직 및 구성원의 장악 없이는 현장관리 업무를 총괄하거나 지휘할 수 없기 때문이

다. 따라서 빌딩관리소장은 현장조직 및 구성원의 장악능력이 있어야 한다.

현장 종사자에 대한 장악방법에는 원칙적으로 인사규정이나 직급 또는 권한 및 복무규정 등 규범과 권위를 통하여 장악할 수 있으나 관리소장의 언행일치, 신뢰성, 공정한 업무처리 등 인격과 카리스마 등으로 장악하는 방법도 있다.

### (6) 관리업무 총괄지휘 및 협력업체 감독 능력

유능하고 자격있는 빌딩관리소장이 되기 위해서는 관리업무 총괄 지휘 및 감독 능력이 있어야 한다. 업무총괄이라 함은 개별적인 업무를 하나로 묶거나 종합함을 의미하고 감독이란 보살피고 지도 단속함을 의미한다. 빌딩관리란 다양한 직종의 관리 종사자를 하나로 묶어 양질의 빌딩관리 서비스를 생산하는 것이므로 빌딩관리소장은 다양한 관리종사자의 업무를 하나로 묶는 관리업무 총괄을 수행해야 한다. 또한 빌딩관리소장은 현장사정상 총괄 일부 관리 업무를 하도급한 경우가 있을 수 있으므로 하도급 업자를 보살피고 지도 단속해야 한다. 따라서 빌딩관리소장은 관리 업무 총괄과 감독 능력이 있어야 한다.

관리소장은 대내적으로 관리업무를 총괄하는 책임을 지고 있는 자이기 때문에 빌딩관리 업무 전반에 대하여 전문성을 가지고 있어야 하고, 정직하고 공평하게 현장운영관리를 수행해야 한다. 이와 같은 점이 전제가 될 때 비로소 관리업무를 총괄할 수 있으며 하도급 업체를 감독할 수 있다. 특히 청소, 경비 등을 하도급한 현장일 경우에는 하도급 업체 등에 대해서도 적절하게 감독하여 맡은바 해당 관리업무가 성공적으로 수행되도록 보살피고 지도해야 한다.

### (7) 빌딩소유 주체(빌딩 오너)와 사용주체(입주자)와의 신뢰 및 우호관계 유지능력

유능하고 자격있는 빌딩관리소장이 되기 위해서는 빌딩소유 주체(빌딩오너)와 사용주체(입주자)와 신뢰관계유지 능력이 있어야 한다. 왜냐하면 빌딩관리소장은 해당 빌딩을 책임관리함에 있어서 빌딩소유자와 사용자 및 이용자 등 3종류의 고객을 가지고 있으며 이들과 선한 관계 유지가 필요하기 때문이다. 빌딩관리소장은 이와 같은 이해관계자 고객의 빌딩의 소유와 사용 및 이용 측면에서 이들을 각각 만족하게 해야 하는 의무를 지고 있기 때문이다.

또한 빌딩관리소장은 빌딩 소유주체와 사용 주체 사이에서 각각 요구되는 빌딩관리 서비스를 생산하고 제공하는 자이다. 따라서 빌딩 소유자와 사용자(입주자) 간에 상호 관계가 성립된다. 따라서 빌딩관리소장은 빌딩 소유 주체와 사용 주체간에 원만한 신뢰관계가 유지되도록 노력해야 한다. 따라서 빌딩관리소장은 고객인 빌딩 소유자와 사용자(입주자)에 대하여 신뢰를 바탕으로 바람직한 인간관계를 장기적으로 유지하는 능력이 있어야 한다. 왜냐하면 이와 같은 신뢰관계 유지는 성공적인 빌딩 운영관리에 있어서 매우 바람직하게 작용하고 선기능을 나타나게 하기 때문이다.

### (8) 관리종사자 업무수행지원 능력

유능하고 자격있는 빌딩관리소장이 되기 위해서는 관리종사자 업무수행지원 능력이 있어야 한다. 왜냐하면 빌딩관리현장에는 기술직과 행정관리직, 경비보안관리직, 환경미화관리직 등 매우 다양한 관리 종사자가 함께 근무하고 있는 장소이기 때문에 관리 영역별로 시설관리 종사자. 환경위생관리 종사자, 경비 보안관리 종사자 등이 함께 같은 장소에서 각각 다른 업무를 수행하고 있다. 이와 같은 경우에 관리 종사자가 담당업무 수행에 필요한 비용, 자재, 원료, 인력, 공도구, 기술 등이 절절하게 공급 되거나 조달되어야 하는바 관리소장은 이와 같은 인적 · 물적 관리수단을 적절하게 지원해야 하기 때문이다. 왜냐하면 관리행위는 관리자 사람이 물론 중심이 되지만 물적 자원과 재무적 자원 기술적 자원 및 정보자원을 활용하여야 함으로 빌딩관리소장은 관리업무 수행에 필요한 자원을 적절하게 지원해야 한다. 따라서 빌딩관리소장은 관리종사자 업무수행에 필요한 자원을 적절하게 지원하는 능력이 있어야 한다.

### (9) 관리현장 문제해결 및 수습능력

유능하고 자격있는 빌딩관리소장이 되기 위해서는 관리현장 문제해결 및 수습능력이 있어야 한다. 현장의 문제라 함은 현장에서 발생하여 해결이나 해답이 요구되는 사건 사고를 말한다. 빌딩관리현장에서는 고객의 민원 문제에서부터 건물주 또는 빌딩 사용자의 클레임, 도난, 폭행 등 범죄사고, 화재 등 안전사고, 입주고객의 불만, 정전, 전기사고나 누수사고 등 인적 물적 피해 발생을 동반하는 문제가 끊임없이 발생하고 있다. 또한 빌딩관리현장에는 안전사고에서부터 종사자 간의 갈등, 분쟁, 시설고장 사고 등의 문제가 끊임없이 지속적으로 발생하고 있다. 따라서 본사의 지원이나 빌딩 소유자의 도움을 받아 해결하는 경우도 있으나 빌딩관리소장은 자체 역량으로 현장발생 문제를 스스로 해결하는 것을 원칙으로 해야 한다. 문제의 개념은 해답이 필요한 질문이라는 사전적 의미도 있으나 현장관리 문제는 빌딩관리목표 달성을 저해하는 장애 요인의 의미도 함께 가지고 있어 발생 즉시 해결하고, 인적 · 물적 피해나 업무수행에 지장을 초래하지 않도록 해야 한다.

또한 빌딩관리소장은 종사자 간에 발생할 수 있는 갈등문제는 조정할 수 있어야 하며 소유주체와 관리 주체 및 사용 주체간에 발생할 수 있는 분쟁 또한 원만하게 조정하여 수습하는 능력도 함께 지니고 있어야 한다. 따라서 빌딩관리소장은 현장 발생 문제에 대하여 해결하거나 수습하는 능력이 있어야 빌딩관리소장으로서 자격을 인정받은 수 있다.

### (10) 바람직한 의사결정 및 합리적 선택 능력

유능하고 자격있는 빌딩관리소장이 되기 위해서는 바람직한 의사결정 및 합리적 선택 능력이 있어야 한다. 왜냐하면 빌딩관리현장 내에서 청소, 경비 등 하도급 업체와 함께 근무하는 환경에서는 업무를 협업하는데 필요한 의사 결정이나 선택을 자주 해야 하기 때문이다. 또한 현장 관리 조직표 상의 각각의 팀이 협업하는 경우에는 합리적인 의사결정이나 선택해야 하는 기회를 자주 만날 수 있기 때문이다.

이와 같은 경우에 빌딩관리소장은 회의를 통하여 그리고 협의나 토론을 통하여 바람직한 의사 결정과 합리적 선택을 유도해야 한다. 따라서 빌딩관리소장은 바람직한 의사 결정과 합리적 선택을 할 수 있는 능력이 있어야 한다.

### (11) 현장 리스크 관리능력 및 사건사고 방지 능력

유능하고 자격있는 빌딩관리소장이 되기 위해서는 현장 리스크 관리능력 및 사건사고 방지능력이 있어야 한다. 왜냐하면 현장에는 위험요인이나 위험시설물이 존재하고 있으며, 각종 위험작업이 이루어지고 있기 때문에 안전사고가 종종 발생할 수 있다. 또한 하루에도 수 많은 사람들이 입출입 하거나 재실하고 있어 인간 관계속에 위험 요인으로 인하여 각종 사건사고가 종종 발생할 수 있다. 따라서 빌딩관리소장은 예기력과 세밀한 관찰력을 통하여 위험 요인을 사전에 발견하고, 이를 제거하여 위험사고가 발생하지 않도록 해야하는 현장 리스크 관리 및 사건사고 방지능력이 있어야 한다.

### (12) 업무 추진 능력

유능하고 자격있는 빌딩관리소장이 되기 위해서는 빌딩관리 업무추진 능력이 있어야 한다. 왜냐하면 빌딩관리소장은 관리업무 전반에 대하여 총괄하는 책임을 지고 있으므로 관리시스템 상 업무 추진이 늦어지는 경우에는 더욱 지원을 해야하고, 독려하여 업무가 지속적으로 이루어지도록 추진해야한다. 따라서 빌딩관리소장은 업무추진력이 있어야 한다. 특히 인력이나 비용, 재료 또는 자료 등이 부족한 경우에는 본사의 협조를 받아 업무를 정상적으로 이어가도록 추진해야 한다. 따라서 빌딩관리소장은 업무추진 능력이 있어야 한다.

### (13) 소통(커뮤니케이션) 및 설득 능력

유능하고 자격있는 빌딩관리소장이 되기 위해서는 빌딩관리소장은 소통(커뮤니케이션) 및 설득능력이 있어야 한다. 왜냐하면 빌딩관리소장은 대내적으로 빌딩관리 업무를 총괄하고 대외적으로 관리조직을 대표하며 경영자 대리인 역할을 수행해야 함으로 매우 다양한 빌딩관리 이해관계자와 일상적으로 관계를 유지하고 있기 때문에 경우에 따라서는 의사소통과 상대방을 설득하는 기회를 자주 만나게 된다. 따라서 빌딩관리소장은 커뮤니케이션 능력과 설득 능력이 있어야 한다.

### (14) 신규 현장 Mobilization 능력 및 기존현장 Start-up 능력

유능하고 자격있는 빌딩관리소장이 되기 위해서는 빌딩관리소장은 반드시 신규 현장 모빌리제이션(Mobilization) 능력 및 기존현장 Start-Up 능력이 있어야 한다. 왜냐하면 빌딩관리소장은 신규 현장이 발생하는 경우에는 신규 빌딩현장의 현황과 상황을 파악하고 빌딩관리 계획을 수립해야 하며, 이에 따라 빌딩관리 관리현장 조직표와 구성원을 본사와 협의하여 선발 배치하고, 현장 관리업무를 출발하게 하는 이른바 신규 현장를 준비하고 개설해야 한다. 이를 위해서 요구되는 모빌리제이션 능력이 있어야 하며 기존  현장인수시 기존 시설과 고용인력을 승계하거나 관리 사무실 확보 및 사무행정에 필요한 집기 비품 및 통신 수단을 등을 준비하고 업무를 신속하게 개시할 수 있도록 준비해야 한다. 이를 기존현장 Start-up이라 한다. 이와 같이 빌딩관리소장은 신규 현장개설이나 기존현장 인수시 관리업무가 정상적으로 운영관리 될 수 있도록 신규현장 및 기존현장을 위한 모빌리제이션 능력과 스타트업 능력이 있어야 한다. 모빌리제이션과 스타트업 업무를 능률적으로 처리할 수 있는 빌딩관리소장이 해당 소속회사의 대표 빌딩관리소장이라 할 수 있다.

### (15) 실행예산 관리 및 원가관리 능력

유능하고 자격있는 빌딩관리소장이 되기 위해서는 빌딩관리소장은 실행예산 관리 및 원가관리 능력이 있어야 한다. 왜냐하면 빌딩관리는 가장 경제적 방법으로 빌딩을 관리해야 하고, 현장 실행예산 범위내에서 관리활동이 이루어져야 하기 때문이다. 따라서 빌딩관리소장은 현장 실행예산에 대하여 분석하고 실행예산을 초과하는 관리행위를 해서는 안된다. 왜냐하면 빌딩관리는 원칙적으로 가장 경제적 방법으로 양질의 빌딩관리 서비스를 생산하고 제공해야 하기 때문이다.

또한 관리현장 업무 계약기간 종료시 또는 년말 정산시 실행예산 정산결과가 흑자로 결과되는 것은 매우 바람직한 현장 운영관리 결과라 할 수 있으나 적자로 결과되는 경우에는 문제가 될 수 있다. 이를 위해서는 안전사고를 미연에 방지하여 인적·물적 피해를 방지해야 하고 인건비를 포함하여 에너지비를 절감하는 노력을 경주해야 한다. 따라서 빌딩관리소장은 실행예산 및 원가관리 능력이 있어야 한다.

### (16) 현장질서 유지능력

유능하고 자격있는 빌딩관리소장이 되기 위해서는 현장질서 유지능력이 있어야 한다. 왜냐하면 빌딩관리는 조용하고 평온한 가운데 양질의 빌딩관리 서비스가 생산되고 제공되는 장소이기 때문이다. 그러나 빌딩관리현장에는 빌딩관리 과정에서 매일 같이 수많은 사람과 차량 및 물품이 들어오고 나가는 장소이므로 자칫하면 빌딩 내 질서가 붕괴할 수 있다. 특히 외부 인사가 불법으로 친입하는 경우에는 빌딩내 질서가 완전히 붕괴되어 평화와 질서가 깨어질 수 있다. 따라서 빌딩관리소장은 언제나 빌딩내에 질서가 유지될 수 있도록 능력을 발휘해야 한다. 뿐만 아니라 관리조직 내의 관리종사자 간이나 원청과 하도급자 간의 알력이나 권한 다툼 및 조직 문화의 차이로 자주 분쟁과 대립 및 갈등관관계가 조성되어 빌딩관리현장의 위계질서나 인간관계 질서가 깨어지는 사태가 발생할 수 있다. 이 경우 관리소장은 리더십을 발휘하여 현장 질서를 유지할 수 있어야 한다.

### (17) 업무협업 능력

유능하고 자격있는 빌딩관리소장이 되기 위해서는 업무협업 능력이 있어야 한다. 왜냐하면 빌딩관리현장에는 경우에 따라 시설관리업체와 환경 위생관리 업체, 경비업체 및 보수정비 업체 등이 혼재하여 빌딩관리 업무를 수행할 수 있기 때문이다. 따라서 이들 업체간의 협업이 매우 필요하고 중요하다. 그러므로 빌딩관리소장은 이들의 업무를 조율하거나 조정하여 협업이 이루어지도록 해야 한다. 따라서 빌딩관리소장은 협업의 능력이 있어야 한다.

또한 관리현장 조직의 다른 부서간의 종사자 간의 협업경우에도 빌딩관리소장의 협업 능력이 요구되고 있다.

### (18) 보고서 작성 및 보고 능력

유능하고 자격있는 빌딩관리소장이 되기 위해서는 빌딩관리소장은 보고서 작성 및 보고능력이 있어야. 한다 왜냐하면 빌딩관리소장은 정기적으로 또는 수시로 보고서 작성과 보고(특히 서면보고 및 구두보고)업무를 수행해야 하기 때문이다. 왜냐하면 빌딩관리현장에는 체결한 관리계약과 과업지시서에 따라 정기적으로 빌딩 소유자나 경영자에게 보고해야 하기 때문이다. 따라서 빌딩관리소장은 보고서 작성과 보고 능력이 있어야 한다.

### (19) 현장관리 종사자 인사 노무관리 능력

유능하고 자격있는 빌딩관리소장이 되기 위해서는 빌딩관리소장은 현장관리 종사자 인사 노무관리 능력이 있어야 한다. 적어도 노동법에 관한 학습을 통하여 노무관리에 만전을 기해야 한다. 왜냐하면 노무관리를 소홀하게 취급하여 문제가 발생하는 경우에는 근노 감독관의 검사나 조사를 받아야 하는 등 번거로운 일이 발생할 수 있기 때문이며 조직내 노사 문제가 발생할 수 있기 때문이다.

### (20) 청소경비 등 하도급업체 관리감독 능력

유능하고 자격있는 빌딩관리소장이 되기 위해서는 청소경비 등 하도급 업체에 대한 관리감독 능력이 있어야 한다. 왜냐하면 관리현장에는 사정에 따라 함께 근무하는 청소, 경비등 하도급 업체가 함께 근무하는 경우가 있기 때문에 이들에 대한 관리와 감독이 필요하기 때문이다. 정기적인 회의나 면담을 통하여 업무 스케쥴을 조정하거나 협력하여 빌딩관리 업무가 성공적으로 이루어지도록 해야 한다. 청소, 경비 등 하도급 업체는 조직이 상이하고 조직문화가 다르기 때문에 같은 현장에서 질서있는 업무수행이 매우 어려운바 성공적인 전체 빌딩관리 효과를 창출하기 위해서는 빌딩관리소장은 협력 업체나 하도급 업체에 대한 관리감독 능력을 발휘할 줄 알아야 한다.

### (21) 재계약 추진 능력

유능하고 자격있는 빌딩관리소장이 되기 위해서는 재계약 추진능력이 있어야 한다. 왜냐하면 빌딩관리소장은 본업이 영업은 아니나 재계약 또는 추가 관리용역 수주에 매우 큰 영향을 미치는 위치에 있기 때문에 소속회사의 발전을 위하여 관리현장 용역의 재계약이 필요하기 때문이다. 평상시 관리현장에서 안전사고 발생을 방지하고 관리비용의 획기적 절감을 유도하여 신뢰와 관리기술을 인정받을 경우, 재계약 또는 계약연장이 가능하게 될 수 있다. 따라서 빌딩관리소장은 빌딩관리용역 재계약 추진 능력이 있어야 한다.

### (22) 에너지비 절감능력

에너지란 물체가 가지고 있는 힘이나 일을 할 수 있는 능력의 양(量)을 말한다. 빌딩관리에도 전기, 가스, 유류, 물 등의 에너지가 사용되고 있다.

유능하고 자격있는 빌딩관리소장이 되기 위해서는 에너지 비용 절약능력이 있어야 한다. 한다. 왜냐하면 빌딩관리비 중에는 인건비 다음으로 에너지비(특히 전기에너지비)가 큰 비중을 차지하고 있기 때문이다. 그러므로 빌딩관리 비용의 경제화 원칙을 지키려면 전기에너지 비용의 절감이 매우 중요하고 필요하다. 빌딩이 사용하는 전기에너지비 절감은 부하 검사를 통하여 무정전전원공급장치인 UPS와 전기교류파의 일종인 사인웨이브(Sinewave)를 필요 이상으로 가동하고 있는 경우에는 일부를 차단함으므로서 전기료의 낭비를 일정 부분 줄일 수 있다. 또한 지하수 사용이 가능한 경우에는 수질검사를 통하여 화장실 사용용도로 지하수를 대체 사용함으로서 일정 부분 수도 요금을 줄일 수 있어 에너지 비용의 절감을 유도할 수 있다.

### (23) 조직문화 관리능력

유능하고 자격있는 빌딩관리소장이 되기 위해서는 입주자(빌딩사용자) 만족도 관리

능력이 있어야 한다. 왜냐하면 어떤 목표를 달성하기 위하여 일정한 지위와 역할을 지닌 사람이나 물건이 모여서 질서 있는 하나의 집합체를 조직이라 하고, 이와 같은 조직이나 조직 구성원이 진보향상하려는 깨어 있는 인간의 정신적인 활동을 문화라 한다. 이와 같이 빌딩관리현장에는 각각 다른 조직이 각각 다른 빌딩관리 관련 서비스 활동에 참여하고 있으며, 각 조직 구성원이 정신적인 활동을 하게 되는바 이를 조직문화라 한다. 각각 다른 조직의 문화를 가진 구성원간에는 문화적 충돌이나 갈등을 조장하는 사례가 종종 발생할 수 있는바 빌딩관리소장은 이를 적절하게 조정하거나 충돌을 방지하여 평화롭게 더불어 근무할 수 있도록 관리해야 한다. 따라서 빌딩관리소장은 조직문화를 적절하게 관리하는 능력이 있어야 한다.

### (24) 현장 구성원 갈등조정 능력

유능하고 자격있는 빌딩관리소장이 되기 위해서는 입주자(빌딩사용자) 만족도 관리 능력이 있어야 한다. 왜냐하면 빌딩관리현장에는 다양한 성장 배경과 문화가 다른 많은 구성원들이 한곳에 모여 근무하기 때문에 관리활동에 지장이나 저해하는 갈등을 유발할 수 있기 때문에 이를 조정할 필요가 있다. 구성원의 갈등이라 함은 견해 의견 주장 등이 뒤엉켜 복잡한 인간관계를 형성하는바 이를 관리현장 구성원의 갈등이라 한다. 관리소장은 이에 대하여 원만하게 인간관계를 형성하도록 각 구성원의 의견이나 견해나 주장들에 대하여 조정하고 조치해야 한다. 이를 위해서는 각 구성원간에는 정치, 종교, 학연, 고향, 군대 등에 대하여 가능하면 대화를 삼가하도록 직장 분위기를 리더해야 한다. 따라서 빌딩관리소장은 구성원간의 갈등문제를 원만하게 해결하는 능력이 있어야 한다.

### (25) 빌딩소유자와 사용자 및 이용자 등의 고객만족도 관리능력

유능하고 자격 있는 빌딩관리소장이 되기 위해서는 고객만족도 관리능력이 있어야 한다. 왜냐하면 빌딩관리는 빌딩관리 양질의 서비스를 생산하여 고객에게 제공하여 고객이 빌딩소유나 빌딩사용 및 이용상 만족하도록 하는 서비스 생산활동이기 때문이다. 따라서 빌딩소유자 고객과 빌딩사용자(입주자) 고객 및 빌딩이용자 고객 등이 빌딩소유와 사용수익 및 이용에 있어 쾌적하고 편리하며 안전하게 빌딩시설을 소유와 사용 및 이용할 수 있도록 하여 고객이 주관적으로 만족을 느낄 수 있도록 해야 한다. 이를 빌딩관리현장 이해관계자 고객의 만족도라 한다. 따라서 빌딩관리소장은 고객의 만족도를 관리하는 능력이 있어야 한다.

### (26) 관리종사자 관리 서비스 양적 생산성 및 질적 생산성 유지 및 향상능력

유능하고 자격 있는 빌딩관리소장이 되기 위해서는 관리종사자 관리서비스 양적 생산성 및 질적 생산성 유지 및 향상능력이 있어야 한다. 왜냐하면 빌딩관리 활동은 가장 경제적 방법으로 양질의 빌딩관리 서비스를 생산하고, 이를 적절하게 제공하여 빌딩소유자와 사용자 및 이용자 등의 고객을 만족하도록 하는 활동이기 때문이다. 따라서 빌딩관리는 관리 종사자가 인당 관리면적을 극대화해야 하고 고품질의 빌딩관리 서비스를 생산하고 제공해야 한다.

또한 빌딩관리는 양질의 빌딩관리 서비스를 가장 경제적 방법으로 관리해야 한다. 따라서 빌딩관리소장은 관리서비스 양적 생산성과 질적 생산성 향상 능력이 있어야 한다. 연구자료에 의하면 국내 빌딩시설관리 종사자의 인당 시설관리 생산성은 인당/1일/1250평 수준이나 미국의 경우 인당/1일/2400평 수준의 생산성을 보이고 있으며, 일본의 경우 인당/1일/2450평으로 관리생산성을 보이고 있는 것으로 조사되고 있다(국가기술표준원, 2006, 시설관리 서비스 표준화 연구). 또한 국내 빌딩입주자의 빌딩관리 평균 만족도는 약 70%에 머물고 있어 관리 종사자의 양적 생산성과 질적 생산성 모두에 문제가 있는 것으로 조사되고 있다. 따라서 빌딩관리소장은 관리종사자의 양적 생산성과 질적 생산성 향상 및 유지능력이 있어야 한다.

### (27) 환경변화 대응능력

유능하고 자격있는 빌딩관리소장이 되기 위해서는 환경변화 대응능력이 있어야 한다. 왜냐하면 빌딩관리에 영향을 미치는 빌딩관리 환경이 존재하고 있으며, 수시로 변화되어 빌딩관리에 적지 않은 악영향을 주고 있기 때문이다. 빌딩환경에는 경제적 환경, 임대시장 환경, 기술적 환경, 부동산 환경 등이 있으며, 이와 같은 환경의 변화는 빌딩관리에 여러 가지 모양으로 영향을 줄 수 있다. 그러므로 변화하는 환경이 빌딩관리 업무에 지장을 주지 않도록 언제나 관찰하고 능동적으로 대응해야 한다. 따라서 빌딩관리소장은 환경변화에 대하여 적절하게 대응하는 능력이 있어야 한다.

### (28) 직장 분위기 명랑화 조성 및 근무자 사기진작 능력

유능하고 자격 있는 빌딩관리소장이 되기 위해서는 직장 분위기 명랑화 조성 및 근무자 사기진작 능력이 있어야한다. 왜냐하면 빌딩관리 현장은 한 단위의 직업을 수행하는 장소로서 빌딩관리 효과를 창출하는 공간이기 때문에 이에 종사하는 관리자의 직장 분위기와 사기에 따라 창출하는 관리 효과의 품질이 다르게 나타나기 때문이다. 직장 분위기가 나쁠 경우에는 지옥 같은 직장이 되고 직장 분위기가 좋은 경우에는 천당같은 직장이 될 수 있다. 직장 분위기가 좋을 경우에는 업무 성과가 좋을 수 있으며 나쁠 경우에는 그 반대가 될 수 있다. 그러므로 빌딩관리소장은 직장분위기 명랑화를 위하여 노력해야 한다. 따라서 빌딩관리소장은 직장 분위기 명랑화 조성 능력이 있어야 한다.

또한 빌딩관리소장은 직원들의 사기를 진작하는 능력이 있어야 한다. 사람은 인정받고 칭찬 받을 때 스스로 사기가 올라가 업무 성과가 좋아지게 마련이다 따라서 빌딩관리소장은 직장 분위기를 명랑화 해야 하고, 직원들의 사기를 높일 수 있는 능력이 있어야 한다.

### (29) 빌딩 수선 정비, 보수 및 인테리어 등 공사관리 능력

유능하고 자격 있는 빌딩관리소장이 되기 위해서는 빌딩 수선 정비, 보수 및 인테리어 등 공사관리 능력이 있어야 한다. 왜냐하면 현장에서 빌딩 소유자나 소속회사의 위임을 받아 정비보수 공사나 인테리어 공사 등을 발주하는 경우가 종종 있을 수 있기 때문이다. 따라서 빌딩관리소장은 공사발주 및 입찰방법을 숙지하고 표준입찰 절차에 따라 입찰을 실시하고, 계약체결 및 공사사후관리를 수행할 줄 알아야 한다. 또한 정비, 보수, 인테리어 공사 등의 발주나 사후관리 등 공사관리 능력이 있어야 한다.

### (30) 전산 행정사무처리 능력

유능하고 자격있는 빌딩관리소장이 되기 위해서는 전산 행정사무처리 능력이 있어야 한다. 왜냐하면 전자결제나 화상회의, 보고서 작성, 프레젠테이션 등을 위하여 엑셀 이용법이나 교육 프로그램 편집 등의 문서 등을 작성해야 하기 때문에 전산 사무행정 처리 능력이 있어야 한다.

### (31) 회의, 프리젠테이션, 토론 등을 위한 스피치 능력

유능하고 자격 있는 빌딩관리소장이 되기 위해서는 회의, 프리젠테이션, 토론 등을 위한 스피치 능력이 있어야 한다. 왜냐하면 빌딩관리소장은 빌딩관리 업무의 총괄을 위하여, 그리고 현장조직의 대표역할과 소속 회사의 경영자 대리인 역할의 수행을 위하여 종종 회의, 보고, 토론, 프리젠테이션, 교육 등을 수행할 기회가 있기 때문이다 이와 같은 과업은 언어(스피치)로 처리되는 경우이므로 스피치 능력이 있어야 한다 스피치 능력은 독서나 낭독, 스피치 훈련을 통하여 능력을 확보할 수 있다.

### (32) 빌딩사용가치(기능, 편의, 안전, 위생, 환경 가치 등) 유지 및 향상 능력

유능하고 자격 있는 빌딩관리소장이 되기 위해서는 빌딩 사용가치 유지 및 향상 능력이 있어야 한다. 왜냐하면 빌딩관리는 빌딩 사용가치의 유지 및 향상을 관리 목표로 설정하고 있으며, 이를 통하여 빌딩소유자나 사용자 및 이용자의 만족에 이바지하고 있기 때문이다. 따라서 빌딩관리소장은 빌딩의 기능과 편의를 증진하고 안전을 높이며 위생 환경을 조성하여 고객의 만족에 기여하는 빌딩 사용가치 유지 및 향상 능력이 있어야 한다.

### (33) 빌딩 사용조건 최적화 유지 능력

유능하고 자격 있는 빌딩관리소장이 되기 위해서는 빌딩 사용조건 최적화 유지능력이 필요하다. 왜냐하면 빌딩관리는 빌딩 사용조건의 최적화 활동이기 때문이다. 따라서 빌딩의 기능을 보전하고 편의와 안전을 높이며 고장난 부분은 원상복구하고, 시간의 경과나 사용상의 잘못에 의하여 요구되는 정비, 영선, 보수, 수리, 교체, 보강, 대수선 등을 실시하여 언제나 빌딩 사용상 문제가 없도록 해야 한다. 따라서 빌딩관리소장은 빌딩 사용조건 최적화 유지능력이 있어야 한다.

### (34) 빌딩 주용도 활성화 제고능력

유능하고 자격있는 빌딩관리소장이 되기 위해서는 빌딩 주용도(主用途) 활성화 능력이 있어야 한다. 왜냐하면 빌딩은 건축법에 따라 29가지의 용도가 있으며, 빌딩관리는 빌딩의 주된 용도가 활성화되도록 수행하는 작업이자 관리이기 때문이다. 따라서 빌딩관리소장은 관리대상 빌딩의 주용도를 파악하고, 이를 활성화하여 빌딩사용가치를 높여 빌딩의 경제적 가치를 극대화하도록 해야 한다. 따라서 빌딩관리소장은 빌딩주용도 활성화 능력이 있어야 한다.

### (35) 관리종사자 교육능력

유능하고 자격있는 빌딩관리소장이 되기 위해서는 관리종사자 교육능력이 있어야 한다. 왜냐하면 빌딩관리 종사자는 음악 오케스트라의 단원에 해당되기 때문에 각자의 직책과 담당 업무에 대하여 효과를 적절하고 조화롭게 나타내어 주어야 하기 때문이다. 교육은 성숙하지 못한자를 상대로 일정기간동안 빌딩관리 업무에 요구되는 지식을 전수하고 행동지침과 품성을 함양하여 주는 계획적 행동이기 때문이다.

# 제5절 개인적 필요조건의 충족화 요건

## 1. 개인적 필요조건 충족화 요건의 의의

개인적 필요조건의 충족화 요건이란 빌딩관리소장 자격화를 위하여 요구되는 요건으로서 빌딩관리소장이 되고자 하는자가 개인차원에서 기술자격 조건, 건강 조건 등을 사전에 개인차원에서 준비하거나 갖추어야 하는 자격화 요건을 말한다.

## 2. 개인적 필요조건 충족화 요건의 내용

빌딩관리소장이 되고자 하는자가 사전에 갖추어야 하는 개인적 자격화 필요조건 충족화 요건은 다음과 같다.

### 1) 기술자격 필요조건

유능하고 자격 있는 빌딩관리소장이 되기 위해서는 개인적으로 충족해야 하는 필요조건을 충족해야 한다. 빌딩관리사 국가자격시험이 도입되는 경우 빌딩관리사, 전기, 기계, 소방 등 기술자격 필요조건의 충족이 요구된다. 빌딩관리소장은 향후 법정 국가자격 빌딩관리 시험이 시행되는 경우, 빌딩관리사 자격이 우선적으로 요구된다. 그러나 현재의 상황에서는 전기, 기계, 소방 등의 하나 또는 두 개 이상의 기술자격이 필요하며, 타 분야 선임 자격(㉑ 안전관리자나 건축설비 유지관리자)을 가지고 있는 경우에는 빌딩관리소장 자격화에 매우 유리하다.

### 2) 현장관리 경력 및 경험 필요조건

유능하고 자격있는 빌딩관리소장이 되려면 적어도 연건평 10,000평 이상의 업무용 빌딩이나 상업용 빌딩 등의 종합관리 5년 이상의 관리경력과 5년 이상의 빌딩종합관리현장 근무경험을 가지고 있는 경우 자격화 달성에 유리하다.

### 3) 건강 필요조건

유능하고 자격있는 빌딩관리소장이 되려면 육체적 건강과 정신적 건강 및 사회적 건강(인간관계 건강)이 필요하다.

### 4) 학력 필요조건

유능하고 자격 있는 빌딩관리소장은 적어도 전문대 졸업 이상의 학력이 필요하다 왜냐하면 빌딩관리소장은 업무수행 과정에서 이해하고 인지해야 하는 수많은 종류의 지식과 상황이 발생하기 때문이다.

### 6) 연령대 해당 필요조건

유능하고 자격있는 빌딩관리소장이 업무를 정상적으로 수행하기 위해서는 너무 젊거나 늙어서는 곤란하다. 따라서 40대나 50대 연령 해당자가 적정하다.

### 7) 인성과 품성 필요조건

자격화 과정을 통하여 유능하고 자격있는 빌딩관리소장이 되려면 빌딩관리소장의 격에 맞는 인성과 품성을 소지해야 한다. 왜냐하면 빌딩관리소장은 빌딩이라는 막대한 재산을 직접 운영관리 하고 수많은 사람의 생명보호를 담당하는 자이므로 요구능력이나 지식 필요조건의 충족만으로는 부족하기 때문이다. 따라서 빌딩관리소장은 논어에서 강조하는 사람의 조건(행인편)에서 말하는 사람의 인격과 품성을 가지고 있어야 한다. 따라서 빌딩관리소장은 본인 또는 타인과 한 약속은 반드시 지켜야 하고, 감사나 축하할 줄 알아야 하며, 타인의 어려움이나 슬픔을 당했을 때 찾아가 위로할 줄 알아야 하며 은혜를 베푼 사람에게는 절대 배신하지 아니하고 의리를 지킬 줄 알아야 하고 타인의 재산은 반드시 정직하게 관리해야 한다는 사람의 인성과 품성(사람의 바탕과 성격)의 소유자라야 한다.

품성은 사람된 바탕과 성질이나 성격을 말하기 때문이다. 유능하고 자격있는 빌딩관리소장이 되려면 앞에서 설명한 논어 행인편의 사람의 도리 외에 다음에서 열거하는 사람의 인성과 품성을 두루 갖추어야 한다. 사람의 성격에는 타고난 선천적 성격(천성)은 절대로 바뀌지 않으나 사람의 후천적 성격(인성)은 수양이나 교육을 통하여 변화가 가능하며 이로부터 파생되는 품성(덕목)은 더욱 더 변화가 가능하다. 그러므로 빌딩관리소장 다운 빌딩관리소장이 되려면 다음에서 열거하는 인성과 품성(덕목)을 개인 차원에서 쌓도록 노력해야 한다.

#### (1) 친화력

빌딩관리소장으로서 대내외적 역할을 성공적으로 수행하기 위해서는 친화력의 인성과 품성이 요구된다. 친화력이라 함은 남과 잘 어울리는 힘을 말한다. 특별히 빌딩관리소장에게 요구되는 품성인 친화력이 필요한 이유는 동일 관리현장에는 알거나 모르는 수많은 사람들이 모여서 빌딩관리 업무에 종사하거나 각각 다른 이해관계를 가지고 활동 또는 출입하기 때문에 수많은 일이나 갈등이 발생하게 되고 문제가 발생하기 때문에 빌딩 관리소장은 발생한 갈등을 조정해야 하고, 문제를 해결해야 하는 과정에서 수많은 사람과 접촉해야 한다. 그러므로 친절성이나 친화력이 부족한 경우에는 빌딩관리소장의 역할 수행에 많은 지장을 초래하게 된다. 따라서 빌딩관리소장은 우선적으로 친화력의 품성을 가지고 관리 업무에 임해야 한다.

#### (2) 정직성

유능하고 자격있는 빌딩관리소장이 되려면 정직성의 품성을 가지고 거짓말를 하거나 꾸밈없이 마음이 바르고 곧은 사람의 마음으로 빌딩관리 업무를 수행해야 한다.

왜냐하면 타인의 빌딩재산을 관리하는 자는 정직하게 관리해야 하기 때문이다. 타인의 재산은 반드시 정직하게 관리해야 한다는 사람의 도리를 강조한 논어(論語) 행인편(行人編)의 재산(財産) 정용행인(正用行人) 도리에도 부합하는 정직성은 빌딩관리소장의 상위개념의 품성이라 할 수 있다.

빌딩관리소장은 관리현장에서 절대로 금품을 수수하거나 향응이나 접대를 삼가야 하고 사익을 취하지 말하야 하며, 공명정대하게 당당한 자세를 취해야 한다. 또한 빌딩관리소장은 현장 내에서 금전문제나 이성문제를 야기하는 즉시 빌딩관리소장의 권위가 상실되고 리더십에 치명타를 입게 되어 빌딩관리소상의 령이 서지않아 빌딩관리소장으로서 역할을 수행할 수 없게 된다. 특히 금전문제와 이성간의 문제는 절제와 자기관리를 통하여 철저하게 관리해야 한다.

### (3) 신뢰성

유능하고 자격있는 빌딩관리소장이 되려면 신뢰성의 품성 소유자라야 한다. 왜냐하면 빌딩관리소장은 빌딩소유자의 신뢰를 받아야 하고, 빌딩사용자나 빌딩관리 종사자 모두에게 신뢰를 받아야만 정상적인 관리활동을 수행할 수 있기 때문이다.

### (4) 책임성

빌딩관리소장이 유능하고 자격있는 빌딩관리소장이 되려면 책임성이 투철한 성품의 소유자라야 한다. 왜냐하면 책임성 없는 빌딩관리소장에게 막대한 재산과 인명 보호 및 빌딩관리 업무총괄을 맞길 수 없기 때문이다.

### (5) 열정

유능하고 자격 있는 빌딩관리소장은 열정을 가지고 빌딩관리에 임해야 한다. 왜냐하면 빌딩관리소장은 빌딩관리에 있어서 열중하여 임해야 하기 때문이다.

### (6) 창의성

유능하고 자격있는 빌딩관리소장이 되려면 창의적 사고를 할 줄 아는 성품을 가지고 있어야 한다. 왜냐하면 서비스는 눈에 보이지 않으나 창출하여 고객을 만족하도록 해야 함으로 창의성 사고를 통하여 보다 창조하는 마음으로 빌딩관리 서비스를 생산하고 제공해야 한다.

### (7) 고객서비스 마인드

빌딩관리소장이 유능하고 자격있는 빌딩관리소장으로 성공하려면 적어도 빌딩관리현장 이해관계자인 고객을 서비스를 통하여 만족하게 해야 한다. 그러므로 빌딩관리소장은 고객서비스 마인드가 있어야 한다.

### (8) 주인정신

빌딩관리소장은 대내적으로 빌딩관리업무를 총괄하고 대외적으로 빌딩관리 조직의 대표이자 소속회사의 경영자 대리인이므로 빌딩주인의 입장에서 생각하고 행동해야 한다. 따라서 유능하고 자격있는 빌딩관리소장이 되기 위해서는 주인정신을 가지고 빌딩관리에 임해야 한다.

### (9) 품위있는 언행과 당당한 태도 및 겸손한 자세

빌딩관리소장이 유능하고 자격있는 빌딩관리소장이 되기 위해서는 품위있는 언행과 태도 및 자세 유지가 매우 필요하다. 왜냐하면 빌딩관리소장은 빌딩관리현장의 최고 책임자이고 리더이며, 조직의 대표이자 소속회사의 경영자 대리인이기 때문에 함부로 저속한 언어나 비속어 또는 욕설을 절대 삼가야 하고, 화를 내거나 고성을 지르거나 혈기를 부리지 말아야 하며, 당당하되 겸손한 태도와 친절한 자세를 항상 견지해야 한다.

### (10) 외유내강

빌딩관리소장으로서 성공하려면 겉으로는 온유하되 내면으로는 강한 마음을 유지하여야 한다. 왜냐하면 빌딩관리소장은 대인관계를 함에 있어서는 부드럽고 겸손해야 하나 본인에게는 외부의 유혹이나 접대나 향응 등을 과감하게 거절하는 강한 면모를 보여야 하기 때문이다.

### (11) 윤리성과 도덕성

유능하고 자격 있는 빌딩관리소장이 가져야 하는 인성과 품성으로서 윤리성과 도덕성 무장은 필수적이다. 왜냐하면 빌딩관리소장은 빌딩관리 조직의 대표가 되기 위해서는 지켜야할 도리나 규범을 지키야 하는 사람다운 사람이어야 하고, 사람으로서 마땅하게 지켜야할 도리를 다할 줄 알아야 하기 때문이다. 논어에서 말하는 사람의 조건인 행인편의 6대 윤리조항과 상통하는 품성 조건(약속, 축하, 감사, 의리, 위로, 정직한 타인 재산관리)이라 할 수 있다.

### (12) 겸손

유능하고 자격있는 빌딩관리소장이나 리더가 되기 위해서는 겸손의 인성과 품성을 가져야 한다. 왜냐하면 겸손은 남을 높이고 나를 낮추는 심리적 태도를 말하기 때문이다. 또한 겸손은 리더십의 토대이기 때문이다.

# 제6절 인사명령의 공식화 요건

## 1. 인사명령 공식화 요건의 의의

인사명령의 공식화 요건이라 함은 빌딩 소유자 또는 빌딩관리 전문관리업의 최고 경영자나 소속단체의 장으로부터 빌딩관리소장으로 인사명령을 공식적으로 수여받는 필요조건을 말한다.

## 2. 인사명령의 공식화 요건의 내용

유능하고 자격있는 정신적 빌딩관리소장이 되려면 앞에서 논의한 바와 같이 정신적 자격화 요건과 빌딩종합관리 실무 전문지식 자격화 요건 요구능력 자격화 요건 및 개인적 자격화 요건을 두루 충족하고, 마지막 최종적으로 다음 경우와 같이 공식적으로 빌딩관리소장으로 인사명령을 수령해야 한다. 인사명령 수령패턴은 대체로 다음과 같다.

(1) 갑측 빌딩관리소장의 경우 : 빌딩소유자의 직접 채용 또는 빌딩소유주체의 인사 발령
(2) 도급계약에 의한 을측 빌딩관리소장의 경우 : 도급사 최고 경영자에 의한 빌딩관리소장 선임 인사 발령
(3) 국유재산 관리 책임자의 경우 : 관련 법령에 따라 국유재산 관리청에 의한 재산 분임관 지정
(4) 지방자치단체 시군구의 경우 : 지방의회 조례 또는 행정 해당 부서(예 서울시 ○○구, 청소 관리과) ○○구 시설관리 팀장 지정(사무관급) 인사발령
(5) 아파트 관리사무소 소장 선임의 경우 : 주택관리사(보) 자격을 가진 주택관리사 중에서 해당 공동주택 입주자 대표 회의 회장이 선임하고 채용 인사 명령
(6) 아파트 관리업무 인계전의 경우 : 아파트 사업 시행자가 주택관리사(보)를 공동주택관리사무소 소장으로 임명
(7) 정부 산하 중앙기관의 경우 : 시설관리 담당자 지정 총무부서 또는 관재부에서 재산관리책임자 선임 및 인사발령

| 제 6 장 | 빌딩관리소장 자격화 기본 개념의 이해 |
| --- | --- |
| 제 7 장 | 빌딩관리소장 자격화의 요건 |
| 제8장 | 이상적(理想的) 빌딩관리소장 자격화 모형 |
| 제 9 장 | 빌딩관리소장 자격화 달성방안 |

## 제1절 이상적 빌딩관리소장 자격화 모형의 의의와 개발 및 제시의 목적

### 1. 이상적 빌딩관리소장 자격화 모형의 의의

이상(理想)의 사전적 의미는 실제로는 실현될 수 없다 하더라도 이성적으로 생각할 수 있는 사물의 완전한 상태나 모습을 말한다. 또한 이상의 의미는 그렇게 되었으면 마음에 그리며 추구하고 지향하는 최선의 목표를 말한다. 따라서 이상적 빌딩관리소장 자격화의 모형이라 함은 실제 현실적으로 당장은 실현이 어렵다. 하드라도 불원장래에 자격화 변화과정을 거쳐 발전적으로 변화를 받아 완전하고 유능한 최상의 자격을 갖춘 빌딩관소장이 되었으면 하고, 마음속에 그리며 추구하고 지향하는 빌딩관리소장의 상태나 모습을 말한다.

빌딩관리소장이 바람직한 대내 관리총괄과 대외적 관리현장 조직대표 및 소속회사의 경영자 대리인 역할을 성공적으로 감당할 수 있는 자로서 향후 지향하고 닮고 싶은 유능하고 자격있는 빌딩관리소장의 상태나 모습을 이상적 빌딩관리 자격화의 모형이라 한다. 다시 말하면 빌딩관리소장 자격화의 이상적 모형이라 함은 기존의 빌딩관리소장이나 향후 빌딩관리소장이 되고자 하는 자가 향후 닮고 싶거나 자격화 변화 과정을 거쳐 지향하는 완전한 빌딩관리소장의 자격과 능력의 상태나 모습을 말한다. 또한 빌딩관리소장 자격화 모형이란 정신적 의지 무장화 요건을 충족하여 빌딩관리의 중요성과 필요성을 깊이 인식하고 고객 만족과 빌딩관리 성공을 위하여 긍정적 사고와 적극적 행동을 해야 한다는 심리적 의지와 정신적 무장을 한다음에 빌딩종합관리실무지식의 전문화 요건을 교육과 학습을 통하여 빌딩관리 실무지식의 전문화를 도모하고 빌딩관리소장 요구능력의 자격화 요건을 연구나 개발을 통하여 빌딩관리소장 요구능력의 역량화를 이룩한 다음 개인적 필요조건 충족화 요건인 인성과 품성 필요조건인 기술자격 필요 조건, 학력 필요조건, 건강 필요조건, 관리 경력 필요조건 등을 개인 차원에서 충족화 하고, 마지막 인사명령의 공식화 요건인 빌딩관리소장 인사발령이나 고용 또는 관련 법령에 의하여 공식적으로 빌딩관리소장의 권한을 인정받은 빌딩관리소장 자격화 요건인 인사명령 과정을 통과함으로서 완전한 이상적 빌딩관리소장의 상태가 되고 모습으로 변화하게 된다. 대내적으로는 빌딩종합관리에 요구되는 빌딩관리 업무 총괄 관리능력과 문제해결 능력 등 요구역량을 두루 갖추고 빌딩관리실무 전문성 필요조건과 인성 및 품성 필요조건 등 빌딩관리소장자격 충족에 필요한 조건을 가지고 있는 자로서 대내외적 역할을 바람직하게 수행하는데 적합한 유능한 빌딩관리소장 자격 적격자의 상태나 모습을 이상적 빌딩관리소장의 자격화 모형이라 할 수 있다.

구체적으로 이상적 빌딩관리소장의 모형이라 함은 대내적으로 빌딩관리 총괄 책임자로서 그리고 대외적 관리현장 조직의 대표 역할과 경영자 대리인으로 역할하기 위해서는 빌딩관리소장으로서 갖추어야 하는 요구능력(요구역량)과 필요한 조건을 구비하고 빌딩관리현장의 목표를 가장 경제적인 방법으로, 안전하게, 효율적으로, 적합하게, 효과적으로 달성할 수 있는 완전한 빌딩관리현장 총괄 책임자의 자격과 역량을 가진 빌딩관리소장의 모델을 말한다. 이를 다시 구체적으로 설명하면 빌딩관리소장으로서 빌딩종합관리 실무 전문성을 시험을 통하여 실력을 검증 받은자로서 문제해결 능력이나 업무추진력 등 요구역량을 두루 충족하고 5년 이상의 관리현장 경험과 10,000평 이상의 빌딩 종합관리 이력 보유자로서 전기, 기계, 소방 등 기술자격을 소지하고 인간으로서 바람직한 인성과 품성을 구비한 50대전후의 정신적, 육체적 사회적 건강한자를 이상적 빌딩관리소장 모습으로 그리고 인식하며 지향하는 모형이나 지향하는 리더의 상(像)을 이상적 빌딩관리소장 자격화의 모형이라 할 수 있다.

## 2. 이상적 빌딩관리소장 자격화 모형의 개발과 제시의 목적

이상적 빌딩관리소장 자격화 모형이나 상 또는 모델을 개발하여 제시하는 이유와 목적은 현실적으로 빌딩관리소장으로서 자격(능력)이 부족하거나 다소 미달되는 자격 수준과 정도에서 향후 빌딩관리의 목적과 목표를 효과적으로 달성을 전문적으로 처리할 수 있는 빌딩관리 유자격자 또는 적격자 자격화 모형을 표본으로 발굴하고 양성 배출하는데 참고하고, 지향해야 하는 완전한 빌딩관리소장의 자격자 모델 표본을 개발하여 제시하는데 있다. 이상적 빌딩관리소장 자격화의 모형은 정신적 의지 무장화, 빌딩종합관리 실무지식 전문화 그리고 요구능력 역량화, 개인적 필요조건의 충족화, 인사명령의 공식화 요건을 이상적 빌딩관리소장 모형의 구성요소로 상정하여 개발한 이상적 빌딩관리소장의 표본상태나 모습을 의미한다.

## 제2절 이상적 빌딩관리소장 자격화 모형의 구성요소

### 1. 이상적 빌딩관리소장 자격화 모형의 구성요소의 의의

이상적 빌딩관리소장 자격화 모형의 구성요소라 함은 모형구성에 필요한 요소들을 말한다. 다시 말하면 이상적 빌딩관리소장 자격화 모형구성에 영향을 미치거나 작용하는 요소들을 말한다.

### 2. 이상적 빌딩관리소장 자격화 모형 구성요소의 종류

이상적 빌딩관리소장 자격화 모형의 구성요소에는 정신적 의지 무장화 요소와 빌딩종합관리실무 지식의 전문화 요소, 요구능력의 역량화 요소, 개인적 필요조건의 충족화 요소 그리고 인사명령의 공식화 요소 등이 있다. 이상적 빌딩관리소장의 모형을 구축하려면 적어도 5개 항목의 자격화 요소를 충족해야 한다. 이상적 자격화 모형은 자격화 요건을 토대로 이루어지는 특징이 있다. 이를 간략하게 설명하면 다음과 같다.

#### 1) 이상적 빌딩관리소장 자격화 모형 제1구성요소 : 정신적 의지무장화 요소

정신적 자격화 요소는 빌딩관리소장이 빌딩관리의 중요성과 필요성을 정신적으로 크게 인식하고 양질의 빌딩관리 서비스 생산과 공급으로 고객이 만족하도록 하기 위하여 사명감과 책임감을 가지고 적극적으로 사명과 책임을 다하고자 하는 정신적 의지와 심리적 신념조건을 말한다. 빌딩관리 성공을 위한 긍정적 사고와 적극적 자세 및 친절한 태도 등의 심리적 마음의 준비를 통하여 빌딩관리소장의 자격화를 도모하고자 하는 이상적 빌딩관리소장 자격화 모형의 한 요소이다. 정신적 자격화 요소는 어느 요소 보다 중요하다. 왜냐하면 모든 것은 마음으로부터 이루어진다는 일체유심조(一切唯

心造)의 원리와 같이 마음으로부터 고객만족과 빌딩관리 성공을 바라지 않는다면 결코 양질의 빌딩관리 서비스 생산과 고객만족 및 빌딩관리 성공은 달성할 수 없기 때문이다. 따라서 이상적 빌딩관리소장 자격화를 달성하려면 제일 먼저 정신적 의지 무장부터 시작해야 한다. 정신적 의지 무장은 교육을 통하여 이루어 질 수 있으나 빌딩관리소장이 되고자하는 본인 스스로 정신 무장을 하도록 노력해야 한다. 이를 위해서는 빌딩관리의 중요성과 필요성을 마음속에 크게 인식하고 빌딩관리소장의 책임과 의무가 얼마나 크고 중요한지를 심리적으로 자각하고 깨달아 의식적으로 무장해야 한다.

### 2) 이상적 빌딩관리소장 자격화 모형 제2구성요소 : 빌딩종합관리실무 지식 전문화 요소

빌딩관리소장은 빌딩관리 업무 총괄책임자이므로 빌딩관리 실무 전반의 실무전문성을 확보해야 한다. 빌딩관리 업무총괄을 위하여 요구되는 전문지식 분야는 다음과 같다.

(1) 소속회사 핵심가치와 경영철학의 이해
(2) 빌딩관리소장 구성개념 빌딩개념과 관리개념 및 관리소장개념의 이해
(3) 빌딩종합관리 실무[시설관리실무, 환경 미화관리(환경위생관리) 실무 및 시설경비 보안관리 실무 대외업무 등의 실무]
(4) 빌딩시설 개론
(5) 빌딩관리 재무회계 실무
(6) 빌딩관리 관계법령(빌딩관리 사법 및 공법 중 빌딩관리 관계규정)
(7) 관리현장인력 인사 노무관리 실무
(8) 빌딩임대관리 실무
(9) 신규 현장의 Mobilization & 기존 현장의 Start-up 업무처리 요령
(10) 현장 사건사고 Case Study
(11) 빌딩관리소장 직업윤리

### 3) 이상적 빌딩관리소장 자격화 모형 제3구성요소 : 빌딩관리소장 요구능력의 역량화 요소

빌딩관리소장은 대내적으로 관리업무 총괄과 대외적으로 빌딩관리현장의 조직대표이자 소속회사의 경영자 대리인 역할을 수행해야 하므로 지도능력(리더십) 등 35개 항목의 능력이 요구된다. 따라서 빌딩관리 성공을 희망하는 빌딩관리소장은 빌딩 종합관리 실무 전문지식을 확보한 다음에는 빌딩관리소장 역할수행에 필요한 요구 능력을 스스로 개발하거나 교육을 통하여 요구능력을 확보해야 한다. 빌딩관리소장이 되고자 하는자가 스스로 개발하거나 교육을 통하여 확보해야 하는 빌딩관리소장 요구 능력의 항목은 다음과 같다.

(1) 빌딩관리현장 관리조직 비전(Vision) 제시 능력
(2) 지도능력(리더십)
(3) 빌딩관리현장의 현황과 상황파악 능력
(4) 관리계획 수립 능력
(5) 현장조직 및 구성원 장악 능력
(6) 관리 업무 총괄 지휘 및 협력 업체 감독 능력
(7) 빌딩소유 주체(빌딩오너)와 사용주체(입주자) 신뢰 및 우호관계유지 능력
(8) 관리종사자 업무수행 지원 능력
(9) 관리현장 문제 해결 및 수습 능력
(10) 바람직한 의사결정 및 합리적 선택 능력
(11) 현장 리스크 관리 능력 및 사건사고 방지 능력
(12) 업무 추진 능력
(13) 소통(커뮤니케이션) 및 설득 능력
(14) 신규 현장 Mobilization 능력 및 기존현장 Start-up 능력
(15) 실행예산 관리 및 원가관리 능력
(16) 현장질서 유지 능력
(17) 업무 협업 능력
(18) 보고서 작성 및 보고 능력
(19) 현장관리 종사자 인사노무관리 능력
(20) 청소경비 등 하도급업체 관리감독 능력
(21) 재계약 추진 능력
(22) 에너지비 절감 능력
(23) 조직문화 관리 능력
(24) 현장구성원 갈등조정 능력
(25) 빌딩소유자와 사용자 및 이용자 등의 고객만족도 관리 능력
(26) 관리종사자 관리 서비스 양적 생산성 및 질적 생산성 유지 및 향상 능력
(27) 환경변화 대응능력
(28) 직장 분위기 명랑화 조성 및 근무자 사기진작 능력
(29) 빌딩 수선 정비, 보수 및 인테리어 등 공사관리 능력
(30) 전산 행정사무처리 능력
(31) 회의, 프리젠테이션, 토론 등을 위한 스피치 능력
(32) 빌딩사용가치(기능, 편의, 안전, 위생, 환경 등의 가치) 유지 및 향상 능력
(33) 빌딩사용조건 최적화 유지 능력
(34) 빌딩 주용도(主用途) 활성화 제고능력
(35) 관리종사자 교육능력

### 4) 이상적 빌딩관리소장 자격화 모형 제4구성요소 : 개인적 필요조건의 충족화 요소

이상적 빌딩관리소장의 자격화를 도모하려면 개인적 자격화에 영향을 미치는 필요조건 등을 개인적으로 준비하거나 충족해야 한다. 이를 개인적 필요조건의 충족화 요소라 하며, 개인적 자격화 요소에는 다음과 같은 필요조건 등이 있다.

(1) 인성과 품성 필요조건 : 유능하고 자격 있는 빌딩관리소장이 되려면 빌딩관리소장이 마땅히 가져야 하는 인성과 품성을 지녀야 한다. 무릇 사람에게는 본래 태어날 때부터 가지고 태어나는 성격(천성)과 태어난 이루 환경과 교육 등에 의하여 형성되는 사람다운 사람의 성격 (인성), 그리고 이로부터 형성되는 품성(덕목) 등이 있다. 따라서 천성은 고칠 수 없으나 인성과 품성(덕목)은 교육에 의하여 얼마든지 변화될 수 있다. 그러므로 바람직한 빌딩관리소장이 되려면 다음에서 열거하는 사람다운 사람의 성격(인성)과 품성(덕목)을 지녀야 한다. 빌딩관리소장이 지녀야 하는 인성과 품성은 대체로 다음과 같다.

① 친화력
② 정직성
③ 신뢰성
④ 책임성
⑤ 열정
⑥ 창의성
⑦ 서비스 마인드
⑧ 주인정신
⑨ 품위 있는 언행과 예의바른 태도 및 친절한 자세
⑩ 외유내강
⑪ 윤리성과 도덕성
⑫ 겸손

(2) 전문대 이상의 학력 필요조건
(3) 50대 전후 연령대 해당 필요 조건
(4) 전기, 기계, 소방 등 기술 분야 1개 이상의 기술자격 필요조건
(5) 연건평 10,000평 이상의 업무용 빌딩종합관리 현장에서 최소 5년 이상 근무경력 필요조건
(6) 육체적 건강과 정신적 건강 및 사회적 건강 필요조건

### 5) 이상적 빌딩관리소장 자격화 모형 제5구성요소 : 인사명령의 공식화 요소

이상적 빌딩관리소장 자격화 마지막 요소인 공식적 자격화 요소는 소속회사나 단체 또는 소유 주체로부터 해당 빌딩관리현장소장으로 인사명령을 공식적으로 수령하는 과정을 말하며, 인사명령 유형은 빌딩관리 소유주체나 관리주체 또는 소속단체등의 성격에 따라 다음과 같은 양태로 인사 발령된다.

(1) 갑측 빌딩관리소장의 경우 : 직영관리시 빌딩소유자가 선임, 위탁관리시 수탁사 관리소장 선임

(2) 도급계약에 의한 을측 빌딩관리소장의 경우 : 도급사 최고 경영자에 의한 빌딩관리소장선임 및 인사발령
(3) 국유재산관리 책임자의 경우 : 국유재산관리법에 따라 국유재산관리청에 의한 재산 분임관 지정
(4) 지방자치단체 시군구의 경우 : 지방자치 단체장이 행정 해당 부서 지정(예 서울시 ○○구, 청소 관리과) 및 인사발령 시설관리 팀장 또는 청소행정 팀장 인사발령
(5) 공동주택 관리사무소 소장 선임의 경우 : 주택관리사(보) 자격을 가진 자 중에서 해당 공동주택 입주자 대표 회의 회장이 선임하고 채용인사 발령
(6) 아파트 사업 시행자 인계전의 아파트관리 사무소장 경우 주택관리사(보)를 공동주택관리사무소 소장으로 임명
(7) 정부산하 공공기관의 경우인사 총무부서에서 재산관리 책임자 선임 및 인사 발령
(8) 집합건물 관리단 관리인의 경우 : 집합건물 구분 소유자가 보유 평수에 따라 관리단을 구성하고, 관리단에서 관리인 선임

## 제3절 이상적 빌딩관리소장 자격화 모형도 구성요소와 작성절차 및 그림모형도

### 1. 자격화 모형도 구성요소

자격화 모형도 구성요소는 이상적 빌딩관리소장 자격화 5대 요건을 토대로 제1구성요소에서 제5구성요소를 중심으로 작성한다. 자격화 모형도 구성요소는 다음과 같다.

(1) 빌딩관리 성공 정신적 의지 무장화 요소
(2) 빌딩종합관리 실무 지식의 전문화 요소
(3) 빌딩관리소장 요구능력 역량화 요소
(4) 개인적 필요조건의 충족화 요소
(5) 인사명령의 공식화 요소

### 2. 자격화 모형도 작성절차

자격화 모형도 작성절차는 다음과 같은 순서로 작성한다.

(1) 빌딩관리 성공 정신적 의지 무장화 ⇨ (2) 빌딩종합관리 실무 지식의 전문화 ⇨ (3) 빌딩관리소장 요구능력 역량화 ⇨ (4) 개인적 필요조건의 충족화 ⇨ (5) 인사명령의 충족화

## 3. 이상적 빌딩관리소장 자격화 그림모형도

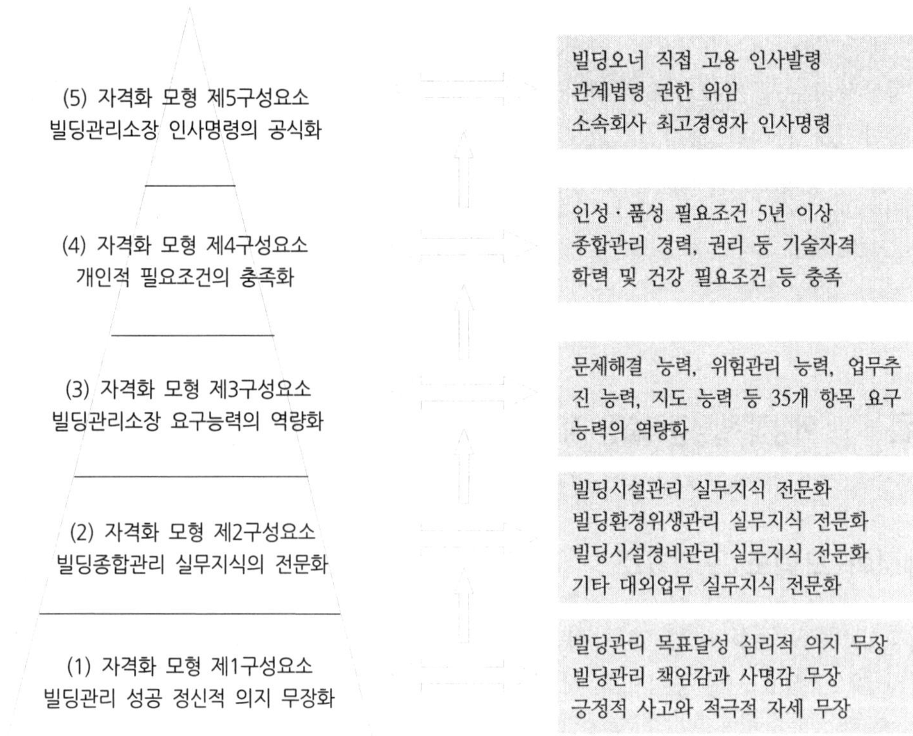


[그림 3] 이상적 빌딩관리소장 자격화 그림모형도

| 제 6 장 | 빌딩관리소장 자격화 기본 개념의 이해 |
|---|---|
| 제 7 장 | 빌딩관리소장 자격화의 요건 |
| 제 8 장 | 이상적(理想的) 빌딩관리소장 자격화 모형 |
| **제9장** | **빌딩관리소장 자격화 달성방안** |

## 제1절 빌딩관리소장 자격화 방안의 의의

빌딩관리소장 자격화 달성방안으로는 다음과 같은 세가지 방안을 상정할 수 있다.

(1) 빌딩관리 전문업체 자체교육 빌딩관리소장 자격화 방안
(2) 외부 공공교육 전문기관 위탁 교육 발당관리소장 자격화 달성 방안
(3) 빌딩관리사 국가자격 시험 빌딩관리소장 자격화 방안

빌딩관리 업체자체의 역량으로 이루어지는 자체교육 빌딩관리소장 자격화 방안은 회사 매출 규모에 따라 지속가능할 수 있으나 재무 구조가 열악한 경우에는 시작 조차 어려운 점이 문제가 되고 있다. 외부 공공교육기관 위탁교육 빌딩관리소장 자격화 방안은 최소 매월 20명 이상의 교육생이 모집되어야 교육진행이 지속적으로 이루어질 수 있다. 왜냐하면 20명 미만의 교육생 교육비만으로는 공공기관 자격화 교육의 수지를 맞출 수 없기 때문이다. 따라서 가장 타당하고 합리적인 빌딩관리소장 자격화 방안으로는 빌딩관리사 국가자격시험 빌딩관리소장 자격화 달성방안이라 할 수 있다.

빌딩관리사 국가자격 시험에 의한 합격자는 국가가 해당 빌딩관리의 총괄과 관리 현장 조직의 대표 및 소속 회사의 경영자 대리인 역할 수행능력을 공식적으로 공인해 주고 있기 때문이다. 예컨대 의무관리 대상 아파트의 체계적 관리와 효율적 관리를 목적으로 정부(국토교통부)가 주택관리사(보) 국가자격 시험제도를 통하여 배출한 주택관리사(보)에게 현실적으로 의무관리 대상 아파트(150세대 이상의 아파트로서 승강기 설비와 중앙집중식 난방 방식을 갖춘 아파트 또는 300세대 이상의 아파트)를 아파트관리 사무소 소장직을 맡겨 나름대로 체계적으로 그리고 효율적으로 아파트 단지를 관리하고 있음을 볼 때 정부가 빌딩관리사 국가자격 시험을 시행하는 경우

빌딩관리사제도는 주택관리사(보) 제도와 같이 매우 유효할 것으로 판단되는바 빌딩관리소장 자격화에 이바지 하게 될 것으로 인식된다. 왜냐하면 빌딩관리사 국가자격시험은 빌딩관리소장의 자격을 인정해 주는 법 제도이기 때문이다. 빌딩관리소장 자격화 세가지 달성 방안에 대하여 살펴보면 다음과 같다.

## 제2절 빌딩관리 전문업체 자체교육 빌딩관리소장 자격화 달성방안

### 1. 개요

빌딩관리업체 자체교육 빌딩관리소장 자격화 달성방안은 일정목표 이상의 매출 규모를 가진 빌딩관리 전문회사가 자체 빌딩관리소장 자격화 교육팀을 구성하고, 빌딩관리소장 양성계획을 세워 교육훈련 프로그램을 개발하여 자체적으로 예비 빌딩관리소장을 양성 배출하는 방법이다. 구체적인 방법은 이 책에서 제시하고 있는 이상적 빌딩관리소장 자격화 모형 중 빌딩관리소장 자격화 요구능력과 빌딩종합관리 실무전문지식을 토대로 교육훈련 교재를 개발하고 1년간의 교육훈련 기간을 정하여 매월 정기적인 교육훈련을 실시한 후 최종 평가시험을 실시하여 일정한 점수(각 과목 60점 과락없이 평균 80점 이상) 취득자를 예비 빌딩관리소장 풀(Pool)에 편입하고 지속적으로 자기계발을 할 수 있도록 지도하여 자격화를 도모하는 방안이다.

회사의 수주 환경변화에 따라 신규현장이 발생한 경우, 예비 빌딩관리소장 풀에 속한 자 중에서 빌딩관리소장 평가위원회의 평가를 거쳐 가장 적격자를 신규빌딩 관리현장 소장으로 최고 경영자에게 추천하고, 회사 최고 경영자의 최종 승인을 거쳐 빌딩관리소장으로 인사 발령하여 해당 현장 빌딩관리소장으로 파견하는 방안이다.

이 방안의 문제점은 일정한 규모 이상(연 매출 1천억원 이상)의 중견 업체만이 자체 역량으로 빌딩관리소장의 자격화 교육 훈련을 실시할 수 있으나 재정사정이 열악한 업체의 경우에는 자체 역량으로 빌딩관리소장 자격화 교육훈련 프로그램을 시작하거나 지속할 수 없다는 점이다. 국내 빌딩관리 업체의 매출규모를 2023년도 재무현황자료를 토대로 조사해 본 결과 1위에서 26위까지의 26개사 만이 연매출 1천억을 상회하고 있어 국내 빌딩전체에 적용하기란 말과 같이 쉽지 않은 것으로 추정된다. 그러함에도 불구하고 국내 빌딩관리 산업의 발전과 빌딩 사용자와 이용자의 만족도를 향상 유지하기 위하여 국내 빌딩관리 전문업체에서는 빌딩관리소장 법정 자격

인정 빌딩관리사 국가자격 시험시행 전까지 어떤 형태로든지 자체 교육훈련에 의하여 유능하고 자격있는 빌딩관리소장을 양성하고 배출해야 한다.

## 2. 자격화 방안 추진절차

빌딩관리 업체 자체교육 빌딩관리소장 자격화 방안은 유능하고 자격있는 빌딩관리소장을 양성하여 적재적소에 배치하기 위하여 자체적으로 다음과 같이 교육준비 단계, 교육실시 단계, 그리고 교육사후관리 단계 등 3단계로 빌딩관리소장 양성방안이 추진된다.

### 1) 교육준비 단계

빌딩관리소장을 양성교육을 실시하기 위하여 다음 사항을 준비한다.

(1) 빌딩관리 양성교육 팀을 구성하고 교육예산을 확보 : 사내 경영지원본부 산하에 2명을 T/O로 하는 교육팀을 신설하고 교육에 필요한 계획과 교재개발, 강사 섭외 등의 교육준비 및 교육의 진행과 평가 등 사후관리 업무를 담당하다. 교육에 소요되는 예산은 외부 강사료(통상 시간당 10만원 정도)를 중심으로 교재개발비 등을 상정하여 교육 초기단계에 반드시 확보하고, 이를 준비해야 한다.

### 2) 빌딩관리소장 양성교육 계획수립

(1) 교육목적 설정

① 향후 현장관리 책임자(Qualifier Manager급 관리소장/3급관리소장)를 양성배출한다.

② 회사에서 필요로 하는 요구역량과 필요조건을 가진 인재를 체계적으로 개발하고 육성한다.

③ 적재적소에 투입 가능한 빌딩관리소장 후보 풀(Pool)을 구축하고 수주 환경변화에 적극적으로 그리고 능동적으로 대응한다.

④ 초기교육 1년 단계에는 3급 빌딩관리소장(Qualifier Manager) 양성을 목표로 교육을 진행하고 교육 2차년도부터 지속적으로 교육교재를 추가 개발하고, 교육훈련하여 2급 빌딩관리소장(Skill Manager)을 양성하며, 교육 3차년도부터 교육교재를 더욱 보강하여 교육함으로서 1급 빌딩관리소장(Exepert Manager)을 양성하고 배출하도록 지도하여 향후 전개될 기존 빌딩관리현장의 Start up 업무와 신규 빌딩관리현장의 Mobilization업무를 능률적으로 수행할 수 있도록 육성하여 점차적으로 회사 경영발전에 참여(임원 승진 기회 부여)하게 한다.

(2) 양성 빌딩관리소장(3급 빌딩관리소장/Qualifier Manager)의 담당할 업무범위와 역

할 및 책임 범위를 규정

① 빌딩종합관리 총괄과 대외적 현장 조직의 대표 및 소속회사의 경영자 대리인 역할 수행
② 현장 조직관리 및 현장 인력 인사노무 관리
③ 현장 리스크 관리와 안전사고 예방 및 인적 · 물적 피해 최소화
④ 발주처 관계자 및 현장 협력업체 관리
⑤ 입주자 고충사항 접수처리 및 고객(빌딩소유자와 사용자 및 이용자) 만족도 관리
⑥ 관리대상 빌딩 임대관리 관련 업무 지원
⑦ 빌딩 소유주체 및 빌딩 자산관리 관계자(PM사) 신뢰관계 유지

(3) 빌딩관리소장 후보자 선발기준에 따라 선발하고 인재 풀에 넣어 관리

① 회사 핵심가치와 경영방침 및 철학을 공유하고, 장기간 근속예정자로서 회사발전에 기여가 가능한자
② 전기, 기계, 건축, 소방, 안전 등의 산업기사 이상의 기술 자격증 보유자
③ 빌딩관리업무 총괄과 조직관리에 필요한 리더십 보유자
④ 문제해결 능력, 업무 추진능력, 소통능력과 협상능력, 고객 관리능력, 현장종사자 관리능력, 임대차업무 지원능력, 현장 리스크 관리능력 등을 보유하고 있다고 판단되는 자
⑤ 빌딩종합관리 실무 전문 지식 보유자
⑥ 5년 이상의 업무용 빌딩 종합관리 경력이 있는자
⑦ 전문대 이상의 학력 소지자
⑧ 현장 소장으로서 지녀야할 품성과 인성을 갖춘자
⑨ 50대 전후의 정신적, 육체적, 사회적으로 건강한 자
⑩ 직전 3년간 인사고가 성적이 양호한자
⑪ CS 마인드를 갖춘자
⑫ 자기절제와 자기관리가 가능한자

(4) 빌딩관리소장 후보 선정절차를 확립하고, 빌딩관리소장 후보 풀에 속한자 중에서 교육대상자를 선발 : 빌딩관리소장 후보의 교육대상자 수는 수주영업팀과 사전에 수주전망을 회의를 통하여 공유하고 향후 신규 발생할 빌딩관리현장의 수에 + 2하여 후보자 수를 정하고 1차 교육대상으로 결정한다. 후보자 선정절차는 다음과 같이 정한다.

① 사내 1급 빌딩관리소장, 영업팀장, 기술지원팀장 등으로 후보자 추천위원회를 구성하고 협의하여 후보자를 추천하고 양식에 따라 List-Up 하여 교육 팀에 제출한다. (후보자 추천서 양식)
② 접수한 교육 팀에서는 부사장 경영지원본부장, 기술지원 본부장으로 구성된 후보 평가 위원에 접수하여 평가를 받는다.

③ 교육팀에서는 평가위원회의 평가결과를 내부 품의로 최고 경영자의 승인을 득하여 최종 빌딩관리소장 후보로 확정하고 교육 대상자로 확정한다.

(5) 교육과목을 한정하고 교재를 개발한다. 교과목은 다음과 같으나 회사의 사정에 따라 증감될 수 있다. 사내 강사의 교재는 PPT 또는 동영상 형식으로 개발하되 사내 강사가 개발하는 것을 원칙으로 하고 특수 분야(㉠ 35개항목 빌딩관리소장 요구능력 개발, 빌딩관리소장 인성 및 품성 연구, 사건사고 Case Sturdy, Mobilization & Start-up 업무 Skill)는 일정한 비용을 투입하여 외부 전문가에게 의뢰하여 교재를 신규 개발함이 현명해 보인다.

① 빌딩관리 전문 회사 핵심 가치 및 경영철학의 이해(교재 신규개발 요함)
② 빌딩관리소장 구성개념 빌딩개념과 관리소장 개념의 이해(이 책 제Ⅰ편 참조)
③ 빌딩시설개론(이 책 제Ⅰ편 제1장 참조)
④ 빌딩종합관리 실무(시설관리, 환경 미화관리 및 시설경비 보안관리, 대외업무 등의 실무, 이 책 제Ⅴ편 빌딩관리 실무 전문지식의 이해 편 참조)
⑤ 빌딩관리 재무 회계실무(향후 출판 예정인 빌딩관리소장 양성교재 참조)
⑥ 빌딩관리 관계법령(빌딩관리 사법 및 공법 중 빌딩관리 관계조항, 향후 출판 예정인 빌딩관리소장 양성교재 참조)
⑦ 관리현장 인력 인사노무관리 실무(향후 출판예정인 빌딩관리소장 양성교재 참조)
⑧ 빌딩임대관리 실무(향후 출판 예정인 빌딩관리소장 양성교재 참조)
⑧ 빌딩관리소장 직업윤리(향후 출판예정인 빌딩관리소장 양성교재 참조)
⑨ 빌딩관리소장 인성과 품성 연구(향후 출판예정인 빌딩관리소장 양성교재 참조)
⑩ 빌딩관리소장 요구능력(35개 항목) 개발(제Ⅲ편 빌딩관리소장 자격화 방안의 논의 편 참조)
⑪ 최근 10년간 사내 현장 발생 사건사고 Case Study(교재 신규개발 요함)
⑬ 신규현장 Mobilization & 기존현장 Start-up 업무 Skill(교재 신규개발 요함)

(6) 교육기간과 강의 시간표 및 강사 섭외 : 교육기간과 교육시간은 회사업무에 지장을 주지 않는 범위내에서 정해야 함으로 회사의 사정을 고려하여 후보자 교육 1기를 1년으로 하고 본사 강의실에서 매주 1일 교육, 매일 2시간 교육(오후 7시부터 9시까지)으로 계획하되 회사 사정에 따라 변경이 언제든지 가능하도록 계획한다. 강사는 원칙적으로 사내 강사 중심으로 운영하되 특별한 경우에는 외부 전문강사를 초빙하여 교육에 활용할 수 있다.

### 3) 교육실시 단계

(1) 교육은 교육담당자가 주관하되 정해진 시간표에 따라 진행한다.
(2) 출석부를 비치하여 두고 교육생 스스로 기입하도록 한다.

(3) 교육 담당자는 교육일지를 매일 작성하고 출결석 조태 등을 반드시 기록하고 유지한다. 결석률이 20%를 초과하는 교육생은 교육기간 중에도 탈락을 통보하고 인사기록에 반영해야 하며, 계통을 따라 보고한다.
(4) 강의 전후 최소한 복지를 위하여 음료를 준비하고 서비스 한다.
(5) 강의 1일 전에 교육팀에서는 교재의 준비 상황과 강사의 강의 준비 상태를 점검하고 문제가 있을 때에는 즉시 다른 강사로 대체하여 강의가 지속적으로 이루어지도록 해야 한다.
(6) 강의 종료 1개월 전에 평가 시험문제를 준비하고 수료 7일 전에 평가 시험을 실시하여 평가결과를 공지해야 한다. 평가 결과 과목당 60점 이하 과락 없이 평균 80점 이상인자를 후보 합격자로 보고, 교육 수료식 때 반드시 빌딩관리소장 후보 인증서를 회사 최고 경영자 이름으로 수여한다. 평가시험은 과목당 50개 문항 4지 선다형 객관식으로 출제한다. 당초 빌딩관리소장후보로 최종 승인된 수와 평가시험 합격자 수 간에 차이가 있을 경우 회사정책을 반영하여 조정할 수 있다.

### 1) 교육 사후관리 단계

(1) 1차 교육수료 후 평가시험에서 60점 과락없이 평균 80점 이상의 점수를 취득자를 대상으로 3급 빌딩관리소장(Qualifier Manager) 자격증을 수여하고, 빌딩관리소장 후보 대장에 등재한다.
(2) 선배 빌딩관리소장 1명을 멘토로 지정하고, 신규현장 파견 전까지 빌딩관리소장 경험사례 중심으로 1대1로 정기 또는 부정기적으로 지도받도록 한다.
(3) 빌딩관리소장 후보자로 인정 받은자가 신규현장 투입 전까지 매월 10만원 상당의 자기계발비를 지급하고, 스스로 공부하고 연구하도록 동기를 부여한다.
(4) 후보자가 1차 신규현장 소장으로 선임후 관리현장 계약 종료일까지 과실 또는 중대 과실없이 인적·물적 피해가 발생하지 않은 경우 추가교육을 통하여 Skill Manager(2급 빌딩관리소장)로 승급시키고, 규모 있는 신규 빌딩관리현장 소장으로 선임하고 배치한다.
(5) 2급 빌딩관리소장(Skill manager)이 두 번째 빌딩관리현장 소장으로 선임되어 근무한 현장에서 과실 또는 중대 과실없이 인적·물적 피해가 발생하지 않은 경우에는 추가 교육을 거쳐 1급 빌딩관리소장(Exepert manager)로 자동 승급되며, 기존현장 Start-up 업무와 신규 현장 Mobilization 업무를 수행할 수 있게 한다. 현장 소장으로서 기존현장 Start-up 업무와 신규 현장 Mobilization 업무를 수행할 경우 소속회사의 대표 빌딩관리소장으로 인정받을 수 있으며, 때에 따라서는 임원으로 승진할 기회를 가질 수 있게 한다.

## 제3절 외부 공공교육 전문기관 위탁교육 빌딩관리소장 자격화 달성방안

### 1. 개요

외부 공공교육 전문기관 위탁교육 빌딩관리소장 자격화 방안은 국내 공신력 있는 교육기관(예 한국표준협회 또는 한국생산성본부, 서울 소재 4년제 대학교 미래교육원이나 평생교육원 등)에 빌딩관리소장을 양성하고자 하는 복수의 빌딩관리 전문 중견업체가 외부 공공교육 전문기관과 빌딩관리소장 양성교육 MOU를 체결하고, 교육을 위탁하여 빌딩관리소장 자격화를 달성하는 방안을 말한다. 1년간의 교육을 종료한 빌딩관리소장 후보는 소속회사로 복귀하여 빌딩관리소장(3급 빌딩관리소장/Quifier Manager)으로 선임되어 빌딩관리현장에 투입된다.

### 2. 빌딩관리 전문 복수업체와 교육기관 간 빌딩관리소장 양성교육 위탁 MOU 체결

복수의 빌딩관리 전문 업체가 관계 교육기관과 협의하여 다음의 내용을 담아 교육 MOU를 체결하고 교육을 통하여 예비 빌딩관리소장 후보자를 양성 배출한다.

(1) 교육 위탁생의 수
(2) 교육 기간 및 교육 시수
(3) 교육 비용/1인
(4) 교육 과목 : 교육과목은 빌딩관리 전문업체 자체교육 과목 중심으로 교육 위탁업체가 자체적으로 교재를 개발하고 교육 수탁자에게 전달하여 개발한 교재 중심으로 교육하도록 MOU를 체결한다.
(5) 교육 위탁자 교육현장 참관기회 부여 인정
(6) 평가방법 및 합격 기준
(7) 교육기관장 명의 평가서 및 수료증 수여
(8) 교육 후 평가시험에서 합격한자에게 민간자격 빌딩관리사 자격증 수여

### 3. 위탁 교육생 본사 귀속 후 사후관리

(1) 본사에 귀속한 교육생을 다시 면접을 통하여 평가하고, 교육결과를 다시 확인한다.

(2) 확인된 교육 수료생은 빌딩관리소장 후보명단에 등재하고, 일정한 교육을 거쳐 신규현장 발생시 빌딩관리소장으로 기용한다.

## 제4절 빌딩관리사 국가자격시험 빌딩관리소장 자격화 달성방안

### 1. 개요

빌딩관리사 국가자격시험 빌딩관리소장 자격화 방안은 빌딩관리소장 법정자격 인정 빌딩관리사 국가자격시험 제도에 의한 빌딩관리소장 자격화 달성방안을 말한다.

공동주택관리법에 따라 시행되고 있는 주택관리사(보) 자격시험 제도와 같은 유사 빌딩관리사 국가자격시험 제도에 의한 빌딩관소장 자격화 실현방안이다. 다만 주택관리사(보)의 경우, 공동주택의 특성상 주거 안정에 무게 중심이 있으므로 주택관리사는 공동주택 입주자의 주거 안정과 효율적 아파트 관리에 포커스를 맞추어 의무 관리 대상 아파트 입주자들의 주거안정과 효율적 관리에 중점을 두고 있어 주요 주택관리사 시험과목에는 아파트 관리실무 과목이 대종을 이루고 있으나 빌딩관리사의 경우에는 빌딩규모의 대형화와 층수의 고층화, 용도의 복합화 그리고 시설과 설비의 첨단화 특성을 가진 전문적 관리 의무대상 빌딩을 전문적으로 관리하는 빌딩관리사(빌딩관리소장)는 주택관리사(보)다 고도의 관리능력과 매우 다양한 요구능력과 필요조건 충족이 요구되고 있어 빌딩관리사 자격 시험과목은 주택관리사(보)의 자격시험 과목과는 차별성이 있어야 한다.

### 2. 빌딩관리사 국가자격시험 빌딩관리소장 자격화 방안 시행절차

#### 1) 건축물관리법 일부 개정 및 동 시행령 일부 개정으로 빌딩관리사 자격시험 토대 구축

건축물관리법 일부를 빌딩관리사 도입과 시험시행에 필요한 제반사항을 보강하는 개정작업과 동 시행령 일부 개정을 통하여 빌딩관리사 자격시험 토대를 구축하여 빌딩관리사 국가자격 시험제도 도입을 추진한다. 이와 같은 방법으로 빌딩관리소장 법정 자격 인정 빌딩관리사 국가자격 시험 도입되는 경우 빌딩관리사 국가자격 시험에 의한 빌딩관리소장 자격화 방안은 달성될 수 있다. 건축물관리법과 동 시행령에 포함될 빌딩관리사 국가자격 시험 관련 사항은 다음과 같다.

(1) 빌딩관리사의 법적 성격 : 전문적 관리 의무대상 빌딩[철근콘크리트 구조(철골조 구조 포함)]의 빌딩으로서 중앙집중식 냉난방 시스템과 소방시설 및 승강기 설비가 설치된 10층 이상이거나 연건평 3,300제곱미터(1,000평 이상의 연건평) 이상의 비주거용 빌딩으로서 전문적 관리를 요하는 빌딩의 빌딩관리소장 자격 인정 국가자격
(2) 자격시험 시행 주무 부처(국토교통부) 및 시험 시행기관 지정(한국산업인력공단)
(3) 자격 시행 횟수 및 시험일시 공고방법
(4) 응시자의 범위 및 응시방법
(5) 시험과목 및 출제방법 및 합격자 기준

## 3. 자격시험 과목

(1) 빌딩시설개론
(2) 빌딩종합관리 실무(시설관리, 환경 미화관리 및 시설경비 보안관리, 대외업무 등의 실무)
(3) 빌딩재무회계 실무
(4) 빌딩관리 관계법령(빌딩관리 사법 및 공법 중 빌딩관리 관계조항)
(5) 관리현장 인력의 인사 노무관리 실무
(6) 빌딩임대관리 실무
(7) 빌딩관리소장 직업윤리

## 4. 시험 출제방법 및 합격자 기준

(1) 각 과목 50개 문항 4지 선다형 객관식
(2) 과목당 60점 과락없이 평균 80점 이상인자 합격

## 5. 합격자 처우

빌딩 소유주체 또는 관리주체가 전문적 관리대상 직영관리 또는 위탁관리시 빌딩관리사 자격시험에 합격한 빌딩관리사를 의무적으로 빌딩관리소장으로 선발하고 배치해야 한다.

# 제IV편

# 빌딩관리사의 필요성과 유효성 실증분석 및 빌딩관리사 국가자격시험 제도의 도입

빌딩 층수의 고층화, 규모의 대형화, 설비의 자동화와 첨단화, 용도의 복합화 등 현대빌딩의 특성으로 인하여 단순한 관리종사자의 관리경험과 상식 또는 기능만으로는 현대 빌딩의 관리가 쉽지 아니함은 주지의 사실이다. 특히 중앙집중식 난방 방식을 체택하고 있거나 승강기나 공조기 및 소방시설이 설치되어 있는 철근콘크리트 구조의 업무용 빌딩이나 상업용 등의 빌딩으로 소방법 건축물관리법 등 관리 관계법령의 강제 적용을 받아 유지관리 해야 하는 빌딩의 관리는 고도의 관리기술을 기반으로 하는 전문적 관리를 해야 한다. 왜냐하면 전문적 관리의 의무대상 빌딩[철근콘크리트 구조(철골조 구조 포함)]의 빌딩으로서 중앙집중식 냉난방 시스템과 소방시설 및 승강기 설비가 설치된 10층 이상이거나 연건평 3,300제곱미터(1,000평 이상의 연건평) 이상의 비주거용 빌딩으로서 전문적 관리를 요하는 빌딩)이기 때문이다.

또한 규모의 대형화와 설비의 자동화와 첨단화, 용도의 복합화 등의 특성을 가지고 있는 현대 빌딩의 경우에는 더욱더 고도의 관리 전문성과 기술을 요구하고 있기 때문이다. 특히, 현대 빌딩의 관리 목표인 빌딩사용가치의 유지 향상과 사용 조건의 최적화 및 빌딩경제가치의 극대화와 임대 수익의 최대화 등을 가장 경제적 방법으로, 가장 안전하게, 가장 효율적으로, 가장 적합하게, 가장 효과적으로 달성하기 위해서는 고도의 빌딩관리자의 역량과 필요조건을 두루 갖춘 이른바 유능하고 자격있는 빌딩관리 전문가를 필요로 하기 때문이다. 따라서 빌딩관리소장 자격인정 빌딩관리사 국가자격 시험제도가 시급하게 도입되고 실시되어야 한다. 왜냐하면 유능하고 자격있는 빌딩관리소장의 자격과 능력의 공식적 검증은 빌딩관리사 국가자격 시험제도가 유일한 공식적 대안이기 때문이다.

그러므로 빌딩관리소장은 빌딩관리 목표의 효과적 달성에 요구되는 빌딩관리실무 전문성과 요구 능력 및 필요조건 등의 자격요건을 국가자격시험에 의하여 검증받은 빌딩관리 전문 자격자가 필요하다. 이를 위해서 본편에서는 2개의 장을 두고 학문적 연구를 통하여 빌딩관리소장 법정자격 인정 국가자격 빌딩관리사의 필요성과 유효성에 대하여 설문조사와 통계적 기법을 활용하여 실증 분석하고, 이를 통하여 빌딩관리사의 자격시험 제도 도입의 논거(論據)를 확보한 후 이를 바탕으로 빌딩관리소장 법정 자격인정 빌딩관리사 국가자격 시험제도의 도입을 제안하고 있다.

| 제10장 | 빌딩관리사의 필요성과 유효성 실증분석 |
|---|---|
| 제11장 | 빌딩관리소장 자격인정(가칭) 빌딩관리사 국가자격시험 제도의 도입 |

## 제1절 연구의 배경과 목적

### 1. 연구의 배경

현대 빌딩 특히 전문적 관리의무 대상 빌딩[철근콘크리트 구조(철골조 구조 포함)]의 빌딩으로서 중앙집중식 냉난방 시스템과 소방시설 및 승강기 설비가 설치된 10층 이상이거나 연건평 3,300제곱미터(1,000평 연건평) 이상의 비주거용 빌딩으로서 전문적 관리를 요하는 빌딩)은 전문적 관리를 반드시 접목하여 관리해야 한다. 왜냐하면 전문적 관리 의무대상 빌딩관리는 일반인의 상식과 경험 및 직관에 의하여 정상적으로 관리할 수 없기 때문이다.

또한 전문적 관리의무 대상 빌딩의 경우 중앙집중식 냉난방 방식을 채택하고 있으며, 승강설비와 소방시설과 전기 수변적 설비 및 공조설비 등이 장착되어 있어 기계전기 설비의 점검과 운전 및 조작 등의 설비 위험이 상존하고 있을 뿐만 아니라 다수의 빌딩사용자가 입주해 있고 빌딩의 용도에 따라 다수의 출입자가 빌딩이용을 위하여 출입하고 있어 안전위험에 항상 대비하여야 한다. 따라서 건축물관리법, 전기사업법 건축설비 관리법 등 빌딩관리관계법령상 전기기사, 기계설비 유지관리자, 안전관리자 등 일정한 국가기술자격을 가진 엔지니어 등의 상주 근무를 통하여 전문적 관리를 요구하고 있다. 따라서 유능하고 자격있는 빌딩관리자 특히 빌딩관리소장이 필요하다. 왜냐하면 유자격(有資格) 빌딩관리소장은 빌딩소유자와 사용자 및 이용자의 만족(행복)으로 이어지나 빌딩관리소장의 무자격(無資格)은 빌딩관리현장 이해관계자 고객의 불만(불행)으로 결과되기 때문이다.

그러나 유감스럽게도 2024년 9월 현재 국내에서는 빌딩관리소장의 유자격을 공인해주는 국가적 시험제도가 없으며, 빌딩관리 전문업체의 자체교육 훈련을 통하여 빌딩관리소장을 양성하고 배출하여 해당 현장관리소장으로 선발배치하고 있어 빌딩관리현장의 이해관계자 고객인 빌딩 소유자와 사용자 및 이용자의 만족 충족 여부를 보장하기 쉽지 아니하다. 최근의 연구문헌에 따르면 빌딩관리현장 빌딩사용자의 평균 만족도가 약 70% 이하 선에 머물고 있어 빌딩관리자 특히 빌딩관리소장의 능력(자격)의 수준이 70% 수준으로 추정되고 있다. 또한 연구자료에 의하면 미국이나 일본의 인당 1일 시설관리 생산성이 약 2,400평 이상이나 국내 빌딩관리자의 1일 시설관리 인당 관리생산성(양적 생산성은 겨우 1,250평에 머물고 있어 국내 빌딩관리자의 능력은 선진국 빌딩 관리자 능력의 절반 수준을 기록하고 있다. 이와 같은 연구자료는 국내 빌딩관리자의 능력에 문제가 있는 것을 시사하고 있어 개선이 요구되고 있다. 따라서 국가가 유능하고 자격있는 빌딩관리자 특히 빌딩관리소장의 필요성을 시사하고 있다. 이와 같은 유능하고 자격있는 빌딩관리소장의 필요성이 본 연구의 배경으로 작용하였다.

### 2. 연구의 목적

본 연구는 유능하고 자격있는 빌딩관리사의 필요성과 유효성에 대하여 국내 빌딩관리현장종사자를 대상으로 설문조사를 통하여 설문하고, 응답결과를 통계적 방법으로 분석하여 빌딩관리소장 자격 법정 인정 빌딩관리사 국가자격시험의 도입의 타당성과 논거를 도출하여 제시하는데 있다.

## 제2절 연구의 범위와 방법

### 1. 연구의 범위

본 연구의 범위는 장소적 연구범위와 시간적 연구범위 및 내용적 연구범위를 설정하고 있다. 장소적 연구범위는 랜덤 방식으로 추출한 전국 소재 빌딩관리현장으로 설정하고 있으며, 시간적 연구범위는 2024년 2월 1일 부터 동년 5월 30일 까지 약 4개월 동안 이 책의 공동저자(김일효, 이춘성)가 공동으로 연구를 수행하였다. 내용적 연구범위는 빌딩관리소장 법정자격 인정 빌딩관리사의 필요성과 유효성 연구에 한정하였다.

## 2. 연구의 방법

전문적 관리 의무대상 빌딩관리에 요구되는 빌딩관리자 특히 빌딩관리소장의 자격 인정 빌딩관리사의 필요성과 유효성 여부를 분석하기 위하여 다음과 같이 연구설계를 하고 연구를 수행하였다.

본 연구는 빌딩관리사 자격 시험제도 도입의 필요성과 유효성을 검증하기 위하여 7개 항의 연구가설을 설정하고 설정한 연구가설을 검증하기 위하여 설문조사 방법과 통계 분석방법을 활용한다. 설문조사결과(응답자료)를 단순 회귀분석법에 따라 통계 처리하여 얻어진 통계값을 토대로 빌딩관리사 필요성과 유효성을 검증하고, 검증결과를 토대로 빌딩관리소장 법정자격 인정 빌딩관리사 국가자격시험 도입의 타당성과 논거를 도출하여 제시한다.

### 1) 연구주제 채택

연구주제는 빌딩관리소장 법정자격 빌딩관리사의 필요성과 유효성 연구로 한다.

### 2) 연구가설 설정

연구주제에 대한 연구를 수행하기 위하여 다음과 같은 연구가설을 설정한다.

(1) 가설 1 : 법정자격 빌딩관리사는 전문적 빌딩관리에 정(+)의 방향으로 영향을 미칠 것이다.
(2) 가설 2 : 법정자격 빌딩관리사는 체계적  빌딩관리에 정(+)의 방향으로 영향을 미칠 것이다
(3) 가설 3 : 법정자격 빌딩관리사는 효과적 빌딩관리에 정(+)의 방향으로 영향을 미칠 것이다.
(4) 가설 4 : 법정자격 빌딩관리사는 빌딩관리 산업 발전에 정(+) 의 방향으로 영향을 미칠 것이다.
(5) 가설 5 : 법정자격 빌딩관리사는 양질의 빌딩관리서비스 생산에 정(+)의 방향으로 영향을 미칠 것이다.
(6) 가설 6 : 법정자격 빌딩관리사는 빌딩안전관리에  정(+)의 방향으로 영향을 미칠 것이다.
(7) 가설 7 : 법정자격 빌딩관리사는 기술적 빌딩관리에 정(+)의 방향으로 영향을 미칠 것이다.

### 3) 연구모형의 구축

가설의 독립변수와 종속변수의 영향을 분석하기 위하여 다음과 같이 연구모형을 구축한다.

| 독립변수 | | 종속 변수 |
|---|---|---|
| 법정자격 빌딩관리사 | → | 전문적 빌딩관리에 정의 방향으로 영향 |
| 법정자격 빌딩관리사 | → | 체계적 빌딩관리에 정의 방향으로 영향 |
| 법정자격 빌딩관리사 | → | 효과적 빌딩관리에 정의 방향으로 영향 |
| 법정자격 빌딩관리사 | → | 빌딩관리산업 발전에 정의 방향으로 영향 |
| 법정자격 빌딩관리사 | → | 양질의 빌딩관리 서비스 생산에 정의 방향으로 영향 |
| 법정자격 빌딩관리사 | → | 빌딩 안전관리에 정의 방향으로 영향 |
| 법정자격 빌딩관리사 | → | 기술적 빌딩관리에 정의 방향으로 영향 |

### 4) 설문조사 문항설계

설정한 연구가설을 검증하기 위하여 다음과 같이 설문조사 문항을 설계하고, 이를 설문조사 대상자들에게 배포하여 통계분석 자료를 추출한다.

(1) 인구 통계학적 조사
- ① 응답자의 성별은?
- ② 응답자의 연령대는?
- ③ 응답자의 관리경력 연수는?
- ④ 응답자의 직책은?

(2) 법정 자격 빌딩관리사 필요성 조사
- ① 법정 자격 빌딩관리사는 전문적 빌딩관리에 필요하다고 생각하십니까?
- ② 법정 자격 빌딩관리사는 체계적 빌딩관리에 필요하다고 생각하십니까?
- ③ 법정 자격 빌딩관리사는 효과적 빌딩관리에 필요하다고 생각하십니까?
- ④ 법정 자격 빌딩관리사는 빌딩관리 산업발전에 필요하다고 생각하십니까?
- ⑤ 법정 자격 빌딩관리사는 양질의 빌딩관리 서비스 생산에 필요하다고 생각하십니까?
- ⑥ 법정 자격 빌딩관리사는 빌딩안전 관리에 필요하다고 생각하십니까?
- ⑦ 법정 자격 빌딩관리사는 기술적 빌딩관리에 필요하다고 생각하십니까?

(3) 법정 자격 빌딩관리사 유효성 조사

① 법정 자격 빌딩관리사는 전문적 빌딩관리에 유효하다고 생각하십니까?
② 법정 자격 빌딩관리사는 체계적 빌딩관리에 유효하다고 생각하십니까?
③ 법정 자격 빌딩관리사는 효과적 빌딩관리에 유효하다고 생각하십니까?
④ 법정 자격 빌딩관리사는 빌딩산업 발전에 유효하다고 생각하십니까?
⑤ 법정 자격 빌딩관리사는 양질의 빌딩관리 서비스 생산에 유효하다고 생각하십니까?
⑥ 법정 자격 빌딩관리사는 빌딩안전관리에 유효하다고 생각하십니까?
⑦ 법정 자격 빌딩관리사는 기술적 빌딩관리에 유효하다고 생각하십니까?

## 제3절 설문조사 응답자료 통계분석

법정자격 빌딩관리사의 필요성과 유효성의 가설을 검증하기 위하여 앞에서 기술한 설문 조사지를 전국에 산재한 빌딩관리현장 종사자에게 150부를 배포하고 수거한 응답지 중 신뢰성이 확보된 104부의 응답자료를 토대로 다음과 같은 자료 처리방법으로 연구가설을 검증한다.

### 1. 응답자료 통계분석 자료 처리방법 제시

통계처리는 SPSS/win통계프로그램 24.0을 활용하였으며 분석방법은 다음과 같다.

1) 본 연구에 사용한 척도의 검사를 위해 Cronbach a를 사용하였으며, 각 요인의 타당성 검사를 위해 요인분석을 실시하였다.
2) 연구 대상자의 일반적인 사항, 빌딩관리사의 필요성과 유효성에 대해 빈도, 백분율, 평균, 표준 편차와 같은 빈도분석과 통계기술 분석을 사용하였다.
3) 법정자격 빌딩관리사의 필요성과 유효성 간의 관계는 단순 상관관계분석(Pearson's Correalation Anallysis)로 분석한다.
4) 연구의 가설검증을 위해 단순회귀 분석을 실시한다.

## 2. 연구 대상자의 일반적 사항 분석

가설검증을 위하여 실시한 설문조사 응답자 연구대상자의 일반적 사항 분석결과는 다음과 같다.

〈표 8〉 일반적 사항

| | | 빈도 | 퍼센트(%) |
|---|---|---|---|
| 성별 | 남 | 102 | 98.1 |
| | 여 | 2 | 1.9 |
| 연령 | 20대 | 4 | 3.8 |
| | 30대 | 20 | 19.2 |
| | 40대 | 21 | 20.2 |
| | 50대 | 57 | 54.8 |
| | 60대 이상 | 2 | 1.9 |
| 관리경력 연수 | 1년 미만 | 5 | 4.8 |
| | 1~3년 미만 | 7 | 6.7 |
| | 3~5년 미만 | 7 | 6.7 |
| | 5~10년 미만 | 12 | 11.5 |
| | 10년 이상 | 73 | 70.2 |
| 직책 | 평사원 | 30 | 28.8 |
| | 주임(반장, 조장) | 10 | 9.6 |
| | 과장대리/과장 | 37 | 35.6 |
| | 차장/부장 | 27 | 26.0 |
| 합계 | | 104 | 100% |

## 3. 신뢰도 검증

연구모형과 가설을 검증하기 전에 측정항목이 어느 정도 일관성 있게 측정되었는지를 알아보기 위해 신뢰성을 검증하였다. 신뢰계수 값은 0과 1사이 이다

주요 변수에 대한 척도에 대한 신뢰도를 판단하가기 위해 Cronbach Alpha를 산출하였다. 일반적으로 0.6 이상이면 척도를 구성하는 항목 간에 내적 일관성이 양호한 것으로 보고 신뢰도가 높은 것으로 판단한다. 신뢰도 분석결과는 다음의 표와 같다.

〈표 9〉 영역의 신뢰성 검증

| | Alpha |
|---|---|
| 법정 자격 빌딩관리사 필요성 | .982 |
| 법정자격 빌딩관리사 유효성 | .985 |

위의 표와 같이 모든 변수의 알파계수는 0.6 이상으로 나타남으로 척도의 신뢰도에는 문제가 없는 것으로 판단되었다. 구체적으로 살펴보면 법정자격 빌딩관리사 필요성은 .982 법정자격 빌딩관리사 유효성은 .985로 나타나 모든 변수의 신뢰성 값이 0.6을 초과하고 있어 척도의 신뢰값에는 문제가 없는 것으로 판단되었다.

## 4. 요인분석

본 연구의 가설 검증에 앞서 법정자격 빌딩관리사의 필요성과 유효성에 대한 요인분석을 실시하였다. 요인 추출 기준은 고유값 1.0 이상을 기준하였고 요인 적재치는 0.50 이상으로 지정하였으며, 변수들의 상관관계를 이용하여 각 측정변수의 차원을 이끌어 내기 위해 탐색적 요인 분석을 실시하였으며, 주 성분분석의 베리맥스 직각회전방식을 이용하여 측정하였다. 각 요인 범주 내의 내적 일관성을 갖는지를 확인하여 다음의 표에서 제시하였다.

〈표 10〉 법정 자격 빌딩관리가의 필요성과 유효성 요인의 타당성 검증

| | 1 | 2 | 공통성 |
|---|---|---|---|
| 법정자격빌딩관리사는 전문적 빌딩관리에 필요함 | .823 | .487 | .914 |
| 법정자격빌딩관리사는 효과적 빌딩관리에 필요함 | .805 | .532 | .931 |
| 법정자격빌딩관리사는 빌딩관리 산업발전에 필요함 | .793 | .535 | .914 |
| 법정자격빌딩관리사는 체계적 빌딩관리에 필요함 | .789 | .516 | .889 |
| 법정자격빌딩관리사는 빌딩안전관리에 필요함 | .783 | .514 | .878 |
| 법정자격빌딩관리사는 양질의 서비스 생산에 필요함 | .768 | .528 | .869 |
| 법정자격빌딩관리사는 기술적  빌딩관리에 필요함 | .766 | .577 | .919 |

| | 1 | 2 | 공통성 |
|---|---|---|---|
| 법정자격빌딩관리사는 체계적 빌딩관리에 유효함 | .504 | .831 | .945 |
| 법정자격빌딩관리사는 전문적 빌딩관리에 유효함 | .484 | .834 | .929 |
| 법정자격빌딩관리사는 양질의 서비스 생산에 유효함 | .545 | .801 | .938 |
| 법정자격빌딩관리사는 빌딩산업발전에 유효함 | .522 | .794 | .903 |
| 법정자격빌딩관리사는 기술적 빌딩관리에 유효함 | .631 | .733 | .936 |
| 법정자격빌딩관리사는 효과적 빌딩관리에 유효함 | .623 | .718 | .904 |
| 법정자격빌딩관리사는 빌딩안전관리에 유효함 | .643 | .712 | .920 |
| 고유값 | 12.352 | 1.440 | |
| 설명 분산 | 88.2 | 3.142 | |
| 누적 분산 | 88.228 | 91.370 | |

KMO = .935

Bartltt Test of Sphercity = 2911. 006(df= 91. sig = .000)

위의 자료를 세부적으로 설명하면 빌딩관리사의 필요성과 유효성에 사용된 총 14개 문항을 직교회전한 후 요인 분석을 실시한 결과 1.0 이상의 고유값을 갖는 요인 2개가 추출되었으며, 총 분산 설명력은 91.370%로 나타났다.

## 제4절 연구가설의 검증

### 1. 법정자격 빌딩관리사의 필요성과 유효성 간의 상관관계 분석

다음의 표에서 볼 수 있는바와 같이 법정자격 빌딩관리사의 필요성과 유효성 간의 관계에 대해 살펴보면, 법정자격 빌딩관리사의 필요성과 유효성은 r= 817(p<01)에서

r = (p〈01)의 정(+)적인 상관관계를 보였다.

즉, 법정자격 빌딩관리사의 필요성에 대한 인식이 높으면 유효성에 대한 인식도 높음을 알 수 있다.

〈표 11〉 법정자격 빌딩관리사의 필요성과 유효성 간의 관계 분석

| 전문적 빌딩관리에 필요함 | 전문적 빌딩관리에 유효함 .817** |
|---|---|
| 체계적 빌딩관리에 필요함 | 체계적 빌딩관리에 유효함 .843** |
| 효과적 빌딩관리에 필요함 | 효과적 빌딩관리에 유효함 .897** |
| 빌딩관리 산업발전에 필요함 | 빌딩관리 산업발전에 유효함 .868** |
| 양질의 빌딩관리 서비스 생산에 필요함 | 양질의 빌딩관리 서비스 생산에 유효함 .845** |
| 빌딩안전관리에 필요함 | 빌딩 안전관리에 유효함 .887** |
| 기술적 빌딩관리에 필요함 | 기술적 빌딩관리에 유효함 .922** |

## 2. 가설 1의 검정

### 1) 설정연구 가설

법정자격 빌딩관리사는 전문적 빌딩관리에 정의 방향으로 영향을 미칠 것이다.

### 2) 통계분석

〈표 12〉 전문적 빌딩관리의 필요성이 전문적 빌딩관리 유효성에 미치는 영향

| | B | 표준 오차 | ß | t | p |
|---|---|---|---|---|---|
| (상 수) | .416 | .238 | | 1.750 | 0.83 |
| 전문적 관리에 대한 필요성 | .856 | .060 | .817 | 14.380*** | .000 |
| F= 205.344*** p〈 .001 $R^2$ = .668 | | | | | |

(***p〈 001)

### 3) 가설 1의 검증 및 분석결과

상기 표에서 볼 수 있는 바와 같이 법정자격 빌딩관리사의 전문적 빌딩관리에 대한 필요성이 전문적 빌딩관리 유효성에 미치는 영향에 대해 살펴보면 설명력은 66.8%를 설명하며 회귀성의 통계적 유의성을 검증하기 위한 F값은 205.344이고 유의 확률은 .000으로 회귀식이 통계적으로 유의한 것으로 나타났다.

전문적 빌딩관리 필요성에 대한 유의성을 판단하기 위한 t값의 유의도에 의해 전문적 빌딩관리에 대한 유효성에 영향을 미치는 변수로는 전문적 빌딩관리에 대한 필요성(β=.817, p<001)이 정적인 영향을 미치는 것으로 나타났다. 즉 전문적 빌딩관리에 대한 필요성이 높아지면 전문적 빌딩관리에 대한 유효성도 높아질 것이라 예측할 수 있었다. 따라서 '가설 1 법정자격 빌딩관리사는 전문적 빌딩관리에 정(+)의 방향으로 영향을 미칠 것이다'라는 가설을 채택되었다. 그러므로 법정자격 빌딩관리사는 전문적 빌딩관리에 필요성과 유효성이 모두 있는 것으로 검증 되었다.

## 3. 가설 2의 검증

### 1) 설정 연구가설

법정자격 빌딩관리사는 체계적 빌딩관리에 정의 방향으로 영향을 미칠 것이다.

### 2) 통계분석

<표 13> 체계적 빌딩관리의 필요성이 체계적 빌딩관리 유효성에 미치는 영향

| | B | 표준 오차 | β | t | p |
|---|---|---|---|---|---|
| (상 수) | .416 | .238 | | 1.750 | 0.83 |
| 체계적 빌딩관리에 대한 필요성 | .909 | .044 | .897 | 20.475*** | .000 |
| F= 419.227*** p< .001 $R^2$ = .804 | | | | | |

(***p< 001)

### 3) 검증 및 분석결과

상기 표에서 볼 수 있는 바와 같이 법정자격 빌딩관리사의 효과적 빌딩관리에 대한 필요성이 효과적 빌딩관리 유효성에 미치는 영향에 대해 살펴보면, 설명력은

80.4%를 설명하며 회귀성의 통계적 유의성을 검증하기 위한 F값은 419.227이고 유의 확률은 .000으로 회귀식이 통계적으로 유의한 것으로 나타났다.

효과적 빌딩관리 필요성에 대한 유의성을 판단하기 위한 t값의 유의도에 의해 체계적 빌딩관리에 대한 유효성에 영향을 미치는 변수로는 전문적 빌딩관리에 대한 필요성(ß=.897, p<001)이 정(+)적인 영향을 미치는 것으로 나타났다.

즉 효과적 빌딩관리에 대한 필요성이 높아지면 효과적 빌딩관리에 대한 유효성도 높아질 것이라 예측할 수 있었다. 따라서 '가설 2 법정자격 빌딩관리사는 체계적 빌딩관리에 정(+)의 방향으로 영향을 미칠 것이다'라는 가설을 채택되었다. 그러므로 법정자격 빌딩관리사는 체계적 빌딩관리에 필요성과 유효성이 모두 있는 것으로 검증되었다.

## 4. 가설 3의 검증

### 1) 설정 연구가설

법정자격 빌딩관리사는 효과적 빌딩관리에 정의 방향으로 영향을 미칠 것이다.

### 2) 통계분석

〈표 14〉 빌딩관리 산업발전에 대한 필요성이 빌딩관리 산업발전 유효성에 미치는 영향

| | B | 표준 오차 | ß | t | p |
|---|---|---|---|---|---|
| (상 수) | .268 | .175 | | 1.530 | 0.129 |
| 효과적 빌딩관리에 대한 필요성 | .909 | .044 | .897 | 20.475*** | .000 |
| F= 419.227*** p< .001 $R^2$ = .804 | | | | | |

(***p< 001)

### 3) 검증 및 분석결과

상기 표에서 볼 수 있는 바와 같이 법정자격 빌딩관리사의 체계적 빌딩관리에 대한 필요성이 전문적 빌딩관리 유효성에 미치는 영향에 대해 살펴보면 설명력은 80.4%를 설명하며 회귀성의 통계적 유의성을 검증하기 위한 F값은 419.227이고 유의 확률은 .000으로 회귀식이 통계적으로 유의한 것으로 나타났다.

효과적 빌딩관리 필요성에 대한 유의성을 판단하기 위한 t값의 유의도에 의해 효과적 빌딩관리에 대한 유효성에 영향을 미치는 변수로는 전문적 빌딩관리에 대한 필요성(ß=.897, p<001)이 정(+)적인 영향을 미치는 것으로 나타났다.

즉, 효과적 빌딩관리에 대한 필요성이 높아지면 효과적 빌딩관리에 대한 유효성도 높아질 것이라 예측할 수 있었다. 따라서 '가설 3 법정자격 빌딩관리사는 효과적 빌딩관리에 정(+)의 방향으로 영향을 미칠 것이다'라는 가설을 채택되었다. 그러므로 법정자격 빌딩관리사는 효과적 빌딩관리에 필요성과 유효성이 모두 있는 것으로 검증되었다.

## 5. 가설 4의 검증

### 1) 설정 연구가설

법정자격 빌딩관리사는 빌딩관리 산업발전에 정의 방향으로 영향을 미칠 것이다.

### 2) 통계분석

〈표 15〉 빌딩관리 산업발전의 필요성이 빌딩관리 산업발전 유효성에 미치는 영향

| | B | 표준 오차 | ß | t | p |
|---|---|---|---|---|---|
| (상 수) | .575 | .189 | | 3.042 | .003 |
| 빌딩관리 산업발전에 대한 필요성 | .842 | .048 | .868 | 17.623*** | .000 |
| F= 310.553*** p< .001 $R^2$ = .753 | | | | | |

(***p< 001)

### 3) 검증 및 검증 결과

상기 표에서 볼 수 있는 바와 같이 법정자격 빌딩관리사의 빌딩관리 산업발전에 대한 필요성이 빌딩관리 산업 발전 리 유효성에 미치는 영향에 대해 살펴보면 설명력은 75.3%를 설명하며, 회귀성의 통계적 유의성을 검증하기 위한 F값은 310.553이고 유의 확률은 .000으로 회귀식이 통계적으로 유의한 것으로 나타났다.

체계적 빌딩관리 필요성에 대한 유의성을 판단하기 위한 t값의 유의도에 의해 체계적 빌딩관리에 대한 유효성에 영향을 미치는 변수로는 전문적 빌딩관리에 대한 필요성(ß=.868, p<001)이 정(+)적인 영향을 미치는 것으로 나타났다.

즉, 빌딩관리 산업발전에 대한 필요성이 높아지면 빌딩관리 산업발전 유효성도 높아질 것이라 예측할 수 있었다. 따라서 '가설 4 법정자격 빌딩관리사는 빌딩관리 산업발전에 정(+)의 방향으로 영향을 미칠 것이다'라는 가설을 채택되었다. 그러므로 법정자격 빌딩관리사는 빌딩관리 산업발전의 필요성과 유효성 모두 있는 것으로 검증되었다.

## 6. 가설 5의 검증

### 1) 설정 연구가설

법정자격 빌딩관리사는 양질의 빌딩관리 서비스 생산에 정의 방향으로 영향을 미칠 것이다.

### 2) 통계분석

〈표 16〉 양질의 서비스 생산의 필요성이 양질의 빌딩관리 서비스 생산 유효성에 미치는 영향

| | B | 표준 오차 | β | t | p |
|---|---|---|---|---|---|
| (상 수) | .552 | .209 | | 2.640 | 0.10 |
| 양질의 빌딩관리 서비스에 대한 필요성 | .869 | .055 | .845 | 15.938*** | .000 |
| F= 254.031*** p〈 .001 $R^2$ = .714 | | | | | |

(***p〈 001)

### 3) 검증 및 분석 결과

상기 표에서 볼 수 있는 바와 같이 법정자격 빌딩관리사의 양질의 빌딩관리 서비스 생산에 대한 필요성이 양질의 빌딩관리 서비스 생산 유효성에 대한 영향에 대해 살펴보면 설명력은 71.4%를 설명하며, 회귀성의 통계적 유의성을 검증하기 위한 F값은 254.031이고 유의 확률은 .000으로 회귀식이 통계적으로 유의한 것으로 나타났다.

양질의 빌딩관리 서비스 생산의 필요성에 대한 유의성을 판단하기 위한 t값의 유의도에 의해 양질의 빌딩관리 서비스 생산의 필요성이 체계적 빌딩관리에 대한 유효성에 영향을 미치는 변수로는 양질의 서비스 생산의 필요성(β=.845, p〈001)이 정(+)적인 영향을 미치는 것으로 나타났다.

즉, 양질의 빌딩관리 서비스 생산의 필요성이 높아지면 양질의 빌딩관리 서비스 생

산의 유효성도 높아질 것이라 예측할 수 있었다. 따라서 '가설 5 법정자격 빌딩관리사는 양질의 빌딩관리 서비스 생산에 정의 방향으로 영향을 미칠 것이다'라는 가설 5는 채택되었다. 그러므로 법정자격 빌딩관리사는 양질의 빌딩관리 서비스 생산에 대한 필요성과 유효성 모두 검증되었다.

## 7. 가설 6의 검증

### 1) 설정 연구가설

법정자격 빌딩관리사는 빌딩안전관리에 정의 방향으로 영향을 미칠 것이다.

### 2) 통계분석

〈표 17〉 빌딩안전관리의 필요성이 빌딩안전관리 유효성에 미치는 영향

| | B | 표준 오차 | β | t | p |
|---|---|---|---|---|---|
| (상 수) | .325 | .184 | | 1.759 | 0.82 |
| 빌딩안전관리에 대한 필요성 | .897 | .046 | .887 | 19.369*** | .000 |
| F= 375.172*** p〈 .001 $R^2$ = .786 | | | | | |

(***p〈 001)

### 3) 검증 및 분석결과

상기 표에서 볼 수 있는 바와 같이 법정자격 빌딩관리사의 빌딩안전관리에 대한 필요성이 빌딩안전관리 유효성에 대한 영향에 대해 살펴보면 설명력은 78.6%를 설명하며 회귀성의 통계적 유의성을 검증하기 위한 F값은 375.172이고 유의 확률은 .000으로 회귀식이 통계적으로 유의한 것으로 나타났다.

빌딩안전관리에 대한 유의성을 판단하기 위한 t값의 유의도에 의해 빌딩안전관리 유효성에 영향을 미치는 변수로는 빌딩안전관리 필요성(β=.887, p〈001)이 정(+)적인 영향을 미치는 것으로 나타났다.

즉, 빌딩안전관리 필요성이 높아지면 빌딩안전관리 유효성도 높아질 것이라 예측할 수 있었다. 따라서 '가설 6 법정자격 빌딩관리사는 빌딩안전관리에 정의 방향으로 영향을 미칠 것이다'라는 가설 6는 채택되었다. 그러므로 법정자격 빌딩관리사는 빌딩안전관리의 필요성과 유효성 모두 검증되었다.

## 8. 가설 7의 검증

### 1) 설정 연구가설

법정자격 빌딩관리사는 기술적 빌딩관리에 정의 방향으로 영향을 미칠 것이다.

### 2) 통계분석

〈표 18〉 기술적 빌딩관리 필요성이 유효성에 미치는 영향

| | B | 표준 오차 | ß | t | p |
|---|---|---|---|---|---|
| (상 수) | .325 | .184 | | 1.759 | 0.82 |
| 빌딩안전관리에 대한 필요성 | .897 | .046 | .887 | 19.369*** | .000 |
| F= 375.172*** p〈 .001 $R^2$ = .786 | | | | | |

(***p〈 001)

### 3) 검증 및 분석 결과

상기 표에서 볼 수 있는 바와 같이 법정자격 빌딩관리사의 기술적 빌딩관리에 대한 필요성이 기술적 빌딩관리 유효성에 미치는 영향을 살펴보면 양질의 빌딩관리 서비스 생산에 대한 필요성이 양질의 빌딩관리 서비스 생산 유효성에 대한 영향에 대해 살펴보면 설명력은 85.0%를 설명하며 회귀성의 통계적 유의성을 검증하기 위한 F값은 578.810이고 유의 확률은 .000으로 회귀식이 통계적으로 유의한 것으로 나타났다.

기술적 빌딩관리에 대한 필요성이 양질의 빌딩관리 서비스 생산의 필요성에 대한 유의성을 판단하기 위한 t값의 유의도에 의해 기술적 빌딩관리 유효성에 영향을 미치는 변수로는 기술적 빌딩관리에 대한 필요성(ß=.922, p〈001)이 정(+)적인 영향을 미치는 것으로 나타났다.

즉, 기술적 필딩관리에 대한 필요성이 높아지면 기술적 빌딩관리에 대한 유효성도 높아질 것이라 예측할 수 있었다. 따라서 '가설 7 법정자격 빌딩관리사는 기술적 빌딩관리에 정의 방향으로 영향을 미칠 것이다'라는 가설은 채택되었다. 그러므로 법정자격 빌딩관리사는 기술적 빌딩관리에 대한 필요성과 유효성 모두 검증되었다.

# 제5절 결론 및 시사점

## 1. 결 론

전국 소재 업무용 빌딩관리현장 관리종사자 150명을 연구대상으로 설문조사지 150부를 배포하고 수거한 응답지 중 신뢰성이 확보된 104명의 응답지 자료를 통계적 방법으로 분석한 결과 설정한 연구가설 7개 항목이 모두 채택되었다. 따라서 본 연구의 결론을 요약하면 다음과 같다.

1) '가설 1 법정자격 빌딩관리사는 전문적 빌딩관리에 정(+)의 방향으로 영향을 미칠 것이다'라는 가설을 채택되었다. 따라서 법정자격 빌딩관리사는 전문적 빌딩관리에 필요성과 유효성이 모두 있는 것으로 검증되었다.
2) '가설 2 법정자격 빌딩관리사는 체계적 빌딩관리에 정(+)의 방향으로 영향을 미칠 것이다'라는 가설을 채택되었다. 따라서 법정자격 빌딩관리사는 체계적 빌딩관리에 필요성과 유효성이 모두 있는 것으로 검증되었다.
3) '가설 3 법정자격 빌딩관리사는 효과적 빌딩관리에 정(+)의 방향으로 영향을 미칠 것이다'라는 가설을 채택되었다. 따라서 법정자격 빌딩관리사는 효과적 빌딩관리에 필요성과 유효성이 모두 있는 것으로 검증되었다.
4) '가설 4 법정자격 빌딩관리사는 빌딩관리 산업발전에 정(+)의 방향으로 영향을 미칠 것이다'라는 가설을 채택되었다. 따라서 법정자격 빌딩관리사는 빌딩관리 산업발전의 필요성과 유효성 모두 있는 것으로 검증되었다.
5) '가설 5 법정자격 빌딩관리사는 양질의 빌딩관리 서비스 생산에 정의 방향으로 영향을 미칠 것이다'라는 가설 5는 채택되었다. 따라서 법정자격 빌딩관리사는 양질의 빌딩관리 서비스 생산에 대한 필요성과 유효성 모두 검증되었다.
6) '가설 6 법정자격 빌딩관리사는 빌딩안전관리에 정의 방향으로 영향을 미칠 것이다'라는 가설 6은 채택되었다. 따라서 법정자격 빌딩관리사는 빌딩안전관리의 필요성과 유효성 모두 검증되었다.
7) '가설 7 법정자격 빌딩관리사는 기술적 빌딩관리에 정의 방향으로 영향을 미칠 것이다'라는 가설은 채택되었다. 따라서 법정자격 빌딩관리사는 기술적 빌딩관리에 대한 필요성과 유효성 모두 검증되었다.

## 2. 시사점

이상과 같은 법정 자격 빌딩관리사의 필요성과 유효성 연구결과는 법정 자격 빌딩관리사는 빌딩의 과학적 관리와 체계적 관리 및 기술적 관리에 매우 필요하고 유효한 것으로 입증 되었다.

또한 법정자격 빌딩관리사는 빌딩안전관리와 빌딩산업 발전 및 양질의 빌딩관리 서비스 생산에도 필요하고 유효한 것으로 입증 되었다. 따라서 빌딩관리소장 자격 인정 국가자격 빌딩관리사 제도 도입의 필요성을 강력하게 시사하고 있다. 법정자격 빌딩관리사를 빌딩관리소장으로 의무적으로 선발 배치하는 경우 빌딩관리소장의 자격화가 국가 공인으로 인정되어 빌딩 전문적 관리기법인 빌딩의 과학적 빌딩관리와 기술적 빌딩관리 및 체계적 빌딩관리에 매우 필요하고 유효함을 시사하고 있다.

또한 이와 같은 연구 결과는 약 70%선에 머물고 있는 빌딩관리자 특히 빌딩관리소장의 자격과 능력을 100% 이상으로 우상향 시킴으로서 빌딩관리현장 이해관계자 고객인 빌딩 소유자의 소유 만족과 빌딩 사용자의 사용 만족 및 빌딩 이용자의 이용 평균 만족도를 100% 만족도로 개선하는데 크게 이바지 할 것을 시사하고 있다.

또한 빌딩을 기반으로 이루어지는 인간의 삶과 행활과 일(업무)의 영위를 바람직하게 영위하도록 지원하여 인간의 삶의 질을 높이고 생활를 편리하고 안전하며 쾌적하게 영위할 수 있도록  하며 일(업무)의 수행에 있어 생산적이며 창조적으로 영위하는데 결정적으로 이바지 할 수 있음을 시사하고 있다.

| 제10장 | 빌딩관리사의 필요성과 유효성 실증분석 |
|---|---|
| 제11장 | 빌딩관리소장 자격인정(가칭) 빌딩관리사 국가자격시험 제도의 도입 |

# 제1절 빌딩관리사 국가자격시험 제도의 개요와 도입의 목적

## 1. 빌딩관리사 국가자격시험 제도의 개요

빌딩관리사는 관계법령(예 건축물관리법) 개정에 의하여 법 제도적으로 신설되는 경우 국가자격의 일종으로서 전문적 관리 의무대상 빌딩[철근콘크리트 구조(철골조 구조 포함]의 빌딩으로서 중앙집중식 냉난방 시스템과 소방시설 및 승강기 설비가 설치된 10층 이상이거나 연건평 3,300제곱미터(1,000평 연건평) 이상의 비주거용 빌딩으로서 전문적 관리를 요하는 빌딩)의 총괄관리 책임자인 관리소장의 자격을 국가가 인정하는 빌딩관리소장 법정 자격 소지자를 말한다.

빌딩관리사는 의무관리 대상 아파트 관리사무소 소장 자격의 주택관리사(보)와 유사한 법정 자격으로서 소정의 빌딩관리사 자격시험에 합격하여 전문적 관리대상 빌딩의 관리소장 자격을 인정 받은자를 의미한다.

빌딩관리사 국가자격시험 제도는 국내 빌딩관리소장 자격화 달성방안의 마지막 자격화 방안으로서 국가가 전문적 관리의무 대상 빌딩관리에 요구되는 빌딩관리 실무 전문적 지식과 소양을 갖춘 자임을 증명하고, 양질의 빌딩관리 서비스를 가장 경제적 방법으로, 가장 안전하고 효율적으로, 가장 적합하게 효과적으로 생산하고, 이를 통하여 빌딩 소유자와 사용자 및 이용자 고객의 만족에 이바지할 수 있는 자를 말한다. 이와 같은 전문적 관리 의무대상 빌딩의 총괄책임자를 법령에 따라 자격을 인정해 주는 법정 제도를 빌딩관리사 국가자격시험 제도라 한다.

국내 빌딩관리 업체와 현장 관리 종사자, 빌딩관리 용역 발주처 및 관련법을 대상으로 빌딩관리소장의 선발과 배치사례를 조사하고 분석한 결과 빌딩관리 업무총괄책임과 대외적 빌딩관리 조직의 대표 및 빌딩경영자 대리인으로 역할 하는데 필요한 빌딩종합관리 실무 전문성과 요구능력 및 필요조건 등의 검증과 객관적인 확인없이 빌딩관리소장을 선발 배치하고 있는 사례로 조사되고 있어 빌딩관리소장의 자격 검증에 문제로 지적되고 있다. 따라서 빌딩관리소장의 자격문제의 개선을 위하여 공동주택관리법에 따라 주거용 의무관리 대상 아파트관리 사무소 소장 자격인 주택관리사(보) 자격 시험제도를 벤치마킹하여 빌딩관소장의 자격을 국가 자격화로 하고, 이를 빌딩관리현장에 적용하고자하는 하는 가설 수준의 국가자격시험 제도이다. 빌딩관리소장 법정 빌딩관리사 국가자격 시험제도라 함은 향후 빌딩관리 서비스 산업의 발전을 위하여 요구되는 비거주 용도 빌딩의 전문적 관리기법인 과학적 관리와 체계적 관리 및 기술적 관리의 합리적 실현을 국가가 보증하는 제도로서 국가 빌딩관리 서비스 산업의 발전에 기여하기 위하여 향후 실시될 것을 전제로 저자들이 제안하는 가설 수준의 가칭 빌딩관리소장 자격 인정 빌딩관리사 국가자격시험 제도를 말한다.

빌딩관리사 자격 시험제도는 최근에 입법된 건축물관리 기본법성격을 가지고 있는 건축물관리법의 일부 개정을 통하여 빌딩관리소장 법정자격으로 빌딩관리사를 시험에 의하여 선발하고 법령에 의하여 빌딩관리소장으로 의무 배치해야 하는 이른바 빌딩관리소장 자격제도를 신설하여 빌딩관리의 체계화와 전문적 관리를 도모하고자 하는 미래지향적 빌딩관리 국가자격시험 제도이다.

이와 유사한 자격시험 제도에는 주택관리사(보) 국가자격시험 제도가 있다. 이 제도는 국토교통부가 실시하고 한국산업인력공단에 시험시행을 위임하여 매년 1회 이상 실시하는 자격시험 제도이다. 이에 합격되는 경우, 주택관리사(보) 자격증을 수여하고 의무관리 대상 아파트 관리사무소 소장으로 의무적으로 선발되고 배치되는 이른바 의무관리 대상 아파트(150세대 이상의 아파트로서 중앙집중식 난방방식을 채택하고 승강기 설비가 있는 아파트 또는 300세대 이상의 아파트) 사무소장 자격시험제도이다.

빌딩관리를 담당하는 관리 종사자에는 관리 관계법령에 의하여 전기, 기계, 소방 등 국가 법정 기술자격 소지자를 의무 고용하도록 규정하고 있으나 유감스럽게도 빌딩관리현장에서 가장 중요한 임무와 역할을 수행하는 빌딩관리 총괄책임자 빌딩관리소장의 자격 규정은 어떤 법령에도 찾아 볼 수 없다. 이와 같은 빌딩관리소장 법정자격제도의 불비로 빌딩관리 이해관계자가 나름대로의 경험과 상식에 따라 빌딩 관리소장을 선발하고 배치하고 있어 빌딩관리현장의 체계적 관리와 기술적 관리 및 전문적 관리와 과학적 관리에 여러 가지 모습으로 지장을 초래하고 있다. 따라서 빌딩관리소장 자격 문제에 대한 개선이 크게 요구되고 있어 법정 자격 빌딩관리사 국가자격 시험제도 도입의 필요성이 제기되고 있다.

## 2. 빌딩관리사 국가자격시험 제도 도입의 목적

빌딩관리사 국가자격시험 제도 도입의 목적은 빌딩관리사 국가자격 시험에 합격한 빌딩관리사가 빌딩관리소장으로 선발 배치됨으로서 빌딩관리의 목적을 가장 경제적인 방법으로, 가장 안전하게, 가장 효율적으로, 가장 적합하게, 가장 효과적으로 달성하는데 요구되는 유능하고 자격 있는 빌딩관리소장을 선발하고 활용하는데 있다. 다시 말하면 대내적 빌딩관리업무의 총괄과 대외적 관리 조직의 대표자 역할과 경영자 대리인 역할을 원만하고 성공적으로 수행하는데 필요한 빌딩관리 실무 전문가의 자격과 역량을 국가가 자격시험을 통하여 법 제도적으로 빌딩관리소장의 자격을 공식적으로 인정해 주도록 하는데 도입의 목적이 있다.

## 제2절 빌딩관리사 국가자격시험 제도 도입의 필요성과 유효성의 의의와 논거

### 1. 빌딩관리사 국가자격시험 제도 도입의 필요성과 유효성의 의의

빌딩관리소장은 대내적으로 빌딩관리 업무를 총괄하고 대외적으로 빌딩관리현장 조직의 대표 역할과 경영자 대리인의 역할을 감당해야 하므로 매우 유능해야 하고 자격을 갖추어야 한다. 왜냐하면 빌딩관리소장이 유능하지 않거나 자격이 없는 경우, 빌딩관리 업무의 총괄과 대외적 관리현장 조직의 대표 역할과 경영자 대리인 역할을 온전하게 감당할 수 없기 때문이다.

앞에서 빌딩관리사 선발사례 조사에서 살펴 본바와 같이 빌딩관리소장 4개 선발사례 유형 모두 빌딩관리소장의 업무 총괄에 필요한 빌딩 관리실무 전문성을 객관적으로 검증하지 않은 상태에서 빌딩관리소장을 선발 배치하고 있어 빌딩관리소장의 대내적 역할과 대외적 역할 수행에 적지 않은 문제가 발생하고 있음을 살펴보았다. 따라서 빌딩관리소장의 자격을 국가 자격화하고, 이를 자격시험을 제도화하여 빌딩관리 실무 전문성을 시험을 통하여 객관적으로 검증할 필요가 있다.

또한 시험제도를 통하여 합격하여 빌딩관리 실무 전문성을 객관적으로 검증한 후에도 빌딩관리소장 선발 빌딩관리소장 선발 대상자를 상대로 면접시험을 통하여 빌딩종합관리에 필요한 업무 추진능력이나 문제 해결 능력, 소통 능력과 지휘 능력 등을 평가하고 인성과 품성을 평가하여 평가결과가 양호한 자를 빌딩관리소장으로 선발하고 기용함이 빌딩관리 목표의 효과적 달성에 이바지하게 될 것으로 인식된다.

따라서 빌딩관리사의 필요성과 유효성 연구결과 빌딩관리사의 빌딩관리소장 법정 자격화를 위한 빌딩관리사 자격시험 제도는 빌딩관리소장의 대내적 역할과 대외적 역할을 온전하게 감당하기 위한 빌딩관리소장 법정자격 시험제도로서 국내 빌딩관리 산업발전에 매우 필요하고 유효할 것으로 평가되었다. 또한 빌딩관리소장의 자격화를 통하여 빌딩관리현장 이해관계자인 빌딩소유자와 사용자(입주자) 및 이용자 모두 만족도를 유지 향상시킬 수 있으므로 빌딩관리사 국가자격시험 제도의 도입은 매우 필요하고 유효할 것으로 평가된다.

## 2. 빌딩관리사 국가자격시험 제도 도입의 논거

앞에서 논의한 바와 같이 법정자격 빌딩관리사에 의한 빌딩관리소장의 법정 자격화는 매우 중요하고 필요하다. 빌딩관리소장의 법정 자격화 시험제도 도입의 필요성은 다음의 논리적 증거(논거)에서 찾아 볼 수 있다.

1) 빌딩관리사의 필요성과 유효성 연구결과 빌딩관리사는 전문적 빌딩관리를 위하여 필요하고 유효한 것으로 입증되었다(빌딩관리는 전문적으로 수행해야 한다). 왜냐하면 빌딩관리 업무는 빌딩관리자가 고도의 전문성을 가지지 않고는 도저히 수행할 수 없는 업무 영역이기 때문이다. 또한 빌딩관리자는 빌딩관리 업무에 전문적 지식이나 기술을 가진 전문가가 아닌 상태에서는 빌딩관리 한 가지 특수한 업무를 수행할 수 없기 때문이다. 따라서 빌딩관리소장 법정 자격시험 제도는 빌딩관리소장의 빌딩관리 전문성을 개관적으로 검증하는 제도로서 자격시험에 합격할 경우 최소한의 빌딩관리 실무 전문성과 기술을 가진 자로 인정할 수 있어 빌딩관리 업무를 전문적으로 수행할 수 있기 때문이다.
2) 빌딩관리사의 필요성과 유효성 연구결과 빌딩관리사는 체계적 빌딩관리를 위하여 필요하고 유효한 것으로 입증되었다(빌딩관리 업무는 체계적으로 수행해야 한다). 왜냐하면, 빌딩관리 업무는 시설관리와 환경미화관리 및 경비 보안과 등 다양한 업무가 산재되어 있으나 이를 하나의 빌딩관리 틀속에 계통을 세워 빌딩관리 업무 전체를 통일적으로 수행해야 한다. 이와 같이 여러 가지 각각 다른 빌딩관리 업무를 빌딩관리소장의 리더십과 업무 추진력 등을 발휘하여 여러 가지 빌딩관리 업무를 전체의 하나로 묶어 통일적으로 수행함으로서 마침내 하나의 빌딩관리 목표가 달성하게 된다. 따라서 이와 같은 빌딩 관리의 체계적 관리를 위해서는 빌딩관리소장의 법정 자격화를 통하여 빌딩관리의 체계적 관리에 필요한 필요 능력을 확보행한다. 따라서 빌딩관리소장 법정 자격화는 빌딩관리의 체계적 관리를 위하여 필요하고 유효하다.
3) 빌딩관리사의 필요성과 유효성 연구결과 빌딩관리사는 효과적 빌딩관리를 위하여

필요하고 유효한 것으로 입증되었다(빌딩관리는 효과적으로 수행해야 한다). 다시 말하면 빌딩관리는 빌딩관리의 목표를 효과적으로 달성해야한다. 이와 같은 빌딩관리 목표의 효과적 달성을 위해서는 빌딩관리소장은 유능해야 하고 자격을 갖추어야 한다. 왜냐하면 빌딩관리에 있어서 보람있는 결과를 얻기 위해서는 빌딩관리소장이 유능해야 하기 때문이다.

4) 빌딩관리사의 필요성과 유효성 연구결과 빌딩관리사는 빌딩관리 산업의 발전을 위하여 필요하고 유효한 것으로 입증되었다. 빌딩관리란 빌딩 관리대상의 개별 빌딩을 관리하여 빌딩관리 목표를 개별적으로 달성하게 되나 빌딩관리소장의 자격 전문화 시험을 통한 빌딩관리 전문성과 기술이 점차 발전하게 되며 발전된 빌딩관리 전문성과 기술의 빌딩관리현장과 시장에 활용하거나 적용함으로서 빌딩관리업에 종사하는 관리 종사자는 물론 해당 기업과 빌딩 소유 주체 모두에게 산업 영역에서 발전을 도모하게 된다. 따라서 빌딩관리 산업의 발전을 위하여 빌딩관리소장의 법정 자격시험제도는 필요하고 유효하다.

5) 빌딩관리사의 필요성과 유효성 연구결과 빌딩관리사는 양질의 빌딩관리 서비스 생산에 필요하고 유효한 것으로 입증되었다(빌딩관리는 빌딩관리자 한명인 감당하는 관리 면적과 품질 생산 활동을 의미한다). 이를 빌딩관리 서비스 양적 생산성과 질적 생산성이라 한다. 빌딩관리소장이 전문화나 기술이 없는 경우 1인 1일 관리 면적의 생산서은 되며 품질 수준 또한 저품질 상태의 서비스만을 생산하게 되다. 참고문헌을 통하여 서비스 양적 생산성과 질적 생산성을 조사해 본 결과 미국, 일본의 시설관리 양적 시설관리 생산성은 무려 2,400평에 달하고 있으나 우리나라의 경우 시설관리 1일 1인 생산성은 겨우 1,220평을 생산함으로서 양적 생산성이 선진 외국에 비해 매우 낮은 것으로 조사되고 있다. 또한 국내 빌딩관리 사용자(임차인)의 빌딩관리 서비스 만족도는 겨우 75%에 머물고 있어 질적 서비스 생산성 또한 낮은 것으로 조사되고 있다.

6) 빌딩관리사의 필요성과 유효성 연구결과 빌딩관리사는 빌딩안전관리를 위하여 필요하고 유효한 것으로 입증되었다(빌딩관리는 안전하게 관리해야 한다). 또한 빌딩관리과정에서 안전사고를 예방하고 방지하여 인적 물적 피해가 발생하지 말아야 한다. 이를 위해서는 빌딩의 안전관리는 전문적으로 관리해야 한다. 따라서 빌딩의 안전관리를 위하여 빌딩관리소장 자격시험제도가 필요하다. 왜야 하면 빌딩관리소장의 자격 시험제도 만이 빌딩관리소장의 빌딩관리 실무 전문성을 검증할 수 있기 때문이다.

7) 빌딩관리사의 필요성과 유효성 연구결과 빌딩관리사는 기술적 빌딩관리를 위하여 필요하고 유효한 것으로 입증되었다(빌딩관리는 기술적으로 관리해야 한다). 왜냐하면 관리 대상 빌딩은 건축기술 전기기술, 기계기술, 통신전자기술 등이 망라된 기술

적 종합 건설물이기 때문이다. 따라서 빌딩관리소장 법정자격시험 제도를 통하여 빌딩관리에 필요한 기술 유무를 판단하여 선발해야 한다.

## 제3절 빌딩관리사 국가자격시험 제도 도입방법 및 절차

빌딩관리사 자격시험 제도를 시행하기 위해서는 다음과 같은 방법과 절차에 따라 도입하고 시행함이 적절해 보인다.

1) 주무부처인 국토교통부가 빌딩관리사 도입의 취지와 목적 등을 포함한 빌딩관리사 도입 정책을 수립하고 이해관계자의 의견을 수렴하기 위하여 공청회를 1회 이상 실시하여 이해관계자의 의견을 수렴하여 정책입안에 반영한다.
2) 국토교통부가 공청회를 통하여 이해관계자의 의견 수렴을 검토하고 빌딩관리사 국가자격시험 제도 도입정책에 대하여 긍정적인 평가가 증명되는 경우, 빌딩관리사 제도 전문위원회를 구성하여 빌딩관리사 정책 입안과 추진에 필요한 자문을 청취한다.
3) 이를 바탕으로 국토교통부는 다음의 내용을 골자로 하는 건축물관리법 일부 개정을 행정 입법이나 건축물관리법 시행형 개정을 통하여 빌딩관리사 자격 시험제도와 빌딩관리 전문업체의 등록제도 사항을 법제화하고 입법후 1년 후에 발효하도록 부칙에서 명기한다.
4) 확정된 빌딩관리사 국가자격 시험제도 시행을 정부가 공시한다.
5) 이를 경료한 후 국토 교통부는 한국산업인력공단에 빌딩관리사 자격시험시행 업무를 위임한다.
6) 위임받은 한국산업인력공단에서는 빌딩관리사 자격시험 위위회와 시험문제 출제위원회 및 시험평가위원회 등을 설치하고 매년 1회 이상 시험을 실시한다.
7) 한국산업인력공단에서는 시험시행 초기년도부터 3년간의 합격자의 수를 고려하여 빌딩관리 기업이나 관련단체에개 전문적관리 의무대상인 빌딩의 직영관라 위탁관리시 빌딩관리사의 빌딩관리소장 의무 선발배치를 정책적으로 홍보하고 추진한다.

개정 건축물관리법 또는 동 시행령에 포함되어야 하는 빌딩관리사 자격시험 관련 사항은 다음과 같다.

## 1. 국토교통부의 공고 관련사항

(1) 빌딩관리사 자격 시험공고(일시, 응시자격, 시험 과목 및 시험문제 유형, 응시 수수료, 합격자 예정 수, 합격 기준 등 포함) 시험 당일 기준 90일 전에 국토교통부 홈페이지에 공고한다.
(2) 빌딩관리사 자격시험 실시일 장소 및 합격자 발표일 및  발표 방법
(3) 합격자는 관할 시도지사 등으로부터 합격증 수령 방법 및 절차
(4) 전문적 관리 의무대상 빌딩(일정한 규모 이상의 빌딩(10층 이상의 빌딩 또는  연면적 1천평 이상의 빌딩으로서 중앙집중식 냉난방 방식을 채택하고 승강기 설비를 장착하고 있는 철근 콘크리트 구조의 업무용 빌딩과 상업용 빌딩, 공업용 빌딩과 문교 사회용 빌딩 및 정부 및 지방자치단체 등이 소유 또는 사용하는 빌딩) 소유자가 빌딩을 직영관리하거나 또는 위탁관리 하는 경우, 빌딩 소유주체 및 빌딩관리 수탁 회사는 의무적으로 빌딩관리사를 빌딩관리소장으로 의무 선발하고 배치하여 해당 빌딩을 총괄 관리하도록 해야 하는 의무 빌딩관리사 선발 배치 의무 조항
(5) 빌딩관리사는 합격 후 매년 빌딩관리 관련 사항 및 윤리 교육이수 의무조항 및 윤리 교육기관 지정 및 의무교육 관련 필요한 사항

## 2. 시험과목과 합격자 결정방법 및 합격자 대우

빌딩관리소장 자격 인정 빌딩관리사 국가자격 시험의 시험과목은 다음의 7개 과목으로 정하고 1차 시험과 2차 시험을 나누어 실시하되 2차 시험 응시자격은 1차 시험 합격자에 한한다.

### 1) 시험과목

① 빌딩시설개론
② 빌딩종합관리 실무[시설관리, 환경 미화관리(환경위생관리) 및 시설경비 보안관리, 대외업무 등의 빌딩종합관리 실무]
③ 빌딩관리 재무회계 실무
④ 빌딩관리 관계법령(빌딩관리 사법 및 공법 중 빌딩관리 관계규정)
⑤ 관리현장 인력 인사 노무관리 실무
⑥ 빌딩임대관리 실무
⑦ 빌딩관리소장 직업윤리

가. 1차시험과목(4개 과목/각 50개 문항 객관식)

① 빌딩시설개론

② 빌딩종합관리 실무[시설관리, 환경 미화관리(환경위생관리) 및 시설경비 보안관리, 대외업무 등의 빌딩종합관리 실무]

③ 빌딩재무회계관리 실무

④ 빌딩관리관계법령(빌딩관리 사법 및 공법 중 빌딩관리 관계규정)

나. 2차 시험과목(1차 시험 합격자 대상 : 2차 시험 실시/3개과목/각 50개 문항 개관식)

① 관리현장 인력의 인사 노무관리 실무

② 빌딩임대관리 실무

③ 빌딩관리소장 직업윤리

### 2) 합격자 결정방법

① 1차 시험 과목당 과락(60점 미만)없이 평균 80점 이상인자 합격

② 2차 시험 과목당 과락(60점 미만)없이 평균 80점 이상인자 합격

③ 평균점수 합격자가 복수인 경우 선발 인원 제한없이 합격자로 인정한다.

### 3) 합격자 대우

합격자는 전문적 관리 의무대상 빌딩의 관리소장의 자격을 인정받으며 빌딩관리소장으로 선발 배치될 수 있다. 따라서 전문적 관리 의무대상 빌딩의 소유자는 소유 빌딩의 직영관리시 또는 위탁관리시 빌딩관리사를 전문적 관리 의무대상 빌딩관리소장으로 의무적으로 선발배치 해야 한다.

## 제4절 빌딩관리사 국가자격시험 제도 도입의 기대효과

빌딩관리사 국가자격시험 제도를 도입하고 실시하는 경우, 다음과 같은 효과를 기대할 수 있다.

1) 빌딩관리사 국가자격시험제도 도입은 빌딩관리의 전문화와 기술화와 과학화 그리고 체계화를 도모하여 양질의 빌딩관리 서비스를 가장 경제적 방법으로, 가장 안전하게, 가장 효율적으로, 가장 적합하게, 가장 효과적으로 생산하고 절절한 공급이 가능하게 된다.
2) 빌딩관리사 국가자격시험제도 도입은 생산한 양질의 빌딩관리 서비스를 통하여 빌딩관리현장 이해관계자 고객의 빌딩 소유만족과 사용만족 및 이용만족의 실현과 빌딩 기반으로 이루어지는 인간의 삶의 질을 높이고 생산적 생활을 가능하게 하며, 빌딩을 기반으로 수행하고 있는 일(업무)를 능률적으로 그리고 창조적으로 영위할 수 있도록 한다.
3) 빌딩관리사 국가자격시험제도 도입은 국내 빌딩관리소장의 자격화가 달성되며, 빌딩관리소장의 사회적 인식 제고와 경제적 대우가 개선된다. 뿐만 아니라 빌딩관리 서비스 산업의 위상을 제고하고 빌딩관리 서비스 산업의 발전을 견인하게 된다.
4) 빌딩관리사 국가자격시험제도 도입은 빌딩관리 서비스의 양적 · 질적 생산성을 획기적으로 높일 수 있다.
5) 빌딩관리사 국가자격시험제도 도입은 관리대상 빌딩의 물리적 내용연수와 경제적 내용연수를 장기화하여 빌딩의 수명을 늘이고, 경제적 가치 제고와 소득의 극대화를 도모할 수 있다.
6) 빌딩관리사 국가자격 제도의 도입과 실시는 전문적 관리의무 대상 빌딩의 전문적 빌딩관리와 체계적 빌딩관리, 양질의 서비스 생산, 빌딩산업발전, 기술적 빌딩관리, 효과적 빌딩관리 그리고 빌딩안전관리에 유효한 효과를 창출을 기대할 수 있다.
7) 빌딩관리사 국가자격시험 제도 도입은 빌딩관리자의 직업에 대한 사회적 인정과 경제적 대우개선에 긍정적으로 작용하게 된다.
8) 빌딩관리사 국가자격시험 제도 도입은 빌딩사용자(빌딩입주자)의 빌딩 사용수익에 신뢰감과 안정감을 줄 수 있다.
9) 빌딩관리사 국가자격시험 제도 도입은 빌딩관리사를 의무 고용하는 빌딩관리 전문업체에서는 투자비용(㉠ 빌딩관리사 급료 또는 수량)이 발생할 수 있으나, 투자비용에 비하여 빌딩관리 전문업체의 사회적 위상제고와 신뢰도 증대가 크게 향상되므로 경영상 크게 도움을 받을 수 있다.

# 제V편

# 빌딩관리소장 자격화 필요조건 빌딩종합관리 실무지식의 전문화

앞에서 논의한 바와 같이 빌딩관리소장은 빌딩관리 업무 총괄책임자이고 청소, 경비등 등 하도급업체 관리 감독자이므로 빌딩종합관리 실무 전반에 걸쳐 폭넓은 빌딩종합관리 실무 전문지식의 이해가 필요하다. 또한 빌딩관리실무 전문지식은 빌딩관리소장 자격화의 필수요건이므로 빌딩관리소장 자격화를 위하여 반드시 학습하여 전체적으로 전문가 수준으로 이해해야 한다.

본편에서는 3개의 장을 두고 빌딩종합관리 실무지식에 해당하는 빌딩시설관리 실무, 빌딩 환경미화관리(환경위생관리) 실무, 빌딩시설경비 보안관리 실무 등을 구체적으로 설명하고 있다. 이 밖에도 빌딩종합관리 실무 전문지식에 해당하는 빌딩임대관리 실무, 빌딩관리 사법 및 공법관리 실무, 빌딩인사 노무관리 실무 및 빌딩 재무회계관리 실무, 빌딩관리소장 직업윤리, 빌딩시설개론 등은 제한된 지면 관계로 후일 추가로 출판할 예정인 '빌딩관리사 양성 교육 교재'에 수록할 예정으로 있어 독자 재현의 양해를 부탁드린다.

본편에서 소개하는 빌딩관리소장 자격화 필요조건인 빌딩종합관리 실무 전문지식은 저자가 그간에 출판한 건물자산관리학원론, 건축물종합유지관리, 건물자산법률관리론, 건물자산행정관리론, 건물자산경제관리론, 그리고 건물청소학개론 등에서 인용한 것임을 참고로 밝혀 둔다.

| 제12장 | 빌딩시설관리 실무 |
|---|---|
| 제13장 | 빌딩환경위생관리(미화관리) 실무 |
| 제14장 | 빌딩시설경비 실무 |

# 제1절 빌딩시설관리의 이론적 기초

## 1. 빌딩시설관리의 의의

시설관리라 함은 시설관리 서비스를 생산하기 위하여 수행하는 기술 기능적 관리활동과 기술관리활동을 지원하기 위한 사무행정적 관리활동 등 시설관리 서비스 생산에 필요한 일체의 활동을 말한다. 시설관리활동을 통하여 생산하는 시설관리 서비스에는 빌딩 입주 및 퇴거지원 서비스, 냉난방 서비스, 전등 전열공급 서비스, 실내 환경유지 서비스, 위생 및 급수공급 서비스, 공용시설 이용 서비스, 환경관리 서비스, 안전관리 서비스, 고객불만 처리 및 만족도관리 서비스, 고객 피해보상 서비스 등이 있으며, 이를 통하여 바람직한 빌딩의 소유와 사용 및 이용만족 실현에 이바지하고 있다.

이와 같은 시설관리 서비스를 생산하기 위하여 수행해야 하는 빌딩의 물리적 시설관리 활동(기술적 시설관리 활동)과 물리적 시설관리 활동을 사무행정적 측면에서 지원하는 행정적 시설관리 활동과 법률적 시설관리 활동 및 경제적 시설관리활동 그리고 기술 기능적 측면에서 물리적 시설관리 활동을 지원하는 환경적 시설관리활동과 안전적 시설관리활동 등을 총칭하여 빌딩시설 관리활동이라 한다.

## 2. 시설관리 영역 및 주체 간의 상호작용과 영향 구조

### 1) 시설관리 영역 간의 상호작용

시설관리활동은 전술한 바와 같이 물리적 시설관리활동 중심으로 사무행정적 측면에서 물리적 시설관리 활동을 지원하는 행정적 시설관리 활동과 기술 기능적 측면에서 물리적 시설관리 활동을 지원하는 환경적 시설관리 활동과 안전적 시설관리 활동 등이 유기적으로 상호 작용하고 지원하며, 영향을 주고받는 구조로 형성되어 있다.

### 2) 시설관리 주체 간의 상호작용과 영향구조

시설관리 현장에는 건물 소유주체와 운영주체 및 시설관리주체와 사용주체 등 4종류의 주체가 상존하고 있어 상호작용하고 영향을 주고받으며 유기적으로 작용하고 있다. 시설관리 서비스를 위탁하는 소유주체와 운영을 위탁받는 운영주체 그리고 서비스를 생산하는 시설관리주체와 시설관리 서비스를 소비하는 건물사용주체 간에 다음의 그림과 같이 상호작용하고 영향을 주고받으면서 유기적으로 작동되고 있다. 이를 그림으로 정리하면 [그림 4]와 같다.

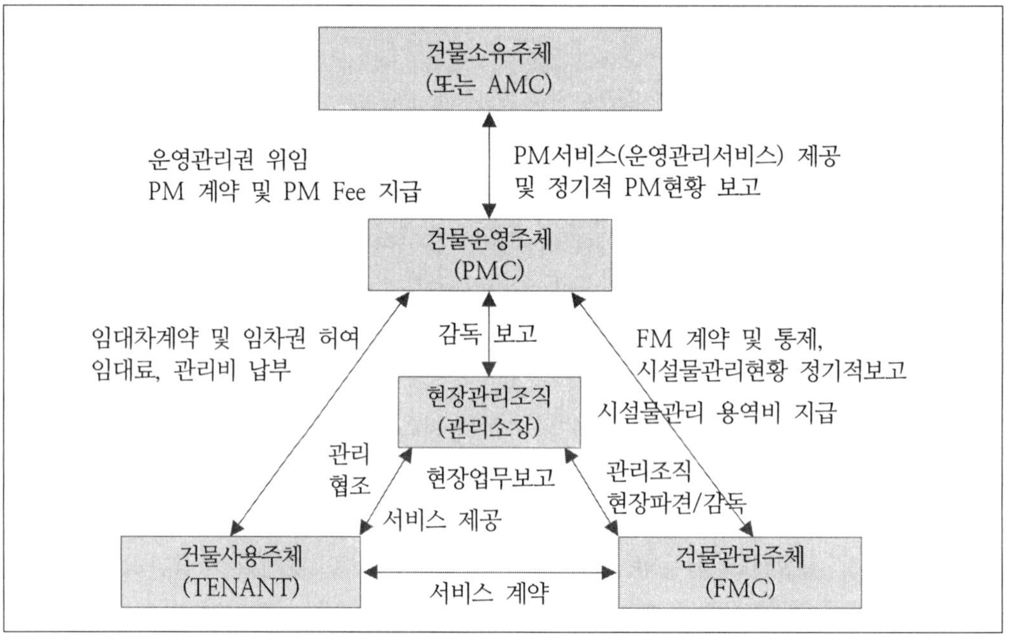


(자료 출처 : 김일효(2011), 건물자산운영관리론, 남두도서, p.31 인용 및 재구성 )

[그림 4] 시설관리 주체 간의 상호작용과 영향개념도

## 3. 시설관리의 목적

시설관리활동을 통하여 달성 하고자는 시설관리의 목표나 방향을 의미하는 시설관리

활동의 목적에는 1차 목적과 2차 목적 및 3차 목적(시설관리 서비스 활동의 궁극적 목적) 등이 있다. 시설관리 목적의 종류와 내용을 소개하면 다음의 〈표 19〉와 같다.

〈표 19〉 빌딩시설관리의 목적

| 목적의 종류 | 목적의 내용 |
|---|---|
| 1차 목적 | • 빌딩사용조건의 최적화<br>• 빌딩사용가치의 유지 및 향상<br>• 빌딩 물리적 상태의 정상적 보존<br>• 빌딩기능과 성능의 장기적 유지 |
| 2차 목적 | • 안전하고 쾌적하며 편리하고 위생적인 공간 조성<br>• 빌딩사용자(입주자) 업무생산성 향상<br>• 빌딩 경제가치 유지 및 제고 |
| 3차 목적 | • 빌딩소유자의 바람직한 소유만족 실현, 빌딩사용자의 바람직한 사용만족 실현, 빌딩이용자의 바람직한 이용만족 실현 지원<br>• 빌딩을 기반으로 이루어지는 인간의 삶과 생활과 일(업무)의 바람직한 영위 실현 |

## 4. 시설관리 분야 6개 영역 관리활동별 생산서비스의 종류

건물시설관리 서비스를 생산하는 건축물 시설관리 활동에는 건물 시설관리활 동에서 가장 중심이 되는 물리적 시설관리 활동(기술적 시설관리 활동)과 사무행정적 측면에서 물리적 시설관리 활동을 지원하는 행정적 시설관리 활동 및 법률적 시설관리 활동 그리고 기술 기능적 측면에서 물리적 시설관리 활동을 지원하는 환경적 시설관리 활동 및 안전적 시설관리 활동 등 6종류의 시설관리 6개 영역별 시설관리 활동의 종류가 있다. 이를 통하여 생산하는 시설관리 서비스 종류는 다음의 〈표 20〉과 같다.

〈표 20〉 시설관리활동의 종류별 생산서비스의 종류

| 시설관리 활동 구분 | 생산 서비스의 종류 |
|---|---|
| 물리적 시설관리 활동 | 물리성 서비스(기술성 서비스) |
| | 1) 냉난방 서비스<br>2) 전열 조명 서비스<br>3) 실내 환경유지 서비스 |

| | |
|---|---|
| | 4) 위생 및 급수공급서비스<br>5) 공용시설 이용 서비스<br>6) 안전관리 서비스<br>7) 환경관리 서비스<br>8) 공사지원 서비스 |
| 행정적 시설관리 활동 | 행정성 서비스 |
| | 1) 고객 민원 접수 및 처리 서비스<br>2) 고객 만족도 관리 서비스<br>3) 입주 및 퇴거 지원 서비스<br>4) 보험계약 서비스 |
| 법률적 시설관리 활동 | 법률성 서비스 |
| | 1) 시설관리 관계법령 이행 서비스<br>2) 입주자 권리 유지 및 보호 서비스<br>3) 시설관리 관련계약관리 서비스 |
| 경제적 시설관리 활동 | 경제성 서비스 |
| | 1) 피해보상 서비스<br>2) 시설관리 현장 실행예산관리 서비스<br>3) 입주자 빌딩관리비 산출과 청구 및 정산 서비스<br>4) 임대료 관리비 수납 및 정산 대행 서비스<br>5) 시설관리 관련 입출금 세무 및  회계 처리 서비스<br>6) 시설관리 관련 수입 및 지출 관리 서비스 |
| 환경적 시설관리 활동 | 환경성 서비스 |
| | 1) 저수조 청소 및 소독 서비스<br>2) 실내 공기 질 측정 서비스<br>3) 소독 및 방역 서비스<br>4) 음 용수 수질 검사 외 보건성 검사 서비스<br>5) 실내 환경유지 서비스(물리성 서비스 성격도 있음)<br>6) 위생 및 급수공급 서비스(물리성 서비스 성격 있음) |
| 안전적 시설관리 활동 | 안전성 서비스 |
| | 1) 시설안전 서비스(Facilities Safety Service)<br>2) 방화, 방재, 방범 서비스<br>3) 주차 및 안내 서비스<br>4) 위험 감시 및 통제 서비스 |

# 제2절 빌딩시설관리의 업무 범위

시설관리 영역의 업무 범위는 건물 유지관리 분야별 시설관리 업무와 영역별 시설관리 업무 및 관계법령 시설관리 업무 및 LCC 측면의 시설관리 업무 범위 등이 있다. 이를 차례대로 기술하면 다음과 같으나 건축물 유지관리자가 특별히 유의해야할 점은 어떤 기준의 시설관리 업무라 할지라고 앞에서 설명한 시설관리 활동의 1차 목적과 2차 목적 및 3차 목적에 포커스(Focus)를 맞추어 시설관리 활동을 수행해야 하고 시설관리 활동 수행은 건물종합관리활동 5대 원칙(안전성 우선의 원칙과 비용 경제성의 원칙, 업무 효율성의 원칙과 서비스 고객만족 적합성의 원칙 및 관리활동 결과 효과성의 원칙)을 준수하여 수행해야 한다는 점이다.

여기서 소개하는 각 기준별 시설관리 업무범위는 건축물유지관리자가 기준에 따라 시설관리 업무가 분류되고 한정될 수 있으며 분류기준에 해당하는 시설관리 업무는 분류기준의 성격에 맞게 관리해야 한다. 분류기준에 의한 시설관리 업무 범위는 다음과 같다.

## 1. 빌딩 시설관리 분야의 전체 업무 범위

빌딩종합관리 분야(시설관리 분야, 환경위생관리 분야, 시설경비관리 분야) 중 시설관리 분야의 전체 업무범위는 일반적으로 다음과 같다. 여기서 소개하는 시설관리 업무는 최초로 시설관리 업체가 신규시설관리 도급계약을 체결하고 시작하는 본사와 시설관리 현장업무를 중심으로 소개하고 있음을 참고하기 바란다.

또한 여기서 소개하는 빌딩시설관리 업무범위는 대형, 고층, 복합, 첨단빌딩을 모델로 도출한 시설관리 업무범위 임을 밝혀 둔다. 시설관리 분야 전체 업무범위는 다음의 〈표 21〉과 같다.

〈표 21〉 신규 시설관리 현장 전체 업무범위

1) 시설관리 현장조사 및 현장파악
2) 시설관리 서비스 도급계약 체결
3) 현장 및 서류 인수
4) 시설관리 운영기준 수립
  (1) 시설관리계획 수립

(2) 건물 사용규칙 제정(주차장 사용규칙 포함)
(3) 현장 실행예산 설계 및 현장 운영비 사용기준 설정
(4) 건물유지관리 유지보수 규정 작성
(5) 건물 관리비 대행 서비스 절차수립(내역 작성 및 관리 청구, 수납, 정산, 환불)
(6) 제세공과금 납부기준
(7) 화재보험, 영업배상 책임 보험 및 4대 보험 관리 기준작성
(8) 시설관리 서비스 품질 매뉴얼 사내표준 개발

5) 현장조직 설계 및 업무분장

6) 자재관리
(1) 유지보수 자재 수급계획수립
(2) 유지보수 자재 발주 및 대금 지불
(3) 유지보수 자재 입고 및 출고
(4) 에너지 구매
(5) 계측기 구입
(6) 공 도구 및 소모성 자재 구입

7) 자료 관리
(1) 건축물 관련 법정서류 및 기록관리
(2) 건축물 도면관리
(3) 시설물관리 및 장비사용 매뉴얼 관리
(4) 건축물 관련 인허가 서류관리

8) 계약관리
(1) 하도계약 및 사후관리
(2) 건축물 관련 외주계약 및 사후관리
(3) 하자관리
(4) 대금지불
(5) 기반시설 외주계약

9) 일반관리
(1) 구내 표시판관리
(2) 시설물 대장관리
(3) 각종 현수막관리
(4) 고객 불편사항 접수 및 처리
(5) 운영비품 구입 및 관리
(6) 미술품 및 조형물관리
(7) 공용시설관리

(8) 인허가 관리
(9) 기타 부대시설관리(광고간판/광고탑/옥상 설치 통신시설/헬기장 등)

10) 하도급관리
(1) 시설경비
(2) 환경미화
(3) 조경
(4) 방역 소독
(5) 쓰레기 및 폐기물 배출
(6) 실내 공기 질 측정
(7) 보일러 세관 등
(8) 시설 및 설비 유지보수

11) 대관 및 법정 업무
(1) 법정검사 신청 및 이행
(2) 법정자격 선임 및 해임 신고
(3) 관공서 지적사항 및 안내사항 조치
(4) 대관업무 처리 및 보고

12) 에너지(전기/가스/유류/수돗물) 관리
(1) 사용량 확인
(2) 에너지 요금 산출 및 정산
(3) 에너지 사용요금 청구 및 정산
(4) 에너지 사용분석 및 절감방안 연구

13) 시공관리(공사작업 관리)
(1) 연간 공사계획 수립
(2) 공사감독 및 공사안전 관리
(3) 공사협력업체 관리
(4) 공사하자관리

14) 전기 설비관리
(1) 수 변전 및 배전설비 관리
(2) 비상 전원(발전기/UPS) 설비관리
(3) 전기시설물 정기점검 및 보수(조명 및 전열 보수/법정사항, 전열사항 측정 등)

15) 기계설비 관리
(1) 냉난방 공조시설 관리
(2) 공조 냉난방 관리
(3) 급배수 시수 관리

(4) 위생, 오수 정화 설비 관리
(5) 경유, 가스 등 위험물 관리
16) 건축 영선
(1) 창호, 출입문 보수
(2) 도장작업
(3) 미장, 조정작업 및 목공작업
(4) 바닥, 벽체 및 천정 등 보수
17) 방재설비관리
(1) 소화설비 관리
(2) 자동화재 탐지설비관리
(3) 방재설비 및 방화관리
(4) 피난기구 관리
(5) 소방 및 재해예방 훈련
18) 통신설비 관리
(1) 교환설비 관리
(2) 전화기 관리
19) 방송설비 관리
(1) 구내 방송설비운영 및 관리
(2) CATV 및 비상방송설비 관리
20) 피뢰 설비 관리
(1) 점검 및 비상상황 조치
(2) 정기점검 및 예방자체 점검
21) 예방 보수
(1) 고장신고 접수 및 조치
(2) 전기점검 및 예방조치 등

## 2. 시설관리 분야 영역별 업무범위

시설관리 분야 영역별 업무범위는 건축물에 존재하는 복합개념과 이로 인하여 나타나는 복합성의 특성으로 인하여 분류되는 시설관리 분야의 6개 영역별로 존재하는 시설관리 업무 범주를 말한다. 다만, 유의해야할 점은 영역별 시설관리 업무는 주요 시설관리의 물리적 시설관리(기술적 시설관리) 업무 위주로 범주를 한정하고 있다는 점과 분야별 전체 시설관리 업무에서 축소 또는 누락되어 있음을 유의해 주기 바란다. 시설관리 분야 영역별 시설관리 주요 업무 범위를 소개하면 다음의 〈표 22〉와 같다.

〈표 22〉 시설관리 분야 영역별 주요 업무 범위

| |
|---|
| 1) 행정적 시설관리 영역의 업무<br>(1) 현장조사 및 파악<br>(2) 현장 및 서류인수<br>(3) 현장운영 기준수립<br>(4) 현장조직 설계 및 업무분장<br>(5) 현장인력 관리(선발/교육/현장배치/인사노무관리/교육 및 훈련)<br>(6) 협력사 관리<br>(7) 구매관리<br>(8) 자재관리<br>(10) 문서관리(전산시스템 정보관리 포함)<br>(11) 고객 만족도관리<br>(12) 고객 불편사항 접수 및 처리<br>(13) 시설관리 서비스 품질 매뉴얼 사내표준 개발 등 |
| 2) 경제적 시설관리 영역의 업무<br>(1) 시설관리 현장 실행예산 수립 및 관리<br>(2) 빌딩관리비 대행 서비스(관리비 산출/고지 청구/수납/환불/정산/보고)<br>(3) 시설관리 관련 수입지출 및 세무회계 관리<br>(4) 건축물 유지보수 관련 비용청구 및 정산<br>(5) 현장 운영비 관리<br>(6) 세금 및 부담금 청구 및 납부<br>(7) 에너지 사용료 청구 및 납부 등 |
| 3) 법률적 시설관리 영역의 업무<br>(1) 시설관리 서비스 도급계약 체결 및 사후관리<br>(2) 시설관리 관련 법적 사건 사고 대응<br>(2) 법적 하자 처리<br>(3) 건물유지관리 관련 외주 계약체결 및 사후관리<br>(4) 시설관리 법령 검토 및 이행사항 처리<br>(5) 유관기관 관련 법정 업무 접수 및 처리<br>(6) 대관업무 실적 보고 등 |
| 4) 물리적(기술적) 시설관리 영역의 업무<br>(1) 연간 공사 및 점검계획 수립<br>(2) 건축 설비 및 시설 유지보수<br>(3) 공사 협력업체 관리 |

(4) 공사 안전관리
(5) 공사 하자관리
(6) 건축시설 점검 및 영선관리
- 창호, 출입문 보수
- 바닥, 천정, 벽체 등 보수
- 도장 작업
(7) 전기 설비 관리
- 수 변전 및 배전설비 관리
- 비상전원(발전기/UPS)설비관리
- 전기시설물 정기 점검 및 보수
- 조명 및 전열 보수
- 절연저항 측정 및 법정 검사 이행
- 조명설비 관리
(8) 기계설비 관리
- 냉난방 공조시설 운용 및 정비
- 공조 냉난방 관리
- 급배수 및 시수 관리
- 위생, 오수 정화설비 관리
- 위험시설물 관리
(9) 방재설비 관리
- 소화설비 관리
- 자동 화재탐지 설비관리
- 방재설비 및 방화관리
- 피난기구 관리
- 소방 및 재해예방 훈련
(10) 통신설비 관리
- 교환설비 관리
- 전화기 관리
(11) 방송설비 관리
- 구내방송설비 관리
- CATV 및 비상방송설비 관리
(12) 승강설비 관리
- 일반 점검 및 비상조치
- 유지보수 업체 관리
(13) 예방정비 및 보수
- 고장 신고접수 및 조치

- 정기점검 및 예방정비 등

5) 환경적 시설관리 영역의 업무
(1) 건축 환경(열 환경, 음 화경, 수 환경)관리
(2) 실내 환경 및 위생관리
(3) 보일러 세관 및 보고
(4) 쿨링타워 청소 및 위생검사
(5) 저수조 정기 청소
(6) 실내 공기 질 측정 및 보고
(7) 정화조 청소 및 보고
(8) 먹는 물 수질검사 등

6) 안전적 시설관리 영역의 업무
(1) 시설물 안전관리
(2) 위험물 안전관리
(3) 방범, 방화, 방재 관리
(4) 사건사고 위험 발생 예방
(5) 시설위험 분석 및 통제 등

## 3. 빌딩종합관리 관계 법령상의 시설관리 업무

건물종합관리 관계법령에서는 법과 제도에 따라 관리 하도록 명시하고 있다. 따라서 관리자는 건물종합관리 관계법령에 대하여 숙지하고 이행해야 한다. 건물종합관리 관계법령상 이행해야 하는 주요 시설관리 업무는 다음의 〈표 23〉과 같다.

〈표 23〉 건물종합관리 관계법령상의 시설관리 업무

| 관리 관계법령 | 시설관리 업무 |
|---|---|
| 건축법 및 지방자치단체 건축조례 | • 건물유지관리 기준(법 제35조/시행령 및 시행규칙 제23조)<br>• 용도변경의 적합성과 증축 및 개축 등 |
| 시설물의 안전관리에 관한 특별법 | • 건축물 진단 및 정밀 안전진단 |
| 주차장법 | • 주차시설 유지관리 |

| | |
|---|---|
| 승강기안전관리법 | • 자체 검사 및 유지관리<br>• 법정 검사 |
| 소방시설의 설치 유지 및 안전관리에 관한 법률 | • 소방계획서 작성 및 보고<br>• 유류탱크, 위험물 안전점검<br>• 소방시설 점검 |
| 소방법 | • 소방설치 사전 검사<br>• 소방시설 정기 점검 |
| 공중위생관리법 | • 건물위생관리업체 대표 청소 현장 인수전 위생교육<br>• 청소현장 발생 신고 |
| 폐기물관리법 | • 정화조, 하수도 시설 등의 적합성<br>• 생활폐기물/산업폐기물 처리 |
| 전기사업법 | • 수변전시설 안전검사<br>• 절연저항측정 및 전력부하관리 |
| 도시가스사업법 | • 도시가스시설, 보일러, 정압시설 검사 |
| 고압가스안전관리법 | • 가스시설 검사 |
| 에너지 이용합리화법 | • 보일러, 열교환기, 실내온도, 검사 |
| 환경보전법 | • 소음, 진동, 분진 관리<br>• 환경민원 관리 |
| 다중이용시설의 공기질관리법 | • 온도/습도, 조도, 청정도(미세먼지)/Co/Co2/No2/So2/ 석면/소음/부유세균/포름<br>• 알데히드/VOC)검사 |
| 통신사업법 | • 구내사설교환시설 및 정보통신 시설 유지관리 |
| 도시정비사업법 | • 네온샤인/광고/간판/팻말/샤인보드/광고탑관리 |
| 상·하수도법 및 지방자치단체 조례 | • 상하수도 시설 유지관리/시수요금 정산<br>• 지하수 개발 및 사용허가 |
| 도시계획법 | • 도로확장/연결 도로/육교 허가 유지관리 |
| 도로법 | • 도로점용/도로개설 및 폐쇄/지하도/도로 관리 |
| 건축물관리법 | • 건축물생애이력 정보체계 구축<br>• 건축물 점검<br>• 건축물 해체 허가 |
| 기계설비법 | • 기계설비 유지관리자 선임<br>• 기계설비유지관리자 교육 이수 |

## 4. 건축물 LCC 측면의 시설관리 업무

시설관리 업무 범주를 건축물 총 생애단계 중 유지관리 단계에서 건축물 완공 당시 초기 건축물의 기능과 성능이 시간의 경과에 따라 점차 낮아지는 현상을 방지하기 위하여 점검하고 보수하며, 진단하고 교체, 개량 및 보강하는 물리적 활동을 BLCC (Building Life Cycle Cost) 측면의 시설관리 업무라 한다. 건축물의 기능과 성능 및 물리적 수명은 시간의 경과나 사용상의 잘못에 의하여 기능과 성능이 떨어지고 수명이 단축된다. 따라서 일정한 수준의 유지관리 행위가 지속적으로 접목되어야만 준공 당시의 기능과 성능을 장기적으로 유지할 수 있으며 물리적 수명 역시 일정 부분 연장할 수 있다. 본래 LCC(Life Cycle Cost) 개념은 미국의 국립 표준연구소(NIST)가 초기 투자비용과 운영비용의 합이 가장 적은 시점을 분석하여 경제성을 높이고자 개발한 경제성 분석도구 개념이다. BLCC측면의 시설관리 업무는 다음과 같다.

1) 시설물의 점검 및 보수
2) 시설물의 진단/교체/개량/보강/대수선

# 제3절 행정적 시설관리활동

## 1. 행정적 시설관리 개념의 의의

행정적 시설관리라 함은 시설관리 업 중 사무적 성격의 문서를 매개로 이루어지는 시설관리 업무로서 사무적 성격을 가지고 있는 시설관리 업무를 말한다. 건물에는 단순히 물건의 성격인 물리적 개념만 존재하는 것이 아니라 건물 위에 존재하는 복합개념으로 인하여 물리적 성격 외에 행정적 성격과 경제적 성격, 법률적 성격, 환경적 성격 그리고 안전적 성격 등 6종류의 건물 성격이 존재하고 있다. 이로 인하여 6개 영역의 시설관리 업무가 존재하고 있다. 따라서 6개 영역의 시설관리 업무 모두를 이행할 때 비로소 시설관리 업무 수행이 완료된다. 다만 6개 영역의 시설관리 업무 영역 중 물리적 시설관리 영역의 업무가 시설관리 분야의 핵심 업무의 영역이라 할 수 있다.

행정적 성격의 시설관리영역과 경제적 성격의 시설관리 영역 및 법률적 성격의 시설관리 영역은 사무 행정적 측면에서 물리적 성격의 시설관리 영역을 지원하고 있으며, 환경적 성격의 시설관리 영역과 안전적 성격의 시설관리 영역은 기술 기능적 측면에서 물리적 시설관리 영역을 지원하고 있음을 참고하기 바란다.

## 2. 행정적 시설관리 업무의 범위

시설관리 분야 6개 영역의 시설관리 업무에는 전술한 바와 같이 행정적 시설관리 업무, 경제적 시설관리 업무, 법률적 시설관리 업무, 물리적 시설관리 업무, 환경적 시설관리 업무 그리고 안전적 시설관리 업무 등 6종류의 시설관리 업무 등이 있으며, 행정적 시설관리 업무의 범위는 다음의 〈표 24〉와 같다.

〈표 24〉 행정적 시설관리 업무의 범위

| |
|---|
| (1) 시설관리 현장 현황조사 및 파악(현장실사) |
| (2) 현장 및 서류 인수 |
| (3) 현장 운영관리 기준의 수립 |
| ① FM 운영계획(시설관리 계획) 수립 |
| (1) 시설관리 현장 현황 조사 및 파악 |
| (2) 현장 및 서류 인수 |
| (3) 현장 운영관리 기준의 수립 |
| ① FM 운영계획(시설관리 계획) 수립 |
| ② 건물운영관리 규칙제정 |
| ③ 건물관리비 대행서비스 수행절차 수립 |
| ④ 시설관리 서비스 매뉴얼 사내표준 개발 |
| (4) 시설관리 현장조직 설계 및 업무 분장 |
| (5) 현장 인력관리 |
| (6) 현장 문서 관리 |
| (7) 현장 용품 및 용역 구매관리 |
| (8) 현장 고객 불편사항 접수 및 처리 |
| (9) 현장 고객 만족도 관리 |
| (10) 현장 종사자 교육훈련 |
| (11) 현장 자재관리 |
| (12) 입주 및 퇴거 지원 등 |

## 3. 시설관리 현장 현황조사 및 파악

### 1) 현장 현황조사의 개념

시설관리 현장파악을 위하여 다음과 같은 조사방법에 따라 조사하고 시설관리 현장을 파악하여 시설관리 서비스 도급계약 체결과 현장인수 및 향후 현장 관리운영기준 수립 등에 활용해야 한다. 현장조사 및 현장파악 방법은 다음과 같다.

### 2) 현장 현황조사 및 파악절차

(1) 현장 조사계획 및 조사일정을 협의 확정 : 건축주와 현장 입찰, 도급계약, 인수, 운영관리 기준 수립 등의 자료로 활용하기 위하여 실시해야하는 현장 조사계획과 조사 일정을 협의하고 확정한다.

① 현장 조사계획을 수립한다.

② 현장 조사일정을 협의하고 확정한다.

③ 현장 조사일정을 표로 2부 작성하고 1부는 소지하고 다른 1부는 건축물 소유주에게 전달한다.

(2) 건축물 실사 팀을 조직하고 체크리스트(Check list)를 작성하여 현장조사에 활용 : 시설관리 서비스 도급계약을 체결하기 위해서는 계약의 목적물인 건축물의 현황을 파악해야 한다. 이를 위해서는 건축물 조사 팀을 구성하되 영업팀 종사자 1인과 기술지원팀 기술 인력 1인으로 2인 1조로 조직하고 조사 체크리스트를 작성하여 이를 토대로 계약 당사자인 발주처 직원과 함께 현장을 확인하고 파악한다. 현장 파악을 위한 조사방법은 다음과 같으며, 현장조사 체크리스트는 다음의 〈표 25〉와 같이 작성하고 유지한다.

① 현장조사 팀을 조직한다.

② 현장조사 체크 목록을 작성한다.

③ 작성한 체크목록을 가지고 현장조사 활동을 수행한다.

④ 조사한 결과자료를 기록 유지한다.

〈표 25〉 건축물 조사 체크목록

| 건축도면 및 물리적 현황 |
|---|
| 등기공부 및 권리 현황 |
| 지적 공부 및 행정적/법적 제한사항 |
| 입주자 건물관리 서비스 계약/건물사용 규칙 및 관리비 현황 |
| 입주사 현황 |
| 협력사 현황 |
| 직전 시설관리업체 인력보유 현황 |
| 물리적/행정적 하자 유무 |
| 공구/장비/원료/자재/부품 등 재고현황 |
| 기타 건축물 파악에 필요한 사항 |
| 20 . . <br>확인자 인<br>입회자 인 |

(3) 건축도면을 입수하고 시설관리현장 건축물의 물리적 현황을 조사하고 파악 : 건축물의 시설관리는 건축물 파악을 통한 시설관리 서비스 도급계약을 체결하고 현장을 인수함으로서 전체 현장 파악이 모두 이루어 질 수 있으나 시설관리 도급계약 체결을 위하여 도급계약 체결 전에 건축물에 대한 물리적 시설과 설비에 대한 파악은 필수적이다. 다음에 열거하고 있는 시설관리 파악사항 중 시설관리 계약 전과 후 및 시설관리 현장 인수시 또는 후에 이루어지는 파악사항을 나누어 파악해야 한다. 시설관리 현장파악은 서면과 실물 중심으로 파악하되, 오관검사를 포함하여 필요한 경우 검사장비를 활용하여 확인하고 파악해야 한다. 또한 현장파악은 기술직 종사자와 함께 수행해야 한다. 건축물의 층별 면적과 공용면적 전용면적, 연면적과 건폐율 및 용적 등 관리대상 건축물의 물리적 현황을 확인하고 건축물의 일반 개요서를 다음과 같이 작성하고 유지한다. 건축도면을 통한 현장조사 방법은 다음과 같다.

① 건축 준공도면을 확보한다.

② 건축설비도면을 확보한다.

③ 도면을 검토하고 건축물의 물리적 현황을 확인하고 파악한다.

④ 파악한 결과를 토대로 건축물의 일반 개요를 다음과 같이 작성하고 기록을 유지한다.

〈표 26〉 관리대상 건축물의 일반 개요

| 건물명 / 소유자 명 / 연락처 |
|---|
| 소재지 |
| 대지 면적 / 용도 / 지역 /지구 /구역 |
| 건축면적 / 연면적 / 건폐율 /용적률 /조경면적 |
| 건물 준공일 /착공일 /건축허가일 |
| 시공회사 / 감리회사 /설계사 |
| 주용도 / 보조용도 |
| 주차대수 대 옥내 대 옥외 대 |
| 건물 높이 지하 층 지상 층 ( 미터) |
| 구조 |
| 지붕 재료 |
| 외부마감 |
| 주요 사용자재 현황 |
| 주요 건축설비 현황 |
| 현장 특기 사항 |

(4) 건축설비 리스트와 사용설명서 등을 확보하고 설비와 장비의 기능과 성능 및 하자 유무를 확인하고 파악 : 건축설비 도면과 리스트를 입수하고 관련 기술직 종사자와 함께 장비별/설비별로 일일이(One by One) 점검하고 파악한다. 육안검사방법과 계측기를 사용하는 계측기 검사방법으로 검사하고, 필요한 경우 커미셔닝을 실시하고 인수 후에는 A.T.B(Adjustment/Test/Balancing)를 실시하여 설비의 이상 유무를 점검하고 파악한다. 만일 점검과정에서 문제점이 발견되는 경우에는 점검결과 펀치리스트(Punch List)를 다음과 같이 작성하고, 이에 따라 문제를 해결 받는다. 건축설비 리스트를 통한 현장 조사 및 파악방법은 다음과 같다.

① 건축설비 리스트와 사용설명서 등을 입수하고 검토한다.
② 건축설비의 장비의 기능과 성능을 확인한다.
③ 작동방법과 주의 사항 및 사용법을 확인하고 파악한다.
④ 필요한 경우 커미셔닝과 A.T.B를 실시한다.
⑤ 확인결과 하자가 발견되는 경우에는 Punch List를 작성하고 문제를 해결한다.
⑥ Punch list는 다음과 같이 작성하고 조사결과를 기록 유지한다.

〈표 27〉 ○○ 건축설비 및 장비하자 Punch List

| 설비 및 장비 명 | 하자 및 문제점 | 개선 대책 |
|---|---|---|
| | | |
| | | |
| | | |
| | | |
| | | |
| 작성일 : 20 . . .<br>작성자 인<br><br>○○ 건축물 소유자 귀하 | | |

(5) 건축물의 지적공부와 등기공부를 확보하고 권리 또는 건물과 토지에 대하여 하자 유무 파악 : 지적공부와 등기공부를 확보하고 확인하는 목적은 건축물의 현황과 토지 이용의 제도적/법적 제한 등 공적 토지관리 상태를 점검하고 소유자와 소유권의 제한물권 등 권리 상의 하자나 문제점을 확인하여 파악하기 위함이다. 지적공부(행정공부)에는 국토의 이용 및 계획 확인원, 도시계획 확인원, 지적도 등이 있으며, 등기공부에는 토지 등기부와 건물등기부 등이 있다. 열람은 인터넷으로도 가능하며 점검자가 직접 열람하는 것이 현명하다. 왜냐하면 등기공부와 지적 공부의 위조 및 변조 등을 방지하기 위함이다. 건축물 지적공부와 등기 공부를 통한 현장 조사 및 파악 방법은 다음과 같다.

① 토지등기부와 건물등기부를 확보하고 토지와 건물관련 권리정보를 확인한다.

② 도시계획확인원 또는 국토이용계획 확인원, 지적도 등을 확보하고 토지정보를 확인한다.

③ 권리와 건물 및 토지에 관련 하자 유무를 파악한다.

④ 확인하고 파악한 자료를 기록 유지한다.

(6) 건물입주자현황정보를 확보하고 입주자현황 및 관리비 수납상태 파악 : 수익성 건

축물에는 임차인이 반드시 존재함으로 임대차 계약 체결과 함께 건물사용계약 또는 건물사용 규약(주차장 사용계약 포함)등이 임대인과 임차인 사이에 존재하고 있다. 건축물 실사 팀은 이와 같은 임대차 계약 현황과 건물사용계약서 등을 확보하고 이를 통하여 입주자 현황과 관리비 상태를 점검해야 한다. 특히 입주자의 연체 현황과 불량 입주자 현황을 파악하고 향후 예상되는 불량 입주자의 문제점에 대하여 사전에 대응전략을 마련 해 두어야 한다. 입주자 현황은 〈표 28〉과 같이 작성하고 매달 업데이트하여 유지한다. 건축물 입주자 현황 정보를 통한 현장조사 및 파악방법은 다음과 같다.

① 입주자 리스트(Tenant List) 확보한다.
② 입주자 현황을 파악한다.
③ 관리비 납부 및 수납 상태를 파악한다.
④ 입주자 현황 표를 작성하고 유지한다.

〈표 28〉 ○○빌딩 입주자현황

(20 년 월 일 현재)

| 입주자명 | 층/<br>임대면적 | 대표자/<br>담당자 | 연락처 | 입주일 | 퇴거일 | 보증금/관리비 | 연체현황 |
|---|---|---|---|---|---|---|---|
| | | | | | | | |
| | | | | | | | |
| | | | | | | | |
| | | | | | | | |
| | | | | | | | |
| | | | | | | | |
| 작성일 20 . .<br>작성자 인 | | | | | | | |

(7) 관리방식 및 보고체계 파악 : 시설관리 도급계약을 체결하기 전에 종전의 시설관리 업자가 발주처 동의하에 사용하던 시설관리 방식과 관행 및 문화를 파악하고 이를 유지해야 하며, 발주처의 보고체계가 일일보고, 주간보고, 월간보고, 그리고 연간보고를 모두 해야 하는지와 보고서 양식과 내용 모두 파악해 두는 것이 향후 시설관리

현장운영에 유리하다. 관리방식과 보고체계 파악방법은 다음과 같다.

① 시설관리 과업지시서를 확보한다.
② 확보한 시설관리 과업지시서를 검토한다.
③ 검토한 자료를 통하여 관리방식 및 보고체계를 파악한다.
④ 파악한 정보와 자료를 기록하고 유지한다.

(8) 건물관리 관련 보험의 가입현황 파악 : 시설관리 현장 운영은 매우 위험한 위험물이 존재하고 있는 현장으로서 시설관리 과정에서 화재사고나 폭발사고 또는 작업안전사고가 발생할 개연성이 항상 존재하고 있다. 그러므로 시설관리 현장의 보험가입 현황을 확인하고 사전에 위험 통제와 위험 회피 방법으로 안전관리를 하여야하나 만일의 사고로 발생하는 인적 피해와 물적 피해보상을 위하여 화재보험에 가입하고 이를 사후관리 해야 한다. (그러나 실제는 건축물 소유자가 소유 건축물에 대하여 화재보험에 가입하고 있다. 따라서 시설관리 업체는 피보험자 명단에 기입하도록 사전에 건축물 소유자로부터 협조를 구하는 것이 상책이다.) 또한 시설관리 업체는 시설관리 현장인수 즉시 건축물의 소유자와 관리자 영업배상 책임보험과 주차장 영업배상책임보험 및 가스영업 배상책임보험 등에 반드시 가입하고, 근로자를 위한 4대 보험의 의무적 가입과 사후관리는 필수적이다. 보험가입 현황파악 방법은 다음과 같다.

① 가입 보험증서 사본을 확보한다.
② 확보한 보험증서 사본을 분석한다.
③ 검토한 자료를 통하여 가입 보험의 종류와 부보 내용과 범위를 파악한다.
④ 가입 보험에 문제가 있는 경우, 현장인수 후에 지체없이 보완한다.
⑤ 파악한 정보와 자료는 기록하고 유지한다.

(9) 협력기관과 관계기관(유관기관)의 현황 및 관련 업무 파악 : 시설관리 현장 인수와 함께 협력기관의 현황과 관계기관의 현황을 모두 파악하고 협력 기관과 관계기관과의 진행 업무도 파악해야 한다. 왜냐하면 시설관리 현장에는 협의의 시설관리현장 조직(관리소장 + 감독자 + 근무자)으로만 운영되지 아니하고 광의의 시설관리현장 조직(관리소장 + 시설관리 관계자(한국전력공사/한국도시가스공사/수도사업소/시 · 군 · 구/소방서/보건소 등 공적 서비스 공급기관)와 협력자(자재 납품업자 + 인력공급 업자 + 검사 대행사 + 정밀 안전 진단 기관 + 보험사 + 보수 정비 및 수선과 유지관리 업체 등 사적 서비스 공급업체) + 감독자 + 근로자 등으로 공식 또는 비공식으로 조직화된 넓은 의미의 시설관리 현장 조직에 의하여 현장이 운영되고 있기 때문이다. 협력기관과 관계기관(유관기관)의 현황 파악방법은 다음과 같다.

① 비상연락망을 확보한다.
② 유관기관의 관계 업무를 파악한다.
③ 유지관리 보수협력업체 명단을 확보한다.

④ 협력기관의 협력 업무를 파악한다.

⑤ 관계기관(유관기관)과 협력업체의 정보를 확보하고 기록 · 유지한다.

(10) 종사자 현황과 인사노무 관계서류를 확보하고 종전의 인사노무 현황 파악 : 시설관리 서비스 도급계약을 체결하고 현장 인수전에 종전 시설관리 업체의 종사자들에 대하여 파악하고 종업원 승계인수에 대비해야 한다. 왜냐하면 전 현장 종사자 모두를 특별한 이유가 없는 한 전원을 포괄하여 승계하기 때문이다. 따라서 신규 시설관리 업체는 종전 시설관리 업체의 종사자 현황과 인사노무관계 서류를 확보하고 종전의 시설관리업체 종사자에 대한 인사노무 현황을 파악해야 한다. 종전 인력의 인사노무현황 파악방법은 다음과 같다.

① 인력 고용승계서를 확보한다.

② 인력 고용승계서를 검토한다.

③ 종사자 현황과 인사 노무현황을 파악한다.

④ 파악한 인력 인사노무 정보를 취합하여 기록 · 유지한다.

(11) 재고 스페어파트(부품)와 자재 및 원료 등 재고현황 점검 및 파악 : 현장 인수시를 대비하여 종전 시설관리 업체 또는 발주처나 건축물 소유주체가 보관하고 있는 재고 자재나 공 도구, 원료 부품 등을 파악하고 확인자가 재고자재 목록 표를 작성하고 확인 서명한다.

① 재고자제 리스트를 작성한다.

② 재고 현황을 공동으로 확인한다.

③ 재고 인수인계서를 작성하고 서명 날인한다.

(12) 시설관리업무 관련 기록일체를 확보하고 시설관리 문제점 파악 : 현장파악을 위해서는 종전의 시설관리 업체와 그 종사자들이 작성하고 유지하고 있는 업무 일지와 검사 대장 및 점검대장 등을 입수하고 파악한다.

(13) 비상연락망 파악 : 시설관리 현장에 비상상황이 발생하는 경우에 이를 조기에 수습하고 원상복구하기 위하여 비상연락망을 구축하고 운영하고 있다. 비상연락망에는 내부 비상연락망과 외부 비상연락망이 있으며, 이를 확보하고 검토하여 파악한다.

① 내부 비상연락망을 표로 작성한다.

② 외부 비상연락망을 표로 작성한다.

③ 전체 비상연락망을 표로 작성하고 해당 장소에 비치하고 비상상황 발생시 이를 적극적으로 활용하여 비상상황에 대응한다.

(14) 에너지 장기 수급계약 내용 파악 : 건축물유지관리를 위해서는 전기, 가스, 수돗물, 유류 등 에너지가 필요하다. 따라서 시설관리 주체는 에너지 공급처와 에너지 장기 수급계약을 체결하고 에너지를 공급받고 있다. 이와 관련한 에너지 수급계약서를 확보하고 에너지 수급의 비용 상의 문제가 있는지와  수급 방법의 잘못은 없는지 등에

대하여 파악한다.

① 전기의 장기 공급계약서를 확보하고 계약내용을 파악한다.

② 도시가스 공급계약서를 확보하고 계약내용을 확인한다.

③ 수돗물 공급계약서를 확보하고 계약내용을 확인한다.

④ 유류 등 거래 내역서를 확보하고 거래내용을 확인한다.

⑤ 파악한 내용과 정보 및 자료를 '에너지관리 대장'에 기록하고 유지한다.

(15) 현장에서 사용 중인 각종 매뉴얼과 규정, 지침서 등의 확보 및 파악 : 현장에서 보유하고 사용하고 있는 각종 매뉴얼과 규정 및 지침서 등을 확보하고 유지관리 기준과 절차 등을 파악한다. 파악방법은 다음과 같다.

① 시설관리 서비스 품질 매뉴얼과 절차서(규정) 및 지침서 목록을 작성한다.

② 매뉴얼 종류별 주요 내용을 기록한다.

③ 현장 업무수행에 유효성 정도를 확인한다.

④ 문제점이 있는 매뉴얼은 수정 보완한다(개정 또는 폐기한다).

## 4. 시설관리 현장의 인수

### 1) 현장인수의 개념

시설관리 현장 인수란 시설관리 서비스 업무를 수탁받아 서비스를 대행하는 경우에 서비스를 생산 · 제공하기 위하여 건축물과 시설물 각종 서류와 도서 및 정보 등을 발주처나 건축물 소유주 또는 전 관리주체로부터 넘겨받는 것을 말한다. 시설관리 서비스 도급계약 체결이 이루어지고 나면 정한 일시까지 현장을 인수해야 한다. 현장 인수시 사전에 파악한 현장점검과 확인 및 파악정보가 매우 유용하게 활용되며 향후 시설관리 운영계획 수립에 요긴하게 사용된다. 시설관리 현장인수는 인계자와 인수자가 2인 1조가 되어 계약의 상대방인 건축주로부터 인수한다. 시설관리 인수는 서류 인수와 건축물 및 설비 인수로 나누어 다음과 같은 방법으로 인수한다.

### 2) 현장인수 절차

(1) 인수방법 및 절차를 협의한다.

① 인수인계 범위와 업무에 대하여 인계자와 인수자가 협의한다.

② 인수인계 일정계획을 수립한다.

③ 인수인계 체크리스트를 작성한다.

④ 인수인계 체크리스트에 의거하여 인수인계 업무를 인계자와 인수자가 공동으로 수행한다.

⑤ 인수인계서를 작성하고 인수인계 종료시 인수인계자가 서명하고 1부씩 보관한다.

⑥ 현장 사무실과 사무기기, 집기 비품 및 통신시설 등을 인수한다.

(2) 시설관리 관련 서류를 인수한다.

① 다음 양식에 의거 전기 인허가 서류를 인수한다.

| 서류 명 | 주무관청 | 수량 | 인계자 | 인수자 |
|---|---|---|---|---|
| 전기 공작물사용 개시 신고필증 | 안전공사 | | | |
| 전력수급계약서 | 한국전력 | | | |
| 전력공급동의서 | 한국전력 | | | |
| 자가용 전기공작물 공사계획 | 각 구청 | | | |
| 공청 TV설치 시공확인서 | | | | |
| 승강기 설치확인서 | 승강기관리원 | | | |
| 구내 교환설비 준공검사확인서 | 통신사업자 | | | |
| 절연 및 절연저항 측정기록표 | | | | |
| 방화관리자(소방안전기사) 선임필증 | 소방서 | | | |
| 하론 충전검사확인서 | 소방업체 | | | |
| 전기안전관리자 선임필증 | 각 구청 | | | |

② 다음 양식에 의거 기계설비 인허가 서류를 인수한다.

| 서류 명 | 주무관청 | 수량 | 인계자 | 인수자 |
|---|---|---|---|---|
| 검사대상 기기 검사증 | 에너지공단 | | | |
| 검사대상 기기 조정자 선임 필 증 | 에너지공단 | | | |
| 배출시설 설치 허가증(수질 및 대기) | 각 구청 | | | |
| 상수도 통수확인서 | 수도사업소 | | | |
| 도시가스 안전검사 필증 | 가스안전공사 | | | |
| 위험물 제조소 설치허가증 | 소방서 | | | |
| 압력용기 구조 용접검사증 | 에너지관리공단 | | | |
| 고압가스저장소 허가증 | 각 구청 | | | |
| 고압가스 안전검사필증 | 각 구청 | | | |
| 액화석유가스 사용신고필증 | 각 구청 | | | |
| 가스사고배상 책임보험증권 | 각 구청 | | | |
| 정화조 설치허가 | 각 구청 | | | |
| 소방시설 검사필증 | 소방서 | | | |
| 위험물 취급자 신고필증 | 각 구청 | | | |
| 소방시설완공 검사필증 | 소방서 | | | |
| 위험물취급자 신고필증 | 각 구청 | | | |

| 고압가스 취급자 신고필증 | 각 구청 | | | |
|---|---|---|---|---|
| 공중위생시설 신고필증 | 각 구청 | | | |
| 일반폐기물 다량 배출자 신고서 | 각 구청 | | | |
| 위탁업체 지정서 | 각 구청 | | | |

③ 다음 양식에 의거 건축 인허가 서류를 인수한다.

| 서류 명 | 주무관청 | 수량 | 인계자 | 인수자 |
|---|---|---|---|---|
| 주차장설치 신고필증 | 각 구청 | | | |
| 교통영향평가 승인서 | 각 시도 | | | |
| 진입도로 점용도로 허가증 | 각 구청 | | | |
| 예술조형물 관리대장 | 각 구청 | | | |
| 하수도 준공 필증 | 각 구청 | | | |
| 정화조 준공신고서 및 관리카드 | 각 구청 | | | |
| 방염시험 성적서 | 방염협회 | | | |
| 한국산업표준 표시 허가증 | 중소기업청 | | | |
| 건축물 임시사용 승인서 | 각 시도 | | | |
| 준공검사 필증 | 각 구청 | | | |
| 준공신고서 | 각 구청 | | | |
| 소방시설 완공검사 필증 | 소방서 | | | |
| 건축허가서 | 시, 군, 구 | | | |

④ 다음 양식에 의거 기기시험 성적서 서류를 인수한다.

| 서류 명 | 주무관청 | 수량 | 인계자 | 인수자 |
|---|---|---|---|---|
| 주차단기 시험성적서 | 한국전기공업 | | | |
| MOF 시험성적서 | 한국전력공사 | | | |
| 케이블헤드 시험성적서 | 한국전력공업 | | | |
| C.T 시험성적서 | 한국전기연구 | | | |
| L.A 시험성적서 | 한국전기공업 | | | |
| A.T.S 시험성적서 | 한국전기공업 | | | |
| U.P.S 시험성적서 | 한국전기공업 | | | |
| G.C〉B V.C.B 시험성적서 | 한국전기공업 | | | |
| 저압 변압기 시험성적서 | 전기안전공사 | | | |
| 보호 계전기류 시험성적서 | 한국전기연구 | | | |
| 특고 및 고압케이블 시험성적서 | 한국전기공업 | | | |
| 발전기 시험가동 테스트 리스트 | 한국전기공업 | | | |
| 발전기 엔진부분 시험성적서 | 한국전기공업 | | | |

⑤ 다음 양식에 의거 기계설비 승인서, 시방서, 시험성적서, 카탈로그, 매뉴얼 등 기계설비 서류를 인수한다.

| 구분 | 승인서 | 시방서 | 시험성적서 | 카탈로그 | 매뉴얼 | 인계자 | 인수자 |
|---|---|---|---|---|---|---|---|
| 보일러 | | | | | | | |
| 냉온수기 | | | | | | | |
| 냉각탑 | | | | | | | |
| 공조 기기<br>AHU<br>FAN<br>FCU<br>PAC<br>항온 항습기 | | | | | | | |
| 탱크<br>급탕<br>고가수조<br>팽창<br>오일 | | | | | | | |
| 펌프수처리기 | | | | | | | |
| 위생기구 | | | | | | | |
| 일반 배관설비 | | | | | | | |
| 덕트 설비 | | | | | | | |
| 자동제어 설비 | | | | | | | |
| 소화벌비<br>스프링클러<br>소화전<br>가스소화 설비<br>배연설비 | | | | | | | |
| 도시가스 설비 | | | | | | | |
| 주차 설비 | | | | | | | |
| 폐수처리 설비 | | | | | | | |
| 오수,<br>정수처리 설비 | | | | | | | |
| 승강설비<br>엘리베이터<br>에스컬레이터<br>휠체어리프트 | | | | | | | |
| 필터 | | | | | | | |

⑥ 다음 양식에 의거 전기설비 승인서, 시방서, 시험성적서, 카탈로그, 매뉴얼 등 전기설비 서류를 인수한다.

| 구분 | 승인서 | 시방서 | 시험성적서 | 카탈로그 | 매뉴얼 | 인계자 | 인수자 |
|---|---|---|---|---|---|---|---|
| LBS | | | | | | | |
| 비상발전기 | | | | | | | |
| 큐비클 고압<br>큐비클 저압 | | | | | | | |
| 축전지 | | | | | | | |
| 분전반 전등 전열 | | | | | | | |
| 접지설비 | | | | | | | |
| 피뢰설비 | | | | | | | |
| 일반 배관설비 | | | | | | | |
| M.C.C | | | | | | | |
| 자동제어 | | | | | | | |
| 방재설비<br>소화설비<br>경보설비<br>피난설비<br>소화활동설비 | | | | | | | |
| 교환기 | | | | | | | |
| 무선호출기 | | | | | | | |
| 전광방송 | | | | | | | |
| 공청설비 | | | | | | | |
| CCTV | | | | | | | |
| CATV | | | | | | | |
| 비상등 | | | | | | | |
| 외등/가로등<br>조경등<br>투광등 | | | | | | | |
| 약전설비 | | | | | | | |

⑦ 다음의 양식에 의거 건축시설물관리 서류를 인수한다.

| 구분 | 승인서 | 시방서 | 시험성적서 | 카탈로그 | 매뉴얼 | 인계자 | 인수자 |
|---|---|---|---|---|---|---|---|
| 외장재 | | | | | | | |
| 내장재/천정 벽<br>바닥 | | | | | | | |
| 창호/유리<br>하드웨어<br>도어<br>방화문<br>자동문 | | | | | | | |
| 방화 셔터 | | | | | | | |

| 타일 | | | | | | | |
|---|---|---|---|---|---|---|---|
| 도장 | | | | | | | |
| 레일 | | | | | | | |
| 핸드 레일 | | | | | | | |
| 도어 로크 | | | | | | | |
| 조경 식재 | | | | | | | |
| 실제 조경 | | | | | | | |
| 보온재/단열재 | | | | | | | |
| 보도 블록 | | | | | | | |

⑧ 다음 양식에 의거 도면을 인수한다.

| 구분 | 도면 명 | 규격 | 수량 | 인계자 | 인수자 |
|---|---|---|---|---|---|
| 건축 | 건축 평면도<br>건축재료 마감표<br>건축 천정도<br>건축 구조도<br>건축 설계도<br>조경 설계도<br>하수 관로도 | | | | |
| 기계 | 공조 닥트 도면<br>냉난방 배관도면<br>위생배관 도면<br>소화설비 도면<br>유틸리티 배관도면<br>주장설비 도면<br>정화조 도면<br>폐수처리 설비 도면<br>도시가스 설비 도면<br>자동제어 설비 도면 | | | | |
| 전기 | 수 변전 설비 도면<br>약전 도면<br>M. C. C도면<br>전열 도면<br>전등 도면<br>접지 도면<br>방송 도면<br>소방설비 도면<br>소화 설비<br>자동 화재탐지 설비<br>방재 건축 평면도<br>자동제어 도면<br>분전반 결선도<br>기계실 동력 | | | | |

(자료 : 국가기술표준원(2011), KS S 1004-2, pp.19-24 인용)

(3) 건축물 및 건축설비를 인수한다.

① 건축물 일반 현황과 전기설비 현황, 기계설비 현황, 방재설비 현황, 정화조 시설 현황 등을 포함하여 '건축물 인계인수 목록표'를 작성한다.

② 건축물 인수인계 목록 표에 따라 상태 건축물과 설비의 상태점검과 기능점검을 실시한다.

③ 점검결과 문제가 있는 부분은 Punch List를 작성하고 상호 확인한다.

④ 필요한 경우, 커미셔닝 및 A.T.B를 실시한다.

⑤ 인수인계가 종료되면 건축물 및 설비 인수인계서에 서명하고 각 1부씩 보관한다.

## 5. 시설관리 현장 운영기준의 수립

### 1) 현장 운영기준의 개념

현장인수가 종료될 때 시설관리 주체는 지체없이 연간 FM운영계획(시설관리 계획)을 수립하고 건물운영 규칙과 현장 실행예산 수립, 건물관리비 산출 및 정산 서비스 수행절차, 시설관리 서비스 업무표준 제정 등 업무 수행기준을 수립하고, 이에 따라 시설관리업무를 수행해야 한다. 수립해야할 주요 시설관리 관련 운영기준은 다음의 〈표 29〉와 같다.

〈표 29〉 시설관리 현장 주요 운영기준의 종류

| |
|---|
| (1) FM운영관리 계획(시설관리 계획) |
| (2) 건물운영관리 규칙 |
| (3) 현장 실행예산 수립 기준 |
| (4) 건물관리비 산출 및 정산 서비스 수행 절차 |
| (5) 시설관리 서비스 사내표준(매뉴얼, 절차서 및 지침서) 등 |

## 6. FM 운영관리 계획(시설관리 계획)의 수립

### 1) FM 운영관리 계획의 개념

FM 운영관리 계획이라 함은 시설관리 현장의 운영에 있어서 가장 기본이 되는 운영기준으로서 시설관리 서비스 계약을 체결한 현장에서는 계약기간 동안 시설관리 운영방침과 시설 및 설비의 점검, 정비 운전 보수개량 교체 등의 수행업무 및 작업계획, 교육 훈련계획, 민원 처리계획, 긴급 상황대처 절차, 보고절차 등 시설관리 전체 업무수행의 기본방침과 수행절차를 수립하는 계획을 말한다. 시설관리 업체는 시설관리 서비스 계약을 체결하고 현장인수가 이루어지는 즉시 FM운영관리 계획서를 작성하고, 이를 발주처에 제출해야 하며, 전체 시설관리 현장 종사자들이 교육을 통하여 공유하도록 해야 한다.

## 2) FM 운영관리 계획 수립절차 및 방법

FM 운영관리 계획 수립절차와 방법은 다음과 같다.

(1) 시설관리 운영방침 : 운영방침에는 운영방침과 목표, 행동지침, 관리 분야와 시설관리 분야별 중점 업무 등을 중심으로 작성한다.

(2) 현장개요 및 시설현황 조사, 건축물 개요서를 작성 : 현장개요는 건물 명칭, 위치, 지역 지구, 주용도, 구조, 층수, 대지 면적, 건축면적, 연면적, 건폐율, 용적률, 전용율과 공용율, 건물 높이, 주차대수, 냉난방방식, 승강기, 정화조, 조경 면적 등을 포함하여 건축물 개요서를 작성해야 한다. 시설현황은 주요 시설만을 포함하되 시설의 종류, 제작사, 대수, 설치 연도, 기능과 성능, 사용설명서, 기술 시방서, 매뉴얼, 정비이력 등을 포함하여 작성한다.

(3) 과업지시서를 통하여 시설관리 과업수행지침 확인 : 과업수행지침은 지침서의 목적, 업무의 범위, 종업원의 배치, 근무시간, 점검 및 보수 책임, 장비 부속 등의 공급 책임, 계측 시험, 시설관리 업무 내용, 장비이력카드 작성 및 유지, 안전관리, 환경위생관리, 공휴일 및 심야 근무, 방화관리, 장비 및 공구의 확보, 시설운영지침서 작성 및 발주처(갑)에게 제출, 업무일지의 자성 보고, 기타 갑의 지시사항 등을 포함하여 작성 한다.

(4) 시설 분야 작업 계획 수립 : 시설관리 분야 운영계획은 시설관리 수행내용을 중심으로 작성하되 다음 사항을 포함하여 작성하고 갑(발주처, 감독부서)에게 제출해야 한다. 시설관리 분야 운영계획서에 포함되어야할 사항은 다음과 같다.

① 시설관리 점검 및 작업계획서
- 일일, 주간, 월간, 분기, 연간, 정기점검 및 작업계획
- 법적 점검 및 작업계획
- 시설물의 수리 및 장비의 정밀 점검 및 작업계획

② 시설별, 장비별 부속품, 소모품 교체계획

③ 장비, 공구, 장구 류 등의 공급계획

④ 관계법령에 따른 정기 점검, 검사, 신고, 보고 및 수선계획

⑤ 시설물 인수 인계방법 및 절차

⑥ 하자보수 처리계획

⑦ 기술 인력 배치계획 및 기술인력 교육계획 등을 포함하여 작성한다.

(5) 준공도면 확보 : 건축물 준공도면을 다음과 같이 확보하고 검토한다.

| | |
|---|---|
| 건 축 | 건축 평면도<br>건축재료 마감표<br>건축 천정도<br>건축 구조도<br>건축 설계도<br>조경 설계도<br>하수 관로도 |
| 기 계 | 공조 닥트 도면<br>냉난방 배관 도면<br>위생배관 도면<br>소화설비 도면<br>유틸리티 배관 도면<br>주방설비 도면<br>정화조 도면<br>폐수처리 설비 도면<br>도시가스 설비 도면<br>자동제어 설비 도면 |
| 전 기 | 수변전설비 도면<br>약전 도면<br>M.C.C 도면<br>전열 도면<br>전등 도면<br>접지 도면<br>방송 도면<br>소방설비 도면/소화설비<br>자동화재탐지 설비<br>방재건축 평면도<br>가동제어 도면<br>분전반 결선도<br>기계실 동력 |

(6) 교육훈련 계획을 수립한다.
(7) 민원처리 계획을 수립한다.
(8) 비상상황 대응절차를 수립한다.
(9) 테러 등 재난 유형별 방호계획을 수립한다.
(10) 보고체계 및 절차를 확인한다.
(11) 현장조직을 설계하고 업무를 분장한다.
(12) 수립한 계획을 다시 검토한다.
(13) 검토결과 문제점은 개선하고 수정 보완하여 FM운영관리 계획서를 최종 작성한다.

(14) 작성한 FM 운영관리 계획을 교육을 통하여 전체 시설관리 종사자와 공유한다.
(15) 발주처(건물주/감독기관/감독부서)에 1부를 제출한다.
(16) 업무 수행은 시설관리 운영계획서 내용과 부합하게 수행한다.
(17) FM 운영관리 계획(시설관리 계획)을 다음과 같이 작성하고 현장운영 기준으로 활용한다. FM 운영계획은 다음의 내용을 수록하여 작성하고 유지해야 하며, 발주처(건물소유자/감독 부서)에 1부 제출한다.

〈표 30〉 FM 운영관리 계획서(예시)

(1) 건축물 개요
(2) 시설운영 방침
(3) 조직 및 업무분장
(4) 시설관리 점검 및 작업계획서
- 일일, 주간, 월간, 분기, 연간, 정기점검 및 작업계획
- 법적 점검 및 작업계획
- 시설물의 수리 및 장비의 정밀점검 및 작업계획
(5) 시설별, 장비별 부속품, 소모품 교체계획
(6) 장비, 공구, 장구 류 등의 공급계획
(7) 관계법령에 따른 정기점검, 검사, 신고, 보고 및 수선계획
(8) 시설물 인수 인계방법 및 절차
(9) 하자보수 처리계획
(10) 기술 인력 배치계획 및 기술인력 교육 계획
(11) 직무교육 및 훈련계획
(12) 민원처리 계획
(13) 긴급상황 대응 절차
(14) 보고 절차
(15) 기타 시설관리에 필요한 사항

주) FM 운영 계획서는 건축물의 성격과 용도, 시설관리의 범위 및 운영관리 방침 등에 따라 다소 다르게 작성될 수 있음.

## 7. 건물 운영관리 규칙의 제정

### 1) 운영관리 규칙의 개념

건물 운영관리 규칙이라 함은 건축물시설관리 주체(건축물 소유주체 포함)와 시설관리 서비스를 생산하고 공급시 지켜야 하는 서비스 공급기준과 건물 입주자가 입주

건물을 사용하고 수익함에 있어서 반드시 지켜야 하거나 알아두어야 할 사용조건과 기준 및 정보를 명시하고 있는 자치법규를 말한다.

### 2) 건물 운영관리 규칙제정 절차

건물 운영관리 규칙 또는 규정은 다음 사항을 포함하여 제정하고, 이를 전체 종사자와 입주자가 공유하고 지키도록 홍보하고 교육해야 한다. 건물 운영관리 규칙은 다음의 내용을 포함하여 작성하고 유지해야 한다.

(1) 관리 건축물의 개요를 조사하고 건축물 개요서를 먼저 작성한다.
(2) 인근 유사빌딩의 출입 기준사례를 조사하고 입·출입 기준을 설정한다.
(3) 임대차 계약서를 검토하고 임대 자가 임차인에게 제공해야하는 서비스와 품질 및 조건 등을 조사하고 시설 및 설비 운영기준을 확정한다.
(4) 시설이용 및 관리기준을 확정한다.
(5) 검토회의를 통하여 확정한 기준을 검토하고 현장 실정과 건물사용자 입장을 고려하고 반영한다.
(6) 최종 건물 운영관리 계획을 확정하고 건축 소유자(건축물 소유주체/임대인 등)의 승인을 득한다.
(7) 임대차 계약시 건물 운영규칙을 계약서 일부 서면으로 포함하여 건물관리 계약 체결시 사용자의 동의를 얻어야 하며 임차인에게 1부를 제출하고, 이를 공유하도록 한다. 시설관리 주체로부터 승인을 받도록 한다.

건물 운영관리 규칙은 다음의 〈표 31〉과 같이 작성하고 유지해야 하며, 건물전체 사용자가 이를 준수하도록 조치해야 한다. 건물운영관리는 원칙적으로 운영관리 규칙대로 운영하고 관리해야 하나 사정과 상황에 다라 다소 유동적으로 운영하는 것이 현명하다.

〈표 31〉 건물 운영관리 규칙(예시)

| |
|---|
| (1) 운영관리규칙 제정의 목적<br>(2) 운영관리규칙 적용 범위<br>(3) 건축물의 시설 및 설비 개요<br>(4) 건축물 출입관리<br>- 출입문 개폐 운영기준(평일/토요일/일요일/공휴일)<br>- 사무실 출입<br>- 물품 반 출입<br>- 이삿짐 반 출입 |

- 보안 및 안내관리

(5) 설비 운영기준
- 냉난방 서비스 공급기준
- 급수 서비스 공급기준
- 전력공급 서비스
- 중앙관제실 및 야간 당직실 운영기준
- 고객 불편사항 접수 및 처리절차

(6) 공용시설 이용기준
- 방문객 예약 기준
- 강당 이용 기준
- 직원 식당 이용 기준

(7) 시설 운영 및 관리 기준
- 사무실 운영 기준
- 상업시설 운영 기준
- 주차장 운영기준

(8) 승강설비 운행 및 이용 기준

(9) 통신시설 운영 및 이용 기준

(10) 분야별 보수 기준

(11) 건물관리비 청구 및 수납 기준

주) 건물 운영관리 규칙은 건축물의 성격, 용도, 설비의 종류와 관리 방법, 운영관리 방침 등에 따라 다소 달라질 수 있음.

## 8. 시설관리 서비스 사내표준 제정

### 1) 서비스 사내표준의 개념

시설관리 서비스 생산과 제공은 주로 관계법령과 관련 제도에 따라 이루어지는 특징이 있으나 고객이 요구하는 표준서비스를 생산하고, 고객에게 제공하려면 시설관리 서비스 사내표준을 제정하고, 이를 적극 활용하여 양질의 시설관리 서비스를 생산하고 제공해야 한다.

시설관리 서비스 사내표준(FM/Facilities Management service standard)이란 시설관리활동을 통하여 생산하는 서비스의 품질 기준 및 목표를 말한다. 시설관리 서비스 사내 표준의 제정절차와 방법은 다음과 같다.

## 2) 사내표준 제정절차

(1) 적용범위를 정한다 : 00시설관리 현장 시설관리 업무수행에 필요한 서비스 품질 문서의 작성, 검토, 승인, 등록, 배포 및 변경에 대하여 적용한다.

(2) 제정목적을 확정한다 : 품질 시스템을 구축하고 시설관리 서비스 시스템을 효과적으로 운영하는데 목적이 있다.

(3) 시설관리 서비스 표준 관련 용어를 정의한다.

① 시설관리 서비스 품질 매뉴얼

② 시설관리 서비스 품질 절차서(서비스 품질 규정)

③ 시설관리 서비스 품질 지침서

(4) 사내표준 제정 프로세스를 분석한다. 분석순서는 다음과 같다.

① 서비스 업무 분석 ⇨ ② 서비스 품질 문서작성 ⇨ ③ 관련 부서 합의 ⇨ ④ 검토 및 승인 ⇨ ⑤ 등록 ⇨ ⑥ 발행 및 배포 ⇨ ⑦ 교육 ⇨ ⑧개정 및 폐지

(5) 권한과 책임을 정한다.

① 경영자의 권한과 책임

② 관리소장(사업소장)의 권한과 책임

③ 부서장(팀장)의 권한과 책임

④ 품질관리 담당자의 권한과 책임

(6) 표준의 체계를 구축한다 : 서비스 품질 매뉴얼 + 서비스 품질 절차서(양식 포함) + 업무지침서, 업무 및 기술기준, 교안(양식 포함) 등으로 사내표준으로 구축한다. 사내 시설관리 서비스 품질 표준체계는 다음의 〈표 32〉와 같이 구축한다.

〈표 32〉 시설관리 서비스 사내표준 체계(예시)

| 표준의 명칭 | 서비스 표준의 종류 |
|---|---|
| 1) 시설관리서비스 품질 매뉴얼 | (1) 서비스 표준화 일반<br>(2) 서비스 운영체계<br>(3) 서비스 운영<br>(4) 서비스 인력관리<br>(5) 시설, 장비, 환경 및 안전관리 |
| 2) 시설관리서비스 절차서(규정) | (1) 사내표준관리 규정<br>(2) 경영검토규정<br>(3) 내부 심사기준<br>(4) 제안제도규정<br>(5) 분임조규정 |

| | |
|---|---|
| | (6) 기록 관리규정<br>(7) 문서관리규정<br>(8) 시정예방규정<br>(9) 방침관리규정<br>(10) 보안 관리규정<br>(11) 협력사관리규정<br>(12) 조직 및 업무분장 규정<br>(13) 계약관리규정<br>(14) 시설운영서비스규정<br>(15) 건축물인수업무규정<br>(16) 입주 및 퇴거지원규정<br>(17) 고객만족도관리규정<br>(18) 자재관리규정<br>(19) 고객 불만족관리규정<br>(20) 인력 관리규정<br>(21) 교육훈련규정<br>(22) 시설관리규정<br>(23) 계측기관리규정<br>(24) 환경관리규정<br>(25) 방화관리규정<br>(26) 안전관리규정<br>(27) 고객재산관리규정<br>(28) 손실보상 관리규정 |
| 3) 시설관리 지침서 | (1) 건축운영지침서<br>(2) 기계설비 운영지침서<br>(3) 전기설비 운영지침서<br>(4) 승강기 운영지침서<br>(5) 비상발전기관리 지침서<br>(6) 비상상황 대응 지침서<br>(7) 방재설비 운영지침서 |

주) 시설관리 서비스 사내표준 체계는 현장의 성격, 규모, 업무 범위 등에 따라 다소 다르게 제정될 수 있음.

(7) 서비스 품질문서를 개발한다.

① 서비스 품질문서 개발범위를 정한다.
② 서비스 품질문서를 작성한다.
③ 작성한 서비스 품질문서를 검토한다.
④ 검토한 서비스 품질문서를 승인한다.
⑤ 승인한 서비스 품질문서를 등록한다.
⑥ 등록한 서비스 품질문서를 배포한다.

⑦ 서비스 업무 적용결과 오류나 문제가 발견되는 경우에는 개정 또는 변경한다.

(8) 사내 서비스 품질표준에 문서번호를 부여한다.

(9) 사내 서비스 품질표준의 제정, 개정 및 폐지기준을 정한다.

(10) 제정한 사내 서비스 품질표준을 교육한다.

(11) 관련 규정을 기술한다.

(12) 기록하고 유지 · 관리한다.

## 9. 시설관리현장 조직설계 및 업무분장

### 1) 조직설계 및 업무분장의 개념

조직의 사전적 의미는 어떤 목표를 달성하기 위하여 일정한 지위와 역할을 가진 사람이나 물건이 모여서 질서 있는 하나의 집합체를 이룸이나 그 집합체를 말한다. 업무 분장이란 날마다 하는 일을 조직의 구성원에게 분담시키는 계획을 말한다. 또한 조직이란 〈일정한 목표를 달성하기 위하여 형성된 분업과 통합의 활동체계를 갖춘 사회적 단위〉(민진, 1996, 조직관리론, 대영문화사, p.33)로 정의할 수 있다.

시설관리 현장조직이란 '시설관리 목표를 효율적으로 달성하기 위하여 의도적으로 조직한 힘의 결합체'를 말하고 시설관리업무 분장이란 '시설관리 업무를 구성원 각자에게 업무를 기능별, 부서별, 활동별, 개인별, 직책별로 나누어 수행하게 하는 업무의 분업 및 통합계획'으로 이해된다.

### 2) 조직설계 및 업무분장 절차

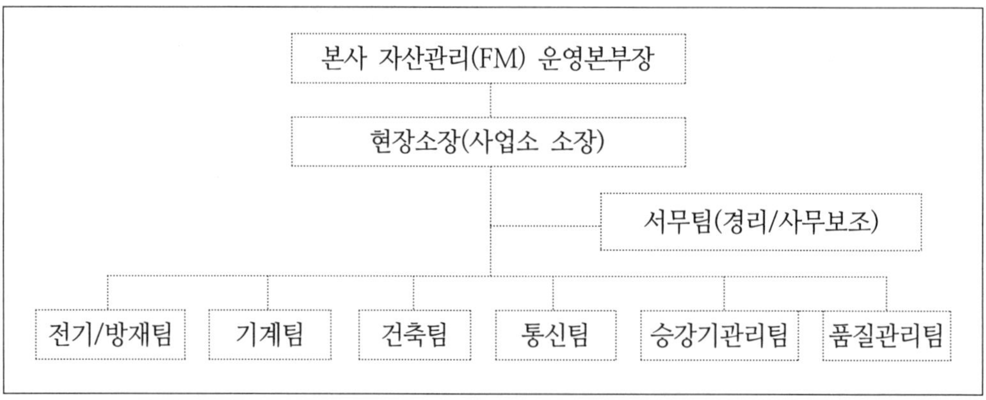


주) 현장 사정과 업무의 성격과 종류 및 방침 등에 따라 현장 조직은 달라질 수 있음.

[그림 5] 본사 및 현장조직(예시)

(1) 시설관리현장 조직시설관리 분야 행정적 시설관리 업무 중에는 시설관리 현장을 구축하고 업무를 분장하는 업무가 있다. 현장조직과 업무분장은 시설관리 용역의 내용 업무 범위 시설과 설비의 종류 등에 따라 현장조직은 여러 가지 조직으로 설계할 수 있다. 본사 및 시설관리 현장조직을 예시하면 다음의 [그림 5]와 같다.

(2) 본사 및 시설관리 현장업무를 분장한다(예시) : 시설관리 업무는 본사 지원업무와 현장 수행업무 등 두 종류의 시설관리 업무가 있다. 유의할 점은 시설관리 현장의 업무 범위와 계약 및 과업지시서 내용 등에 따라 분장업무는 다소 상이하게 분장 될 수 있다. 분장된 업무내용을 예시하면 다음과 같다.

① 본사 자산운영관리(FM운영) 본부장
- 경영자 대리인 지정
- 연간 실행예산의 승인
- 예산집행 감독
- 각 팀의 업무계획 조정
- 종업원 복리후생에 관한 사항
- 조직 및 업무분장과 정원변경의 인사에 관한 사항
- 대외보고 최종 결정
- 현장 운영관리상의 모든 책임과 권한
- 품질방침 및 목표 설정 및 지휘
- 최고 경영자 보좌

② 시설관리 현장 관리소장(사업소 소장/경영자 대리인)
- 단위현장 경영자 대리인
- 운영본부장 보좌
- 당해 현장시설 운영관리 업무 전반 운영본부장에게 정기적 보고
- 정기적 내부감사 실시 및 시설관리 서비스 적합성과 유효성 파악
- 연간 사업계획서 검토
- 대외보고서 검토
- 운영본부장 부재 시 해당현장 운영본부장 대행
- 시설관리 품질 감독
- 위험관리 총괄
- 각 단위별(팀별) 유기적 협조 확인 및 조정
- 발주처 협조의뢰 사항 처리
- 시설관리 업무보고 등

③ 현장 건축팀
- 건축물 점검/보수/영선

- 건축물 주요부재(벽체/창호/출입문/바닥타일/도어/천장 등) 유지관리
- 도장 및 도색
- 구내 표지판 관리 시설물 영선관리
- 건축 관련 법정 선임/보고/검사 신청 행정처리

④ 현장 기계팀

- 중안감시반 관리 및 에너지 사용 기록관리
- 냉난방 공조시설 운영관리
- 급배수 및 위생, 오수정화 설비관리
- 위험물 관리
- 보일러시설 운전관리
- 냉동기시설 운전관리
- 흡수식 냉온수기 시설 운전관리
- 기계시설물 점검 유지관리
- 소화설비 점검 유지관리
- 펌프설비 점검 유지관리
- 승강로설비 관리
- 피트 각종 설비관리
- 카 운행 및 레벨 점검관리
- 카 및 외부도어 설비관리
- 감시반 운영관리
- CP반 점검관리
- 인터폰, 아나운서먼트 설비관리
- 덤웨이타, 무빙워크, 에스컬레이터, 곤돌라 설비 유지관리
- 휠체어 리프트 점검 유지관리
- 기계 안전 관련 법정 검사 및 법정자격 선임 보고 행정처리 등

⑤ 현장 전기/방재 팀

- 수변전 전기설비 관리
- 비상전원(비상발전기/UPS)설비 관리
- 전기시설물 점검 유지관리
- 중앙감시반 관리 및 에너지 사용기록 관리
- 자동화재 탐지설비 관리
- 방재설비 및 방화관리
- 소방 및 재해예방 관리
- 전기안전 관리자 법정자격 선임보고 및 검사 관련 행정업무 처리 등

⑥ 현장 통신팀
- 통신 및 약전 설비관리 총괄
- 통시설비 점검 및 유지관리
- 통신설비 행정업무

⑦ 현장 승강기관리팀
- 승강기 기계실 각종 설비관리
- 승강로 각종 설비관리
- 피트 각종 설비관리
- 카 운행 및 레벨 점검관리
- 감시반 운용관리
- CP 반 운용관리
- 인터폰, 아나운서먼트 설비관리
- 덤웨이타, 무빙워커 설비관리
- 휠체어 리프트 설비관리 등

⑧ 품질관리팀
- 회사표준 관리
- 측정기 관리
- 총무업무
- 현장 교육훈련 주관
- 고정자산 관리 및 보전
- 대외 관계기관 업무 관련 공문서 처리
- 고객불만 처리 및 고객만족도 평가업무

⑨ 현장서무팀
- 경리업무
- 사무보조업무

## 10. 현장 인력관리

### 1) 현장 인력관리의 개념

시설관리 현장의 인력관리는 매우 중요한 행정적 시설관리 업무 중 하나의 업무이다. 왜냐하면 시설관리 서비스는 기계적 방법으로 생산하는 서비스(엔지니어링 서비스)가 대종을 이루고 있으나 시설관리 서비스를 생산하는 각종 시설과 설비는 결국 사람의 손에 의하여 조작되고 작동되며 프로그래밍 되어 시설관리 서비스가 생산되기 때문이다.

### 2) 현장 인력관리 절차

현장 인력을 채용, 이동, 휴 복직, 퇴직, 급여 등 제반 인력 운용에 대한 행정업무를 기준을 세워 체계적으로 관리해야 한다. 이를 위한 인력관리 방법은 다음과 같이 운용되며, 현장사정과 시설관리 업무범위에 따라 소요인력의 직종과 능력 및 수가 다르게 채용되고 관리 될 수 있다. 인력채용 업무 관리의 흐름도(Flow)를 예시하면 다음의 〈표 33〉과 같다.

〈표 33〉 인력채용 업무 흐름도

| |
|---|
| 1) 소요 인력 판단 |
| ⇩ |
| 2) 인력채용계획 수립 |
| ⇩ |
| 3) 채용 공고 |
| ⇩ |
| 4) 서류 전형 |
| ⇩ |
| 5) 면접 전형 |
| ⇩ |
| 6) 건강검진 |
| ⇩ |
| 7) 채용 보고 |
| ⇩ |
| 8) 채용 승인 |
| ⇩ |
| 9) 직무 및 안전관리 교육 |
| ⇩ |
| 10) 배치 |

## 11. 현장 문서관리

### 1) 문서의 개념

시설관리 현장에서 핵심 관리업무인 물리적 시설관리 업무를 효율적으로 수행하기 위해서는 행정적 시설관리 업무의 지원을 받아야 하며, 이중에서 문서관리의 지원을 체계적으로 받아야 한다.

시설관리 현장에서 말하는 문서관리(Documents Management)라 함은 시설관리 서비스를 이행하면서 양식에 의한 내·외부문서의 작성, 검토, 승인, 발송, 접수, 파일링, 개정 및 유지관리를 말한다. 문서의 종류에는 기록물, 시방서, 절차서, 도면, 보고서, 시설물관리 및 장비 사용 매뉴얼, 건축물 인허가 서류, 건물관련 법정 서류, 사내표준 및 사규 문서, 업무 일지 등의 문서 종류가 있다.

### 2) 문서관리의 절차

문서관리 업무절차는 다음의 〈표 34〉와 같다.

〈표 34〉 문서관리 절차

| 문서의 작성 ⇨ 품의 ⇨ 결재 ⇨ 문서의 접수 및 발송 ⇨ 문서의 편철 및 문서대장 등록 ⇨ 문서의 분류 ⇨ 문서의 보관 ⇨ 문서의 이관 ⇨ 문서의 보존 ⇨ 문서의 폐기 |
|---|

## 12. 현장용품 및 용역 구매관리

### 1) 구매관리의 개념

시설관리 현장에서 구매관리는 매우 중요하다. 왜냐하면 인적자원과 물적자원 등을 가지고 시설관리활동을 수행하기 때문이다. 구매의 의미는 시설관리활동에 소요되는 물품과 용역을 일정한 대가를 지불하고 취득하거나 빌려 사용하는 것을 의미한다. 또한 구매관리는 현장에서 필요한 재화나 용역을 언제든지 사용할 수 있도록 거래처나 협력사로 부터 양호한 품질의 용품이나 용역을 구매할 수 있도록 관리하는 것을 말한다.

또한 구매관리란 구매를 계획하고 절차를 정하여 조정, 통제, 평가, 입고 및 재고관리(자재 창고관리)하는 일련의 활동을 말한다. 시설관리 현장에서 구매해야 하는 대상에는 용품과 용역이 있다. 구매대상 용품과 및 용역을 예시하면 다음의 〈표 35〉와 같다.

〈표 35〉 시설관리 용도 구매대상 용품 및 용역(예시)

| 1. 구매대상 용품<br>1) 전기설비 분야 구매대상<br>(1) 전기계측기 |
|---|

(2) 전기장비
(3) 전기공구
(4) 전기재료

2) 기계설비 관리 분야 구매대상
(1) 기계계측기
(2) 기계장비
(3) 기계공구
(4) 기계부품
(5) 기계재료

3) 건축 분야 구매대상
(1) 건축장비
(2) 건축공구
(3) 건축재료

4) 관제 분야 구매대상
(1) 관제계측기
(2) 관제장비와 공구

5) 제어 분야 구매대상
(1) 제어계측기
(2) 제어장비
(3) 제어공구

6) 소방 분야 구매대상
(1) 소방장비
(2) 소방공구

7) 조명 분야 구매대상
(1) 조명장비
(2) 조명공구

8) 기타 구매대상
(1) 전기, 가스, 유류, 수돗물 등 에너지
(2) 사무실 집기 비품 및 기타 소모품 등

## 2. 구매대상 용역

1) 시설운영관리 용역
(1) 정화조설비 유지관리 용역
(2) 냉동기 유지보수 용역
(3) 항온 항습기 유지관리 용역
(4) 발전설비 유지보수 용역

(5) UPS설비 유지보수 용역
(6) 조경시설물 관리 용역
(7) 자동제어시스템 유지보수 용역
(8) 조명제어시스템 유지보수 용역
(9) 승강설비 유지보수 용역
(10) CCTV 정밀 점검 및 유지관리 용역
(11) 주차관제 용역
(12) 청소용역(일반 시설청소 및 특별청소(정화조 청소, 닥트 청소, 저수조 청소, 외벽 창문청소 등)
(13) 시설경비 용역
(14) 시설관리 용역
(15) 주차장관리 용역
(16) 방역작업(소독작업) 용역
(17) 안전 및 안내 용역
(18) LED 전광판 시스템 유지보수 용역
(19) 방재 진동제어 및 소방시설 법정 점검 용역
(20) 보일러 운전 정비 및 유지보수 용역 등

2) 건축 영선 보수 용역
(1) 목공 보수용역
(2) 타일 보수용역
(3) 미장 보수용역
(4) 도장 보수용역 등

3) 기타 관리 용역
(1) 검사대행 용역
(2) 점검대행 용역
(3) 인력 파견용역
(4) 미술품관리 대행 용역
(5) 세무 회계 대행 용역
(6) 진단 대행 용역
(7) 컨설팅 용역
(8) 산업안전관리 대행 용역
(9) 비상발전기 안전관리 대행 용역
(10) 건물임대차관리 용역 등

주) 구매대상 용품과 용역의 종류는 건축물의 시설관리 현장의 업무 범위와 설비 및 시설의 종류와 성능, 마감재의 종류와 특성 등에 따라 크게 다를 수 있음.

### 2) 용품 및 용역 구매절차

(1) 용품 구매절차는 다음의 〈표 36〉과 같이 진행한다.

〈표 36〉 용품구매 절차

| 구입 신청 ⇨ 구매 신청서 제출 ⇨ 구매 신청서 검토 ⇨ 견적자료 발송 ⇨ 견적서 접 수 및 검토 ⇨ 예산 확인 및 구매 승인 신청 ⇨ 구매 승인 ⇨ 주문서 발송 ⇨ 납품 검수 및 재고대장 기록 ⇨ 소요 부서 전달 ⇨ 대금 정산 ⇨ 용품 사후관리 |
|---|

(2) 용역 구매절차는 다음과 같이 진행한다. 용역 구매절차는 경쟁 입찰방식에 의한 구매와 수의계약 방식에 의한 구매로 분류하여 용역을 구매한다. 경쟁 입찰방식에 의한 용역구매는 다음의 〈표 37〉과 같이 진행하고, 수의 계약방식에 의한 용역구매는 〈표 38〉과 같은 절차로 용역을 구매한다.

〈표 37〉 경쟁 입찰방식에 의한 용역구매 절차

| 용역상황 발생 ⇨ 용역검토 및 발주계획 수립 ⇨ 시행 내부 품의 및 승인 ⇨ 입찰 공고 ⇨ 입찰등록 및 현장설명 ⇨ 입찰실시(투찰) ⇨ 낙찰 예정자 결정 및 계약서류 접수 ⇨ 낙찰자 결정 및 계약방법 등 품의 및 승인 ⇨ 계약체결 ⇨ 용역 현장 제공 ⇨ 용역 품질검사 ⇨ 대금 정산 ⇨ 용역 사후관리 |
|---|

〈표 38〉 수의 계약방식에 의한 용역구매 절차

| 긴급 보수상황 발생 ⇨ 상황보고 및 긴급 보수작업 승인 ⇨ 해당 업체 통보 및 현장 설명 ⇨ 견적서 접수 및 대비 ⇨ 보수 업체 선정 및 계약 방법 등 품의 ⇨ 보수 작업 수행 및 감독 ⇨ 용역 품질 검사 및 용역 조서 작성 ⇨ 용역 대금 정산 ⇨ 용역 사후관리 |
|---|

## 13. 현장고객 불편사항 접수 및 처리

### 1) 고객 불편사항의 개념

고객 불편사항이란 고객의 입장에서 입주한 건물을 사용 수익함에 있어 필요한 서비스 제공이 없거나 고장신고를 했음에도 불구하고 지체없이 수리 또는 보수공사의 지연 등으로 입주한 건물을 편리하고 쾌적하게 사용할 수 없는 상황을 의미한다. 시설관리 주체는 이와 같은 입주자 고객의 불편사항을 접수하고 지체없이 해결하여 입주자가 편리하고 쾌적하게 건물을 사용 할 수 있도록 조치해야 한다. 이를 위해서 다음과 같은 절차대로 불편사항을 접수하고 조치하며, 이를 분석하고 업무에 반영하는 고객 불편사항 접수 및 처리절차를 수립하고, 이를 활용하여 고객의 불편을 해소해야 한다.

## 2) 고객 불편사항 처리절차

고객 불편사항 접수 및 처리절차는 다음의 〈표 39〉와 같다.

〈표 39〉 현장 고객 불편사항 접수 및 처리절차

(1) 불편사항 접수센터를 개설한다.
(2) 불편사항 접수 센터 개설 및 접수 방법을 입주자에게 공지한다.
(3) 불편사항 접수대장을 비치하고 신고 즉시 기록한다. 접수대장은 접수번호, 접수시간, 접수자, 신고자 성명 및 연락처, 신고내용, 조치결과(조치자, 조치시간, 조치내용), 결과 통보시간, 통보방법 등을 내용으로 하는 불편사항 접수대장을 온라인과 오프라인 방식으로 비치한다.
(4) 접수 즉시 현장을 점검하고 불편 사항을 확인한다.
(5) 처리 담당자에 접수사항을 전파하고 조지를 요망한다.
(6) 조치를 취하고, 그 결과를 신고자에게 지체없이 통보하고, 만족여부를 확인한다. 통보결과를 기록하고 유지한다.
(7) 신고 고객 불편사항을 분석하고 업무계획에 반영한다.

〈표 40〉 고객 불편사항 접수 및 처리대장 양식(예시)

| 접수<br>번호 | 접수<br>시간 | 접수자<br>성명 | 신고자<br>성명/연락처 | 신고내용 | 조치결과<br>조치자/시간/내용 | 결과통보<br>시간/방법 |
|---|---|---|---|---|---|---|
| | | | | | | |
| | | | | | | |
| | | | | | | |

(자료 : 국가기술표준원(2011) KS S 1004-1, p.23)

고객 불편사항을 접수하는 접수대장은 접수번호, 접수시간, 접수자, 신고자 성명 및 연락처, 신고내용, 조치 결과(조치자, 조치시간, 조치내용), 결과 통보시간, 통보방법 등을 포함하는 양식을 개발하고 불편사항 접수대장을 온라인과 오프라인 방식으로 접수한다. 접수대장의 양식을 예시하면 〈표 40〉과 같다.

## 14. 현장 고객만족도 관리

### 1) 고객만족도의 개념

시설관리의 궁극적 목적인 3차 목적은 건물 소유자의 소유만족, 건물 사용자의 사용만족, 건물 이용자의 이용만족 실현 그리고 주환경(住環境) 측면의 지원에 의한 건물 기반의 삶과 생활과 일(업무)의 바람직한 영위 실현에 두고 있다. 특히 건물사용자가 고가의 건물 임대료와 관리비를 부담하고 건물에 입주한 목적은 입주 건축물을 최고 최선의 조건으로 입주 건물을 사용하여 입주 목적을 효율적으로 달성하는데 있다. 그러므로 시설관리자는 입주 고객의 만족도를 관리하고 평가·분석하여 그 결과를 시설관리활동에 반영해야 한다.

고객만족도라 함은 건물을 사용하고 있는 고객이 시설관리 주체가 생산·제공하는 서비스의 품질과 서비스 수준 및 친절의 정도가 설문조사 결과, 평균 몇 점의 수준인지를 고객만족도 조사결과 나타나는 서비스 만족에 대한 척도를 말한다. 입주고객의 만족도 조사는 다음과 같은 절차에 따라 분석·평가하고, 그 결과를 시설관리활동에 반영해야 하며, 문제가 있는 경우 시정조치 해야 한다.

### 2) 고객만족도 관리절차

고객만족도 관리절차는 다음의 〈표 41〉과 같이 진행하고 반영한다.

〈표 41〉 고객만족도 관리절차

| |
|---|
| (1) 고객만족도 평가계획을 수립한다. |
| (2) 만족 측정도구를 개발(설문조사지 설계)한다. |
| (3) 만족도 설문 조사지를 고객에 배포하여 설문을 의뢰한다. |
| (4) 설문지를 수거하고 통계분석방법으로 분석한다. |
| (5) 설문조사 분석결과를 해석하고 고객만족도를 평가한다. |
| (6) 설문조사 분석 결과 만족도 평가결과를 건축주와 본사에 보고한다. |
| (7) 분석 결과 불만족의 경우에는 개선대책을 수립하고 개선 조치한다. |
| (8) 시설관리 서비스 고객만족도를 시설관리 활동에 반영한다. |

## 15. 현장 종사자 교육훈련

### 1) 현장 종사자 교육훈련의 개념

교육훈련은 대표적인 행정적 성격(행정성)의 시설관리 업무이다. 교육훈련이란 시설관리에 종사하는 전 임직원의 지식, 기능, 태도 및 가치관의 향상 변화를 통해 개인의 능력계발과 자아실현을 기하기 위하여 지식을 가르치고 품성과 체력을 기르는 활동과 실지로 활용할 수 있도록 배워 익힘을 말한다.

### 2) 교육훈련 절차

(1) 연간 교육훈련 계획을 수립한다.
- ① 교육훈련 과정을 개발한다.
- ② 시설관리 교육과 신입사원교육, 법정교육, 계층교육, 직능교육, 특별교육, 직무 및 기술교육, 안전관리교육 등 연간교육 일정표를 작성한다.
- ③ 교재를 개발하고 강사를 섭외한다.
- ④ 해당 현장교육 대상자에게 교육이수 일정을 사전 통보한다.

(2) 교육훈련을 실시한다.
- ① 시설관리교육을 실시한다.
- ② 신입사원교육을 실시한다.
- ③ 법정교육을 실시한다.
- ④ 계층교육을 실시한다.
- ⑤ 직능교육을 실시한다.
- ⑥ 특별교육을 실시한다.
- ⑦ 직무 및 기술교육을 실시한다.
- ⑧ 안전관리교육을 실시한다.

(3) 교육훈련 결과를 평가하고 반영한다.
- ① 교육훈련 결과를 평가한다.
- ② 평가결과를 보직배치 및 인사고과에 반영한다.

(4) 교육훈련 결과통보 및 기록을 유지한다.
- ① 평가결과를 개별적으로 통보한다.
- ② 평가결과를 개인 이력관리카드에 기록하고, 인사고과에 반영한다.

## 16. 현장 자재관리

### 1) 자재관리의 개념

용품구매 후 입고에서부터 보관, 출고, 재고 파악, 본사 보고까지를 자재관리라 한다. 자재관리의 중요성은 구매자재를 체계적으로 관리하여 원가절감, 낭비제거, 작업 효율성 제고, 적정 재고관리, 고객만족 서비스 도모에 있다.

### 2) 자재관리 업무절차

자재관리 업무절차는 다음의 〈표 42〉와 같이 수행한다.

〈표 42〉 현장 자재관리 업무절차

(1) 구매자재를 입고한다. 자재 수불대장에 입고현황을 기록한다.
① 자재별로 식별이 가능하도록 분리 보관한다.
② 습기에 민감한 자재는 비닐 포장하여 보관한다.
③ 깨지기 쉬운 자재는 박스에 보관한다.
④ 유동성 자재는 전용기에 담아 보관한다.
(2) 월 1회 보관 상태를 점검하고 부적합 자재는 식별표를 붙여 별도로 관리한다.
(3) 불량자재는 교환을 요구하거나 폐기한다. 폐기할 경우, 불출로 기록한다.
(4) 자재를 출고할 때에는 필요 수량만을 출고하고, 자재 출고서와 자재 수불대장에 출고현황을 기록한다.
(5) 월 1회 재고자재를 파악한다.
(6) 자재 재고현황을 매월 정기적으로 본사에 보고한다.

# 제4절 경제적 시설관리활동

## 1. 경제적 시설관리의 개념

경제적 시설관리라 함은 시설관리 업무 중 비용지출과 수입 등에 관련한 현금, 비용. 구매대금, 인거비 등 예산관리와 정산 그리고 현장 실행예산의 수립, 현장 경리

업무, 세무 및 회계에 관련된 시설관리 업무를 말한다.

## 2. 경제적 시설관리업무의 종류와 실무적 수행방법

전술한 바와 같이 경제적 성격의 시설관리 업무에는 현장 실행예산 수립, 건물관리비 대행서비스 업무, 비용청구 및 정산업무 등이 있다. 주요 경제적 성격의 시설관리의 주요 경제적 시설관리업무의 종류는 다음의 〈표 43〉과 같다.

〈표 43〉 경제적 시설관리 주요 업무의 종류(예시)

(1) 시설관리 현장 실행예산의 수립 및 관리
(2) 건물관리비 산출 및 정산서비스 수행
(3) 시설관리 관련 비용청구 및 정산
(4) 현장 운영비 및 수입과 지출 등 경리업무
(5) 시설관리 관련 세무 및 회계업무

## 3. 시설관리 현장 실행예산 수립 및 관리

### 1) 현장 실행예산의 개념

시설관리 분야 경제적 시설관리업무 중에는 현장 실행예산서 작성업무가 있다. 실행예산(Operating Budget of Facilities Management Site)이란 시설관리 현장에서 연간 실제로 소요되는 비용을 항목별로 책정하고, 이를 토대로 집행하기 위하여 설계한 예산계획을 말한다.

현장 실행계획은 현장 책임자가 원칙적으로 작성하고 본사 경영진에게 승인을 받아 집행하는 소요비용 집행계획이나 실제는 본사 경리부 측면에서 도급금액 대비 본사관리비와 영업이익을 차감한 범위 내에서 책정하여 현장에 시달하고 있다.

문제는 도급금액이 실행금액보다 작은 경우(덤핑입찰 또는 입찰서를 잘못 작성하여 제출하고 계약을 체결한 경우) 현장 실행예산 작성에 문제점이 발생하고, 현장에서 발생하는 추가 소요비용 조달에는 더욱 심각한 문제가 발생할 여지가 있다.

### 2) 현장 실행예산서 수립절차

현장 책임자(사업소 소장)가 작성해야 하는 실행예산서는 직접비와 간접비로 나누

## 〈표 44〉 현장 실행예산서(예시)

| 구분 | 세부항목 | 계약내역 | 20 년 실행계획 | 계약대비 증감 | 증감율 | 1월 | 2월 | 3월 | 4월 | 5월 | 6월 | 7월 | 8월 | 9월 | 10월 | 11월 | 12월 | 비고 |
|---|---|---|---|---|---|---|---|---|---|---|---|---|---|---|---|---|---|---|
| 급료와임금 | 현장 직원급여 | | | | | | | | | | | | | | | | | |
| 상여금 | 상여금(수당) | | | | | | | | | | | | | | | | | |
| 잡급 | 일용직원급여 | | | | | | | | | | | | | | | | | |
| 노무비 소계 (I) | | | | | | | | | | | | | | | | | | |
| 퇴직 급여 | 현장직퇴충금 | | | | | | | | | | | | | | | | | |
| 급여성 보험 | 국민연금 | | | | | | | | | | | | | | | | | |
| | 고용보험료 | | | | | | | | | | | | | | | | | |
| | 산재보험료 | | | | | | | | | | | | | | | | | |
| | 건강보험 | | | | | | | | | | | | | | | | | |
| | 장기요양보험 | | | | | | | | | | | | | | | | | |
| | 임금채권기금 | | | | | | | | | | | | | | | | | |
| | 장애인부담금 | | | | | | | | | | | | | | | | | |
| 노무비 소계 (II) | | | | | | | | | | | | | | | | | | |
| 통신비 | 전화료 및 우편료 | | | | | | | | | | | | | | | | | |
| 도서인쇄비 | 서식등 인쇄비 | | | | | | | | | | | | | | | | | |
| 차량유지비 | 차량수리 및 유류대 | | | | | | | | | | | | | | | | | |
| 여비교통비 | 교통비 | | | | | | | | | | | | | | | | | |
| 광고선전비 | 구인광고비 | | | | | | | | | | | | | | | | | |
| 교육훈련비 | 법정교육비 | | | | | | | | | | | | | | | | | |
| 감가상각비 | 감가상각 | | | | | | | | | | | | | | | | | |
| 수선비 | 시설보수비 | | | | | | | | | | | | | | | | | |
| 소모품 | 미화유지보수자재 | | | | | | | | | | | | | | | | | |
| | 기타 소모품 | | | | | | | | | | | | | | | | | |
| 계 | | | | | | | | | | | | | | | | | | |
| 세금과공과 | 사업소세 | | | | | | | | | | | | | | | | | |
| | 균등할 주민세 | | | | | | | | | | | | | | | | | |
| | 기타제세공과금 | | | | | | | | | | | | | | | | | |
| 계 | | | | | | | | | | | | | | | | | | |
| 보험료 | 영업배상/계약이행보험료 | | | | | | | | | | | | | | | | | |
| | 차량보험료 | | | | | | | | | | | | | | | | | |
| | 기타 보험료 | | | | | | | | | | | | | | | | | |
| 계 | | | | | | | | | | | | | | | | | | |
| 지급수수료 | 검사수수료 | | | | | | | | | | | | | | | | | |
| | 기타수수료 | | | | | | | | | | | | | | | | | |
| 계 | | | | | | | | | | | | | | | | | | |
| 접대비 | 접대비 | | | | | | | | | | | | | | | | | |
| 복리후생비 | 명절선물비 | | | | | | | | | | | | | | | | | |
| | 부식비 | | | | | | | | | | | | | | | | | |
| | 사무용품비 | | | | | | | | | | | | | | | | | |
| | 생수구입비 | | | | | | | | | | | | | | | | | |
| | 식권구입비 | | | | | | | | | | | | | | | | | |
| | 야유회비/송년회비 | | | | | | | | | | | | | | | | | |
| | 우수사원 포상/생일선물 | | | | | | | | | | | | | | | | | |
| | 직원간담회 | | | | | | | | | | | | | | | | | |
| | 탕비용품비 | | | | | | | | | | | | | | | | | |
| | 피복비 | | | | | | | | | | | | | | | | | |
| | 피복세탁비 | | | | | | | | | | | | | | | | | |
| | 회식비 | | | | | | | | | | | | | | | | | |
| 계 | | | | | | | | | | | | | | | | | | |
| 기타외주비 | 방역방제 | | | | | | | | | | | | | | | | | |
| | 외벽청소/저수조/정화조 | | | | | | | | | | | | | | | | | |
| | 기타 | | | | | | | | | | | | | | | | | |
| 계 | | | | | | | | | | | | | | | | | | |
| 경비 소계 (III) | | | | | | | | | | | | | | | | | | |
| 원가 합계 (I+II+III) | | | | | | | | | | | | | | | | | | |

주) 실행예산서는 시설관리 도급 금액, 업무 범위, 인력의 수, 본사 경영자의 방침 등에 따라 다소 변경 작성 될 수 있음.

고 직접비에 해당하는 인건비와 후생 복리비, 자재 구입비 등과 간접비에 해당하는 피복비와 공과 잡비 등을 포함하여 다음의 방법에 따라 실행예산서를 작성하고 본사에 보고하여 최고경영자의 승인(결재)을 받아 예산항목에 따라 집행하고, 집행결과를 다시 본사에 보고해야 한다.

(1) 현장 소장은 도급계약서와 도급금액 내역서를 확보하고 검토한다.
(2) 현장 실행예산에 대한 본사의 지침을 받는다.
(3) 과업지시서를 통하여 지출항목을 점검한다.
(4) 현장 실행예산서를 〈표 44〉와 같이 작성하고, 본사의 승인을 득한다.

## 4. 건물관리비 산출 및 정산서비스 수행

### 1) 건물관리비의 개념

건물관리비(Building Management Expenses)라 함은 건물입주자가 입주한 건물의 사용과 수익에 필요한 에너지 사용과 시설관리 서비스의 소비대가로 시설관리 서비스 생산 공급자에게 지불하는 비용을 일반적으로 건물관리비라 한다.

건물관리비에는 협의의 건물관리비와 광의의 건물관리비의 종류가 있으며 협의의 건물관리비는 사용료나 장기수선충당금 등은 포함되지 아니하고 순수한 시설관리 서비스 생산에 소요된 직접비와 간접비만을 의미한다. 그러나 광의의 건물관리비에는 협의의 관리비에 사용료와 수선 충당금 등이 포함되는 건물관리비를 말한다. 건물 관리비의 산출과 청구 및 수납과 정산은 원칙적으로 건축물 소유자(임대인)이 담당하는 업무이나 예외적으로 시설관리업자에게 유상조건으로 대행하도록 위임하는 경우가 있다.

이와 같은 경우에 현장에서는 건물관리비 대행서비스 수행절차를 수립하고, 임대인의 승인을 받아 건물관리비를 매월 산출하고 청구하여 수납한다. 이를 매월 정산해야 하며, 이에 관련하여 매월 일정한 기일에 건물관리비 현황보고서를 건물소유주 또는 건물임대인에게 제출해야 한다.

### 2) 건물관리비 서비스 대행 수행절차

건물관리비 대행 서비스 수행절차는 다음과 같은 방법으로 수립하고 건물소유자의 승인을 받아 대집행 한다. 건물관리비 대행서비스 수행은 다음의 〈표 45〉와 같이 수행된다.

〈표 45〉 건물관리비 대행서비스 수행절차(예시)

1) 건물관리비 대행서비스 계약을 체결한다.
2) 관리비 고지서를 작성한다.
3) 다음의 세금계산서 항목의 관리비를 산출한다.
   (1) 도급용역비(일반관리비)
   (2) 전기료
   (3) 공동전기료
   (4) 수선유지비
   (5) 냉난방비
   (6) 장기수선 충당금이 있는 경우 장기수선 충당금
   (7) 승강기 유지비
   (8) 부가세(10%)
2) 합산하여 소계(1)를 산출한다.
4) 소계의 10% 부가세를 산출한다.
5) 다음의 계산서 항목의 관리비를 산출한다.
   (1) 기본 수도료
   (2) 전력기금
   (3) 화재 보험료
   (4) 건물 소독비
   (5) 정화조 청소 및 정화조 소독비
   (6) TV가 있는 수신료
6) 합산하여 소계 (2)를 산출한다.
7) 소계 (1)과 (2)를 합산하여 당월 관리비를 산출한다.
8) 연체금이 있는 경우, 연체금을 합산하여 최종 당월 관리비를 산출한다.
9) 건물소유주체의 승인을 득한다.
10) 건물관리비 프로그램을 활용하여 청구서를 인쇄한다.
11) 청구서를 발송한다.
12) 관리비를 지정은행 구좌로 입금하고, 입금 상태를 확인한다.
13) 정산하고 회계 세무 처리한다.
14) 매월 말 기준 건물관리비현황 보고서를 작성하고 다음달 10일 이내에 소유주에게 보고한다.
15) 보고서를 보관하고 유지한다.
16) 당월 관리비 업무를 마감한다.

주) 관리비 업무 수행절차와 관리비 항목은 관리건물의 임대특성과 계약내용 등에 따라 다소 사이하게 작성될 수 있음.

## 5. 시설관리 관련 비용청구 및 정산

현장의 성격과 업무의 종류와 범주에 따라 발생하는 비용의 종류와 금액이 달라질 수 있으나 통상 규모 있는 시설관리 현장에는 다음에 열거하는 시설관리 관련 항목들에 대한 비용이 정기적 또는 비정기적으로 발생하고, 납부 또는 지불하고 정산하는 경제적 성격의 업무가 허다하다. 대표적으로 발생하는 시설관리 관련 경제적 성격의 비용 항목과 정산처리 방법은 다음의 〈표 46〉과 같다.

〈표 46〉 시설관리 관련 비용 지출항목과 처리방법

(1) 시설관리 용역 인건비
① 산출한다.
② 세금계산서를 첨부하여 청구하여 수령한다.
③ 입금처리 한 후 세무 회계 한다.

(2) 전기료
① 분할계량기를 점검하고 사용량을 확인하여 사용료를 산출한다.
② 공용사용량(외곽/냉난방 등)을 확인하고, 공동 전기사용료를 산출한다.
③ 개인 사용료는 개인(세대별)에게 청구하고 공동 전기사용료는 건물관리비에 반영하여 청구한다.

(3) 상하수도료
① 점유하고 있는 전용부에 대하여 분리 부과한다.
② 공동사용료를 산출하고 관리비에 반영하여 청구한다.

(4) 도시가스료
① 취사용과 경비실, 식당 등에는 분리 부과한다.
② 냉 온수, 보일러에 대한 도시가스료는 분리부과하고 관리비에 반영하여 청구한다.

(5) 정기유지보수에 해당하는 다음의 항목에 대하여 유지보수비의 청구 납부 및 정산하고 세무회계 처리한다. 정기 유지보수 비용항목은 다음과 같다.
① 발전기, ATS 유지보수비
② UPS, 베터리, 액티브 필터 유지관리비
③ 승강기 유지관리비
④ 보안설비 유지관리비
⑤ 방역 소독 관리비
⑥ 조경시설물 관리비

(6) 다음의 수선유지비는 청구, 수령, 입금, 정산, 세무회계 처리 순으로 처리한다. 수선유지비 비용항목은 다음과 같다.
① 건축 영선비
② 전기설비 수선유지비
③ 기계설비 수선유지비
④ 승강설비 수선유지비
⑤ 자동제어 설비 수선유지비
⑥ 보안설비 수선유지비
⑦ 통신설비 수선유지비

(7) 세관 및 청소비는 대금 산출, 청구, 수령, 입금, 정산, 세무회계 처리 순으로 처리한다. 세관 및 청소비용 발생항목은 다음과 같다.
① 냉 온수시설 세관공사
② 보일러 세관공사
③ 물탱크 청소
④ 정화조 청소
⑤ 외벽 및 유리 청소

(8) 지급 수수료 및 정기 점검 비는 산출, 청구 , 수령, 입금, 정산, 세무회계 처리 순으로 수행한다. 지급 수수료와 정기 점검비 등 비용발생 항목은 다음과 같다.
① 건축물 정기점검(1회/3년)
② 건축물 일상점검(2회/년)
③ 소방시설물 정기점검(2회/년)
④ 정압기 분해청소(1회/3년)
⑤ 고압, 도시가스 정기검사(1회/년)
⑥ 전기안전공사 검사(1회/3년)
⑦ 승강기 정기검사(1회/년)
⑧ 실내공기질 측정(1회/년)
⑨ 지하수, 먹는 물 검사(2회/년)
⑩ C/T레지오넬라 균 수질검사(1회/년)
⑪ 검사대상 기기검사(1회/년)
⑫ 저수조 청소(2회/년)

(9) 세금 및 공과잡비(지역 개발세, 교통유발 부담금, 면허세 및 협회비 등)은 산출, 청구, 수령, 입금, 정산, 세무회계 처리 순으로 수행한다.

(10) 영업배상 책임 보험금 및 기타 법정 가입 보험료는 산출, 청구, 수령, 입금, 정산, 세무회계 처리 순으로 수행한다.

(자료 출처 : 국가기술표준원(2011), KS S 1004-2 인용 및 재구성)

# 제5절 법률적 시설관리활동

## 1. 법률적 시설관리의 개념

시설관리 서비스 도급계약, 시설관리 관계법규의 이행 등 주로 강제적인 규범이나 준수해야 하는 기준 및 절차 등을 매개로 이루어지는 시설관리 업무를 말한다.

## 2. 법률적 시설관리 업무의 종류와 실무적 수행방법

법률적 시설관리 주요 업무에는 시설관리 서비스 도급계약 체결과 유지보수계약 체결 및 사후관리업무, 시설관리 관계법령의 검토 및 이행 업무, 법적 사건사고 대응 업무 등이 있다. 법률적 시설관리 업무의 종류는 다음의 〈표 47〉과 같다.

〈표 47〉 법률적 시설관리 주요 업무의 종류

| |
|---|
| (1) 시설관리서비스 도급계약 체결 |
| (2) 시설관리 관계법령 검토 및 이행사항 조치 |
| (3) 시설물 유지보수 계약체결 및 사후관리 |
| (4) 건물임대차계약 및 사후관리(수임의 경우) |
| (5) 법적 하자 관리 |
| (6) 자치 법규 관리 |
| (7) 시설관리 관련제도 검토 및 이행사항 조치 |
| (8) 유관기관 법정업무 접수 및 처리 |
| (9) 법적 사건사고 조사 및 대응 |

## 3. 시설관리 서비스 도급계약의 체결

### 1) 시설관리 서비스 도급계약의 개념

시설관리 현장파악이 종료되면 파악한 자료와 정보를 바탕으로 시설관리 서비스 도급계약을 체결하고, 시설관리 과업지시서에 서명 날인하여 시설관리의 관리권을 확보하고 시설관리 현장 인수와 점유의 권원을 확보한다.

시설관리 용역 도급계약서의 양식은 발주처별로 매우 다양하며 표준도급계약 양식은 없으나 계약서에 명기해야 하는 주요 조항은 반드시 포함되어야 한다.

과업지시서는 시설관리 기술시방서로서 시설관리의 업무 범위와 시설관리 관리 방법, 법정 점검과 법적 시설관리 업무 권한과 책임 등 주요내용을 명기하고 있으며, 반드시 확인하고 서명해야 한다. 왜냐하면 과업지시서 역시 시설관리 서비스 도급계약서의 일부 서면이기 때문이다.

시설관리 서비스(용역)도급계약은 시설관리 분야의 행정적 시설관리 분야 업무 중 가장 중요한 업무이다. 왜냐하면 시설관리 서비스 계약의 체결 없이는 현장 인수는 물론 FM 운영계획이나 현장 실행예산서 작성 등 일체의 행정적 업무 및 경제적 시설관리 업무가 수행 될 필요가 없기 때문이다.

시설관리 서비스(용역) 도급계약(Facilities Maintenance Service Agrement)이라 함은 시설관리 서비스 발주자와 시설관리 서비스 업체 간에 계약 당사 중 어느 일방이 일정한 시설관리 서비스를 제공하기로 약정하고, 상대방이 시설관리 서비스 제공의 대가로 일정한 서비스 비용을 지급하기로 약정한 법률행위를 말한다. 시설관리 서비스 계약이라고도 하며, 현실적으로 서비스 발주자가 일방적으로 작성하여 이를 시설관리 업자에게 청약하고, 시설관리 업자가 이를 승낙함으로서 성립하는 전형계약, 유상계약, 쌍무계약, 불요식 계약을 말한다.

### 2) 조달청 시설관리 용역계약 체결절차

조달청에서 발주하는 시설관리 용역발주와 계약체결은 다음의 순서로 진행된다.

(1) 입찰공고
(2) 현장설명
(3) 입찰의향서 및 입찰보증금 제출
(4) 입찰
(5) 적격대상 통보
(6) 적격심사 및 적격심사결과 통보
(7) 계약관련 서류제출 및 계약체결

그러나 시설관리 서비스 도급계약서를 발주처가 일방적으로 설계 · 작성하고, 계약을 체결하도록 요청하고 있으나 다음의 계약조항은 반드시 포함하여 계약서를 작성하고 서명날인 해야 한다. 시설관리 서비스 도급계약서에 포함되어야할 조항을 예시하면 다음의 〈표 48〉과 같다.

〈표 48〉 시설관리 서비스 도급계약서에 포함되어야 할 조항(예시)

| |
|---|
| (1) 시설관리 목적물 |
| (2) 도급관리 대상 범위 |
| (3) 시설관리 업무 일부 하도급 |
| (4) 건물의 시설보수 및 개조공사 |
| (6) 비용의 부담 |
| (7) 보고 등의 의무 |
| (8) 서류의 보관 |
| (9) 사고예방 및 통보 |
| (10) 보험의 가입 |
| (11) 배상 책임 |
| (12) 도급금액 및 지급방법 |
| (13) 계약기간 |
| (14) 계약의 해지 |
| (14) 기타 계약내용에 없는 업무협의 결정방법 |
| (15) 계약서 작성 부수 |
| (16) 관할 법원 |
| (17) 계약체결일 |
| (18) 계약 당사자 인적사항 |

주) 시설관리 서비스 도급계약서 명시조항은 발주처의 사정과 업무범위 등에 따라 다소 변경될 수 있음.

## 4. 시설관리 관계법령 검토 및 이행사항 조치

### 1) 시설관리 관계법령의 개념

시설관리 관계법령이라 함은 시설관리에 직접 영향을 미치는 법령을 말한다. 시설관리 관계법령에는 유지관리 관계법령, 안전관리 관계법령, 환경관리 관계법령, 건축설비관리 관계법령 등이 있다. 이를 검토하고 이행사항을 조치해야 한다. 이를 위해서는 다음과 같은 방법으로 관계법령을 검토하고 이행사항을 도출하여 시설관리 관계법령 이행사항 리스트를 만들어 이행사항을 적절하게 이행하여야 한다. 시설관리 관련 검토해야 하는 주요 시설관리 관계법령은 다음의 〈표 49〉와 같다.

〈표 49〉 시설관리 관계법령(예시)

(1) 건축물유지관리 관계법령(건축법/시행령/시행 규칙/지방자치단체 조례/녹색 건축물조성지원법/시설물의 안전관리에 관한 특별법/건축물관리법/기계설비법 등)을 검토하고 이행사항을 조치한다.
(2) 주차장관리 관계법령(주차장관리법/시행령/시행규칙)을 검토하고 이행사항을 조치한다.
(3) 전기설비관계법령(전기사업법/전기공사사업법/전기설비 기술기준)을 검토하고 이행사항을 조치한다.
(4) 기계설비관계 법령을 검토하고 이행사항을 조치한다.
(5) 소방시설물관리 관계법령(소방기본법/소방시설설치유지 및 안전관리에 관한 법률/국가화재 안전관리 기준(NFSC)을 검토하고 이행사항을 조치한다.
(6) 승강기관리 관계법령(승강기시설 안전관리법/승강기 검사기준) 검토하고 이행사항을 조치한다.
(7) 에너지관리 관계법령(에너지이용합리화법/법, 시행령, 시행규칙) 검토하고 이행사항을 조치한다.
(8) 도시가스 관계법령(도시가스사업법, 시행령, 시행규칙)을 검토하고 이행사항을 조치한다.
(9) 냉동기관리 관계법령(고압가스안전관리법, 시행령, 시행규칙)을 검토하고 이행사항을 조치한다.
(10) 보일러 압력용기 관이 관계법령(에너지 이용합리화법/열사용기자재규칙 보일러 부분, 검사대상 기준)을 검토하고 이행사항을 조치한다.
(11) 실내공기 질 관리 관계법령(다중이용시설의 실내공기 질 관리법, 시행령, 시행규칙)을 검토하고 이행사항을 조치한다.
(12) 수도 및 하수도설비관리 관계법령(수도법/하수도법/수도시설의 청소 및 위생관리 등의 관한 규칙)을 검토하고 이행사항을 조치한다.
(13) 소독, 구서, 구충 관계법령(전염병예방법)을 검토하고 이행사항을 조치한다.
(14) 위험물관리 관계법령(위험물안전관리법/시행령/시행규칙) 검토하고 이행사항을 조치한다.
(15) 안전관리 관계법령(시설물의 안전관리에 관한 특별법 등) 검토하고 이행사항을 조치한다.

## 2) 〈건축법〉을 검토하고 이행사항 조치

건축물유지관리 대표적 관계법령에는 유지관리 기본법 성격의 건축법이 있다. 이를 검토하고 이행사항을 조치한다.

건축법은 건축물의 대지, 구조, 설비, 기준 및 용도 등을 정하여 건축물의 안전, 기능, 환경, 및 미관을 향상시킴으로서 공공복리의 증진에 이바지함을 목적으로 하는 법으로서 건축물유지관리의 기본법 성격의 관계법령이다.

### (1) 건축법의 핵심용어를 이해한다

일반건축물의 유지관리에 관하여 일반적으로 적용되는 건축물 유지관리 관련법에는 건축법이 있다. 건축물유지관리에 관한 건축법의 관련조항을 살펴 이해할 필요가 있다. 건축법에서 규정하고 있는 건축물 유지관리 조항을 이해하기 위해서는 다음과 같은 건축법의 핵심 용어들에 대하여 살펴 먼저 이해할 필요가 있다. 이와 같은 건축법의 핵심용어들에 대한 이해를 바탕으로 건축법에서 명시하고 있는 건축물 유지관리에 대한 개념을 이해하고 숙지하여 건축물의 유지관리 효과를 창출해야 한다.

건축물의 소유자나 관리자가 건축물 유지관리를 시작하기 전에 반드시 이해해야 하는 건축법의 핵심용어는 다음과 같다.

① 대지 : 공간정보의 구축 및 관리 등에 관한 법률에 따라 각 필지로 나눈 토지를 말한다. 다만, 대통령령으로 정하는 토지는 둘 이상의 필지를 하나의 대지로 하거나 하나 이상의 필지의 일부로 하나의 대지로 할 수 있다.

② 건축물 : 토지에 정착한 공작물 중 지붕과 기둥 또는 벽이 있는 것과 이에 딸린 시설물, 지하나 고가의 공작물에 설치하는 사무소, 공연장, 점포, 차고, 창고, 그 밖의 대통령령으로 정하는 것을 말한다.

③ 건축물의 용도 : 건축물의 용도를 유사한 구조, 이용목적 및 형태별로 묶어 분류한 것을 말한다. 건축법 제 2조 제2항에서는 단독주택, 공동주택, 대통령령으로 정하는 시설 등 28종으로 분류하고 있으나 건축법 시행령에는 제3조의 5에서 단독주택, 공동 주택, 야영장 시설 등 29종으로 분류하고 있어 이에 대한 차이를 확인할 필요가 있다. 건축물의 용도에는 주 용도와 주 용도에 속하는 세부용도가 있으며, 세부용도는 대통령령으로 정할 수 있다.

④ 건축설비 : 건축물에 설치하는 전기, 전화설비, 초고속 정보통신 설비, 지능형홈네트워크 설비, 가스, 급수 배수(配水)설비, 배수(排水)설비, 환기, 난방, 냉방, 소화, 배연, 및 오물처리 설비, 굴뚝, 승강기, 피뢰침, 국기 게양대, 공동시청 안테나, 유선방송 수신시설, 우편함, 저수조, 방법시설, 그 밖에 국토교통부령으로 정하는 설비를 말한다.

⑤ 지하층 : 건축물의 바닥이 지표면 아래에 있는 층으로서 바닥에서 지표면까지 평균높이가 해당 층 높이 의 2분지 1이상인 것을 말한다.

⑥ 거실 : 건축물 안에서 거주, 집무, 작업, 집회, 오락, 그 밖에 이와 유사한 목적을 위하여 사용되는 방을 말한다.

⑦ 주요 구조 부 : 내력벽, 기둥, 바닥, 보, 지붕틀, 및 주 계단(主 階段)을 말한다. 다만, 사이 기둥, 최하층 바닥, 작은 보, 차양, 옥외 계단, 그 밖에 이와 유사한 것으로 건축물의 구조상 중요하지 아니한 부분은 제외한다.
⑧ 건축 : 건축물을 신축, 증축, 개축, 재축하거나 건축물을 이전하는 것을 말한다.
⑨ 대수선 : 대수선이란 건축물의 기둥, 보, 내력벽, 주 계단 등의 구조나 외부 형태를 수선 변경하거나 증설하는 것으로서 대통령령으로 정하는 것을 말한다.
⑩ 건축주 : 건축주란 건축물의 건축, 대수선, 용도변경, 건축설비의 설치, 또는 공작물의 축소, 에 관한 공사를 발주하거나 현장 관리인을 두어 스스로 그 공사를 하는 자를 말한다.
⑪ 리모델링 : 건축물의 노후화를 억제하거나 기능향상 등을 위하여 대수선하거나 일부 증축하는 행위를 말한다.
⑫ 건축물의 유지 관리 : 건축물의 소유자나 관리자가 사용 승인된 건축물의 대지, 구조, 설비 및 용도 등을 지속적으로 유지하기 위하여 건축물이 멸실될 때가지 관리하는 행위를 말한다.
⑬ 고층 건축물 : 층수가 30층 이상이거나 높이가 120미터 이상인 건축물을 말한다.
⑭ 초고층건축물 : 층수가 50층 이상이거나 높이가 200미터 이상인 건축물을 말한다.
⑮ 실내건축 : 건축무의 실내를 안전하고 쾌적하며 효율적으로 사용하기 위하여 내부공간을 칸막이로 구획하거나 벽지, 천장재, 바닥재, 유리, 등 대통령령으로 정하는 재료 또는 장식물을 설치하는 것을 말한다.
⑯ 부속 구조물 : 건축물의 안전, 기능, 환경 등을 향상시키기 위하여 건축물에 추가적으로 설치하는 환기시설물 등 대통령령으로 정하는 구조물을 말한다.

### (2) 건축법의 유지관리 개념을 이해한다

건축법 제1조 제1항 16의 2에서 건축물유지관리 개념을 “건축물의 소유자나 관리자가 사용 승인된 건축물의 대지, 구조, 설비 및 용도 등을 지속적으로 유지하기 위하여 건축물이 멸실될 때까지 관리하는 행위”로 정의하고 있다.

건축법에서는 건축물 유지관리 주체로는 건축물의 소유자와 관리자로 한정하고 있으며, 유지관리 대상은 사용 승인된(준공 된) 건축물의 대지와 구조(건축시설), 설비(건축설비), 용도로 명시하고 있다. 또한 유지관리 기간은 사용 승인된 날로부터 멸실될 때까지로 유지·관리기간을 설정하고 있다. 멸실의 원인으로는 자연적 멸실 또는 인위적 멸실을 불문한다.

### (3) 건축법의 건축물 유지관리 기준을 파악하고 이행사항을 조치한다

건축물의 소유자와 관리자는 건축법 제35조와 동 시행령 제23조 및 시행규칙 제

23조 그리고 해당 지방자치 단체서 정하고 있는 건축조례에 따라 건축물을 유지관리 해야 한다.

① 대지의 안전 기준을 파악하고 이행사항을 조치한다(법 제40조).
- 대지는 인접한 도로면보다 낮아서는 안 된다. 다만, 대지의 배수에 지장이 없거나 건축물의 용도상 방습의 필요가 없는 경우에는 인접한 도로면 보다 낮아도 된다. 습한 토지, 물리 나올 우려가 많은 토지, 그 밖에 이와 유사한 것으로 매립된 토지로 건축하는 경우에는 성토, 지반개량 등 필요한 조치를 하여야 한다. 대지에는 빗물과 오수를 배출하거나 처리하기 위하여 필요한 하수구, 하수관, 저수탱크, 그 밖에 이와 유사한 시설을 하여야 한다.
- 손궤(무너져 내림)의 우려가 있는 토지에 대지를 조성하려면 국토교통부령으로 정하는 바에 따라 옹벽을 설치하거나 그 밖에 필요한 조치를 하여야 한다.

② 토지굴착부분에 대한 조치기준을 파악하고 이행사항을 조치한다(법 제41조).
- 공사시공자는 대지를 조성하거나 건축공사를 수행하기 위하여 토지를 굴착, 절토, 매립 도는 성토 등을 하는 경우에는 그 변경 부분에는 국토교통부령으로 정하는 바에 따라 공사 중 비탈면 붕괴, 토사유출 등 위험발생의 방지, 환경보존, 그 밖에 필요한 조치를 취한 후 해당 공사현장에 게시하여야 한다.
- 허가권자는 전항을 위반한 자에 대하여 의무이행에 필요한 조치를 명할 수 있다.

③ 대지의 조경기준을 파악하고 이행사항을 조치한다(법 제42조).
- 면적이 200제곱미터 이상인 대지에 건축을 하는 건축주는 용도지역 및 건축물의 규모에 따라 해당하는 해당 자치 단체의 조례로 정하는 기준에 따라 대지의 조경이나 그 밖에 필요한 조치를 하여야 한다.
- 국토교통부 장관은 식재 기준, 조경시설물의 종류 및 설치 방법, 옥상조경방법 등 조경에 필요한 사항을 정하여 고시할 수 있다.

④ 공개공지의 확보기준을 파악하고 이행사항을 조치한다(법 제43조).
- 일반주거지역, 준주거지역, 상업지역, 준 공업지역, 특별자치시장 특별자치도지사 또는 시장, 군수, 구청장이 도시화의 가능성이 크다고 인정하여 지정 공고한 지역의 쾌적한 환경을 조성하기 위하여 대통령령으로 정하는 기준에 따라 소규모 휴식시설 등의 공개공지(공터) 또는 공간을 설치해야 한다.

⑤ 대지와 도로와의 관계기준을 파악하고 이행사항을 조치한다(법 제44조).
- 건축물의 대지는 2미터 이상이 도로(자동차만의 통행에 사용되는 도로는 제외한다)에 접하여야 한다. 다만, 해당 건축물의 출입에 지장이 없거나, 건축물의 주변에 대통령령으로 정하는 공지가 있는 경우 농지법에 따라 농막을 건축하는 경우는 그러하지 아니하다.

- 건축물의 대지가 접하는 도로의 넓이, 대지가 도로에 접하는 부분의 길이, 그 밖에 대지와 도로의 관계에 관하여 필요한 사항은 대통령령으로 정하는 바에 따른다.

⑥ 도로의 지정. 폐지 또는 변경기준을 파악하고 이행사항을 조치한다(법 제45조).
- 허가권자가 도로의 위치를 지정 공고하려면 국토교통부령으로 정하는 바에 다라 그 도로에 대한 이해관계인의 동의를 받아야 한다. 다만 다음의 경우에는 이해관계인의 동의를 받지 아니하고 건축위원회의 심의를 거쳐 도로를 지정할 수 있다.
- 허가권자가 이해관계인이 해외에 거주하는 사유 등으로 동의받기가 곤란하다고 인정되는 경우
- 주민이 오랫동안 통행로로 이용하고 있는 사실상의 통로로서 해당 지방자치 단체의 조례로 정하는 것인 경우

⑦ 건축선의 지정기준을 파악하고 이행사항을 조치한다(법 제46조).
- 도로와 접한 부분에 건축물을 건축할 수 있는 선(이하 건축선이라 한다)은 대지와 도로의 경계선으로 한다.

⑧ 건축선에 따른 건축제한 기준을 파악하고 이행사항을 조치한다(법 제47조).
- 건축선과 담장은 건축선의 수지면을 넘어서는 아니 된다. 다만, 지표아래 부분은 그러하지 아니하다.
- 도로면으로부터 높이 4.5미터 이하에 있는 출입구, 창문, 그 밖에 유사한 구조물을 열고 닫을 때 건축선의 수직면을 넘지 아니하는 구조로 하여야 한다.

⑨ 구조 내력 기준을 파악하고 이행사항을 조치한다(법 제48조).
- 건축물은 고정하중, 적재하중, 적설하중, 풍압, 지진, 그 밖의 진동 및 충격 등에 대하여 안전한 구조를 가져야 한다.
- 건축물을 건축하거나 대수선을 하는 경우 대통령령으로 정하는 바에 따라 구조의 안전을 확인해야 한다.
- 지방자치단체장은 구조안전 확인 대상 건축물에 대하여 허가 등을 하는 경우 내진성능 확보 여부를 확인해야 한다.

⑩ 건축물의 피난시설 용도제한기준을 파악하고 이행사항을 조치한다(법 제49조).
- 대통령령으로 정하는 용도 및 규모의 건축물과 그 대지에는 국토교통부령이 정하는 바에 따라 복도, 계단, 출입구, 그 밖의 피난시설과 소화전, 저수조, 그 밖의 소화설비 및 대지 안의 피난과 소화에 필요한 통로를 설치해야 한다.
- 대통령령으로 정하는 용도 및 규모의 건축물의 안전 , 위생, 및 방화 등을 위하여 필요한 용도 및 구조의 제한, 방화 구획, 화장실의 규조, 계단, 출입구, 거실의 반자 높이, 거실의 채광, 환기와 바닥의 방습 등에 대하여 국토교통부령이 정하는바에 따라 유지 관리해야 한다.
- 대통령으로 정하는 용도 및 규모의 건축물에 대하여 가구 세대, 등 간 소음방지를

위하여 국토교통부령이 정하는 바에 따라 경계 벽 및 바닥을 설치해야 한다. 침수위험지구에 건축하는 공공기관이 건축하는 건축물은 침수방지 및 방수를 다음 기준에 따라야 한다.

- 건축물의 1층 전체를 필로티구조(경비실, 계단실, 승강기 실 등 포함)로 해야 한다.
- 국토교통부령으로 정하는 침수방지시설을 해야 한다.

⑪ 건축물의 내화구조와 방화벽 기준을 파악하고 이행사항을 조치한다(법 제50조).

- 문화 집회시설, 의료시설, 공동주택 등 대통령으로 정하는 건축물은 국토교통부령으로 정하는 기준에 따라 주요 구조 부를 내화구조로 하여야 한다.
- 대통령령으로 정하는 용도 및 규모의 건축물은 국토교통부령으로 정하는 기준에 따라 방화벽을 구획하여야 한다.

⑫ 고층 건축물의 피난 및 안전관리기준을 파악하고 이행사항을 조치한다(법 제50조의 2).

- 고층건층에는 대통령령으로 정하는 바에 따라 피난안전구역을 설치하거나 대피공간을 확보한 계단을 설치하여야 한다.
- 고층건축물에 설치한 피난안전구역, 피난시설 또는 대피공간에는 국토교통부령이 정하는 바에 따라 화재 등의 경우에 피난용도로 사용하는 것임을 표해야 한다.
- 고층건축물에는 화재예방, 피해경감을 위하여 국토교통부령으로 정하는 바에 따라 제48조부터 제50조까지와 제64조(승강기) 기준을 강화할 수 있다.

⑬ 방화지구안의 건축물의 구조 기준을 파악하고 이행사항을 조치한다(법 제51조).

- 국토의 계획 및 이용에 관한 법률에서 정하는 방화지구 안에서는 건축물의 주요 구조부와 외벽을 내화구조로 하여야 한다.
- 방화지구 안의 공작물로서 간판, 광고탑, 그 밖의 대통령으로 정하는 공작물 중 건축물의 지붕 위에 설치하는 공작물이나 높이 3미터 이상의 공작물은 불연 재료로 하여야 한다.
- 방화지구 안의 지붕, 방화 문, 인접 대지 경계선에 접하는 외벽은 국토교통부령으로 정하는 구조 및 재료로 하여야 한다.

⑭ 건축물의 마감재료 기준을 파악하고 이행사항을 조치한다(법 제52조).

- 대통령령으로 정하는 용도 및 규모의 건축물의 벽, 반자, 지붕(반자가 없는 경우) 등 내부의 마감 재료는 방화에 지장이 없는 재료를 사용해야 하고 실내공기 질 관리법 제 5조 및 제6조에 따른 실내공기 질 유지기준 및 권고기준을 고려해야 한다.
- 대통령령으로 정하는 건축물의 외벽에 사용되는 마감 재료는 방화에 지장이 없는 재료를 사용해야 한다.
- 욕실, 화장실, 목욕장 등의 바닥 재료는 미끄럼을 방지할 수 있도록 국토교통부령이 정하는 기준에 적합하여야 한다.

⑮ 실내건축기준 및 검사기준을 파악하고 이행사항을 조치한다(법 제52조의 2).

- 대통령으로 정하는 용도 및 규모의 건축물의 실내 건축은 방화에 지장이 없고, 사용자의 안전에 문제가 없는 구조 및 재료로 시공해야 한다.
- 실내건축의 구조 및 시공방법은 국토교통부령으로 정하는 기준에 따라야 한다.
- 특별시장, 특별자치도지사, 시장, 군수, 구청장은 실내건축이 적정하게 설치 및 시공되었는지에 대하여 검사해야 한다.

⑯ 지하층의 구조 및 설비기준을 파악하고 이행사항을 조치한다(법 제53조).
- 건축물에 설치하는 지하층의 구조 및 설비는 국토교통부령이 정하는 기준에 맞게 하여야 한다.

⑰ 건축물의 대지가 지역, 지구, 구역에 걸치는 경우의 조치기준을 파악하고 이행사항을 조치한다(법 제54조).
- 그 건축물과 대지의 전부에 대하여 대지의 과반에 속하는 지역 지구 구역안의 건축물 및 대지는 이 법의 규정을 준용한다.

⑱ 건축물의 건폐율 기준을 파악하고 이행사항을 조치한다(법 제55조).
- 대지 면적에 대한 건축면적(대지에 건축물이 둘 이상 있는 경우에는 이들 건축면적의 합계로 한다)의 비율의 최대한도는 국토의 계획 및 이용에 관한 법률 제77조에 따른 건폐율에 따른다. 다만, 이 법에서 기준을 완화하거나 강화하여 적용하도록 규정한 경우에는 그에 따른다.

⑲ 건축물의 용적률 기준을 파악하고 이행사항을 조치한다(법 제56조).
- 대지면적에 대한 연 면적의 최대한도는 국토의 계획 및 이용에 관한 법률 제78조에 따른 용역율의 기준에 따른다. 다만, 이 법에서 용적률을 완화하거나 강화할 경우에는 그에 따른다.

⑳ 대지안의 분할 제한기준을 파악하고 이행사항을 조치한다(법 제57조).
- 건축물이 있는 대지는 대통령령으로 정하는 범위에서 해당 지방자치 단체의 조례로 정하는 면적에 못 미치게 분할 할 수 없다.

㉑ 대지안의 공지기준을 파악하고 이행사항을 조치한다(법 제58조).
- 건축물을 건축하는 경우에는 국토의 계획 및 이용에 관한 법률에 따른 용도지역, 용도지구, 건축물의 용도 및 규모 등에 따라 건축선 및 인접 대지경계선으로부터 6미터 이내의 범위 내에서 대통령령이 정하는 바에 따라 해당 지방자치단체의 조례로 정하는 거리 이상으로 띄어야 한다.

㉒ 건축물의 높이 제한기준을 파악하고 이행사항을 조치한다(법 제60조).
- 가로구역을 단위로 하여 대통령령이 정하는 기준과 절차에 따라 건축물의 높이를 지정 공고할 수 있다. 다만 특별시장이나 광역시장은 도시의 관리를 위하여 필요하면 건축물의 높이를 특별시 또는 광역시의 조례로 정할 수 있다.

㉓ 일조 등의 확보를 위한 건축물의 높이 제한기준을 파악하고 이행사항을 조치한다(법

제61조).

- 전용주거지역과 일반주거지역 안에서 건축하는 건축물의 높이는 일조 등의 확보를 위하여 정북방향의 인접대지 경계선으로부터 거리에 따라 대통령령으로 정하는 높이 이하로 하여야 한다.

㉔ 건축설비 기준을 파악하고 조치한다(법 제62조).

- 건축설비의 설치 및 구조에 관한 기준과 설계 및 공사감리에 관한 사항은 대통령으로 정한다.

㉕ 승강기 설치기준을 파악하고 이행사항을 조치한다(법 제64조).

- 건축주는 6층 이상으로서 연 면적이 2천 제곱미터 이상인 건축물(대통령령으로 정하는 건축물은 제외한다)을 건축하려면 승강기를 설치해야 한다. 이 경우 승강기 규모 및 구조는 국토교통부령으로 정한다.
- 31미터를 초과하는 건축물에는 대통령령으로 정하는 바에 따라 제1항에 다를 승강기 외에 비상용 승강기를 추가로 설치해야 한다.

㉖ 지능형건축물의 인증기준을 파악하고 이행사항을 조치한다(법 제65조의 2).

- 국토교통부 장관은 지능형 건축물(Intelligent Building)의 건축을 활성화하기 위하여 지능형건축물 인증 제도를 실시한다.
- 허가권자는 지능형건축물로 인증 받은 건축물에 대하여 조경설치면적의 100분의 85까지, 용적률 및 건축물의 높이를 100분의 115 범위 내에서 완화하여 적용할 수 있다.

㉗ 관계 전문기술자 협력 및 업무 수행기준을 파악하고 이행사항을 조치한다(법 제67조).

- 설계자와 공사 감리 자는 녹색건축물 조성지원법 제15조에 따른 대지의 안전, 건축물 구조상의 안전, 부속 구조물 및 건축설비의 설치 등을 위한 설계 및 공사 감리를 할 때 대통령령이 정하는 바에 따라 관계전문기술자의 협력을 받아야 한다.
- 관계 전문기술자는 건축물이 이 법 및 이 법에 다른 명령이나 처분, 그 밖의 관계법령에 맞고 안전, 기능 및 미관에 지장이 없도록 업무를 수행해야 한다.

㉘ 기술적 기준 설정기준을 파악하고 이행사항을 조치한다(법 제68조).

- 대지의 안전, 건축물의 구조상 안전, 건축설비 등에 관한 기술적 기준은 특별히 규정한 경우 외에는 국토교통부령이 정하되 세부기준은 국토교통부 장관이 지정 하는 연구기관, 학술단체, 그 밖의 관련 전문기관 또는 단체가 국토교통부장관의 승인을 받아 정할 수 있다. 이 경우 국토교통부 장관은 고시해야 한다.

㉙ 건축물 멸실 신고기준을 파악하고 이행사항을 조치한다(법 제36조).

- 건축물의 소유자나 관리자는 건축물을 철거하려면 철거하기 전에 특별자치시장, 특별자치도지사, 또는 시장, 군수, 구청장에게 신고해야 한다.
- 건축물의 소유자나 관리자는 건축물이 재해로 멸실된 경우 멸실 후 30일 이내에 신고해야 한다.

㉚ 건축지도원의 지정 의무기준을 파악하고 이행사항을 조치한다(법 제37조).

- 지방자치단체장은 건축법 및 건축법의 명령이나 처분에 위반되는 건축물 발생을 예방하고 건축물을 적법하게 유지 관리하도록 지도하기 위하여 대통령령으로 정하는 바에 따라 건축지도원을 지정할 수 있다.

### 3) 〈건축법 시행령〉을 검토하고 이행사항 조치

건축법 시행령에서는 건축물 유지관리에 관하여 시행령 제23조에 관련 규정을 두고 유지관리를 수행하도록 요구하고 있다.

(1) 건축물의 유지관리 의무자의 유지관리 의무기준을 파악하고 이행사항을 조치한다(시행령 제23조).

① 건축물의 소유자나 관리자는 건축물, 대지, 건축설비를 건축법 제 35조 제1항에 따라 유지 관리해야 한다. 로 명시하고 있어 건축물의 소유자와 관리자가 의무적으로 유지관리 하도록 명시하고 있다.

② 특수구조 건축물, 고층건축물의 소유자와 관리자는 시행령 제23조 제1항에 따라 유지 관리하는 경우 건축물의 제설, 홈통 청소 등에 관한 사항이 포함된 유지관리계획을 마련하여야 한다.

(2) 정기점검 및 수시점검기준을 파악하고 이행사항을 조치한다(시행령 제23조의 2).

① 다중이용 건축물, 3천 제곱미터 이상의 집합 건축물, 다중이용업소로 지방자치단체가 건축조례로 정하는 건축물, 준 다중이용건축물 중 특수구조 건축물의 소유자와 관리자는 사용승인일 기준으로 매 2년마다 한번 정기점검을 실시해야 한다.

② 상기 건축물의 소유자와 관리자는 화재, 침수 등 재해나 재난으로부터 건축물의 안전을 확보하기 위하여 필요한 경우에는 지방자치단체의 건축조례로 정하는 바에 의하여 수시점검을 실시하여야 한다.

③ 건축물의 소유자나 관리자가 정기 점검 또는 수시점검을 실시하는 경우에는 다음과 같은 자격을 가진 유지관리 점검자로 하여금 정기점검 또는 수시점검을 수행하도록 하여야 한다. 유지관리점검자의 자격은 다음과 같다.

- 건축사법 제23조 제1항에 따라 건축사사무소개설 신고를 한 자
- 건설기술진흥법 제 26조 제1항에 따라 등록한 건설기술용역업자
- 시설물의 안전관리에 관한 특별법 제9조 제1항에 따라 등록한 건축분야 안전진단 전문기관

(3) 정기점검 및 수시점검사항기준을 파악하고 이행사항을 조치한다. 건축법 시행령 제23조의 3에서는 건축물의 정기 점검 및 수시점검사항에 대하여 다음과 같이 명시하고 있다. 다만 시설물 안전관리에 관한 특별법에서는 1종 시설물과 2종 시설물에 대

한 구조안전 부분은 생략해도 무방한 것으로 규정하고 있다. 정기점검 및 수시점검 사항은 다음과 같다.

① 대지 : 건축법 제 40조, 제42에서 44조까지 그리고 법 제60조 및 61조에 적합한지의 여부

② 높이 및 형태 : 건축법 제 55조, 제56조, 제58조, 제60조 및 61조에 적합한지 여부

③ 화재 안전 : 건축법 제 49조, 제50조, 제50조의2, 및 제53조에 적한한지의 여부

④ 구조안전 : 건축법 제48조에 적한한지의 여부

⑤ 건축설비 : 건축법 제62조부터 제64조까지의 규정에 적합한지 여부

⑥ 에너지 및 친환경 관리 등 : 건축법 제65조의 2와 녹색건축물 조성지원법 제15조 제1항, 제16조 및 제17조에 적합한지 여부

또한 유지관리 점검자가 정기 점검 및 수시점검 업무를 수행하는 경우 상기 점검항목 외에 건축물의 안전강화 방안 및 에너지 절감방안 등에 관한 의견을 제시해야 한다.

(4) 건축물점검결과 보고기준을 파악하고 이행사항을 조치한다(법 제23조의5). 건축물의 소유자나 관리자는 정기점검이나 수시점검을 실시하였을 때에는 점검을 마친 날로부터 30일 이내에 특별자치시장, 특별자치도지사, 시장, 군수, 구청장에게 점검결과를 보고해야 한다.

(5) 건축지도원 지정 및 업무기준을 파악하고 대응한다(법 제24조). 건축법 제25조에는 건축법 제37조에 따른 건축지도원을 지방자치단체장이 두고 다음의 업무를 수행할 수 있게 하고 있다.

① 건축신고를 하고 건축 중에 있는 건축물의 시공지도와 위법시공 여부 확인, 지도, 단속

② 건축물의 대지, 높이, 형태, 구조안전 및 화재안전, 건축설비 등이 법령 등에 적합하게 유지 관리되고 있는지에 대한 확인, 지도, 단속

③ 허가를 받지 아니 하거나 신고를 하지 않고 건축하거나 용도를 변경한 건축물의 단속

### 4) 〈건축법 시행규칙〉을 검토하고 이행사항 조치

건축법과 건축법 시행령에서 위임하거나 건축법과 동 시행령에서 규정한 것을 집행하기 위하여 국토교통부장관이 제정한 건축법시행규칙에서는 건축물 유지관리 기준에 대하여 다음과 같이 명시하고 있는바 건축물소유자과 관리자는 이를 이행해야 한다.

(1) 건축물의 유지 관리 점검표 제출기준을 파악하고 이행사항을 조치한다(시행규칙 제23조). 건축법시행령에서 규정하고 있는 건축물 유지관리 점검자는 정기점검 및 수시 점검을 수행한 경우에는 건축물 소유자 및 관리자에게 별지 제 24의 4서식의 건

축물 유지관리 정기(수시) 점검표를 제출하여야 한다.
건축물의 소유자나 관리자가 정기 점검 또는 수시점검 결과를 보고하는 경우에는 특별자치시장, 특별자치도지사, 시장, 군수, 구청장에게 별지 제24호의 4 서식의 건축물 정기(수시) 점검보고서에 별지 제24호의 3서식의 건축물 정기(수시) 점검표를 첨부하여 제출해야 한다.

(2) 건축물 철거 및 멸실 신고서 제출 기준을 파악하고 이행사항을 조치한다(시행규칙 제 24조). 법제 36조 제1항에 따라 법 제11조 및 법 제14조에 따른 허가를 받았거나 신고를 한 건축물을 철거하고자 하는 자는 철거 예정일 3일 전까지 별지 제25호 서식의 건축물 철거, 건축물 멸실 신고서로 된 신고서에 다음 각 호에 규정하고 있는 사항을 포함하여 해체공사계획서를 특별자치시장, 특별자치도지사, 시장, 군수, 구청장에게 제출해야 한다. 해체공사계획서에 포함될 사항은 다음과 같다.
① 층별, 위치별 해체작업의 방법 및 순서
② 건설폐기물의 적치 및 반출계획
③ 공사현장 안전조치계획

### 5) 〈지방자치단체의 건축 조례〉를 검토하고 이행사항 조치

건축법, 같은 법 시행령, 같은 법 시행규칙, 및 관계법령에서 정하도록 위임한 사항과 그 시행에 관하여 필요한 사항을 규정함을 목적으로 하는 지방자치단체의 조례(예 서울특별시 건축조례)에서는 건축물 유지관리에 관하여 다음과 같이 규정하고 있어 이행이 요구된다.

(1) 건축물의 유지관리 대상 건축물 범위를 파악하고 이행사항을 조치한다. 건축법 시행령 제 23조의 2 제1항 제3호에서 건축조례로 정하는 건축물이란 다음의 건축물을 말한다.
- 다중이용업소의 안전관리에 관한 특별법 해당업소의 연 면적의 합계가 1천 제곱미터 이상의 건축물
- 다중이용업소의 안전관리에 관한 특별법시행령 제 2조 제2호, 제7의 2호, 제18호의 업소 중 해당 업소의 면적의 합계가 500 제곱미터 이상인 건축물
- 그 밖에 구청장이 필요하다고 인정하는 건축물

(2) 수시점검대상 건축물 지정기준을 파악하고 이행사항을 조치한다. 건축법 시행령 제 23조 의 제5항에 따라 시장은 화재, 침수, 등 재해나 재난으로부터 건축물의 안전을 확보하기 위하여 건축법 시행령 제23조 제1항 각 호에 해당하는 건축물을 수시점검 대상으로 점검할 수 있다.

(3) 수시점검 대상 건축물 소유자 서면통보 의무를 파악하고 이행사항을 조치한다. 수시점검 대상으로 지정되면 그 건축물의 소유자에게 서면으로 통보하여야 한다.
(4) 건축물의 소유자와 관리자의 수시점검 실시의무를 파악하고 조치한다. 수시점검의 지정 또는 통보받은 건축물의 소유자나 관리자는 30일 이내에 수시점검을 실시하여야 한다.

### 6) 〈녹색건축물조성지원법〉을 검토하고 이행사항 조치

녹색건축물의 조성에 필요한 사항을 정하고 건축물의 온실가스 배출량 감축과 녹색 건축물의 확대를 통하여 저탄소 녹색성장 실현 및 국민의 복리 향상에 기여함을 목적으로 하는 녹색건축물 조성지원법에서는 건축물유지관리 관련 조항에서 다음과 같은 유지관리 기준을 명시하고 있는바 건축물 소유자와 관리자는 이를 파악하고 이행해야 한다.

(1) 개별 건축물의 에너지 소비 총량 제한 기준을 파악하고 조치한다(법제 제12조).
(2) 에너지 절약 계획서 제출 의무를 파악하고 이행사항을 조치한다(법 제14조).
(3) 에너지 절약을 위한 차양 막 설치기준을 파악하고 이행사항을 조치한다(법 제14조의 2).
(4) 건축물의 유지관리 기준을 파악하고 이행사항을 조치한다(법 제15조).
(5) 녹색건축물의 인증 기준을 파악하고 이행사항을 조치한다(법 제16조).
(6) 건축물의 에너지 효율 등급 및 제로에너지 건축물 인증 기준을 파악하고 이행사항을 조치한다(법 제17조).

이 법에서 말하는 '녹색건축물'이란 저탄소 녹색성장 기본법 제54조에 따른 건축물과 환경에 미치는 영향을 최소화하고 동시에 쾌적하고 건강한 거주환경을 제공하는 건축물을 말하고 '제로에너지 건축물'이란 건축물에 필요한 에너지 부하를 최소화하고 신에너지 및 재생에너지를 활용하여 에너지 소요량을 최소화하는 녹색건축물을 말한다.

### 7) 〈시설물의 안전관리에 관한 특별법〉을 검토하고 이행사항 조치

(1) 시설물의 안전관리에 관한 특별법의 핵심용어를 이해한다.
   ① 1종 시설물 : 도로, 철도, 댐, 교량, 터널 등 구조상 관리에 고도의 기술이 필요한 시설물 및 21층 이상의 아파트 또는 연면적 5만㎡ 이상의 건축물을 말한다.
   ② 2종 시설물 : 1종 시설물에 해당되지 않은 건축물로서 16층 이상의 아파트 및 연면적 5천㎡ 이상의 건축물(판매시설)을 말한다.

(2) 매년 2월 15일 까지 아래의 정보를 포함하여 시설물의 안전 및 유지관리 계획을 수립하여 자치단체장에게 제출하고, 이를 시설물정보종합관리시스템(www.fms.or.kr)에 등록한다.
① 시설물의 적정한 안전과 유지관리를 위한 조직, 인원 및 장비의 확보에 관한 사항
② 긴급사항 발생시 조치체계에 관한 사항
③ 시설물의 설계, 시공, 감리, 및 유지관리에 관련된 설계도서의 수집 및 보존에 관한 사항
④ 안전점검 또는 정밀 안전진단실시계획 및 보수, 보강에 관한 사항
⑤ 안전과 유지관리에 필요한 비용에 관한 사항

(3) 건축물정기 점검 기준을 확인하고 아래와 같이 점검하고 조치한다. 법정 점검시기가 중복 될 경우에는 정기점검 < 정밀점검 < 정밀 안전진단 순으로 상위점검으로 대체한다.

| 점검대상 | 정기점검 | 정밀점검 | 정밀 안전진단 |
|---|---|---|---|
| 최초 | 매년 6개월/1회<br>시설물정보종합<br>시스템 등록 | 2종 시설물로서<br>준공 후 4년 이내 | 1종 시설물로서<br>준공 후 10년 후<br>1년 이내 |
| A 등급 | 상동 | 4년에 1회 이상 | 6년에 1회 이상 |
| B/C 등급 | 상동 | 3년에 1회 이상 | 5년에 1회 이상 |
| D/E 등급 | 상동 | 2년에 1회 이상 | 4년에 1회 이상 |

(4) 유지관리대상 건축물에 다음과 같은 안전진단 판정시 적절하게 조치한다.

| 안전등급 | 상태 | 조치사항 |
|---|---|---|
| A(양호) | 문제점이 없는 최상의 상태 | 일상 유지관리 |
| B(양호) | 건축물에 경미한 결함 발생<br>기능발휘에 문제없는 상태 | 내구성 증진 위한 일부 보수 |
| C(보통) | 광범위한 결함 발생<br>전체 안전 지장 없음 | 내구성, 기능성 저하방지<br>간단한 보강 필요 |
| D(미흡) | 건축물에 결함 발생<br>사용제한 결정할 상태 | 긴급한 보수 보강 |
| E(불량) | 건축물에 심각한 결함 발생<br>안전에 위험 있는 상태 | 즉각 사용금지 및 보강 또는<br>개축 |

(5) 법적 조치사항을 검토하고 적절히 조치한다.

① 법 제4조 1항에 따라 안전 및 유지관리 계획을 수립하고 자치단체장에게 보고 보고하고 시설물 정보 종합시스템에 등록한다.

② 법 제6조 제1항에 따라 안전 점검(정기/정밀 안전점검) 성실하게 수행한다.

③ 법 제7조 제1항에 따라 성실하게 정밀안전진단을 실시한다.

④ 법 제11조에 따라 점검결과를 해당 행정기관장에게 통보한다.

⑤ 법 제14조 제3하에 따른 사용제한 명령 수령시 즉각 사용제하 조치한다.

⑥ 법 제15조에 따른 보수 보강이 필요시 보수 보강한다.

⑦ 법 제15조의 2에 따른 보수 보강 조치결과를 자치단체장에게 보고한다.

### 8) 주차장관리 관계법령〈주차장관리법/시행령/시행규칙〉을 검토하고 이행사항 조치

(1) 출입구는 3.5 미터 이상으로 주차대수 50대 이상시 출구와 입구를 분리하거나 너비 5.5미터 이상의 출구를 설치한다.

(2) 높이는 주차바닥 면적으로부터 2.3미터 이상으로 한다.

(3) 주차장의 조도는 85센치미터 높이에 있는 지점이 평균 70룩스 이상의 조도를 유지해야 한다.

(4)주차대수 30대 초과 시 관리사무소에서 방범설비를 설치하고 주차장 내부 잔체를 볼 수 있는 폐쇄회로텔레비전(CCTV) 및 녹화장치를 설치하고 관리해야 한다(촬영된 자료는 1월 이상 보관한다).

(5) 2층 이상의 주차장에는 추락 방지시설을 설치한다.

(6) 주차장 안에 설치할 수 있는 부대시설(관리사무소, 휴게소, 공중변소, 자동차 장식품점, 기타 필요한 편의 시설 등)은 주차장 면적의 20%를 초과해서 설치하지 못한다.

(7) 노상 주차장 20대 이상 경우에는 1면 이상 설치 기타 주차장은 법적 설치대수의 2%~4% 범위 내에서 지방자치단체의 조례로 정하는 장애인 주차장을 설치해야 한다.

(8) 주차장 법정대수 산정은 판매시설 면적 150㎡당 1대(시설면적/150㎡)로 산정한다.

(9) 기계식 주차장은 2년 1회  승강기 안전관리원이나 교통안전공단 또는 주차장관리 협회로부터 안전점검을 받아야 하고 최초 설치 3년 후 안전점검을 받아야 한다.

(10) 법적 조치사항을 검토하고 적절하게 조치한다.

① 법 제6조 제1항 또는 제2항에 따라 주차장의 구조 및 설비기준을 준수해야 한다. (위반시 과태료 300만원 임)

② 법 제2조 제3항에 다라 시장, 군수, 구청장의 주차장 개선 명령에 따라야 한다. (위반시 과태료 300만원임)

### 9) 전기설비 관계법령〈전기사업법/전기공사사업법/내선규정〉을 검토하고 이행사항 조치

(1) 전기안전관리자를 다음과 같이 선임한다.

| 용량(kW) | 관리자(명) | 관리원(명) | 선임자격 |
|---|---|---|---|
| 1만㎾ 이상 | 1 | 2 | 수용설비2,000㎾이상<br>- 전기시사(2년) 산업기사(4년)1명 |
| 5천~<br>1만㎾ 미만 | 1 | 1 | 수용설비2,000㎾미만<br>- 전기시사(1년) 산업기사(2년)1명 |
| 5천㎾ 미만 | 1 | - | 수용설비1,5000㎾미만<br>- 산업기사 이상 중 1명<br>전기안전 관리원<br>- 전기기능사 전기분야 5년경력 이상 |

(2) 선임한 전기안전관리자로 하여금 다음업무를 수행하게 한다. (법 제73조)
① 전기설비의 공사와 유지 및 운용에 관한 업무 및 이의 종사자 교육
② 전기설비의 안전관리를 위한 확인, 점검 및 이에 대한 감독
③ 전기설비의 운전, 조작 또는 이에 대한 감독
④ 전기설비의 안전관리에 관한 기록 및 그 기록의 보존
⑤ 공사계획의 인가신청 또는 신고에 필요한 서류의 검토
⑥ 비상용 예비 발전설비의 설치, 변경공사로서 총공사비1억 미만의 공사감리
⑦ 전기수용설비의 증설 또는 변경공사로서 총공사비가 1억 미만인 공사감리
⑧ 전기설비의 일상 점검, 정기점검, 정밀점검의 절차, 방법 및 기준에 대한 안전관리 규정의 작성
⑨ 전기재해의 발생을 예방하거나 그 피해를 줄이기 위하여 필요한 응급조치

(3) 자가용 전기설비 오피스 3년 1회, 다중이용시설 2년 1회 정기검사를 실시한다. 정기검사 결과 불합격시 적합하지 않은 부분에 대하여 검사 완료일로부터 3개월 이내에 재검사를 받아야 한다. (법 제65조, 법제98조 제2항, 동법 시행령 제62조 제3항, 동법 시행규칙 제32조)

(4) 전선의 접속은 인장하중(전선의 세기)을 20% 이상 감소시키지 않아야 하고 접속부분을 절연물과 동등 이상의 절연효력이 있는 것으로 충분히 피복해야 한다.

(5) 누설전류는 최대공급 전류의 1/2000을 넘지 않도록 관리해야 한다.

(6) 전기 공급약관을 갖추어 두고 열람하게 해야 한다. (법 제108조 제2항)

(7) 정기 점검결과를 기록하고 보존해야 한다. (법 제108조 제2항)

(8) 정기 점검을 방해하거나 기피할 수 없다. (법 제108조 제2항)

(9) 안전교육을 받아야 하고 안전교육을 받지 않은 자는 해임해야 한다. (법 제108조 제2항)

### 10) 소방시설물관리 관계법령〈소방기본법/소방시설설치유지 및 안전관리에 관한 법률/국가화재 안전관리 기준(NFSC)〉을 검토하고 이행사항 조치

소방시설 설치 유지 및 안전관리에 관한 법률은 화재의 재난, 재해 그 밖의 위급한 상황으로 부토 국민의 생명, 신체 및 재산을 보호하기 위하여 화재의 예방 및 안전관리에 관한 국가와 지방자치단체의 책무와 소방시설 등의 설치, 유지 및 소방대상물의 안전관리에 관하여 필요한 사항을 정함으로서 공공의 안전과 복리증진에 이바지함을 목적으로 하는 법률로서 제9조에서 특정소방대상물의 관계인은 대통령령으로 정하는 바에 따라 특정 소방대상물의 규모, 용도, 위험특성, 이용자 특성, 및 수용인원 등을 고려하여 갖추어야 하는 소방시설물은 국민안전처장관이 고시하는 화재안전기준에 따라 설치 또는 유지·관리해야 함을 규정하고 있다.

이 법에서 말하는 소방시설, (특정)소방대상물과 특정소방대상물의 관계인, 화재안전 기준 등 핵심용어의 의미는 다음과 같다.

(1) 〈소방시설설치유지 및 안전관리에 관한 법률〉 핵심 용어를 이해한다.

① 소방시설 : 소방시설이란 소화설비, 경보설비, 피난설비, 소화용수설비, 그 밖에 소화활동 설비로서 대통령으로 정하는 것을 말한다.

② 특정 소방대상물 : 특정 소방대상물이라 함은 소방시설을 설해야 하는 소방대상물로서 대통령령이 정하는 것을 말한다. 특정소방대상물에는 공동주태, 근린생활시설, 문화 집회시설, 종교시설, 판매시설, 운수시설, 교육연구시설, 노유자 시설, 수련시설, 운동시설, 업무시설, 숙박시설, 위락시설, 공장, 창고시설, 위험물 저장 및 처리 시설, 항공기 및 자동차 관련시설, 동물 및 식물 관련시설, 분뇨 및 쓰레기 처리시설, 교정 및 군사시설, 방송통신시설, 발전시설, 묘지관련 시설, 관광휴게시설, 장례 식장, 지하상가, 지하구, 문화재, 복합건축물

③ 특정소방대상물의 관계인 : 특정소방시설물의 관계인이라 함은 특정소방대상물의 소유자 또는 관리자를 말한다.

④ 화재안전 기준 : 화재기준이란 국가안전처장관이 고시한 국가화재 안전을 위한 기준(NFSC)을 말한다.

(2) 〈국가화재 안전기준((NFSC)〉을 검토하고, 이행사항을 조치한다.

① 소화설비 설치기준을 확인하고 관련법에 따라 적합하게 조치한다.

② 작동 소요시간 및 예비전원 기준을 확인하고, 관련법에 따라 적합하게 조치한다.

③ 경보설비 발신기의 수평거리, 음량, 설치 높이를 확인하고, 관련법에 따라 적합하게 조치한다.

④ 경보설비 비상방송 수평거리와 배선 기준을 확인하고, 관련법에 따라 적합하게 조치한다.

⑤ 경보설비 시각경보기의 설치 높이 기준을 확인하고, 관련법에 따라 적합하게 조치한다.

⑥ 피난설비 유도등의 설치 높이, 조도, 색상 기준을 확인하고, 관련법에 따라 접합하게 조치한다.

⑦ 피난설비 비상 조명등의 설치장소 기준을 확인하고, 관련법에 따라 적합하게 조치한다.

⑧ 피난설비 휴대용 조명기 설치 장소와 조도 기준을 확인하고, 관련법에 따라 적합하게 조치한다.

⑨ 피난설비 공기호흡기 설치 장소 기준을 확인하고, 관련법에 따라 적합하게 조치한다.

⑩ 소화활동설비인 제연설비의 제연구역 면적, 제연 폭, 풍속 등의 기준을 확인하고, 관련법에 따라 적합하게 조치한다.

⑪ 소화활동 설비인 연결송수관설비의 송수구와 방수구의 기준을 확인하고, 관련법에 따라 적합하게 조치한다.

(3) 〈소방시설 설치유지 및 안전관리에 관한 법률〉을 검토하고 이행사항을 조치한다.

① 소방시설의 작동, 기능에 지장을 초래하는 경미한 사항을 2회 이상 위반할 수 없다. (법 제9조 제1항)

② 다음에 해당하는 소방시설의 고장 상태를 방치해서는 안 된다.

- 소화펌프 고장상태 방치
- 수신반 전원 차단상태 방치
- 동력 제어반 고장상태 방치
- 소방시설용 전원 차단
- 소화배관 잠금 상태 방치 및 소방시설 작동 경우, 소화수의 방수 또는 소화약제가 방출되지 않은 상태로 방치

③ 다음사항에 대하여 관련법에 따라 방지 또는 적합하게 조치해야 한다.

- 소방시설의 기능과 성능에 지장을 초래하는 폐쇄, 훼손 등의 행위
- 피난시설, 방화구획 및 방화시설을 폐쇄, 훼손 등의 행위
- 피난시설, 방화구획, 방화시설 주위에 물건을 쌓아 두거나 장애물을 설치하는 행위, 피난시설, 방화시설을 변경하는 행위
- 방화관리자가 방화관리 업무를 하지 아니하는 행위

- 소방훈련 및 소방교육을 실시하지 아니하는 행위

### 11) 승강기 관계법령〈승강시설 안전관리법, 시행령, 시행규칙 승강기 검사기준〉을 검토하고 이행사항 조치

(1) 승강기 운행관리자를 선임한다. (법 제16조의 2)

① 18세 이상의 건강한 자, 승강기 운전 지식을 보유한자

② 완성 검사 합격일로부터 6개월 이내, 운행관리자 변경시 3개월 이내 8시간 법정 교육을 이수 등 자격을 가지고 있는 자를 선임한다.

(2) 승강기 자체 점검을 실시한다(법 제17조)

① 월 1회 실시하고 점검기록을 작성하여 2년간 보관한다.

② 유지보수 업체는 월 전기점검 및 점검표를 작성하고 유지한다.

(3) 정기검사를 받아야 한다.

① 직전 정기 검사일로부터 1년

② 최초 정기 검사 완성 검사일로부터 1년 되는 때에 받아야 한다.

(3) 승강기 검사기준을 확인하고 관련법에 따라 적합하게 조치한다.

① 삼각부 설치 검사기준을 확인하고 관련법에 따라 적합하게 조치한다.

② 장애인점형 부록 검사기준을 확인하고 관련법에 따라 적합하게 조치한다.

③ 안전스티크 연동 검사기준을 확인하고 관련법에 따라 적합하게 조치한다.

④ 승강기 고장일지는 서식에 따라 기록 · 관리해야 한다.

⑤ 음성안내방송은 매일 수시로 방소하여 승강기 이용안전을 계몽해야 한다.

(4) 승강기 안전사고 신고 및 보고 기준을 확인하고, 관련법에 따라 적합하게 조치한다.

① 인적 사고는 즉시 신고한다(사망, 1주일 이상 입원치료 부상, 골절상, 출혈, 신경 근육 힘줄 손상, 2도 이상 화상, 부상 면적이 신체 면적의 5% 이상, 내장 손상).

② 장비고장(엘리베이터/에스컬레이터) 3일 이내 신고한다.

(5) 〈승강시설안전관리법 시행령〉을 검토하고 법적 조시사항을 관련법에 따라 적합하게 조치한다.

① 승강기 운행관리자는 법정교육을 이수해야 한다. (법 제28조 제2항 제1호)

② 승강기 관리 주체는 승강기의 중대한 사고나 고장을 반드시 신고해야 한다. (법 제28조 제1항 제3호)

③ 자체 점검을 매월 실시해야 하고 기록하여 보존해야 한다. (법 제17조 제1항)

④ 승강기에 결함이 발견되는 경우 즉시 운행을 중지하고 보수해야 한다. (법 제28조 제1항 제5호)

## 12) 에너지관리 관계법령〈에너지이용합리화법(법, 시행령, 시행규칙)〉 검토하고 이행사항 조치

(1) 에너지 다소비사업자(연료, 열 및 정력의 연가 사용량 합계가 2,000TOE 이상인 자)는 매년 3월 31일까지 그 에너지 사용시설이 있는 시 · 도지사에게 신고해야 한다(법 제31조). 신고사항은 다음과 같다.

① 전 연도 에너지 사용량 및 해당 연도 에너지 사용예정 정량

② 에너지사용 기자재의 현황 및 전 년도 에너지 합리화 실적 및 해당 연도의 계획

③ 에너지 관리자 현황

(2) 에너지다소비사업자는 에너지 진단 점문기관으로부터 3년 이상의 범위 내에서 대통령령이 정하는 기간마다 그 사업장의 에너지의 효율적 사용 여부에 대한 진단을 받아야 한다. 진단대상과 진단주기는 다음과 같다. (법 제32조)

| 연간 에너지 사용량 | 진단주기 |
|---|---|
| 20만 TOE | 전체 진단 → 5년<br>부분 진단 → 3년 |
| 20만 TOE 미만 | 5년 |

주) TOE : 에너지의 양을 나태는 석유환산톤을 말함, TOE는 Tonnage of oil equivalent의 약자임.

(3) 냉난반방 온도를 다음과 같이 지정하고 운영해야 한다. (법 제36조의 2, 동법시행규칙 제31조의 2항)

① 냉방 제한 온도 → 26° 이상

② 난방 제한 온도 → 20° 이하

③ 판매시설 냉방온도 → 25° 이상

(4) 〈에너지이용합리화법〉의 법적 조치사항을 검토하고 적법하게 조치한다.

① 에너지 진단을 받아야 한다. 불이행시 과태료 1차 1000만원, 2차 2천만 원 (법 제32조 2항)

② 에너지 거짓 신고 할 수 없다. (법 제31조 제1항)

③ 매장 온도 유지 관리해야 한다. (법 제36조의 2 제4항)

④ 에너지 관리자는 기본교육과정을 이수해야 한다. (법 제78조 4항 제11호)

## 13) 도시가스 관계법령〈도시가스사업법, 시행령, 시행규칙〉을 검토하고 이행사항 조치

(1) 도시가스 정기 검사를 완성검사 필증 교부받은 날로 부처 매년 완성검사일 전후 30일 이내에 정기검사를 매년 받아야 한다.

(2) 정압기 분해점검을 공급 개시일로부터 3년 이내 1회 이상, 그 후에는 4년에 1회 이상 분해 점검을 실시해야 한다.

(3) 도시가스 안전관리자를 선임하고 신고해야 한다.

(4) 도시가스 안전관리자 신규 선임시 6개월 이내에 안전가스 교육을 이수해야 하며, 그 이후부터는 3년 1회 가스 안전관이 교육을 이수해야 한다.

(5) 가스안전관리자로 하여금 다음의 가스안전관리업무를 수행하게 해야 한다.

① 가스공급시설 및 특정가스사용시설의 안전유지
② 정기검사 및 수시검사 결과 부적합 판정을 받은 시설의 개선
③ 안전점검 의무이행 확인
④ 안전관리규정 실시기록의 작성 및 보존
⑤ 종사자 안전관리사항 지휘 및 감독
⑥ 정압기, 도시가스 배관 및 그 부속설비의 순회 점검 및 구조물관리, 원격감시시스템의 관리, 검사업무 및 안전에 대한 비상계획의 수립 및 관리
⑦ 본관 및 공급관의 누출검사, 전기방식시설의 관리, 사용자 공급관의 관리

### 14) 냉동기관리 관계법령〈고압가스안전관리법, 시행령, 시행규칙〉을 검토하고 이행사항 조치

(1) 냉동시설 안전관리자를 선임한다.

(2) 선임한 안전관리자로 하여금 다음의 안전관리 업무를 수행하게 한다.

① 사용신고시설의 시설, 용기 또는 작업과정의 안전유지 및 공급자의 이무이행 확인
② 안전관리규정의 시행 및 그 기록의 작성 및 유지
③ 사용신고시설의 종사자 안전관리 지휘 및 감독
④ 생명, 신체, 재상 피해보상 용도 보험 가입
⑤ 법정 안전관리 교육 이수
⑥ 안전관리자 유고시 안전관리 대리자 지정

### 15) 보일러 압력용기관리 관계법령〈에너지 이용합리화법/열사용기자재규칙 보일러 부분, 검사대상 기준〉을 검토하고 이행사항 조치

(1) 검사대상기기 설치자는 30일 이내에 검사대상기기 조종자 선임해야 한다. (열사용기자재 관리규칙 제47조 별표11)

(2) 설치, 개조, 변경시 연 1회 검사를 받아야 한다. (열사용기자재 관리규칙 제33조 별표9)

(3) 검사대상기기 조종자 신규 선임자는 1일 안전교육을 이수해야 한다.

## 16) 실내공기질 관리 관계법령〈다중이용시설의 실내공기 질 관리법, 시행령, 시행규칙〉을 검토하고 이행사항 조치

(1) 실내공기 질을 측정한다.

① 목적 : 다중이용시설과 신축되는 공동주택의 실내공기 질을 알맞게 유지사고 관리함으로써 그 시설을 이용하는 국민의 건강을 보호하고 환경상의 위해를 예방함을 목적으로 한다.

② 측정 항목(유지기준) : 4개 항목(1회/년)

| 측정 항목 | PM10 | HCHO | CO | CO2 |
|---|---|---|---|---|
| 매장 | 150㎍/㎥ | 100 ㎍/㎥ | 10 PPM | 1000 PPM |
| 주차장 | 200㎍/㎥ | 100 ㎍/㎥ | 25 PPM | 1000 PPM |

③ 측정 기준

- 측정 횟수 : 유지기준(4개 항목 년 1회)/권고기준(5개 항목 2년/1회)
- 측정 보고 : 매년 1월 31일까지 시 · 도지사에게 보고
- 적용 기준 : 대규모 점포, 다중이용 시설

(2) 다중이용시설의 실내공기 질 관리법을 검토하고 이행사항을 조치한다.

① 다중이용시설의 소유자 등이 된 날부터 1년 이내 신규교육을 이수해야 한다.

② 실내공기질 측정을 매년 실시한다.

③ 실내공기질 측정 보존한다.

## 17) 수도 및 하수도 설비관리 관계법령〈수도법/ 하수도법/수도시설의 청소 및 위생관리 등의 관한 규칙〉을 검토하고 이행사항 조치

(1) 대형 건축물 소유자 및 관리자는 저수조를 매년 6개월 마다 1회 이상 청소하고, 그 위생 상태를 기준 점검표에 따라 매월 1회 이상 점검하여야 한다.

(2) 저수조가 신축되었거나 1개월 이상 사용이 중단된 경우에는 사용 전에 청소를 하여야 한다.

(3) 매년 1회 이상 수돗물의 안전한 위생관리를 위하여 먹는 물 관리법시행규칙 제35조에 따라 지정된 수질검사기관에 수질 검사를 실시해야 한다.

(4) 저수조 청소, 위생점검, 수질검사 결과를 기록하여 2년간 보관한다.

(5) 1일 처리 용량이 200㎥ 이상, 1일 처리 대상 인원이 2천 명 이상인 정화조는 6개월마다 1회 이상 정화조 청소 및 수질 검사해야 한다.
(6) 1일 처리용량이 50 이상 150㎥ 미만, 1일 처리대상 인원이 1천 명이상 2천 명 미만의 정화조는 연 1회 이상 청소 및 수질 검사 해야 한다.
(7) 단독 정화조는 연 1회 이상 내부청소를 실시해야 한다.
(8) 청소과정에서 발생한 오물 찌꺼기는 환경 운반 업자에게 위탁하여 처리해야 한다.
(9) 상수도 먹는 물 1회/년, 지하수 먹는 물 1회/2년 수질검사를 해야 한다.

### 18) 소독, 구서, 구충 관계법령〈전염병예방법〉을 검토하고 이행사항 조치

(1) 다수인이 이용하는 시설 중 대통령령이 정하는 시설을 관리 운영하는 자는 보건복지부령이 정하는 바에 의하여 전염병 예방에 필요한 소독을 다음의 소독 기준에 따라 실시해야 한다.
　① 대형점/ 백화점 : 4월부터 9월까지 1회 이상/월
　② 대형점/ 백화점 : 10월부터 3월까지 1회 이상/2월
(2) 소독업자가 소독을 실시하는 경우에는 소독 필 증을 시설을 관리 운영하는 자에게 교부해야 하고 매 분기 종료 후 15일 이내에 소독 실적을  소독 실적 소재지를 관할하는 시장, 군수, 구청장에게 보고해야 한다. 소독을 실시하는 시설 운영, 관리자는 관계 공무원의 요구가 있을 때 소독 실시사항에 관한 서류를 보여야 한다.

### 19) 위험물관리 관계법령〈위험물안전관리법/시행령/시행규칙〉 검토하고 이행사항 조치

(1) 위험물 안전관리자를 선임해야 한다.
(2) 위험물 종류를 파악한다.

| 구분 | 1류 위험물 | 2류 위험물 | 3류 위험물 | 4류 위험물 | 5류 위험물 | 6류 위험물 |
|---|---|---|---|---|---|---|
| 위험물 | 산화성 고체<br>(염소산 염류) | 가연성 고체<br>(유황, 적림) | 자연발화성<br>(황린, 나토륨) | 인화성 액체 물질<br>(제1~4 석유류) | 자기반응<br>(유기과산화물) | 산화성 액체 물질<br>(질산) |

### 20) 시설관리 관계법령을 검토하고 법정 구비사항 조치

<table>
<tr><th>항목</th><th>조건</th><th>법 조항</th><th>과태료</th><th>방법</th><th>비고</th></tr>
<tr><td rowspan="4">노사협의회<br>(본사)</td><td rowspan="4">상시 30인<br>이상</td><td rowspan="4">근참법<br>4조 1항</td><td rowspan="4">1천만원</td><td>근로조건의 결정권이 있는 사업이나 사업장</td><td></td></tr>
<tr><td>노사동수 3인이상10인이내</td><td>제6조</td></tr>
<tr><td>3개월마다 개최하고 결과 공표(벌금2백만원)</td><td rowspan="2">제13조</td></tr>
<tr><td>회의록 3년간 보관</td></tr>
</table>

| | | | | | |
|---|---|---|---|---|---|
| 고충처리위원회 | 상시 30인 이상 | 근참법 26조 | 2백만원 | 노사를대표하는3인이내 / 임기 3년 | 제27조 |
| | | | | 10일이내 결과 통보 | 제28조 |
| | | | | 처리대장 1년간 보관 | |
| 산업안전보건위원회 | 상시 100인 이상 | 산안법 19조 | 5백만원 | 노사동수 각10인이내 6인이상 | 별표6의2에 21항 |
| | | | | 3개월마다 개최하고 결과 공표 | |
| | | | | 근로자 위험 및 건강 장해 예방 | |
| | | | | 회의록3년보관 | |
| 위험성평가 | 상시 100인 이하 | 산안법 41조 2 | 5백만원 | 위험요소발굴및 제거방법 후 | |
| | | | | 사업주 교육2시간/ 관리소장 8시간 | |
| | | | | 안전공단 심사/우수사업장 3년간 감독유예 | |
| 안전보건총괄책임자 | 상시 100인 이상 | 산안법 18조 | | 사업의 관리책임자로 함 | |
| 안전보건관리책임자 | 상시 100인 이상 | 산안법 13조 | 5백만원 | 해당사업장의총괄관리자로 함 | 시행령9조 별표 1의2에 34항 |
| | | | | 최초 6시간 1회 / 2년마다 보수교육(온라인) | |
| | | | | 산업재해예방계획수립/근로자교육및 건강 | |
| | | 산안법 32조 | 3백만원 | 교육 미 이수시 | |
| 관리감독자 | 상시 100인 이상 | 산안법 14조 | 5백만원 | 사업장의 관리감독자로 함 | 시행령10조 |
| | | | | 안전보건공단 온라인 16시간 수강 | |
| | | | | 해당작업장의 안전점검 및 위험성평가 주관 | |
| | | | | 서류 3년간 보관 | |
| 안전관리자 | 상시 50인 이상 | 산안법 15조 | 5백만원 | 서류 3년보관 | 별표3의 36항 |
| | | | | 300명이내 사업장중 같은시군구/반경15km이내 | 시행령제12조4항 |
| | | | | 공동선임할수있다 | |
| 보건관리자 | 상시 50인 이상 | 산안법 16조 | 5백만원 | 서류 3년보관 | |
| 안전보건교육 | 정기교육 | 산안법 31조 | 5백만원 | 분기 3시간 이상 | 별표 8 |
| | 채용시 | | | 8시간 (특별 교육 이수로 대체) | 교육은책임자.감독자.관리자또는 |
| | 특별교육 | | | 16시간 (최초 4시간 이후 3개월내 12시간) | 산업안전에 학식과 경험자 |
| | 관리감독자 | | | 16시간 | |
| | 관리책임자 | 산안법 39조 | | 안전교육 - 신규 6시간 이상 보수 6시간 이상 | |
| | | | | 직무교육 - 선임 후 3개월내 신규교육 후 2년마다 | |
| 성희롱 예방교육 | | 남녀평등법13조 | 3백만원 | 근무시간 내에 반기별 1시간 | 과태료 제39조3항/사업주도 교육이수 |
| MSDS | | 산안법 41조 | 3백만원 | 작성 및 비치 / 경고표지 미부착 | |
| 건강검진 | | 산안법 43조 | 1천만원 | 서류 3년 보관 | |
| | | | 3백만원 | 개인 미 검진 | |
| 서류 보관 | | 산안법 64조 | 3백만원 | 해당 서류 및 회의록 3년 보관 | |
| 과태료 | | 산안법 72조 | | | |

| | | | | | |
|---|---|---|---|---|---|
| 안전보건 관리규정 | 상시 100인 이상 | 시행령 별표 6 | | | |
| 근골격계 유해요인조사 | | 산안법 24조5항 | 5백만원 | 근골격계 유해요인 조사표(체크리스트 및 개선계획) | |
| | | | | 근로자 설문조사 실시여부 | |
| 산업안전 보호구 지급 | | 산안법규 칙52조 | | 보호구대장의 작성여부 및 보호구 인증,적합성 | 재해시 감독관 재량에 따라 부과 |

(자료출처 : C&S 시설관리 법규집 인용)

## 21) 건축물관리법을 검토하고 이행사항 조치

## 22) 기계설비법을 검토하고 이행사항 조치

## 23) 법정 검사 및 보고사항을 파악하고 이행사항 조치

건축물의 물리적 시설관리에 관계되는 법령에 의하여 법적으로 검사, 점검 보고되어야 하는 제도를 법정 시설관리 법정 검사 및 보고제도라 한다. 건축물의 시설관리 업무 수행에 있어서 반드시 이행해야 하는 주요 법정검사 및 보고제도의 내용을 정리하면 다음의 〈표 50〉과 같다.

〈표 50〉 시설관리 법정 검사제도

| 건축물 법정 제도 | 주기 | 관계법령 | 관련 조문 |
|---|---|---|---|
| 건축물 초기안전점검 | 준공 후 180일 | 건축법 | |
| 건축물 유지관리실적 및 계획제출 | 1회/년 | 건축법 | |
| 건축물 정기점검보고 | 2회/년 | 건축법 | |
| 건축물 정밀점검보고 | 1회/3년 | 건축법 | |
| 건축물 정밀안전진단 | 1회/10년 | 건축법 | |
| 건축물 정기점검 | 1회/6개월<br>(1.2종 시설물) | 시설물의안전관리특별법 | 법 제39조 |
| 건축물 정밀점검 | 1회2~4년<br>(1.2종 시설물) | 시설물의안전관리특별법 | 법 제44조 |
| 건축물 정밀안전진단 | 1회/4~5년<br>(완공 후 10년경과 1종 시설물) | 시설물의안전관리특별법 | 법 제25조 |
| 소방시설 등의 작동기능 점검(일반건축물)<br>종합정밀점검(일반건축물) | 1회 이상/년<br>1회 이상/년 | 소방시설의 설치 유지 및 안전관리에 관한 법률 | |

| | | | |
|---|---|---|---|
| 종합정밀점검(공공기관) | 1회 이상/년 | 공곡기관의 소방안전 관리에 과한 규정 | 규정 제15조 |
| 특정가스 정기점검<br>가스정압실 정기검사 | 1회/6개월<br>1회/3년 | 도시가스법<br>도시가스법 | 법 제17조<br>법 제17조 |
| 보일러 계속사용검사<br>검사대상기기 검사<br>보일러 세관<br>COMP/압력용기 검사 | 1회/년<br>1회/년<br>1회/년<br>1회/2년 | 에너지이용합리화법<br>에너지이용합리화법<br>에너지이용합리화법<br>에너지이용합리화법 | 법 제39조<br>법 제39조<br>법 제39조<br>법 제39조 |
| 냉동제조 시설 자율(수시)검사<br>냉동제조 시설 정기검사 | 1회/2년<br>1회/2년 | 고압가스안전관리법<br>고압가스안전관리법 | 법 제16조<br>법 제16조 |
| 저수조 청소 | 2회/년 | 수도법 | 법 제33조 |
| 정화조 청소 | 1회/년<br>1회/반기 | 하수도법 | 법 제39조 |
| | (관광객 이용시설/식품접객시설/숙박시설) | | |
| 정화조 방류수 수질검사 | 1회/년 | 하수도법 | 법 제39조 |
| 실내공기 질 측정 | 1회/년 | 다중이용시설 등의 실내공기 질 관리법 | 법 제12조 |
| 전기, 발전기 정기검사 | 1회/2~4년 | 전기사업법 | 법 제65조 |
| 승강기 정기검사 (법정)<br>승강기 정기검사 (자체) | 1회/년<br>1회/월 | 승강기시설<br>안전관리법 | 법 제13조<br>법 제17조 |
| 주차설비(기계식) 정기검사 | 1회/2년 | 주차장법 | 법 제19조의9 |

주) 상기 법정제도는 시설관리 관련 주요 법정검사, 신고제도만을 명시한 것임.

### 24) 법정자격 선임 및 해임 신고제도를 검토하고 이행사항 조치

## 제6절 물리적(기술적) 시설관리활동

### 1. 물리적 시설관리의 개념

물리적 시설관리라 함은 물건성격 또는 물리적 성격을 가지고 있는 건축물(건축시설과 설비) 사용조건의 최적화와 물리적 상태의 정상적 보존 및 기능과 성능의 장기적 유지에 요구되는 점검과 보수, 정비와 운전, 진단과 교체, 개량과 보강활동을 말한다.

## 2. 물리적 시설관리 주요 업무와 실무적 수행방법

물리적 시설관리에는 다음과 같은 시설관리 주요 업무가 있으며, 업무별 실무적 수행방법은 해당 시설관리 업무 수행과정에서 함께 제시하기로 한다. 물리적 시설관리(기술적 시설관리) 주요 업무는 다음과 같다.

1. 연간 점검계획 수립 및 시행
2. 시설관리 연중 수행업무 계획 수립
3. 시설물 운영관리 서비스 계획 수립
4. 건축시설물 영선관리
5. 기계설비관리
6. 전기설비관리
7. 승강설비관리
6. 비상발전기 관리
8. 비상상황 대응 및 안전관리
9. 방재설비 점검 및 유지관리
10. 에너지 관리
11. 공사관리 및 공사안전관리

## 3. 연간 점검계획 수립 및 시행

### 1) 연간 점검계획의 개념

시설관리 주체가 연간 담당해야 하는 시설관리 관계법령에 따라 법적으로 점검해야 하는 점검사항을 말한다.

### 2) 건축물 및 건축설비 점검대상 및 점검계획

건축물과 건축설비 중 기계설비와 전기설비 및 전기설비의 점검대상은 다음과 같다.

(1) 건축물 점검대상 및 점검계획

(2) 기계설비 점검대상 및 점검계획
(3) 전기설비 점검대상 및 점검계획

## 4. 시설관리 연중 수행업무 계획수립

### 1) 시설관리 연중 업무계획의 개념

시설관리는 연중 365일 하루 24시간 계속하여 수행해야 하는 업무임으로 연중 시설관리 업무 계획 수립이 요구된다. 시설관리 연중 업무계획이라 함은 당해 연도 수행해야 할 업무대상별로 처리해야 하는 세부 업무내용과 이와 관계되는 기관의 업무를 연계하여 수행하는 업무절차를 말한다.

### 2) 시설관리 연중 수행업무계획 수립 내용

시설관리 현장에서 연중 수행해야 하는 월별 수행업무의 종류와 내용은 다음의 〈표 51〉과 같다.

〈표 51〉 시설관리 연중 수행업무의 종류와 내용(예시)

| 월 | 계 획 | 내 용 | 관련대상 |
|---|---|---|---|
| 1 | 업무분석<br>공중이용시설 관리계획 | • 전년도 시설분야 Utility, 유지보수, 증설개축, 검사공과금 분석<br>• 공중이용시설의 실내 환경, 급배수위생, 청소 등의 관리계획 보고 | 자체<br>에너지관리공단<br>환경보전협회<br>구청 |
| 2 | 봄맞이 환경개선계획<br>전기시설물 관리실태조사<br>에너지계획 실적보고<br>건축물 정기점검 | • 장비 및 오염부분 도장, 청소 등 사업장 전반의 환경개선<br>• 전기시설물 안전관리 준수 및 시행여부 조사<br>• 에너지 수급 분석 및 예상 사용량 확보<br>• 건축물 구조 상태평가 및 안전성 평가 | 자체<br>구청<br>구청<br>구청 건축과 |
| 3 | 소방시설 작동기능점검<br>건축물 유지관리계획서 | • 소방시설의 성능, 관리 및 방화관리 상태 전반의 점검 & 보고<br>• 전년도 실적보고 및 당해 연도 사업계획 보고(증개축, 보수, 보강 내역) | 소방서<br>구청 건축과 |
| 4 | 에너지관리 실태조사<br>도시가스 정기검사 | • 에너지 효율적 관리에 대한 점검 및 지도<br>• 가스사용시설 전반의 안전점검 | 에너지관리공단<br>가스안전공사 |

| | | | |
|---|---|---|---|
| 5 | 월하준비작업<br>냉방설비 화학세관<br>소방점검결과 보안 | • 냉방전화 및 시운전<br>• 배관내 Scale 제거로 냉방효율 개선(공조기, pac, fuc)<br>• 작동기능점검과 지적사항 보완 | 자체 |
| 6 | 실내 환경, 음용수 수질 측정 | • 대관청 검사대비 및 입주사 보건위생 향상을 위한 환경오염 분석 | 산업공해연구소 |
| 7 | 상반기 업무분석 | • 상반기 시설분야 Utility, 유지보수, 증설, 개축, 검사공과금 분석 | 자체 |
| 8 | 압력용기 화학세관<br>건축물 정밀안전진단 | • 관 내부 Scale 제거로 기기의 효율 향상 및 검사대비<br>• 전문기관에 의한 구조물 전반의 점검 및 불량 구조물에 대한 보수결과 보고 | 에너지관리공단<br>구청 건축과 |
| 9 | 압력용기 사용검사<br>전기안전점검 및 검사 | • 열교환기 내부개방검사<br>• 전기시설물의 안전 이상유무 체크 | 에너지관리공단<br>전기안전공사 |
| 10 | • 월동준비 작업<br>• 사업계획<br>• 정화조청소<br>• 소방점검 결과 보완<br>• 소방계획서<br>• 위험물제조소 등 자체점검 및 결과 통보<br>• 소방시설 종합정밀점검 | • 난방전화 및 시운전<br>• 차기년 시설분야 Utility, 유지보수, 증설, 개축, 검사공과금 분석<br>• 지하 Sump 청소<br>• 종합정밀점검결과 지적사항 보완<br>• 차기년도 소방 전반의 계획 수립 후 보관<br>• 위험물안전관리자가 BC유, 경유 탱크의 자체 점검 실시 후 그 결과를 2년관 보관<br>• 소방시설의 성능, 관리 및 방화관리 상태 전반의 점검 & 보고 | 소방서 |
| 11 | 전기안전검사<br>불량시설물 보수 | • 전기안전검사 및 점검시 지적사항에 대한 보완작업<br>• 소방시설의 성능, 관리 및 방화관리상태 전반의 점검 | |
| 12 | 교육계획<br>장비점검 계획<br>건물관리 이력대장 정리 | • 차기년 법정, 다기능, 기술, 서비스교육 등 교육전반의 계획 수립<br>• 차기년도 주간, 월간, 반기, 년간 장비점검 계획 수립<br>• 당해연도 주요 시설변경 사항의 기록 | 자체<br>자체<br>설비공사업체 |

(자료출처 : 한국표준협회 시설운영지침서 인용)

## 5. 시설물 운영관리 서비스 계획 수립

### 1) 시설물 운영서비스 개념

시설물운영관리 서비스라 함은 건축주로부터 건축주의 시설물 운영관리를 위탁받아 양질의 시설물운영관리 서비스를 생산 제공하여 건축주의 고객을 만족하게 하고, 시설의 상태를 최적화하여 입주고객의 만족향상에 기여하는데 요구되는 용역을 말한다. 시설물운영관리를 의하여 시설물운영관리 서비스가 생산·제공한다.

### 2) 시설물운영관리 서비스 계획수립 절차

(1) 시설운영관리 서비스의 개념과 목적을 파악한다. 시설물 운영관리 서비스라 함은 시설물의 운영관리에 요구되는 각 종 용역을 말하며, 시설물운영관리의 목적은 건축물소유주 시설에 대하여 시설관리서비스를 수탁하여 정확하고 성실한 시설운영서비스를 제공함으로서 최적의 시설상태를 유지하고 고객만족을 도모하는데 있다.

(2) 시설물 운영관리 서비스 활동의 핵심 용어를 파악한다.

① 입주(입실) 관리 : 고객이 건축물의 일정 공간을 점유하기 위하여 이사(퇴실) 등을 하는 경우, 시설의 이용과 편의제공 등의 지원 업무를 수행하는 것을 말한다.

② 시설점검 : 건축물의 구성요소인 시설물에 대하여 결함의 발생 방지와 위해, 위험요소를 점검 및 조치하여 고객과 건축물의 안전을 확보하기 위한 활동을 말한다. 시설점검에는 일상점검, 예방점검, 정기점검, 특별점검 등이 있다.

③ 일상점검 : 시설물과 설비 또는 장비의 상태에 대하여 가동 중, 운전 및 사용 시작 전 또는 종료 시 수시로 점검하는 활동을 말한다.

④ 외관점검 : 건축물 내·외부 마감재 및 각종 설비의 기능 상태와 균열, 손상, 부식 등의 이상 유무를 시각, 촉각, 청각, 후각 등에 의해서 점검하는 활동을 말한다.

⑤ 예방점검 : 시설물에서 결함이 발생하지 않았더라도 앞으로 발생할 가능성이 있다는 가정하에서 실시하는 예방차원의 점검을 말한다.

⑥ 정기점검 : 일정한 기간을 정하여 각 분야별 유해, 위험요소에 대하여 실시하는 점검을 말한다. (비고 : 주간점검, 월간점검 및 연간점검 등으로 구분하고 있으며, 각 분야별 주요 부분의 마모 상태, 부식, 손상, 균열 등 설비의 상태 변화나 이상 유무 등을 정밀하게 점검하는 활동)

⑦ 특별점검 : 강풍이나 호우 등 천재지변의 발생이 예상 또는 발생한 경우, 건축물에서 각 분야별로 안전을 확보하기 위하여 전문가에 의해 실시하는 점검을 말 한다.

(3) 시설관리 현장 근무자의 직책별 업무를 파악하고 숙지한다.

① 관리소장 업무를 파악하고 숙지한다.

- 당사의 시설운영서비스 경영관리
- 연간 사업계획의 승인
- 각 부서의 업무계획 조정
- 조직 및 업무분장
- 건축물소유주와 업무 협의 및 조정

② 운영팀장 업무를 파악하고 숙지한다. 관리소장을 보좌하고 그 지시에 따라 부서장을 통솔하여 직무상 분장된 업무를 처리한다.
- 당사의 시설운영서비스 경영관리를 관리소장에게 보고
- 연간 사업계획의 검토

③ 품질관리 담당자 업무를 파악하고 숙지한다.
- 업무 계획을 작성하여 소장승인 후 실행
- 품질관리 업무의 보고
- 교육훈련 계획 및 실행

④ 각 부서장(건축/전기/기계/승강기) 업무를 파악하고 숙지한다.
- 해당부문 시설운영서비스 업무 총괄
- 부서 내 종사자 인력관리
- 부서 내 교육훈련 관리 업무
- 해당부문 시설 및 장비 점검관리
- 정기적인 고객보고 수행
- 관리대상 건물 관련 시방서, 각종도면 등의 문서관리
- 해당 부문에서 발생되는 품질기록을 설정된 기준에 따라 유지
- 해당부문 업무계획에 따라 근무량을 할당
- 점검방법, 설비 및 공구의 개선이 필요하다고 인정될 때 개선 추진
- 품질향상, 자재, 시간, 경비절감에 대하여 감독
- 작업을 지휘 · 감독하고 작업보고
- 작업장의 정리정돈, 재해방지, 소방관리 등 안전작업을 지휘 감독
- 소요자재 및 공구의 운송과 청구
- 종사원의 사기를 고취하며 작업의 능률향상 추진
- 각 부서 내 소속원의 출장 상신

(4) 시설 운영서비스 운영기준과 절차를 파악하고 공유한다. 관리소장은 각 부서장으로 하여금 건축물의 용도와 특성에 따라 시설관리 서비스를 제공하기 위해 건축물 소유주의 관리소장은 운영기준을 기본으로 본 운영기준과 지침서를 수립하고 관리함으로써 고객의 만족을 달성한다.

① 냉난방 서비스 운영기준을 파악한다. 기계과장은 관리대상 건물의 실내 환경을

쾌적하게 유지하도록 다음과 같이 운영한다.

- 냉난방 공급시간과 운영기준을 정상적인 상태로 유지
- 냉난방공급 전 · 후에 설비 및 장비의 운전 상태를 점검하여 공급에 지장이 없도록 관리
- 냉난방 공급설비의 가동 및 운영기준에 대한 서비스 품질을 유지
- 냉난방 관련설비 및 장비의 특기사항 등을 관련 법규에서 요구하는 내용으로 기록하고 보관
- 냉난방기의 운영은 기후조건에 따라 적절히 하며 실내온도의 유지는 효율적인 업무수행을 위하여 정부 권장 온도 냉방 26℃ 이상 난방 20℃ 이하로 하되 여건에 따라 조정할 수 있다.
- 냉난방 실시기간 및 시간은 다음과 같이 시행함을 원칙으로 한다.
  - ▶ 기간 : 냉방기간 6월 ~ 9월(외기온도 25℃ 이상), 난방기간 11월 ~ 3월(외기온도 10℃ 이하)
  - ▶ 시간 : 냉난방 운영시간은 아래의 근무시간을 원칙으로 하되 관리대상 건물의 각종 회의나 행사진행에 따라 부서장의 책임 하에 연장 운영한다.
    평일 : 오전 08:00 ~ 18:00, 토요일 : 오전 08:00 ~ 13:00

② 전등 전열 공급 서비스 운영기준을 파악한다. 전기 과장은 전등 전열설비의 전원을 안정적으로 유지하고 정전 등 비상상황을 제외하고 상향 공급한다.

- 전기는 24시간 공급을 원칙으로 한다.
- 전등 전열설비는 상시 점등 및 소등할 수 있도록 하며, 관련법규에서 정한 규정에 따라 비상상황일 경우에도 전원공급이 필요한 곳은 공급될 수 있도록 대비하여야 한다.
- 고객의 전용 공간에 대하여 동력용 설비 및 장비(에어컨, 전산설비 등)를 설치하여 운영할 경우, 전기가 중단 없이 공급되도록 사전에 협의를 통하여 안전하게 시행한다.

③ 방재 서비스 운영기준을 파악한다.

- 방재과는 소화설비 및 소화기를 정기적으로 점검하여 이상이 있는 경우 즉각 수리 등을 조치하여 만약의 사태에 충분한 예방적 조치를 강구하여야 한다.
- 방재 담당자는 방재실에서 방재감시반을 통하여 이상여부를 점검하고 모니터링 하여야 한다.

④ 안전관리규정 및 방화관리규정에 따라 방재업무를 수행한다.

⑤ 실내 환경 유지 서비스 운영기준을 파악한다. 기계과장은 고객의 건강과 근무환경의 쾌적성을 유지하기 위하여 환경관리규정에 따라 서비스를 실시하여야 한다.

- 관리대상 건축물의 용도, 특성 및 운영조건을 고려하여 관리대상 건물의 관리기준을 따라 서비스를 제공

- 실내 온도와 습도의 관리에 대하여 정부의 권장기준을 준수하는 것을 원칙으로 하나 관리대상 건물특성과 고객의 쾌적한 실내 환경을 감안하여 관리대상 건물의 관리 기준에 따라 운영한다.
- 실내 환경관련 측정 및 점검기록은 관련법규에서 요구하는 기간동안 보관하며, 필요시 관리대상 건물에 보고한다.
- 정기적인 점검과 유지, 보수를 실시한다.
- 건축물 내부에서의 흡연은 금지하며 지정된 흡연구역 이외의 장소에서 금연 준수토록 한다. (각 표지와 공지는 건축물 소유주가가 주관함)

⑥ 위생 및 급수 공급 서비스 운영기준을 파악한다. 기계과장은 고객의 건강과 쾌적한 시설 이용을 위하여 시설에 대한 위생시설의 점검과 관리를 지속적으로 실시한다.
- 화장실의 위생설비가 정상적으로 작동되고 청결상태를 유지하도록 계획을 수립점검 및 고장방지에 노력한다. (청소 위생관리는 건축물 소유주가 주관 관리함)
- 급수공급과 운영은 24시간 공급을 원칙으로 하며 급수의 공급 중단 또는 재공급에 관한 사항이 발생시 이를 미리 공지한다.
- 온수의 급수시간은 난방기간에 준용한다. 화장실의 위생설비가 정상적으로 작동되고 청결상태를 유지하도록 계획을 수립점검 및 고장방지에 노력한다. (청소 위생관리는 건축물 소유주가 주관 관리함)
- 급수공급과 운영은 24시간 공급을 원칙으로 하며 급수의 공급 중단 또는 재공급에 관한 사항이 발생시 이를 미리 공지한다. 온수의 급수시간은 난방기간에 준용한다. 건축물의 특성을 고려하여 급수공급에 관하여 관리대상 건물의 기준을 근거로 자체관리 기준을 수립하고 운영한다.

⑦ 공용시설 이용 서비스 운영기준을 파악한다. 건축과장 및 승강기과장은 공용시설 이용 시 고객이 불편하지 않도록 유지, 관리하여야 한다.
- 건축물의 로비, 복도, 화장실, 승강기, 계단(비상계단), 출입문 등 공동의 안전과 편의를 위해 구비된 공용의 시설을 정상적으로 이용할 수 있도록 관리하여야 한다.
- 소방법, 건축물 관련 법규에서 규정하는 기준을 준수하고, 관리하고 있는 건축물의 용도와 특성별로 운영기준을 수립하여 안전하게 유지 관리하여야 한다.
- 각 공용시설에는 KS A 0901(공공안내 그림 표지판)에 따른 그림으로 표시 및 설치되도록 건축물 소유주와 협의한다.

⑧ 전화 서비스 운영기준을 파악한다. 사무실에서 전화를 걸고 받을 경우에 사적인 전화는 금한다.
- 전화를 받을 때
  - ▶ 전화벨 소리가 세 번 이상 울리기 전에 받는다.
  - ▶ 수화기를 들면 인사 + 소속 + 이름을 차례대로 밝힌다.

    ㉥ "정성을 다하겠습니다. ○○빌딩 관리실입니다."

▶ 수화기는 한 손으로 받고 펜과 메모 용지를 준비한다.
▶ 용건은 간단명료하게 한다.
▶ 손님보다 항상 나중에 끊는다.
▶ 전화를 늦게 받았을 때는 반드시 "늦게 받아 죄송합니다." 라는 말을 잊지 않는다.

- 전화를 걸때

▶ 반드시 먼저 자신의 신분을 밝힌다.
▶ 용건의 명제를 먼저 상대방에게 알린다.
▶ 전화를 사용할 때는 가능한 용건만 간단히 한다.
▶ 항상 친절하게 응대한다.

⑧ 서비스 상황별 대처방법을 파악하고 업무에 적용한다.
가. 고장 신고전화 접수 시 다음과 같이 조치한다.
나. 고장처리를 위해 사무실 방문 시 다음과 같이 조치한다.

| 장소 | 주요 체크사항 | | |
|---|---|---|---|
| | 방문 전 | 방문 시 | 방문 후 |
| 각부서 감시반 | 1) 고장 위치 및 신고자를 확인한다.<br>2) 작업자 자신의 용모 복장을 점검한다.<br>3) 고객이 많이 이용하는 엘리베이터는 가급적 이용하지 않는다.<br>4) 공기구 운반시 위협적인 물건은 반드시 연장함에 넣고, 고객 통행에 불편을 주지 않도록 한다. | 1) 사무실 담당자에게 인사를 한 뒤 고장 위치를 확인한다.<br>2) 고객의 업무에 방해가 되지 않는 범위내에서 처리하고, 고객의 도움(자리 이동 등)이 필요한 경우는 정중히 이야기한다.<br>3) 처리 후 미흡한 부분이 없는지 확인한다.<br>4) 인사를 하고 퇴실한다. | ▶ 작업 완료 후 보수일지 및 작업일보에 기록한다. |
| 각종 회의장 및 사무실 | 1) 점검위치를 확인한다.<br>2) 방문 사무실에 전화를 해서 지금 점검이 가능한지를 미리 확인한다. ※ 점검이 불가능할 경우 점검 가능시간을 확인한다.<br>3) 점검시 필요한 공구 및 고객 불편사항을 리스트하여 불편이 발생하지 않도록 확인한다.<br>4) 방문전 자신의 용모·복장을 점검한다.<br>5) 고객이 많이 이용하는 엘리베이터는 가급적 이용하지 않는다.<br>6) 공기구 운반시 위협적인 물건은 반드시 연장함에 넣고, 고객통행에 불편을 주지 않도록 한다. | 1) 사무실 담당자에게 점검가능여부를 직접 확인한다.<br>2) 점검 위치를 확인한 후 불편 가능성이 있는지 확인하고 불편 가능성이 있으면 불편 여부를 담당자에게 전달한다.<br>3) 점검완료시 정리·정돈을 한다.<br>4) 담당자에게 점검완료를 전달하고, 미흡한 부분이 없는지 확인한다.<br>5) 인사를 하고 퇴실한다. | ▶ 점검 완료 후 이상 유무를 점검일지에 기록한다. |

다. 고장처리가 불가하거나 지연될 경우 다음과 같이 조치한다.

| 장소 | 주요 체크사항 | | |
|---|---|---|---|
| | 방문 전 | 방문 시 | 방문 후 |
| 각종 회의장 및 사무실 | 1) '고장신고'로 전화접수를 받는다.<br>2) 신고위치 및 신고자를 확인한다.<br>3) 방문전 자신의 용모·복장을 점검한다.<br>4) 고객이 많이 이용하는 엘리베이터는 가급적 이용하지 않는다. | 1) 사무실 담당자를 확인한다.<br>2) 담당자에게 문제에 대한 설명을 듣는다.<br>3) 문제 점검 후 조치가 지연될 것을 담당자에게 전달한다.<br>4) 지연되는 사유 및 조치가능 일시를 담당자에게 알린다.<br>5) 인사하고 퇴실한다. | ▶ 고장처리가 불가하거나 지연될 경우에는 사무실 담당자에게 알린 후 건축주에게 그 이유를 설명하고 후속 조치를 취한다. |

라. 시설직원이 여자 화장실에 들어가 작업을 해야 할 시 다음과 같이 조치한다.

| 장소 | 주요 체크사항 | | |
|---|---|---|---|
| | 사전조치 | 처리과정 | 사후처리 |
| 각 부서 감시반 | 1) 작업에 대한 접수를 받는다.<br>2) 여자화장실 출입이 가장 적을 시간을 찾아서 작업계획을 수립한다.<br>3) 여자화장실 앞에 비치할 점검 표시판을 작업 1시간 전에 부착한다. | 1) 화장실에 고객이 있는지를 확인한다.<br>- 고객이 있으면 잠시 기다렸다가 작업을 실시한다.<br>2) 화장실 출입문에 점검 표시판을 설치한다.<br>3) 작업을 실시한다.<br>4) 작업 장소에 대한 정리정돈을 한다.<br>5) 화장실 출입문에 부착한 점검표시판을 제거한다. | ▶작업완료 후 이상유무를 작업일지에 기록한다. |

마. 엘리베이터 비상정지 시(손님이 있는 경우) 다음과 같이 조치한다.

| 장소 | 주요 체크사항 | | |
|---|---|---|---|
| | 승객과 인터폰 통화시 | 승객구출 중 | 승객구출 후 |
| 엘리베이터 및 감시반 | 1) 항시 감시반에 근무자가 상주한다.<br>2) 엘리베이터 정지시 엘리베이터 내부 승객과 고객이 인터폰으로 통화, 잠시만 기다려 줄 것을 당부 | 1) 고객과 계속 통화를 하며, 고객의 심리적 안정을 유도한다.<br>※ 절대 흥분된 자세는 금물<br>2) 구조 및 조치 진행과정을 지속적으로 전달한다.<br>3) 현장도착 후 고객의 안전 유무를 확인하고, 승강기 정지위치를 파악한 후 고객에게 구조활동 진행 등을 알린다.<br>4) 침착하고 안정된 자세로 구조활동에 임한다. | 1) 구조 후 고객에게 원인을 적절하게 설명한다.<br>2) 고객에게 이상이 없는지를 재차 확인하고, 고객에게 죄송하다는 메시지를 전달한다.<br>3) 고객이 엘리베이터 안에 갇혔을 때는 감시반에 있는 직원이 상황이 끝날 때까지 지속적으로 진행을 알리면서 고객을 안심시켜야 한다.<br>(인터폰을 끄지 말고 대화할것) |

바. 정전발생 시(예고 없이 발생할 때) 다음과 같이 조치한다.

| 장소 | 주요 체크사항 | | |
|---|---|---|---|
| | 방문 전 | 방문 시 | 방문 후 |
| 건물일부층 정전발생 | 1) 신고위치와 신고자를 확인한다.<br>2) 정전으로 인한 긴급 조치사항 확인<br>- 고객 사무실 컴퓨터 작업, 전산실 서버 등<br>3) 조치가 늦어지는 경우, 선조치할 사항을 고객에게 설명<br>4) 정전발생의 원인 파악<br>- 제어시스템 오류/외부로부터의 문제<br>5) 안내 방송 | 1) 정전발생의 원인에 따라 초기대응<br>- 외부 원인으로 문제발생시 현장에 도착하여 고객에게 설명<br>- 제어시스템 오류시 조치 및 고객에게 결과통보<br>2) 조치 예상시간에 따라 전산실 등 긴급조치사항 우선순위 결정<br>3) 기계적인 결함 또는 외부의 문제점 해결 후 신고자에게 상황 통보<br>4) 피해사항 접수<br>5) 피해부분 조치협조(외부원인은 고객에게 친절하게 설명)<br>- 사전에 정전으로 발생할 수 있는 문제는 시스템상으로 보완(UPS) | ▶ 정전의 원인을 파악하여 차후에 발생하지 않도록 예방한다. |

사. 화재발생 시 다음과 같이 조치한다.

| 장소 | 주요 체크사항 | | |
|---|---|---|---|
| | 전화응대 | 화재초기 시 | 화재진압 후 |
| 사무실 일부 화재발생 | 1) 신고위치 및 신고자를 확인한다.<br>2) 침착하게 응대한다. (공포감 조성 금물)<br>3) 발생원인 및 위치를 통보한다.<br>4) 위험요소 처리상태를 통보한다. | 1) 유선 및 자탐설비로 화재를 감지하면 상황에 따라 소방대가 출동하여 초기진화를 하며 119 소방서에 신고한다.<br>2) 전체 층에 화재발생을 통지하기 위하여 첨부의 내용으로 방재실에서 방송을 하여 신속히 대피하도록 유도한다.<br>3) 계통에 따라 ○○(주) ○○빌딩관리사무소 관리실 및 설비과에 보고한다.<br>4) 인적, 물적 피해를 확인한다.<br>5) 2차 피해요소를 파악한 후 처리한다.<br>6) 주위를 정리한다.<br>7) 사무업무 환경을 재구성한다. | ▶ 관계자와 협의 화재를 미연에 방지할 수 있도록 문제점을 보완한다.<br>**주의사항**<br>▶ 인적 피해를 최소화 하고, 인명구조를 우선시 한다.<br>▶ 고객이 당황하지 않도록 상황을 잘 설명하고 대피시킨다.<br>▶ 화재가 발생하면 안내방송을 통하여 화재발생층과 직상층 고객을 우선으로 대피시킨다. |

- 화재발생시 다음과 같이 방송한다.

방재실에서 알려드립니다.
지금 ( ) 층 ( )호실 부근에 화재가 발생되었으니 신속히 대피하시기 바랍니다. 모든 엘리베이터는 운행되지 않으니 각 층 비상계단을 이용하여 대피하시기 바랍니다. 대피 시 당황하지 마시고 침착하게 질서를 유지하여 주시기 바랍니다. 거듭 알려드립니다. (재방송)

아. 예정된 정전(전기안전검사 등) 발생 시 다음과 같이 조치한다.

| 장소 | 주요 체크사항 | | |
|---|---|---|---|
| | 사전조치 | 처리과정 | 상황종료 |
| 건물 전 층 | 1) 건물 법적 정기안전검사 시행에 따른 시나리오를 마련한다.<br>- 공문, 계획, 복구, 안내<br>2) 사전에 공문을 발송한다.<br>- 정전목적, 정전시간, 사전조치사항(전산데이터관련, 보안 관리문제) | 1) 단전 직전에 전 층 대상물에 대한 안전사항 점검 및 구내방송으로 단전 예상시간을 통보한다.<br>2) 단전 및 전기안전검사를 시행한다.<br>3) 송전 전에 안전관련 사항을 점검한다.<br>4) 송전한다. | 1) 송전 후 전 층 안전점검 및 구내방송으로 송전상태를 통보한다.<br>2) 반드시 사전에 공지하여 고객의 업무에 차질이 없도록 한다. |

자. 천정누수 시 다음과 같이 조치한다.

| 장소 | 주요 체크사항 | | |
|---|---|---|---|
| | 방문 전 | 보수 시 | 사후처리 후 보고 |
| 회의실 및 사무실 | 1) 신고위치 및 신고자를 확인한다.<br>2) 고객이 많이 이용하는 엘리베이터는 가급적 이용하지 않는다.<br>3) 공기구 운반 시에는 위협적인 물건은 반드시 연장함에 넣고, 고객통행에 불편을 주지 않도록 한다. | 1) 근무자는 천정누수 발생 부분에 대한 점검을 한다.<br>2) 누수문제 발생원인을 파악한 후 신속하게 조치한다.<br>3) 조치가 완료되면 파손된 텍스 및 누수에 의해 지저분해진 사무실을 정리한다.<br>4) 조치가 완료되었음을 담당자와 함께 확인한다.<br>5) 인사를 하고 퇴실한다. | ▶ 처리결과를 계통에 따라 ○○(주) ○○빌딩관리사무소 관리실, 설비과에 보고한다. |

차. 고객이 호기심으로 시설물을 조작하여 문제발생시 다음과 같이 조치한다.

| 장소 | 주요 체크사항 | | |
|---|---|---|---|
| | 점검 전 | 점검 시 | 사고조치 후 |
| 회의실 및 사무실 | 1) 고객이 시설물을 무단 조작하여 이상이 있음을 확인 후 개인 공구를 지참하고 신속하게 현장으로 출동한다.<br>3) 고객이 많이 이용하는 엘리베이터는 가급적 이용하지 않는다. | 1) 고객이 시설물을 조작한 원인을 확인한다.<br>2) 시설물의 용도를 설명해 주고 만약 시설물을 호기심이나 기타 이유로 조작하여 고장이 나면 발생할 수 있는 여러 가지 상황을 설명해준다.<br>3) 고객이 납득할 수 있도록 이야기 한 후 정상화 한다. | ▶ 시설물에 대한 안내문을 관리대상건물의 담당부서로부터 도움을 받아 부착하여 일반직원들이 시설물을 함부로 작동시키지 않도록 한다. |

카. 출입제한 구역에 외부인 출입 시 다음과 같이 조치한다.

| 장소 | 주요 체크사항 | | |
|---|---|---|---|
| | 처리과정 | 상황종료 | 상황종료 |
| 외부인 출입금지 구역 | 1) 담당부서를 방문한 고객인지 우선 확인한다.<br>2) 정중하게 출입자에게 인사한다.<br>3) 방문목적 및 찾으시는 부서를 물어본다.<br>4) 방문위치는 외부인 출입제한 구역임을 알린다.<br>5) 정중하게 퇴실을 요청한다. | 1) 외부인 출입금지 구역은 반드시 안내문구를 부착한다. | ▶ 고객의 안전을 위하여 출입을 통제한다는 표현이 중요하다. |

타. 피난계단 및 통로에 적재물 방치 시 다음과 같이 조치한다.

| 장소 | 주요 체크사항 | | |
|---|---|---|---|
| | 사전조치 | 처리과정 | 사후처리 |
| 피난계단 및 통로 | 1) 적재물이 소방법에 어긋나는지를 확인한다.<br>2) 비상탈출에 조금이라도 저해요인이 되는지 점검한다.<br>3) 적재물에 대한 소유주를 확인한 후 관리대상 건물 담당부서에 도움을 받아 처리한다. | 1) 정중하게 근거를 제시하고 철거를 한다.<br>2) 소방법과 유사시 적재물의 위험성을 강조한다. | ▶ 소방법에 명시된 부분을 안내문구로 적어 피난계단 및 통로에 부착한다. |

(5) 시설물 운영관리 서비스 프로세스를 파악하고 공유하여 현장업무에 적용한다.

건축물 현황파악

청사 사무실 정보 확인, 청사 사무실 층, 면적, 사용현황 등 확인, 업무분장, 안전관리

인수업무

1. 기반시설의 적합성, 기능성, 안전성 확인, 부적합 예상문제 사전조치
2. 설비 및 장비의 인수, 관리 운영상 문제점 등의 점검과 조치 작동상태 확인 및 결과 기록 · 보존

시설운영 서비스

냉 · 난방 서비스, 전등 · 전열 공급 서비스, 실내 환경유지 서비스, 위생 및 급수공급 서비스, 공용시설 관리 서비스, 안전관리 서비스

안전관리 서비스

고객불만처리 서비스

입실 서비스

퇴실 서비스

개수 공사시 기반시설 이용지원 안전사항 공지, 화기사용 · 공사 진척 · 작업범위 · 안전교육 확인 등 현장점검 지원

(자료 출처 : 한국표준협회 시설운영관리 지침서 인용)

(6) 시설물 운영관리서비스 결과를 기록하고 자료의 보관기준에 따라 보관한다.

## 6. 건축물 영선관리

### 1) 건축물 영선의 개념

건축물의 영선이라 함은 건축물의 상태를 정상적으로 보존하고 건축물의 기능과 성능을 장기적으로 유지하며, 시설물 상태와 기능의 최적화와 내구연수 연장에 필요한 건축시설물의 점검, 보수, 개량, 보강, 교체활동을 말한다. 건축시설물의 영선관리는 다음과 같은 방법으로 수행한다.

### 2) 건축 영선관리 절차

(1) 건축영선대상을 확정하고 영선업무 범위를 한정한다.
(2) 〈건축운영 지침서〉를 사내표준으로 다음의 내용을 중심으로 개발하고 건축영선업무에 적용한다.
  ① 건축영선지침서의 목적을 명기한다.
  ② 적용범위를 확정한다.
  ③ 용어를 정의한다.
  ④ 건축제원 및 구성요소를 명기한다.
  ⑤ 영선대상 건축물 개요서 작성방법을 기술한다.
  ⑥ 건축영선업무 프로세스를 규정한다.
  ⑦ 건축분야 조직 및 업무를 분장한다.
  ⑧ 업무절차 및 작업시 주의사항을 명기한다.
  ⑨ 연중 주요 건축 작업 사항계획을 명기한다.
  ⑩ 건축물 핵심관리 기준을 설정한다.
  ⑪ 건축물 점검계획을 수립한다.
  ⑫ 이상시 조치사항을 명기한다.
  ⑬ 교대 근무시 인수인계 사항과 방법을 명기한다.
(3) 건축운영지침서의 내용을 파악하고 숙지한다.
(4) 건축물 영선관리 핵심 용어를 정의하고 이해한다.
  ① 구조체 : 건축물의 뼈대, 기초, 기둥, 보, 슬래브 등을 총칭하여 구조체라 한다.
  ② 철골조 : 주요 뼈대가 철재로 구성된 구조로 이들 철재는 리벳트, 볼트 등으로 조립되어 있는 구조를 철골조라 한다.
  ③ 철골, 철골 콘크리트조 : 요 뼈대가 되는 부분을 철재로 구성하고 철근과 콘크리

트로 보강된 구조를 철골, 철근콘크리트라 한다.

④ 골조 : 건물의 뼈대 · 겉 표면 내부의 분할된 공간으로 나누어 지고, 이들 각 각은 다시 수평구조(바닥, 기둥, 보)와 수직구조(벽체, 기둥)로 나뉜다.

⑤ 마감재 : 건물의 마감재는 내부에서 생활하는 사람이 쾌적하게 지내도록 외장 적으로 아름답게 마감하는 것과 구조체가 비, 바람, 일광, 온도변화 등의 엄격한 자연 건조 속에서 열화하지 않도록 구조체를 보호하는 것을 마감재라 한다.

⑥ 균열 : 콘크리트 타설 후 수분의 상승 및 증발 등에 따라 일정시간 이상 압밀하여 철근이나 거푸집 등에 의하여 콘크리트가 구속되면서 발생하는 것을 균열이라 한다.

⑦ 누수 : 외벽 누수는 균열, 콘크리트 구조체의 이어치기 부분 및 콘크리트 타설시 잘못된 혼합과 진동다짐을 잘못하여 골재가 들어난 현상, 창문틀 주위의 틈새 등으로 물이 스며들어 새는 것을 말한다.

⑧ 결로 : 실내의 수증기량과 각 부분의 온도저하가 주원인이 되어 벽면이나 천정에 수분이 맺히는 현상을 말한다. 결로에 의한 피해는 주로 곰팡이 발생, 얼룩 오염이나 알레르기성 질환을 유발하기도 한다.

⑨ 백화 : 콘크리트, 모르타르 바탕의 도장부위의 석재나 콘크리트 표면에 생기는 흰 결정으로서 주로 도막부위의 균열 틈새에서 표면으로 나타난다.

(5) 건축 구성요소를 파악하고 기본사항과 주요 설비를 포함하여 건물의 개요서를 작성하고 유지한다. 건축구성요소는 건축대지, 건축물, 건축설비 및 부수시설물이며, 주요 설비에는 보일러, 냉동기, 공기조화, 방재설비, 수변전 설비, 승강기, 자동제어설비, 용수설비, 정화조 등이 있다.

(6) 건축물의 개요서를 작성하고 공유한다.

<table>
<tr><th colspan="4">기본사항</th></tr>
<tr><td>규모 및 지구지역</td><td>지하 층/지상 층</td><td>지역/지구</td><td></td></tr>
<tr><td>대지면적(㎡)</td><td></td><td>구조</td><td></td></tr>
<tr><td>건축면적(㎡)</td><td></td><td>건물높이</td><td></td></tr>
<tr><td>연면적(㎡)</td><td></td><td rowspan="2">주요마감</td><td>외부 :</td></tr>
<tr><td>건폐율(%)</td><td></td><td>내부 :</td></tr>
<tr><td>주용도</td><td></td><td>준공년도</td><td></td></tr>
<tr><th colspan="4">설비개요</th></tr>
<tr><td rowspan="2">수변전용량</td><td></td><td>보일러</td><td>* 별관에서 공급</td></tr>
<tr><td></td><td rowspan="2">냉동기</td><td>* 별관에서 공급</td></tr>
<tr><td>발전기용량</td><td></td><td>* 별관에서 공급</td></tr>
</table>

| 승강기 | 승객용 : | | 냉각탑 | * 별관에서 공급 |
|---|---|---|---|---|
| | 비상용 : | | 공기조화 | 공조방식 : 정풍량 방식 |
| 덤웨이터 | | | | AHU * |
| 자동제어설비 | 전력제어 | | | 배기장치 * |
| | 조명제어 | | 방재설비 | R형 수신기 * |
| | 설비제어 | | | 발신기 |
| 용수설비 | 고가수조 : | | | 소화전 |
| | 지하수조 : | | | 감지지 |
| 정화조 | 부패조 | | | |

(7) 건축분야 영선업무프로세스를 파악하고 공유한다.

① 출입문 점검 및 보수(예시)

도어록 및 경칩 등 점검 → 도어록 해체 → 작동 확인 및 정비 → 현장 정리 → 폐기물 처리 → 작어일지 기록

② 창문 점검 및 보수(예시)

상태확인 및 점검 → 작업 안전 확보 → 고소작업 시 안전모 및 벨트 착용 → 부산물 안전망 설치 → 3인 1조 작업 팀 투입 → 작업 수행 → 현장 정리 정돈 및 청소 → 작업일지 기록

③ 천정택스 점검 및 보수(예시)

점검 → 이상상태 파악 → 파손부분 교체 → 주변정리 → 완료보고 → 작업일지 기록

④ 자동문점검 및 보수(예시)

상태점검 및 센스감지여부 확인 → 개·폐 속도 확인 → 유리상태 점검 및 확인 → 벨트 및 체인 마모 정도 확인 → 정비 및 보수작업실시 → 작동상태 확인 → 작업현장 정리 정돈 및 청소 → 작업일지 기록

⑤ 셔터 점검 및 보수 (예시)

상태 점검 → 전원 스위치 확인 → 모터 작동 상태 확인 → 셔터 바연결 및 파손상태 점검 → 가드레일 상태 점검 → 키 박스 스위치 작동 여부 확인 → 파송 및 고장 부분 교체 및 정비작업 실시 → 작동 테스트 → 주변 정리정돈 및 청소 → 작업일지 기록

⑥ 아스타일 점검 및 보수(예시)

파손상태 점검 → 파손부분 제거 → 먼지 습기 및 이물질 제거 → 만능본드 도포 → 적정 시간 경과 후 접착 → 주변 정리정돈 및 청소 → 작업일지 기록

⑦ 타일 점검 및 보수(예시)

파손상태 점검 → 파손 부분 제거 → 보수 부위 이물질 제거 → 몰 타르 배합 및 미장작업 실시 → 양생 → 타일 본드 도포 → 타일 부착 → 타일 줄눈 확인 → 타일표면 세척 → 주변 정리 정돈 → 작업일지 기록

(8) 건축영선 기본업무와 세부업무표를 작성하고 공유한다.

| 번호 | 기 본 업 무 | 세 부 업 무 |
|---|---|---|
| 1 | 건물 유지 · 보수 업무 | - 건물 순회 점검(1회/1일 이상)<br>- 중요 보수작업 지휘<br>- 작업지시 처리 확인<br>- 풍수해 비상관리<br>- 비상업무시 지휘 · 통솔 |
| 2 | 건축 팀 인력관리 업무 | - 건축 인원 지휘 · 통솔<br>- 근태관리 및 평가<br>- 안전관리 |
| 3 | 건물관리계획 작성 | - 일상점검 계획<br>- 주간/월간 업무계획서 작성<br>- 연간 업무계획서 작성 |
| 4 | 문서관리 업무 | - 장비이력대장 기록 확인<br>- 일일작업일지 기록 확인<br>- 자재관리<br>- 고객요청사항 시행 및 확인<br>- 사고시 사고보고서 작성 |
| 5 | 교육 업무 | - 영선작업 기술교육<br>- 신규도입 장비 사용법 교육<br>- 안전교육 및 사고 예방대책 수립 |

(9) 건축물점검 연간계획서를 작성하고 공유한다. (예시)

| 구분 | 점검항목 | 점검기준 | 점검 주기 | 점검 방법 | 담당 | 기록 일지 | 비고 |
|---|---|---|---|---|---|---|---|
| 천정 | 텍스 | 텍스의 처짐 상태 | 일 | 육안 | 근무자 | 점검표 | |
| | | 텍스의 파손 상태 | 〃 | 〃 | 〃 | 〃 | |
| | | 찬넬의 처짐 상태 | 〃 | 〃 | 〃 | 〃 | |
| | 유공판 | 처짐 상태 | 〃 | 〃 | 〃 | 〃 | |
| | | 파손 상태 | 〃 | 〃 | 〃 | 〃 | |
| 벽 | 벽지 | 벽지의 들뜸 | 〃 | 〃 | 〃 | 〃 | |
| | | 벽지의 찢어짐 | 〃 | 〃 | 〃 | 〃 | |
| | | 벽지의 오염 상태 점검 | 〃 | 〃 | 〃 | 〃 | |
| | 철재 칸막이 | 칸막이의 비틀림 | 〃 | 〃 | 〃 | 〃 | |
| | | 파손 상태 | 〃 | 〃 | 〃 | 〃 | |
| | | 도장 상태 | 〃 | 〃 | 〃 | 〃 | |
| | | 오염 상태 점검 | 〃 | 〃 | 〃 | 〃 | |
| | 석고보드 칸막이 | 칸막이 들뜸 상태 | 〃 | 〃 | 〃 | 〃 | |
| | | 파손 상태 | 〃 | 〃 | 〃 | 〃 | |
| | | 도장 상태 | 〃 | 〃 | 〃 | 〃 | |
| | | 오염 상태 점검 | 〃 | 〃 | 〃 | 〃 | |
| | 대리석 | 들뜸 상태 | 〃 | 〃 | 〃 | 〃 | |
| | | 파손 상태 | 〃 | 〃 | 〃 | 〃 | |
| | | 줄눈 상태 | 〃 | 〃 | 〃 | 〃 | |
| | | 탈색오염 상태 | 〃 | 〃 | 〃 | 〃 | |
| 바닥 | 아스타일 | 들뜸 상태 | 〃 | 〃 | 〃 | 〃 | |
| | | 파손 상태 점검 | 〃 | 〃 | 〃 | 〃 | |
| | 카펫트 | 들뜸 상태 | 〃 | 〃 | 〃 | 〃 | |
| | | 오염 상태 | 〃 | 〃 | 〃 | 〃 | |
| | | 파손 상태 | 〃 | 〃 | 〃 | 〃 | |
| | 데코타일 모노륨 | 들뜸 상태 | 〃 | 〃 | 〃 | 〃 | |

(자료 출처 : 한국표준협회 시설운영지침서 인용)

(10) 연간 작업 분야와 세부작업 계획서를 작성하고 공유한다. (예시)

| 분류 | 분야 | 세부작업분야 | 자료명 | 자료 관리번호 | 비고 |
|---|---|---|---|---|---|
| 천정 | 텍스 | 처짐 부분을 바로 잡는 작업 | 건축보수 자료 | | |
| | | 파손된 것을 새것으로 교체 | | | |
| | | 챈넬의 수평상태 유지 확인 | | | |
| | | 챈넬의 처짐 부분을 수평으로 유지 | | | |
| | | 석고보드에 붙인 텍스는 에어카타핀으로 고정 | | | |
| | 유공판 | 유공판의 처짐 부분을 바로 끼워줌 | 건축보수 자료 | | |
| | | 파손된 것을 새것으로 교체 | | | |
| | | 챈엘(틀)이 처진 경우 수평을 잡아줌 | | | |
| | | 도장상태가 오염되었을 시 새로 도장 | | | |
| | 누수 | 외부빗물의 누수 | 건축도면 | | |
| | | 위층 화장실, 탕비기실에서의 누수 | | | |
| | | 천정 설비 파이프에서의 누수 | | | |
| | | 스프링클러에서의 누수 | | | |
| | 유리돔 | 각 유리판의 연경상태 | 건축보수 자료 | | |
| | | 빗물 누수상태 | | | |
| | | 연결부의 실리콘 코킹 | | | |
| | | 유리의 파손 된 것 교체 | | | |
| 바닥 | 타일 | 파손된 부분 교체 | 건축보수 자료 | | |
| | | 줄눈 파손부분 교체 | | | |
| | | 타일 실선 작업 | | | |
| | 아스타일(데코타일) | 파손된 부분 교체 | 건축보수 자료 | | |
| | | 들뜬 부분 본드로 부착 | | | |
| | | 아스타일 신설작업 | | | |
| | 카펫 | 들뜬 부분 본드로 부착 | 건축보수 자료 | | |
| | | 파손, 오염 부분 교체 | | | |
| | | 카펫 신설 작업 | | | |
| 출입문 | 유리강화문 | 유리 파손 상태 | | | |
| | | 유리강화문 처짐 상태 | | | |
| | | 힌지의 유압, 개·폐 속도 | | | |
| | 자동문 | 개·폐 속도 | | | |
| | | 센서의 작동 상태 | | | |
| | | 로라, 체인의 마모정도 | | | |

| 분류 | 분야 | 세부작업분야 | 자료명 | 자료 관리번호 | 비고 |
|---|---|---|---|---|---|
| | 회전문 | 회전속도 | | | |
| | | STOP 상태 | | | |
| | | 센서 상태 | | | |
| | | DOOR 상태 | | | |
| | 도어로크 | Key 작동여부(잠김 상태) | | | |
| | | 손잡이의 풀림 | | | |
| | | 날름쇠 작동 여부 | | | |
| 셔터 | 방범셔터 | 모터의 작동 상태 | | | |
| | | 바, 가드레일 파손 상태 | | | |
| | | key 박스, 스위치 작동여부 | | | |
| | 방화셔터 | 모터의 작동 상태 | | | |
| | | 바, 가드레일 파손 상태 | | | |
| | | key 박스 스위치 작동여부 | | | |
| 벽 | 대리석 화강석 | 파손된 부분 교체 | 건축 보수자료 | | |
| | | 줄눈 연결부분 파손시 실리콘 코킹작업 | | | |
| | | 처짐 들뜸 상태, 수평유지 | | | |
| | 칸막이 | 석고보드 칸막이 파손시 교체 | 건축 보수자료 | | |
| | | 철재칸막이 파손시 교체 | | | |
| | | 도장상태 오염시 도장작업 실시 | | | |
| | 벽지 | 오염되거나 파손된 부분 도배 | 건축 보수자료 | | |
| | | 전체 도배시 외주 작업 실시 | | | |
| 창문 | 본청용 | 크리센트 작동여부 | 건축 보수자료 | | |
| | | 로라 파손시 교체 | | | |
| | | 손잡이 탈락시 보수 | | | |
| | 의원회관용 도서관 | 잠김 장치 작동여부 | 건축 보수자료 | | |
| | | 창문-암 부착 상태 | | | |
| | | 손잡이 부착 상태 | | | |
| | 의정관용 | 잠금장치 작동여부 | 건축 보수자료 | | |
| | | 창문-암 부착 상태 | | | |
| | | 손잡이 작동 상태 | | | |

(자료 출처 : 한국표준협회 건축물관리 지침서 인용)

### 3) 건축 영선절차에 따라 작업안전을 고려하여 보수

(1) 천정텍스를 보수한다.
(2) 출입문 고장수리 및 도장부분을 보수한다.
(3) 아스타일 부분을 보수한다.
(4) 셔터 고장시 보수한다.
(5) 화장실 세라믹 및 모자이크 타일 코너타일 등 시공 부실로 탈락 파손 보수한다.
(6) 방수공사 문제시 보수한다.
(7) 바닥, 벽체, 균열, 파손시 보수한다.
(8) 조적 벽 붕괴 또는 파손시 보수한다.

### 4) 해빙기에는 특별점검을 실시하고 재해방지 안전대책 수립

(1) 해빙기 건축물 특별 점검한다. 동결지반의 융해에 따라 절, 성토 사면 및 굴착공사 현장의 붕괴재해와 지반침하로 인한 매설물의 손상 등이 빈번할 것으로 예상됨에 따라 다음과 같이 주요 위험요인별 안전대책을 제시하여 해빙기 작업 개시 전에 이를 활용토록 함으로써 재해를 미연에 방지하고자 한다. 대기의 온도가 0℃ 이하로 내려가면 지중의 공극수가 동결하여 약 9%의 체적이 증가하게 되어 지표면이 부풀어 오르는 동상현상이 나타나고, 대기의 온도가 0℃ 이상으로 상승하면 동결되었던 지반이 융해되어 지표면에서 하부로 서서히 녹기 시작하면서 함수량이 증가하여 지반이 해지면서 침하현상이 발생하게 된다.
(2) 지반침하로 인한 재해를 예방한다.
(3) 안전대책을 수립한다.

### 5) 우기대비 특별 점검하고 안전대책 수립

우기대비 안전관리 계획과 주변 하수관 준설 여부, 빗물받이, 맨홀 연결관 상태, 호우를 대비한 노면수 유도 처리, 터파기 바닥 집수정 설치, 연약지반 보강 등 특별 점검하고 안전대책을 수립한다.

(1) 하절기 특별점검 한다(옹벽과 석축배면에 우수유입 방지대책).
(2) 동절기 대비 특별 점검한다.
(3) 안전점검 및 정밀안전 진단을 한다.
(4) 해빙기, 우기에 대한 특별점검을 하고, 문제발생시 현장조사를 실시하고, 결과를 분석하여 기록하고 보고한다.

### 6) 건축물에 이상현상 발생시 다음과 같이 조치

(1) 건축물에 이상발생시 신속하게 이상 있는 부분이 정상복원 될 수 있도록 근무자와 협조 하에 조치를 취한다.
(2) 해당 담당자에게 연락을 취한다.
(3) 담당자는 중요사고일 경우 즉시 현장에 부서 팀장 및 소장에게 보고하고, 사고발생 경위 및 최초 보고를 실시한다.
(4) 관리소장은 본사 운영지원본부에 최초 보고를 실시한다.
(5) 사업소 담당자는 장비사고 시 2차적인 사고가 발생하지 않도록 조치하고 사고현장을 보존하며 사고보고서를 작성하여 관리소장에게 보고한다.

### 7) 인명사고시 다음과 같이 조치

(1) 근무자가 근무 중 인명사고가 발생하면 사고자에 대한 응급처치를 하고, 2차 사고가 발생되지 않도록 조치 후 현장을 보존한다.
(2) 근무자는 해당 관리현장 담당자에게 유선으로 사고 발생경위에 대해서 보고한 후 사업장에게도 연락을 취하고 관리소장은 고객 및 본사 운영지원본부에 유선으로 보고한다.
(3) 관리현장 담당자는 즉시 현장에 와서 사고 상황을 파악하고 관리소장, 고객, 본사 운영지원본부에 연락을 취하고 근무자, 목격자, 사고자의 진술을 토대로 사고보고서를 작성하여 관리소장, 고객, 본사 운영지원본부 순으로 제출하고 사고원인을 규명하여 고객과 협의한다.
(4) 고객과 협의 사항이 이루어지지 않을 경우 본사 운영지원본부에게 연락을 취하고 조치를 받는다.
(5) 경미한 사고일 경우 업무일지에 기록 후 명일 아침 해당 담당자에게 결재시 보고한다.

### 8) 근무교대시 업무를 인수인계

근무 주에 수행한 업무와 문제점 및 이상현상 등을 근무 교대시에 인수인계하고, 인수인계서에 서명한다.

## 7. 기계설비관리

### 1) 기계설비관리 개념

건축설비관리란 건축설비의 기능을 보전하고 이용자의 안전과 편의를 제고하기 위하여 일상적으로 점검 정비하고 손상된 부분은 원상복구하며, 시간의 경과에 따라 요구되는 교체, 개량, 보강 등의 활동을 말한다.

### 2) 기계설비관리 절차

(1) 〈기계설비 운영지침서〉를 개발하고 기계설비 관리업무에 적용한다.
(2) 운영지침서의 적용범위를 명시한다.
(3) 기계설비 관리 핵심용어를 정의한다.
① 냉동기 및 흡수식 냉. 온수기 : 응용산업 냉동분야에 있어서 가장 기본적인 기계로서 열이 고온으로부터 저온으로 전달되는 원리를 이용하여 냉매를 냉동기내로 순환시켜 냉을 실현하는 것을 말한다.
② 보일러 : 강철제 및 주철제로 만든 밀폐된 용기 내에 물을 담고 그 물을 가열하여 대기압이상의 압력을 갖는 증기 및 온수를 발생시키는 장치를 말한다.
③ 공기조화기 : 실내에 있는 사람 또는 저장된 물건에 대해 생리조건을 쾌적하게 하고 저장물의 보전조건을 만족스럽게 대기를 인공적으로 유지시켜주는 장치를 말한다.
④ 정화조 : 오수, 생활하수 등을 한곳에 모아 하수 종말 처리장에 방류하기 전 침전, 여과, 소독하여 B.O.D의 농도를 낮추어 수질오염을 방지하기 위한 처리시설을 말한다.
⑤ 설비자동제어 : EBI을 온도, 습도 및 각 종 센 서의 값을 인식하여 건물 내의 설비의 제어 등을 수행하기 위한 시스템이다.
⑥ 펌프설비 : 각 종 배관내의 관수를 원활하게 순환시키고 물탱크 등에 급수를 보충시키기 위한 설비를 말한다.

### 3) 기계설비 분야 업무프로세스를 분석하고 파악한다. (예시)

(1) 냉온수기 세관업무 프로세스를 파악한다.

세관업체 선정 및 세관범위 설정 → 품의 및 승인 → 화학 세관, 기계세관 및 브러쉬 세관 → 용액농도 측정 및 보충 → 세관 폐기물 반출 → 외관 도색작업 및 청소 → 냉동기 시운전 → 세관작업 종료

(2) 냉온수기 운전업무 프로세스를 파악한다.

가스압 이상점검 → 냉온수기 펌프 가동 및 압력점검 → 냉각수 펌프가동 및 압력점검 → 고온 재생기 압력 및 온도점검 → 흡수기 레벨 체크

(3) 보일러 세관업무 프로세스를 파악한다.

세관작업 범위 및 업체설정 → 결제 → 화학세관, 기계세관, 브러시세관 → 녹방지 도색작업 → 진공, 압력 및 안전 밸브시험

(4) 보일러 운전 프로세스를 파악한다.

기동전 사용량 측정 → 사용전 브로우 다운 실시 → 기동 후 화염측정 → 환 펌프 작동여부 확인 → 압력계, 온도계, 진공계 → 적정상태 확인 → 가스사용량 기록 → 온도변경 추이 기록

(5) 가스사용 점검업무 프로세스를 파악한다.

계속사용 검사의뢰(한국가스안전공사) → 결제 → 가스누설 검사, 배관부식 상태 검사 → 가스차단기 정상동작 시험 → 판정 및 통보 → 수수료 송부 → 사용 필증 접수 및 보관

(6) 가스 일상관리 업무 프로세스를 파악한다.

가스누출 자동 개폐기 작동점검 → 가스누출 여부점검(가스누출 테스트기) → 누출부위 보수 → 도시가스배관 산화여부확인 → 점검표 작성 및 보관

(7) 정압기 분해점검업무 프로세스를 파악한다.

작업업체 및 범위 설정 → 결제 → 압력필터 교체 → 정압진동계 및 팬 교체 → 차압 밸브 교체(누출시) → 작업보고서 작성 및 보관

(8) 정화조 일상관리 업무 프로세스를 파악한다.

해충류 서식지 제거 → 펌프류 오일 점검 및 동작 점검 → 내 공기 유입 및 유출 상태 점검 → 스크래퍼 기동 상태 점검 → 브로워 기동 상태 및 오일량 점검 → 슬러지 반송 상태 점검 → 배수펌프 동작 점검 → 소포펌프 동작 점검

(9) 정화조 내부청소 프로세스를 파악한다.

구청공문서 접수 → 업체선정 및 결제 → 침사지내 침점물 반출 → 반출확인서 접수

(10) 정화조 수질검사 프로세스를 파악한다.

폭기조 내 미생물 상태 점검 → 미생물 투입 → 침전 조 내 침전물 상태 점검 → 침사지내 침점물 반출 → 반출확인서 접수

(11) 저수조 내부 청소 프로세스를 파악한다.

공문서 접수 → 작업일 선정 및 결제 → 단수작업(2일 전 통보) → 이끼제거 및 부유물 제거 → 청소 전, 중, 후 사진촬영 → 저수조 청소결과 보고서 작성 → 위생점검 보고서 발송

(12) 저수조 일상점검 프로세스를 파악한다.

저수조 주위 및 본체 상태 점검 → 저수조 내부 상태 점검 → 맨홀의 상태 점검 → 월류관 및 통기관 점검 → 저수조 위생 점검표 작성

(13) 공조기 필터교체 프로세스를 파악한다.

필터교체 시기 선정 및 업체 선정 → 결제 → 미디움, 프리필터 교체 및 폐기물 반출

(14) 공조기 일상 점검 프로세스를 파악한다.

주1회 프리필터 클리닝 → 필터 건조 후 재설치 → 내부폐기물 청소 → 센서봉 점검 및 감도 측정

(15) 냉각탑 수질관리 프로세스를 파악한다.

수처리제 공급처 선정 → 결제 → 주기적 투여 → 냉각수 시료 채취 → 수질검사 의뢰 → 결과서 접수, 검토, 보관

(16) 냉각탑 일상관리 프로세스를 파악한다.

물이끼, 물 때 제거 → 주조 클리닝 → 구동모터 베어링 및 벨트 점검 → 볼탑 밸브 작동상태 점검

(17) 소화기 관리 프로세스를 파악한다.

소화기 위치 확인점검 → 소화기 약제 및 압력확인 → 전기실 등 CO2 약제 관리 → 소화기 관리대장 기록 및 보관

(18) 소방시설관리 업무 프로세스를 파악한다.

급수펌프 동작시험 및 수두압 측정 → 각층 소화전(옥내)점검 → 스프링클러 동작시험 → 소방기구함 점검 → 피난시설 위치 파악 및 점검 → 연감지기 및 열감지기 동작 점검 → 작동결과표 및 현황표 작성 및 보관

### 4) 기계설비 분야 업무를 분장하고 수행

(1) 기계과장은 다음의 업무를 수행한다.

- 기계설비 관리 유지 업무 감독, 지휘, 행정통제 등을 총괄한다.
- 수리, 보수 등에 대하여 작업준비, 지휘, 감독을 한다.
- 연간 작업계획을 작성, 계획에 의한 작업을 진행 감독한다.
- 각종 기록물(운전일지, 점검일지)을 확인 검토하여 대책을 상신한다.
- 기계관리 업무에 필요한 기계보수 또는 물품청구 의뢰를 한다.
- 각 기기의 운전관리 계획을 수립한다.
- 직원의 일상근무 감독 및 신상파악을 한다.
- 작업지시, 처리, 확인 및 대, 내외의 관계 업무를 추진한다.
- 직원의 기술향상, 안전사고 예방을 위한교육 및 지도 계획을 수립하고 교육을 주관하여 실시한다.

(2) 기계주임은 다음의 업무를 수행한다.

- 기계주임은 과장을 보필하여 업무수행에 차질이 없도록 한다.
- 각 주임은 당 의사당 내의 기계설비에 대한 운전, 보존, 보수업무를 수행한다.
- 각종 돌발적인 사고에 있어 반원들을 총지휘하여 응급처리 할 의무를 가진다.
- 작업원에 대하여 직접적인 기술지도를 통솔한다.

(3) 담당기사(당직자)는 다음의 업무를 수행한다.

- 각자가 책임진 근무 장소에 모든 기계의 운전수칙, 안전수칙을 습득하여 원활한 운전에 책임을 진다.
- 항상 점검하고 청소하여 원상대로의 기능과 성능을 발휘하도록 한다.
- 돌발적인 사고가 발생하였을 때 우선 응급처치를 한 후 계통에 따라 보고한다.

(4) 중앙 감시반 근무자는 다음의 업무를 수행한다.

- 효율적인 관리와 적절한 운영방법으로 항상 시스템이 정상 가동되도록 한다.
- 각 기계의 가동, 정지
- 기계 설비 운전상태 점검 및 조정
- 각층 제어계통의 점검 및 각 설비의 중앙통제와 상태파악
- 실내온도, 습도, 계기 류 등을 점검하고 양호한 상태로 유지
- 담담설비의 정기점검 및 관계연락 중계
- 각 기계 운전정지, 온도, 습도, 계기 류 등을 수시 점검기록

(5) 공조실 근무자는 다음의 업무를 수행한다.

- 급기, 환기, 배기, IDU공조기, 고가수조, 팽창탱크, 전동기, 벨트, 휀, 배관 및 기타설비의 안전관리 및 운전담당

- 담당설비의 일, 주, 월, 년 간 점검표에 의한 정기점검
- 운전상태 점검 및 운전일지 기록유지 및 보고
- 담당설비의 수입, 정비 및 인수인계를 철저히 하고 이상유무를 보고한다.

(6) 기계실 근무자는 다음의 업무를 수행한다.
- 공조기, 배기, 휀, 제습기, 항온 항습기, 온풍기, 온수탱크, 열교환기, 펌프, 모터, 기계설비의 안전관리를 운전한다.
- 담당설비의 일, 주, 월, 년 간 점검표에 따라 점검한다.
- 운전상태 점검 및 운전일지를 작성 보고한다.
- 담당설비의 원상 보존유지 및 환경정리를 한다.
- 담당설비의 수입정비 및 인수인계를 철저히 하고 이상유무를 보고한다.
- 증, 온수의 압력, 온도를 수시 점검한다.

(7) 보수 반 근무자는 다음의 업무를 수행한다.
- 모든 기계설비에 대한 유지 · 보수한다.
- 제반설비에 대하여 수시 순찰 점검하고, 보수하여 원상태로 유지 · 관리한다.
- 원상태 유지관리를 위하여 일, 주, 월, 년 간 점검표에 의하여 유지 · 관리한다.
- 원상태 유지의 점검 및 보수일지 기록 · 유지한다.
- 시설을 보수하기 위해서 불가피하게 변경하고자 할 때는 감독관에게 보고하고, 그 지시에 따라 업무를 수행한다.

(8) 보일러실 근무자는 다음의 업무를 수행한다.
- 보일러 본체에 부속되는 버너, 펌프, 모터 팬, 각종 계측기 등을 원상태로 관리하고 안전운전을 한다.
- 담당설비의 일, 주, 월, 년 간 점검표에 의하여 정기적인 점검실시 한다.
- 운전상태 점검 및 운전일지를 기록한다.
- 유류탱크의 주위환경 점검 및 유류현황 파악한다.
- 원상태를 보존하기 위하여 예방점검 및 정비를 철저히 한다.
- 인수인계를 철저히 하고 이상 유무를 보고한다.

(9) 냉동기 실 근무자는 다음의 업무를 수행한다.
- 냉동기, 냉수펌프, 냉각탑, 압축기, 보안장치 및 안전장치 의 점검 및 보수 · 유지한다.
- 담당설비의 일, 주, 월, 년 간 점검표에 의하여 정기적인 점검을 한다.
- 운전상태 점검 및 운전일지를 기록한다.
- 냉동기의 규정 온도유지 및 기계적인 이상유무를 체크한다.
- 철저한 인수인계와 이상유무를 확인하고 보고한다.

### 5) 기계실 업무별 인원배치 및 주야간 당직 및 교대조 근무방법을 확정하고 공유

### 6) 기계실 기본업무와 세부업무를 확정하고 공유

| 부서명 | 기본업무 | 세부업무 |
|---|---|---|
| 기계과 | 1. 기계설비 유지보수업무 | - 기계설비 순회 점검(1회/일 이상)<br>- 중요 보수작업 지휘<br>- 작업지시 처리 확인<br>- 비상사태시 지휘 통솔<br>- 방재(기계관련) 설비관리 |
| | 2. 기계팀 인원관리업무 | - 기계인원 지휘통솔<br>- 근태관리 및 평가<br>- 안전관리 |
| | 3. 기계설비 관리계획 작성 | - 일상점검 계획<br>- 주간/월간업무 계획 작성<br>- 연간 업무계획서 작성 |
| | 4. 문서관리업무 | - 장비이력대장 기록 확인<br>- 일일작업일지 기록 확인<br>- 자재관리<br>- 고객요청사항 시행 및 확인<br>- 사고시 사고보고서 작성 |
| | 5. 교육업무 | - 기계운전/작업 기술교육<br>- 신규도입 장비사용법 교육<br>- 안전교육 및 사고예방 대책 수립 |

### 7) 기계설비 제원 및 설치장소를 파악하고 공유(예시)

| 장비명 | XBS 시스템 | 기 사 | | | | | |
|---|---|---|---|---|---|---|---|
| 용도 | 자동제어 시스템 | 형식 | | 하드 | | | |
| 설치 장소 | 중앙감시반 | 모니터 | | | | | |
| | | 프린터 | | | | | |
| | | RAM | | | | | |

| 장비명 | AHU 열교환기 1호기 | 기 사 | | | | | |
|---|---|---|---|---|---|---|---|
| 용도 | 난방용 열교환기 | 형식 | | | | | |
| 설치 장소 | B1층 기계실 | 용량 kcal/h | | | | | |
| | | 최고사용압력 | | | | | |
| | | 설계 온도 | | | | | |

| 장비명 | AHU 열교환기 2호기 | 기 사 | | | | | | |
|---|---|---|---|---|---|---|---|---|
| 용도 | 난방용 열교환기(사용중지) | 형식 | | | | | | |
| 설치 장소 | B1층 기계실 | 용량 | kcal/h | | | | | |
| | | 최고사용압력 | | | | | | |
| | | 설계 온도 | | | | | | |

| 장비명 | IDU 열교환기 | 기 사 | | | | | | |
|---|---|---|---|---|---|---|---|---|
| 용도 | 난방용 열교환기 | 형식 | | | | | | |
| 설치 장소 | B1층 기계실 | 용량 | kcal/h | | | | | |
| | | 최고사용압력 | | | | | | |
| | | 설계 온도 | | | | | | |

| 장비명 | 급탕 열교환기 | 기 사 | | | | | | |
|---|---|---|---|---|---|---|---|---|
| 용도 | 온수용 열교환기 | 형식 | | | | | | |
| 설치 장소 | B1층 기계실 | 용량 | kcal/h | | | | | |
| | | 최고사용압력 | | | | | | |
| | | 설계 온도 | | | | | | |

| 장비명 | 자동전압 조정기(UPS) | 기 사 | | | | | | |
|---|---|---|---|---|---|---|---|---|
| 용도 | 감시반 자동전압 조정기 | 형식 | | | 정격용량 | KVA | | |
| 설치 장소 | B1층 기계감시반 | 입력전압범위 | | | | | | |
| | | 출력전압 | V | | | | | |
| | | 주파수 | Hz | | | | | |

## 8) 중앙감시반 기계설비 운전순서, 방법, 조건을 파악하고 숙지

(1) 중앙감시반 운영조건을 파악한다.

① 중앙감시반을 운전한다.

② 중앙감시반을 정비한다.

(2) 운전일지를 작성하고 유지한다. 운전일지 기록은 매시간 운전 중 변화는 습도, 온도, 외기, 급기, 배기, 환기, 운전시간, 정지시간, 작업사항을 상세히 기록한다.

(3) 중앙 감시반의 운전 및 안전수칙을 파악하고 준수한다.

## 9) 보일러 설비를 운전요령에 따라 운전

(1) 급수 배관계통의 밸브 열림 확인하고, 밸브가 닫힌 상태로 가동되면 과부하 또는

동작부의 순간 마모에 의해 펌프가 고장을 일으키거나 수명단축의 요인이 주의하여 운전한다.

(2) 가스 공급관의 밸브가 열렸나 확인한다.

(3) 가스 공급압력을 확인한다. 가스밸브가 닫혀 있어도 압력은 계속 유지되므로 밸브의 개폐에 주의를 해야 한다.

(4) 메인 바나 및 착화가스(Pilot Gas)밸브의 열림을 확인한다. 운전 전에는 항시 가스 누출 여부를 반드시 확인하여야 한다. 가스누출로 인한 순간 연소로 인한 연도 폭발 화재의 우려가 있다.

(5) 제어반의 모든 스위치가 'OFF' 상태가 되었는지 확인 한 후 메인 전원을 넣고 제어반의 전원스위치를 'ON'으로 전환(전원램프 점등)한다.

(6) 급수펌프 스위치를 자동으로 전환한다.

(7) 운전스위치를 'ON'시켜 두어야 한다. 약 5초 후 송풍기 기동 ⇒ 약5초 후 댐퍼 열림 ⇒ 약 20초 후 댐퍼 닫힘 ⇒ 약 5초 후 착화기 점화 ⇒ 약 2초 후 메인가스 점화 ⇒ 계속 운전된다.

(8) 정상연소가 이루어지면 댐퍼선택 스위치를 자동에 설정한다. 댐퍼가 열리면서 최고부하로 진행된다. (착화 후 약 5분정도 점검 후에 실행해야 한다.)

### 10) 초소형 노통 연관식 보일러 운전

(1) M.C.C 판넬의 순환펌프를 가동 시킨다.

(2) 보일러 운전 판넬에 전원스위치가 ON 위치인가 확인한다.

(3) 보일러 가스메인밸브의 가스누설차단장치 전자밸브가 보일러 '열림' 위치인가 확인한다. (황색)

(4) 보일러 운전스위치를 로컬위치에 놓는다. (시퀀스제어 순차회로에 버너용 밸브 파이로트 점화용에 의해 자동점화 된다. 4위치제어 가스 착화방식(HI ⇒ MODUEL ⇒ LOW ⇒ STOP)

(5) 블로워모터(송풍기) 작동여부 연쇄 램프 등이 순차적으로 켜진다.

- 수면계 2/3 배기온도 180℃ 가스압력 0.4kg/㎠
- 증기압력 3.5~4.0kg/㎠ 전압 420V
- 송풍기풍압 300mmAq 전류 21A

(6) 점화전, 점화후 잔류가스 동작(부저 동작시 '리셋버튼' 누름)

- 연성잔류 가스체류(노통환기) 30~40sec

(7) 점화 후 투시 구를 통한 화염의 형성상태를 점검한다.

(8) 송기장치 및 압력계 정상작동 여부 온도 상승화인 관찰(70℃)한다. (가동 후 가스사용량 급수사용량 가동시간 기록 순환펌프 4시간이상 가동)

(9) 연소가동 후 약10분간 가동한다. (스팀헤더 70℃ 난방용)
(10) 보일러의 정지는 역순으로 행한다.

### 11) 급탕용 보일러 운전

(1) 급수탱크(또는 환수탱크)의 보유 수량을 확인한다. 부족시 밸브를 닫거나 또는 보충수 컨트롤장치의 작동은 잘되는지 확인한다.
(2) 급수 배관계통의 밸브 열림을 확인한다.
(3) 가스 공급관의 밸브가 열렸나 확인한다.
(4) 가스 공급 압력을 확인한다. 가스밸브가 닫혀있어도 압력은 계속 유지되므로 밸브의 개폐에 주의를 요한다.
(5) 메인바나 및 착화가스(Pilot Gas)밸브의 열림을 확인한다. 또한 연도의 댐퍼상태를 확인한다. (댐퍼가 열려 있어야 함)

### 12) 냉동기를 점검, 정비, 운전

(1) 다음의 요령에 따라 조치하여 운전한다.
① 냉동기 히터 적정온도(60℃~70℃) 확인한다.
② 옥상 냉각탑 수조탱크 (충수)상태를 확인한다.
③ 냉동기 냉수밸브 조작한다.
- 가동하지 않는 냉동기 냉수밸브(잠금)
- 가동하는 냉동기 냉수밸브(열음)
④ 냉동기 컨트롤 판넬 퍼지펌프 (ON)한다. (15분간 운전 후 OFF)
⑤ MCC 판넬 냉수펌프 스위치 (ON)한다.
⑥ MCC 판넬 냉각수펌프 스위치 (ON)한다.
⑦ 가동할 냉동기 고압 판넬을 전원 투입한다.
⑧ 냉동기 운전 푸시버턴 스위치 (ON)한다.
⑨ 베인 개도 모터의 개방 상태를 확인한다.
⑩ 응축압력(0.5~0.6㎞²), 오일 압력(2~2.5㎞²) 확인한다.
⑪ MCC쿨링 타워 팬을 (ON)한다.
⑫ 공조기 가동 및 팬 코일을 가동한다.
⑬ 냉수온도 하강상태를 (8℃~10℃) 확인한다.
(2) 냉동기 정지시 다음과 같이 조치한다.
① 냉동기 운전 푸시버튼 스위치를 (OFF)한다.
- 베인 개도가 “0” 되는지를 확인

- 응축압력이 “0” 되는지를 확인
- 오일 압력이 “0” 되는지를 확인

※(오일 압력은 정지 후 2~3분후 압력이 “0”이 됨)

② MCC판넬 쿨링타워 팬 스위치를 (OFF) 한다.

③ MCC판넬 냉각수 펌프 스위치를 (OFF) 한다.

④ 냉동기 정지 후 10분 이상 냉수펌프 가동 후 MCC 판넬 냉수펌프 스위치를 (OFF) 한다.

(3) 냉온수기 가동 시 다음과 같이 조치한다.

① 조작반의 전원 스위치를 폐로 하여 주십시오.

② 냉난방 운전모드가 정확이 절환 되었는지를 확인한다.

③ “냉매펌프” 운전모드가 자동으로 절환 되었는지를 확인한다.

④ 고온재생기의 압력계 압력이 −750 ~ −740mmHg의 진공으로 유지되고 있는지를 확인한다.

⑤) 추기장치의 수동밸브가 닫혀 있는지를 확인한다.

⑥ 냉수펌프(냉방시), 온수펌프(난방시) 및 냉각수 펌프(냉방시)를 운전하고 통수를 확인한다.

⑦ 냉각탑을 운전한다.

⑧ 고온재생기 액면계의 액면이 정상인지를 확인한다.
정상액면 레벨은 액면계의 중심보다 상부에 있어야 한다. (운전 중에도 동일함)

⑨ 가스원 밸브, 코크, 안전차단밸브, 버너원 밸브 및 파이로트원 밸브가 닫혀 있음을 확인한다.

⑩ 안전차단밸브와 버너원밸브 사이의 압력계의 압력이 상승하지 않음을 확인한다.
상승하는 경우에는 가스원밸브, 안전차단밸브, 코크의 가스누설의 위험이 있으므로 즉시 점검하여야 한다.

⑪ 버너 팬의 댐퍼 및 연료제어밸브가 전폐위치에 있는 것을 확인한다.

⑫ 연소장치의 링크기구의 간극, 고정부의 이완 등이 없음을 확인한다.

⑬ 연도댐퍼가 전개되어 있음을 화인한다. 연도댐퍼가 닫힌 상태로 운전하면 폭발의 위험성이 있으므로 반드시 운전 전에 연도댐퍼가 전개되어 있음을 확인해야 한다.

⑭ 가스원 밸브를 열고 가스압력계로서 가스원 압력을 확인한다.

⑮ 파이로트 원밸브를 열은 후 버너원 밸브를 열어 주십시오.

(4) 흡수식 냉방설비를 다음의 순서에 따라 운전한다.

① 연료 수동 밸브(LNG 가스벨브)를 개방시킥다.

② 냉 · 온수 펌프를 가동시킨다.
- 냉온수기와 연동운전인 경우는 자동운전 된다.

③ 냉각수 펌프를 가동시킨다.

- 냉온수기와 연동인 경우는 자동 운전된다.

④ 냉각탑 휀(FAN)을 가동시킨다.

⑤ 제어반에 전원을 투입한다.

### 13) 보일러 설비의 운전순서와 방법 및 조건을 확인하고 공유하여 현장에 적용

### 14) 냉동기 설비의 운전순서와 방법 및 조건을 확인하고 공유하여 현장에 적용

### 15) 공조기 설비를 관리

### 16) 기계설비 운전시 주의사항을 확인하고 공유하여 숙지하여 현장에 적용

(1) 공조설비를 일상순회 점검한다.
(2) 중앙감시제어설비를 일상순회 점검한다.
(3) 위생설비를 일상순회 점검한다.

### 17) 공조 설비를 정기점검, 측정, 정비

### 18) 중앙감시 제어설비를 정기점검, 측정 정비

### 19) 위생설비를 정기점검, 측정 및 정비

### 20) 건축설비점검 기준을 파악하고 공유하여 현장에 적용

| 기기명 | 점검항목 | 점검기준 | 점검주기 | 점검방법 | 담당 | 기록일지 | 비고 |
|---|---|---|---|---|---|---|---|
| 보일러 | 블로우실시 | 8시간 기동후 전 블로우를 실시하였는가? | 일 | 육안 | 근무자 | 보일러 운전일지 | |
| | 자동블로우 상태 | 농축감지 작동으로 인한 자동블로우가 잘되고 있는가 | 일 | 육안 | 근무자 | | |
| | 수면계상태 | 수면계 정상 작동 여부(2/3을 유지 하는가?) | 일 | 육안 | 근무자 | | |
| | 압력계상태 | 압력계정상 작동 여부(2ea 압력계 지침 일치) | 일 | 육안 | 근무자 | | |
| | 착화상태 | 착화 상태는 양호한가? | 일 | 육안 | 근무자 | | |
| | 경보상태 | 저수위 상태표시 및 부저 상태 | 일 | 육안 | 근무자 | | |
| | 급수상태 | 급수상태 양호한가? | 일 | 육안 | 근무자 | | |
| | 배관누수상태 | 누수 되는 곳은 없는가? | 일 | 육안 | 근무자 | | |
| | 연수기상태 | 연수기 작동 상태는 양호한가? | 일 | 육안 | 근무자 | | |
| | 청관제 투입상태 | 청관제 약액이 약주 탱크 내에 투입은 잘 되는가? | 일 | 육안 | 근무자 | | |

| 기기명 | 점검항목 | 점검기준 | 점검주기 | 점검방법 | 담당 | 기록일지 | 비고 |
|---|---|---|---|---|---|---|---|
| | 안전장치 | 상용압력에서 안전변 분출확인 | 월 | 육안 | 근무자 | 보일러 월간점검표 | |
| | 안전장치 | 설정온도에서 보일러 정지 확인 | 월 | 육안 | 근무자 | | |
| | 안전장치 | 수위감지센서의 스케일 부착 확인 | 월 | 육안 | 근무자 | | |
| | 급수상태 | 수면계와 본체 연락관의 막힘 상태 | 월 | 육안 | 근무자 | | |
| | 가스버너 | 착화용 전극봉 점검 | 월 | 육안, 청소 | 근무자 | | |
| | 안전장치 | 화염감지기의 수광면 | 월 | 육안, 청소 | 근무자 | | |
| | 급수 | 급수 스트레나 | 월 | 육안, 청소 | 근무자 | | |
| | 관수 | 관수의 수질체크 | 월 | 육안 | 근무자 | | |
| | 응축수 | 응축수탱크 점검 | 월 | 육안, 청소 | 근무자 | | |
| 흡수식 냉동기 | 냉수입, 출구입력 | 적정압력 5~8kg/㎠ 유지하는가? | 월 | 육안, 청소 | 근무자 | 흡수식 냉동기 운전일지 | |
| | 냉수입, 출구온도 | 적정온도 7~13℃ 유지하는가? | 월 | 육안, 청소 | 근무자 | | |
| | 냉각수 입출구압력 | 냉각수압력 5~8kg/㎠ 유지하는가? | 월 | 육안, 청소 | 근무자 | | |
| | 냉각수 입출구온도 | 냉각수온도 28~32℃ 유지하는가? | 월 | 육안, 청소 | 근무자 | | |
| | 스팀압력 | 스팀압력 5kg/㎠ 유지하는가? | 월 | 육안, 청소 | 근무자 | | |
| | 고온재생기압력 | 적정압력 600~700mmH2O 유지하는가? | 월 | 육안, 청소 | 근무자 | | |
| | 고온재생기온도 | 적정온도 90~110℃ 유지하는가? | 월 | 육안, 청소 | 근무자 | | |
| | 열교환기온도 | 적정온도 70~95℃ 유지하는가? | 월 | 육안, 청소 | 근무자 | | |
| | 저온재생기 입/출구온도 | 적정온도 85~90℃ 유지하는가? | 월 | 육안, 청소 | 근무자 | | |
| | 흡수기 스프레이온도 | 적정온도 45~50℃ 유지하는가? | 월 | 육안, 청소 | 근무자 | | |
| | 냉매출구온도 | 적정온도 10~15℃ 유지하는가? | 월 | 육안, 청소 | 근무자 | | |
| | 액면 | 고온재생기, 흡수기, 냉매탱크 액면상태 | 월 | 육안, 청소 | 근무자 | | |
| | 증기제어밸브 개도 | 적정개도를 유지하는가? | 월 | 육안, 청소 | 근무자 | | |
| | 용액펌프전류 | 적정 전류를 유지하는가? | 월 | 육안, 청소 | 근무자 | | |
| | 냉매펌프전류 | 적정 전류를 유지하는가? | 월 | 육안, 청소 | 근무자 | | |

| 기기명 | 점검항목 | 점검기준 | 점검주기 | 점검방법 | 담당 | 기록일지 | 비고 |
|---|---|---|---|---|---|---|---|
| 냉온수기 | 가스1차압력 | kg/㎠ 유지하는가? | 일 | 육안 | 근무자 | 냉온수기 운전일지 | |
| | 가스2차압력 | kg/㎠ 유지하는가? | 일 | 육안 | 근무자 | | |
| | 배기가스 | 배기가스 온도는 적정한가? | 일 | 육안 | 근무자 | | |
| | 냉수입, 출구압력 | 적정압력5~8 kg/㎠ 유지하는가? | 일 | 육안 | 근무자 | | |
| | 냉수입, 출구온도 | 적정온도 7~13℃ 유지하는가? | 일 | 육안 | 근무자 | | |
| | 냉각수입, 출구압력 | 냉각수압력 5~8kg/㎠ 유지하는가? | 일 | 육안 | 근무자 | | |
| | 냉각수입, 출구온도 | 냉각수온도 28~32℃ 유지하는가? | 일 | 육안 | 근무자 | | |
| | 고온재생기압력 | 적정압력 600~700㎜H20 유지하는가? | 일 | 육안 | 근무자 | | |
| | 고온재생기온도 | 적정온도 130~150℃ 유지하는가? | 일 | 육안 | 근무자 | | |
| | 열교환기온도 | 적정온도 70~95℃ 유지하는가? | 일 | 육안 | 근무자 | | |
| | 저온재생기 입/출구온도 | 적정온도 85~90℃ 유지하는가? | 일 | 육안 | 근무자 | | |
| | 냉매출구온도 | 적정온도 10~15℃ 유지하는가? | 일 | 육안 | 근무자 | | |
| | 액면 | 고온재생기, 흡수기, 냉매탱크 액면상태 | 일 | 육안 | 근무자 | | |
| | 용액펌프전류 | 적정 전류를 유지하는가? | 일 | 육안 | 근무자 | | |
| | 냉매펌프전류 | 적정 전류를 유지하는가? | 일 | 육안 | 근무자 | | |
| 공조기 | 이상소음 | 이상소음 및 진동발생 여부상태 | 월 | 육안, 청각 | 근무자 | 공조기일일점검표 | |
| | 가동상태 | PC상위 에러는 없는가? | 월 | 육안 | 근무자 | | |
| | 전원판넬상태 | 판넬계기류는 정상을 유지하는가? | 월 | 육안 | 근무자 | | |
| | 벨트장력 | 벨트장력상태는 정상인가 | 월 | 육안 | 근무자 | | |
| | 구리스 주입 | 구리스 주입 상태는 적정인가 | 월 | 육안 | 근무자 | | |
| | 댐퍼의 작동 | 댐퍼의 작동은 정상인가 | 월 | 육안 | 근무자 | | |
| | 휠터청결상태 | 휠터의 청결상태는 적정한가? | 월 | 육안 | 근무자 | | |
| | 계기류 | 각 계기류의 작동 및 수치는 적정한가? | 월 | 육안 | 근무자 | | |
| | 보온상태 | 보온태핑의 벗겨진 곳은 없는가? | 월 | 육안 | 근무자 | | |
| | 공조실 청결 | 청결을 유지하는가? | 월 | 육안 | 근무자 | | |
| | 자동제어 | 자동제어의 동작 상태는 정상인가 | 월 | 육안 | 근무자 | | |
| | 공조기외관 | 외관은 청결한가? | 일 | 육안 | 근무자 | | |
| 펌프 | 압력수치 | 압력계의 지시치는 적정한가? | 월 | 육안 | 근무자 | 펌프월간점검표 | |
| | 이상 진동 | 이상 진동은 없는가? | 월 | 육안 | 근무자 | | |
| | 이상 과열 | 모터의 과열상태 | 월 | 육안 | 근무자 | | |
| | 누 수 | 펌프의 누수는 없는가? | 월 | 육안 | 근무자 | | |
| | 진 동 | 흡입, 토출측 압력계 진동상태 | 월 | 육안 | 근무자 | | |
| | 정격 전류 | 모터의 전류치는 적정한가? | 월 | 육안 | 근무자 | | |

| 기기명 | 점검항목 | 점검기준 | 점검주기 | 점검방법 | 담당 | 기록일지 | 비고 |
|---|---|---|---|---|---|---|---|
| | 이상소음 | 베어링부의 이상음 발생여부 | 월 | 육안 | 근무자 | | |
| | 주유상태 | 구리스 주유는 적정한가? | 월 | 육안 | 근무자 | | |
| | 물 순환상태 | 스트레이너 상태는 양호한가? | 2년 | 분해점검 | 근무자 | | |
| 정화조 | 악취여부 | 정화조실내 악취 발생 여부 | 일 | 후각 | 근무자 | 정화조 점검일지 | |
| | 누수상태 | 오수배관 연결부의 누수여부 | 일 | 육안 | 근무자 | | |
| | 급, 배기휀 상태 | 급, 배기휀의 동작상태 | 일 | 육안, 청각 | 근무자 | | |
| | 배수펌프 상태 | 배수펌프의 작동상태 | 일 | 육안, 청각 | 근무자 | | |
| | 배수펌프가동 상태 | 방류조내의 수위상태 | 일 | 육안 | 근무자 | | |
| | 약품투입상태 | 종균제, 소독제 투입상태 | 일 | 육안 | 근무자 | | |
| | 폭기 부로워 | 오일상태 및 베어링 상태 | | 육안, 청각 | 근무자 | | |
| 냉각탑 | 이상소음 | 모터 및 감속기 소음상태 | 일 | 청각 | 근무자 | 공조기 일일점검표 | |
| | 급수상태 | 보급수의 급수상태 | 일 | 육안 | 근무자 | | |
| | 수질상태 | 냉각수의 수질상태 | 일 | 육안 | 근무자 | | |
| | 급수상태 | 수반의 적정수의 상태 | 일 | 육안 | 근무자 | | |
| | 충진제상태 | 충진제의 손상 여부 | 일 | 육안 | 근무자 | | |
| | 벨트상태 | 벨트의 장력 및 마모상태 | 일 | 육안 | 근무자 | | |
| | 외관상태 | 케이싱 및 골조물 상태 | 일 | 육안 | 근무자 | | |
| | 급수상태 | 수량조절밸브, 볼탑의 작동상태 | 일 | 육안 | 근무자 | | |
| | 분사상태 | 노즐의 분사상태 | 일 | 육안 | 근무자 | | |
| 급/배기휀 | 이상소음 | 이상소음 및 진동발생여부상태 | 일 | 육안, 청각 | 근무자 | 급/배기휀 일일점검표 | |
| | 자동제어 | PC상위 에러는 없는가? | 일 | 육안 | 근무자 | | |
| | 계기류 수치 | 판넬계기류는 정상을 유지하는가? | 일 | 육안 | 근무자 | | |
| | 벨트상태 | 벨트장력 상태는 정상인가 | 일 | 육안 | 근무자 | | |
| | 구리스 주입 | 구리스 주입상태는 정상인가 | 일 | 육안 | 근무자 | | |
| | 계기류 수치 | 각 계기류의 작동 및 수치는 적정한가? | 일 | 육안 | 근무자 | | |
| | 청소상태 | 청결을 유지하는가? | 일 | 육안 | 근무자 | | |
| | 자동제어 | 자동제어의 동작 상태는 정상인가 | 일 | 육안 | 근무자 | | |
| | 청소상태 | 외관은 청결한가? | 일 | 육안 | 근무자 | | |
| | 저장실 내화구조여부 | 저장실은 내화구조로 되어 있는가? | 월 | 육안 | 근무자 | | |
| | 환기, 통풍장치 설치여부 | 환기 및 통풍은 잘 되고 있는가? | 월 | 육안 | 근무자 | | |

| 기기명 | 점검항목 | 점검기준 | 점검주기 | 점검방법 | 담당 | 기록일지 | 비고 |
|---|---|---|---|---|---|---|---|
| 위험물 저장소 점검 | 주위가연물, 화기장치여부 | 주위에 가연성인화물질은 없는가? | 월 | 육안 | 근무자 | 위험물 점검일지 | |
| | 주유개소유무 | 주유 구는 정상위치에 있는가? | 월 | 육안 | 근무자 | | |
| | 출입통제표지판 설치여부 | 출입통제 표지판은 식별되어 있는가? | 월 | 육안 | 근무자 | | |
| | 방유제, 유분리기설치여부 | 방유제 유분리기는 설치되어 있는가? | 월 | 육안 | 근무자 | | |
| | 출입문 방화구조여부 | 출입문은 방화구조인가 | 월 | 육안 | 근무자 | | |
| | 배관밸브류 누유상태여부 | 배관밸브류의 누유 되는 곳은 없는가? | 월 | 육안 | 근무자 | | |
| | 채광, 환기설비 적정여부 | 채관환기설비는 잘 되어있는가 | 월 | 육안 | 근무자 | | |
| | 용기, 배관의 충격, 전도 | 용기, 배관에 충격은 없는가? | 월 | 육안 | 근무자 | | |
| | 가열 우려여부 | 탱크가 가열될 우려는 없는가? | 월 | 육안 | 근무자 | | |
| | 전기스파크 방지여부 | 전기스파크의 우려는 없는가? | 월 | 육안 | 근무자 | | |
| | 기름라인누유 여부 | 기름라인의 누유 되는 곳은 없는가? | 월 | 육안 | 근무자 | | |
| | 층 내 위험물 방치여부 | 층 내 위험물이 방치되어 있지 않는가? | 월 | 육안 | 근무자 | | |
| | 소화수원칙확보여부 | B4층,옥탑층 소화용수는 적정량 확보하고 있는가? | 월 | 육안 | 근무자 | | |
| 층별 기계위생설비 | 양변기는 이상이 없는가? | 물탱크의 누수 되는 곳이 없는가? | 일 | 육안 | 근무자 | 층별기계 · 위생점검일지 | |
| | 소변기는 이상이 없는가? | 자동센서기는 정상 작동되는가? | 일 | 육안 | 근무자 | | |
| | 세면기는 이상이 없는가? | 수량이 적당하고 누수 되는 곳은 없는가? | 일 | 육안 | 근무자 | | |
| | 급, 배기휀은 이상이 없는가? | 이상한 소음진동은 없는가? | 일 | 육안 | 근무자 | | |
| | 휀코일은 이상이 없는가? | 누수 되는 곳이 없고 풍량은 적당한가? | 일 | 육안 | 근무자 | | |
| | 디퓨져는 이상이 없는가? | 디퓨져가 이탈된 곳은 없는가? | 일 | 육안 | 근무자 | | |
| | 누수 되는 곳은 없는가? | 누수 되는 곳은 없는가? | 일 | 육안 | 근무자 | | |
| | 상, 하수도는 이상이 없는가? | 상하수도는 공급이 제대로 되고 있는가? | 일 | 육안 | 근무자 | | |
| | 사무실 온도는 양호한가? | 사무실 온도는 23~26℃ 유지하는가? | 일 | 육안 | 근무자 | | |

| 기기명 | 점검항목 | 점검기준 | 점검주기 | 점검방법 | 담당 | 기록일지 | 비고 |
|---|---|---|---|---|---|---|---|
| 저수조 | 저수조 주위의 상태 | 청결하며 쓰레기, 오물은 놓여있지 않을 것 | 월 | 육안 | 근무자 | 저수조 위생점검표 | |
| | | 저수조 주위에 고인물, 용수 등이 없을 것 | 월 | 육안 | 근무자 | | |
| | 저수조 본체의 상태 | 균열 또는 누수 되는 부분이 없을 것 | 월 | 육안 | 근무자 | | |
| | | 출입구나 적합부의 틈으로 빗물 등이 들어가지 않을 것 | 월 | 육안 | 근무자 | | |
| | | 유출관, 배수관등의 적합부분은 고정되어 방수, 밀폐되어 있을 것 | 월 | 육안 | 근무자 | | |
| | 저수조 윗부분의 상태 | 저수조의 윗부분에는 물을 오염시킬 우려가 있는 설비나 기기 등의 놓여있지 아니할 것 | 월 | 육안 | 근무자 | | |
| | | 저수조의 상부는 물이 고이지 아니하여야 하고, 먼지 등의 위생에 유해 한 것이 쌓이지 아니할 것 | 월 | 육안 | 근무자 | | |
| | 저수조 안의 상태 | 오물, 붉은 녹등의 침식물, 저수조내벽 및 내부구조의 오염 또는 도장의 떨어짐 등이 없을 것 | 월 | 육안 | 근무자 | | |
| | | 수중 및 수면에 부유물질이 없을 것 | 월 | 육안 | 근무자 | | |
| | | 외벽도장이 벗겨져 빛이 투과하는 상태로 되어 있지 아니 할 것 | 월 | 육안 | 근무자 | | |
| | 맨홀의 상태 | 뚜껑을 통하여 먼지, 기타 위생에 유해한 물질이 들어갈 수 없을 것 | 월 | 육안 | 근무자 | | |
| | 월류관, 통기관 | 관의 끝부분으로부터 먼지, 기타 위생에 유해한 물질이 들어갈 수 없을 것 | 월 | 육안 | 근무자 | | |
| | | 관 끝부분의 방충망은 훼손되지 아니하고, 망눈의 크기는 작은 동물 등의 침입을 막을 수 있을 것 | 월 | 육안 | 근무자 | | |
| | 냄새, 맛 | 물에 불쾌한 냄새 및 이상한 맛이 인지되어 어니할 것 | 월 | 육안, 미각 | 근무자 | | |
| | 색도, 탁도 | 물에 이상한 색이나 탁함이 나타나지 아니할 것 | 월 | 육안 | 근무자 | | |
| 옥외가스 정압기 | 차단장치 | 긴급차단장치(E.S.V)의 작동상태는 정상인가 | 주 | 육안 | 근무자 | 옥외가스 정압실 점검일지 | |
| | 압력차단장치 | 정압기 이상압력차단장치(SSV,OPSP) 작동은 정상인가 | 주 | 육안, 작동 | 근무자 | | |
| | 이상 압력 | 정압기 이상압력통보장치는 정상인가 | 주 | 육안, 작동 | 근무자 | | |
| | 방산변 | 정압기 방산변 작동여부는 정상인가 | 주 | 육안, 작동 | 근무자 | | |
| | 조정기 이상 압력 | 조정기 이상 압력 차단장치(OPSP) 작동은 정상인가 | 주 | 육안, 작동 | 근무자 | | |
| | 자동차단장치 | 자동차단장치(ASV)작동은 정상인가 | 주 | 육안, 작동 | 근무자 | | |
| | 기록지 | 가스 기록지 교체는 했는가? | 주 | 육안 | 근무자 | | |
| | 경보장치 | 이상 발생 시 경보는 정상인가 | 주 | 육안, 작동 | 근무자 | | |

| 기기명 | 점검항목 | 점검기준 | 점검주기 | 점검방법 | 담당 | 기록일지 | 비고 |
|---|---|---|---|---|---|---|---|
| 연소설비 | 배관 및 부속품 | 가스배관 및 밸브류의 누설유무 | 일 | 육안 | 근무자 | 가스보일러연소설비일일안전점검일지 | |
| | | 부식 및 기계적 손상의 유무 | 일 | 육안 | 근무자 | | |
| | | 밸브류의 조작상태 | 일 | 육안 | 근무자 | | |
| | | 스트레이너의 막힘 유무 | 일 | 육안 | 근무자 | | |
| | | 압력조정기의 작동상태 | 일 | 육안 | 근무자 | | |
| | | 부스터의 흡입, 토출압력이상 유무 | 일 | 육안 | 근무자 | | |
| | | 부스터의 구동, 베어링 이상 유무 | 일 | 육안 | 근무자 | | |
| | | 부스터의 안전장치의 작동 | 일 | 육안 | 근무자 | | |
| | | 부스터의 누설유무 | 일 | 육안 | 근무자 | | |
| | 연소장치 | 버너의 막힘, 손상 등의 유무 | 일 | 육안 | 근무자 | | |
| | | 연소상태의 안정성 | 일 | 육안 | 근무자 | | |
| | | 링크의 이상 유무 | 일 | 육안 | 근무자 | | |
| | | 점화, 소화시의 이상 유무 | 일 | 육안 | 근무자 | | |
| | | 송풍기의 구동, 베어링의 이상 유무 | 일 | 육안 | 근무자 | | |
| | | 송풍기의 필터의 막힘 여부 | 일 | 육안 | 근무자 | | |
| | 안전장치 | 안전차단 밸브의 작동 이상 유무 | 일 | 육안 | 근무자 | | |
| | | 안전차단 밸브의 내부누설 유무 | 일 | 육안 | 근무자 | | |
| | | 연소감시장치의 기능이상 유무 | 일 | 육안 | 근무자 | | |
| | | 연소 안전제어장치의 스파크 시간 | 일 | 육안 | 근무자 | | |
| | | 점화 버너의 연소시간 | 일 | 육안 | 근무자 | | |
| | 급배기 | 급배기 설비의 이상 유무 | 일 | 육안 | 근무자 | | |
| | | 연도의 이상과열 유무 | 일 | 육안 | 근무자 | | |
| | | 연도의 막힘 유무 | 일 | 육안 | 근무자 | | |
| | | 연소 댐퍼의 검사 | 일 | 육안 | 근무자 | | |
| | 기타 | 제어반내 청결 유무 | 일 | 육안 | 근무자 | | |
| | | 제어반의 이상음 및 이상온도 유무 | 일 | 육안 | 근무자 | | |
| | | 제어반 각 표시등의 동작 유무 | 일 | 육안 | 근무자 | | |
| | | 제어반의 각종 릴레이 점검 | 일 | 육안 | 근무자 | | |
| | | 연소실 주변의 가연물, 위험물 장애물 유무 | 일 | 육안 | 근무자 | | |
| | | 운전취급서의 명시 유무 | 일 | 육안 | 근무자 | | |
| 도시가스 | 조정기 | 출구압력(㎜$H_2O$) | 일 | 육안 | 근무자 | 가스시설 점검일지 | |
| | 계량기 | 작동상태 | 일 | 육안 | 근무자 | | |
| | | BY-PASS 봉인상태 | 일 | 육안 | 근무자 | | |
| | | 가스누설 유/무 | 일 | 육안 | 근무자 | | |
| | 배관, 밸브누설 | 배관/밸브 가스 누설은 없는가? | 일 | 육안 | 근무자 | | |
| | 밸브박스 | 밸브박스 상태는 양호한가? | 일 | 육안 | 근무자 | | |

| 기기명 | 점검항목 | 점검기준 | 점검주기 | 점검방법 | 담당 | 기록일지 | 비고 |
|---|---|---|---|---|---|---|---|
| | 정압기 | 공급 입구 압력 kg/㎠ | 일 | 육안 | 근무자 | | |
| | | 공급 출구 압력 ㎜$H_2O$ | 일 | 육안 | 근무자 | | |
| | | 압력기록장치 | 일 | 육안 | 근무자 | | |
| | | 필터 압력 | 일 | 육안 | 근무자 | | |
| | | 압력계 작동여부 | 일 | 육안 | 근무자 | | |
| | | 가스누설 유/무 | 일 | 육안 | 근무자 | | |
| | | 가스누설 경보장치 | 일 | 육안 | 근무자 | | |
| 자동제어 | 자동제어 | 전원판넬 부속기기류 접속이음 상태 | 월 | 육안 | 근무자 | 해당 시설물 일지 | |
| | | 각 AHU 모출력모터 작동상태 | 월 | 육안 | 근무자 | | |
| | | 전원 LAMP 점등상태 | 월 | 육안 | 근무자 | | |
| | | CONTROLLER 비례제어상태 | 월 | 육안 | 근무자 | | |
| | | 각 AHU 냉/온수 CONTROL 밸브 개폐상태 | 월 | 육안 | 근무자 | | |
| | | 사무실 온도센서 상태 | 월 | 육안 | 근무자 | | |
| | | AHU 본체 온도, 습도제어 상태 | 월 | 육안 | 근무자 | | |
| | | PROCESS TANK 저수위시 경보상태 | 월 | 육안 | 근무자 | | |
| | | 냉수 CONTROL SET 조절시 자동 상태 | 월 | 육안 | 근무자 | | |
| | | 온수 CONTROL SET 조절시 자동 상태 | 월 | 육안 | 근무자 | | |
| | | DDC 통신상태 | 월 | 육안 | 근무자 | | |
| | | 공조기 온도센서 상태 | 월 | 육안 | 근무자 | | |
| | | 공조기 습도센서 상태 | 월 | 육안 | 근무자 | | |
| | | 공조기 정압센서 상태 | 월 | 육안 | 근무자 | | |
| 위험물 점검 | 경유탱크 저장실 | 저장실의 안전한 장소설치와 내화구조 여부 | 일 | 육안 | 근무자 | 위험물 점검일지 | |
| | | 환기, 통풍, 통기장치 설치 여부 | 일 | 육안 | 근무자 | | |
| | | 주위에 가연물 및 화기장치 여부 | 일 | 육안 | 근무자 | | |
| | | 누유개소 유무 | 일 | 육안 | 근무자 | | |
| | | 방유제, 유분리장치 이상 여부 | 일 | 육안 | 근무자 | | |
| | | 출입통제 표시판 설치 여부 | 일 | 육안 | 근무자 | | |
| | | 출입문은 갑종 방화문등으로 설치 여부 | 일 | 육안 | 근무자 | | |
| | | 저장실의 누수 되는 곳은 없는가? | 일 | 육안 | 근무자 | | |
| | | 탱크내부에 부식되어있는 부분은 없는가 확인 여부 | 일 | 육안 | 근무자 | | |

| 기기명 | 점검항목 | 점검기준 | 점검주기 | 점검방법 | 담당 | 기록일지 | 비고 |
|---|---|---|---|---|---|---|---|
| | 취급 장소 | 배관 밸브 부분의 누수 여부 | 일 | 육안 | 근무자 | | |
| | | 채광 관리 설비 적정 여부 | 일 | 육안 | 근무자 | | |
| | | 용기배관의 충격, 전도, 가열우려 | 일 | 육안 | 근무자 | | |
| | | 전기스파크 방지 조치 여부 | 일 | 육안 | 근무자 | | |
| | | 저장실내 방폭등 이상 여부 | 일 | 육안 | 근무자 | | |
| | | 소화기 소방시설 작동이상 여부 | 일 | 육안 | 근무자 | | |

(자료출처 : 한국표준협회 기계설비관리 지침서 인용)

## 21) 윤활 점검기준을 확인하고 공유하여 현장에 적용

## 22) 기계설비 부분에 이상발견시 〈기계설비운영지침서〉에 따라 다음과 같이 조치

(1) 장비사고시 다음과 같이 조치한다.

① 근무자 근무시 장비사고가 발생되면 신속하게 조치하고 해당 담당자에게 연락한다.

② 사업소 담당자는 중요장비사고일 경우 즉시 사고현장에서 관리소장 및 고객에게 사고발생 경위 및 지금까지 진행상황을 유선으로 보고한다.

③ 관리소장은 본사 운영지원본부에 유선으로 최초 보고를 실시한다.

④ 사업소 담당자는 장비사고시 2차적인 사고가 발생되지 않도록 조치하고 사고현장을 보존하며 사고 발생보고서를 작성하여 관리소장, 고객, 본사 운영지원본부 순으로 제출하고 사고원인을 규명하여 고객과 협의한다.

⑤ 고객과의 협의사항이 이루어지지 않을 경우 본사 운영지원본부에 통보하여 조치를 받는다.

⑥ ①의 사항에서 경미한 사고의 경우 업무일지에 기록 후 명일 아침 해당 사업소담당자에게 결재시 보고한다.

(2) 인명사고시 다음과 같이 조치한다.

① 근무자가 근무 중 인원사고가 발생하면 신속하게 사고자에 대한 응급처치를 하고 2차 사고가 발생되지 않도록 조치 후 현장을 보존한다.

② 근무자는 해당 사업소담당자에게 유선으로 사고 발생 경위에 대해서 보고한 후 관리소장에게도 연락을 취하고, 사업소 소장은 고객 및 본사 운영팀에 유선으로 보고한다.

③ 사업소담당자는 즉시 현장에 와서 사고상황을 파악하고 관리소장, 고객, 본사 운영지원본부에 연락을 취하고 근무자, 목격자, 사고자의 진술을 토대로 사고발생

보고서를 작성하여 관리소장, 고객, 본사 운영지원본부 순으로 제출하고 사고원인을 규명하여 고객과 협의한다.

④ 고객과 협의 사항이 이루어지지 않을 경우 본사 운영지원본부장에게 연락을 취하고 조치를 받는다.

⑤ ①의 사항에게 경미한 사고일 경우 업무일지에 기록 후 명일 아침 해당 담당자에게 결재시 보고한다.

(3) 공조기 V-벨트 이상시 다음과 같이 조치한다.

① MCC 판넬 메인을 OFF한 후 메인(개폐기)을 내린다
   - 작업 중 표시판 설치

② 공조기 벨트 커버 볼트, 너트를 푼다.

③ 모터 고정 볼트를 풀어 벨트가 느슨하도록 풀어준다.

④ 벨트를 공조기 푸리 쪽에 걸어 서서히 돌려 빼낸다.
   - 장갑은 끼지 말고, 손 조심해야 함

⑤ 공조기 휀 풀리와 모터 풀리를 실로 밸런스를 잡고 맞춘다.

⑥ 새 V-벨트를 공조기 풀리에 걸어 서서히 돌려 끼운다.

⑦ 모트를 밀어 벨트가 엄지손가락으로 눌러 장력을 보며 볼트를 조인다.

⑧ 공조기 전원을 투입하여 시운전, 장력상태 및 진동상태를 본 후 전원을 OFF한다.

⑨ 공조기 벨트 커버를 볼트, 너트로 조인다.

⑩ MCC 판넬 메인 전원(개폐기)을 올린 다음 ON한다.

(4) 모터 및 펌프 베어링 이상시 다음과 같이 조치한다.

① 베어링 교체 모터의 해당되는 전기 MCC 판넬의 메인전원을 OFF한다.

② '작업 중' 표지판을 설치 작업자 이외는 절대 손대지 않는다.

③ 펌프의 입·출구 밸브를 닫는다.

④ 캬프링을 조립한 볼트를 푼다(볼트 연결식).

⑤ 모터의 고정볼트를 푼다.

⑥ 모터에 체인블록을 걸고 적당한 인장력을 맞춘다.

⑦ 캬프링을 분리한다.

⑧ 모터의 뒤 커버를 분리 후 냉각휀을 분리하고 모터의 케이싱 볼트를 푼다.

⑨ 베어링을 적당한 공구로 분리 후 샤프트 축을 깨끗이 청소 후 새 베어링으로 교체한다.

⑩ 분해의 역순으로 조립한다.

⑪ 펌프 캬프링과 모터 캬프링의 중심잡기를 하고 모터를 고정한다.
   - 그랜드패킹은 샤프트축 외경에 맞추어 잘라 90° 또는 180°로 바꾸어 가며 충진한다.

- 매카닉컬씰은 펌프 측 케이싱을 분해하여 교체한다.

⑫ 펌프 측의 입·출구 밸브를 개방하고 적정압력이 되도록 한다.

⑬ 메인 스위치를 켜고 시운전 한다.

## 23) 급배수 위생설비 고장시 다음과 같이 조치

| 항목 | 고장상태 | 응급대책 |
|---|---|---|
| 위생설비 | 대·소변기의 흐름이 불량 | • 고형물 기타의 엉킴이 있는 경우 전기클리너로 압출한다. |
| | 대변기의 물이 샐 때<br>(1) Low-tank방식 | • 볼 탭의 패킹이 마모되어 있는 경우, 패킹을 교체<br>• 볼 탭의 물 높이를 2~3cm정도 내린다. |
| | | • 볼 탭이 빠진 경우, 똑바로 달고, 연결부위를 조정한다. |
| | | • 패킹 또는 볼 탭에 티끌 또는 이끼가 부착되어 있는 경우, 청소한다. |
| | (2) 압력밸브식의 경우 | • 먼지 또는 이끼가 생기는 경우가 있으므로 전문 업자에게 의뢰한다. |
| | 대변기에 고인 물이 없음 | • Low tank내부 보조급수관이 오버플로우관에서 빠져있는 경우, 보조급수관을 오버플로우관에 끼워 넣는다. |
| | 세면기둘레의 급수관누수<br>대변기 Low-tank 둘레의 급수관 누수 | • 주머니 너트의 체결부위를 늘림<br>• 연결관과 지수전(止水栓)과의 접착면 조정<br>• 패킹의 교환 |
| | 세면기의 배수흐름이 불량 | • 배수구둘레에 머리카락이 부착되고, 엉켜있는 경우, 볼 탭을 빼내서 청소한다. |
| | 수세식변기의 물 빠짐이 불량 | • 지수전이 조여 있는 경우, 이를 조절한다. |
| | | • 스트레너 및 발포 Cap에 쓰레기가 부착되어 있는 경우, 먼지를 제거한다. |
| 급수 | 양수펌프를 기동해도 양수가 되지 않는다. | • 펌프의 유도수가 부족한 경우, 물을 보급한다. |
| | | • 공기를 빨아들이는 경우, 섹션측 배관의 플랜지, 그랜드패킹의 느슨함을 곧바로 조인다. |
| | | • 후드변(弁)의 고장, 먼지 또는 이끼의 부착으로 인해 물이 빠진 경우, 쓰레기의 제거, 후드 변을 교환 |
| | 지수전의 오버플로우에서 물이 유출된다. | • 볼 탭의 패킹이 마모되어 있는 경우, 패킹을 교체한다. |
| | | • 정수위(定水位)조정변이 쓰레기나 물때의 부착으로 인해 물이 빠지는 경우, 메인밸브 또는 손잡이밸브를 빼내어 제거한다. |
| | 고가수조에서 급수(給水)가 안 되고 단수(斷水)되었다. | • 양수펌프를 작동해도 양수되지 않는 항목참조<br>• 고가수조의 전극 봉이 고장난 경우, 수동으로 끄고 수조에 물을 넣는다. |

| 항목 | 고장상태 | 응급대책 |
|---|---|---|
| | 고가수조가 만수위가 되었음에도 펌프가 멈추지 않고 오버플로우에서 물이 흘러나온다. | • 고가수조의 전극 봉이 고장난 경우, 수동으로 끈다. |
| | 천정, 바닥 및 벽에서 누수 되고 있다. | • 누수 되고 있다고 생각되는 급배수관의 계통을 조사하여, 물의 사용을 금지한다. |
| 급탕 | 저탕식 탕비기의 오버플로우에서 온수가 나와 멈추지 않는다. | • 볼 탭에 먼지나 이끼가 부착되어 있는 경우, 청소한다. |
| | 저탕식 탕비기의 온수 온도가 올라가지 않는다. | • 온도조절기의 설정이 여의치 않은 경우, 메인밸브가 90~93℃에서 멈추도록 온도다이얼을 조정한다. |
| | 저탕식 탑비기의 버너의 불이 붉게 또는 파랗게 날듯이 탄다. | • 불꽃이 빨간색을 때는 공기량이 적은 경우이므로 버너의 공기량을 조정한다. |
| | | • 불완전연소가 되어 있지 않은지, 실내의 환기를 확인한다. |
| | | • 불꽃이 파란색일 때는 공기량이 많기 때문에 버너의 공기량을 줄인다. |
| 배수통기 | 오수, 집배수변에서 냄새가 난다. | • 철재뚜껑과 뚜껑을 씌운 변(弁)과의 사이에 이물질 또는 모래가 들어가 있는 경우, 솔 등으로 청소한다. |
| | 배수관에서 냄새가 난다. | • 트랩의 봉수가 끊겨 있다든지, 세정수가 없어서 오수가 트랩에 남아 있는 경우, 물을 흘려보낸다. |
| 정화조 | 정화조에서 냄새가 난다든지, 배수에 극단의 색이 나타나 있다. | • 박테리아의 정화능력이 부족한 경우, 산기장치, 각 반장치를 점검하고 전문 업자에게 연락한다. |
| | 정화조로 부터의 배수에 오물의 찌꺼기가 나온다. | • 침전 실에 스캄이 괴어 넘치는 경우 청소하여 제거한다. |

(자료출처 : 한국표준협회 기계설비관리 지침서 인용)

## 24) 공조 · 환기설비 고장시 다음과 같이 조치

| 항목 | 고장상태 | 응급대책 |
|---|---|---|
| 보일러, 버너 | 일반사항에 대한 기재 | • 상황, 대책의 상세에 대해서는 설치중인 기기의 취급설명서에 따라 처리한다. |
| | 스위치를 켜도 버너 모터가 돌지 않는다. | • 전원스위치의 퓨즈를 확인, 끊어져 있을 때는 교체한다.<br>• 보일러 보안장치(온도스위치, 입력스위치, 저수위차단기, 지진감지기 등)를 점거, 작동을 확인한 후 복구시킨다.<br>• 버너 비점화표시 등, 제어반 관계를 점검, 복구시킨다. |

| 항목 | 고장상태 | 응급대책 |
|---|---|---|
| | 버너는 회전하는데 기름이 나오지 않는다. | • 기름배관의 밸브열림 정도의 확인 및 오일스트레너 막힘 상태를 점검하여 청소한다. |
| | 버너가 회전하고 기름은 나오는데 점화가 안 된다. | • 점화밸브에 카본접착의 유무를 확인, 불순물을 제거한다.<br>• 점화밸브의 간극불량은 정상적인 위치로 수정한다.<br>• 점화트랜스의 불량시, 트랜스를 교체한다. |
| | 점화하여 연소하지만 연소가 연속되지 못한다. | • 불꽃 검출기를 점검, 오염, 설치방향의 불량 등을 고친다.<br>• 기름에 수분혼입을 점검하고, 서비스탱크안의 물을 뺀다.<br>• 연소용의 공기량을 조정한다. |
| | 점화시에 백파이어(back-fire)를 한다. | • 점화밸브를 점검하여 정상화 시킨다.<br>• 노즐튜브를 점검하여 청소한다.<br>• 배연댐퍼의 열림 정도, 연돌의 통기력을 확인한다.<br>• 오일전자밸브의 불량벼부를 점검한다. |
| | 운전 중에 버너가 갑자기 정지 하거나 이상표시 램프가 점등된다. | • 보안장치(저수위 차단기, 온도조절기, 지진감지기 등)의 작동은 원인을 확인한 후에 저치하여 복구시킨다.<br>• 버너의 비점화<br>• 불꽃 검출기의 오염, 설치방향의 불량, 열화 상태를 점검하여 정상화 시킨다. |
| | 운전개시후에, 풀림 밸브로 인해 온수가 나오거나 수고계(水高計)가 이상치를 가리킨다. | • 동절기에 팽창관이 동결하는 경우가 있으며, 운전개시 후에 온수를 뿜어내므로 얼음이 녹은 후에 운전을 재개한다. |
| | 배연 농도 계에서 경보가 발생한다. | • 버너의 불완전연소로 매연이 발생하게 된 경우는, 노즐을 청소하고 버너를 조정한다.<br>• 농도계의 투광기, 수광기의 유리면을 정기적으로 청소하고, 0점 조정을 한다. |
| 패키지형 공조기 / 냉전형 계통 | 기동형 누름버튼스위치를 눌러도 송풍기, 냉동기가 작동하지 않는다. | • 전원스위치의 ON 및 퓨즈의 단선을 점검하여 대처한다.<br>• 수냉식을 경우, 냉각수펌프, 냉각탑의 운전을 확인한다.<br>• 압력개폐기(고압, 저압스위치)의 보호개폐기의 작동을 확인하여 복구시킨다(리셋 버튼을 누른다). |
| | 운전해도 압축기가 곧바로 정지한다. | • 냉각수의 수량을 확인하고, 적을 때는 냉각탑의 스트레너의 청소 및 펌프의 운전 상태를 확인한다.<br>• 냉각탑의 송풍기가 회전하고 있는지를 확인한다.<br>• 응축기가 오염되어있을 경우는 전문 업자에게 청소를 의뢰한다.<br>• 냉매가스의 부족은, 전문업자에게 의뢰하여 가스를 보충한다. |

| 항목 | 고장상태 | 응급대책 |
|---|---|---|
| | 압축기는 작동하는데도 냉방효과가 없다. | • 공기의 흡출량을 조절한다. 송풍기의 벨트 풀림을 조정<br>• 에어필터의 점검, 청소를 한다.<br>• 냉매가스가 부족할 때 전문 업자에게 의뢰하여 보충한다.<br>• 환기용 외기량이 적절한지를 조사하여 댐퍼를 조정한다.<br>• 공기의 흡출방향이 적당치 않을 때는 날개를 조절한다. |
| | 난방의 효과가 없다. | • 온수(증기)보일러의 운전을 확인한다.<br>• 서모스터트와 조절밸브의 작동을 확인한다.<br>• 증기히터의 온도퓨즈의 단선(斷線)을 확인한다. |
| | 가습(加濕)이 안 된다 | • 가습기를 확인한다.<br>• 습도조절기를 조정하고 가습기의 작동을 확인한다. |
| 공기열원 히트펌프 | 운전이 안 된다. | • 전원스위치 ON의 확인 및 보호개폐기의 리셋을 한다. |
| | 운전해도 곧바로 정지한다. | • 옥외 유니트의 송풍기 운전 상태를 확인한다.<br>• 옥외 유니트의 통풍을 방해하고 있는 장애물을 제거한다. |
| | 운전해도 곧바로 정지한다. | • 냉방, 난방 전화스위치를 교체한다.<br>• 필터를 청소한다. |
| | 냉방(난방)이 안 된다. | • 볼 탭을 점검하여 고장인 경우는 수리 또는 교체한다. |
| 냉각탑 | 하부수조의 수위가 저하한다. | • 볼 탭을 점검하여 고장인 경우는 수리 또는 교체한다.<br>• 냉각수 펌프의 순홧수량을 조정한다. |
| 냉각탑 | 냉각수의 온도가 이상하게 상승한다. | • 냉각탑의 송풍기 및 펌프의 운전여부를 확인한다.<br>• 순화수량이 감소했을 때는 스트레너늘 청소한다. |
| | 수조에서 물이 넘쳐난다. | • 볼 탭이 고장 났을 때는 밸브 받침대를 청소하거나 교체해 준다. |
| 공기조화기 (Air handling Unit) | 송풍기의 전동기가 운전되지 않는다. | • 전원 스위치의 ON 및 퓨즈의 단선여부를 확인하여 대처한다. |
| | 흡출구에서 바람이 안 나온다. | • 송풍기가 회전하고 있는지를 확인한다.<br>• 닥트 경로의 댐퍼(VD, FD 등)의 열림 정도를 확인한다. |
| | 풍량이 적다(전류치가 감소). | • 공조기의 에어필터를 점검하고, 오염된 필터를 청소하거나 교체한다.<br>• 송풍기 및 히터, 쿨러(cooler)핀의 오염부분을 청소한다.<br>• 송풍기 V벨트가 늘어나서 헐거워진 경우에는 전동기의 베스로 조절하고 V벨트를 잡아당겨서 바로잡는다. |
| | 바람은 나오지만 냉방효과가 좋지 않다. | • 서모스터트와 조절밸브의 작동을 점검하여 조절한다.<br>• 칠러(보일러) 및 순환펌프의 운전상태(수온·수량)를 점검하여 조정한다.<br>• 환기구(리턴그릴, 도어갤러리)등을 점검하여 환기를 방해하는 장애물이 있으면 제거한다. |
| | 실내 온도분포에 차이가 있다. | • 흡출구 공기의 흡출방향을 조절한다.<br>• 냉방은 천정을 따라가도록, 난방은 하향으로 흡출하도록 한다. |

| 항목 | 고장상태 | 응급대책 |
|---|---|---|
| | 가습이 안 된다. | • 가습노즐을 점검하여 막힘 · 오염 부위는 청소한다.<br>• 가스용 급수밸브, 전자밸브의 열림 정도를 점검하고 밸브를 열거나 부눔상태를 조절한다.<br>• 휴미디스터트와 가습기의 작동상태를 조절한다.<br>• 정기적으로 증발잔유물을 청소해준다.<br>• 가습기의 고장은 제조업자에게 의뢰하여 수리 또는 교체한다. |
| | 이상음이 발생한다. | • 송풍기의 축(軸)받이가 손상되어 있는 경우는 전문 업자에게 의뢰한다. |
| 자동권상형필터 | 운전 중 차압계의 바늘이 크게 움직인다. | • 필터의 교체가 늦어지고 있으므로 오염을 확인하여 권취용 타임을 조절한다. |
| | 권상 노재의 오염이 없다. | • 필터의 권취가 빨라지는 수가 있으므로 권취용 타임을 조절한다. |
| 팬코일유니트 | 실내의 냉난방 효율이 없다. | • 흡출된 공기의 확인과 풍량을 조절(강-중-약)한다.<br>• 팬 코일 밸브의 열린 정도를 확인한다.<br>• 공기순환을 저해하고 있는 장애물이 있으면 제거한다.<br>• 팬코일유니트의 코일 안에 차있는 공기(air)를 빼낸다.<br>• 필터의 청소, 세척을 한다. |
| | 케이싱을 통해 물이 샌다. | • 드랜펀이 막혔으면 청소를 한다.<br>• 공기빼기에서의 누수 및 드랜호스의 빠짐을 바로잡는다. |
| 콘펙터패스포트히터 | 실내의 난방효율이 낮다. | • 기내에 잔류한 공기를 공기빼기밸브를 통해서 뺀다.<br>• 공기순환을 방해하는 장애물을 제거한다. |
| 송풍기 배풍기 | 스위치를 켜도 작동이 안 된다. | • 전원스위치의 ON 및 퓨즈의 단속을 확인하여 대처한다.<br>• 전동기의 손상처리는 전문 업자에게 의뢰한다. |
| | 풍량이 적다. | • V벨트의 장력상태를 점검, 조절한다.<br>• 송풍기 내부를 점검하여 오염부위를 청소한다.<br>• 에어필터 · 그리스필터를 점검하고 청소한다. |
| | 펌프가 작동하지 않는다. | • 전원상태를 확인하고 스위치를 켠다. |
| | 운전을 해도 양수가 못 미친다. | • 유도수를 충분하게 주입한다.<br>• 풋 밸브에서 물이 샌다. 밸브에 부착한 녹을 청소하거나 밸브를 교체한다. |
| | 규정압력 및 수량에 못 미친다. | • 배관계통의 기기 · 장치에 있는 스트레너의 오염을 청소한다.<br>• 배관계통의 공기빼기를 한다. |
| | 물이 새서 천정이 물로 젖어있다. | • 원인을 조사해서 누수개소에 대한 수리를 보수업자에게 의뢰한다.<br>• 배관에서의 물이 새는 것 외에 결로로 인해 누수가 될 수 있으며, 보온과 방로를 보수한다. |
| | 배관에서 기름이 샌다. | • 메인밸브를 닫고, 보수업자에게 수리를 의뢰한다. |

| 항목 | 고장상태 | 응급대책 |
|---|---|---|
| | 흡출구를 통한 바람유출이 적다. | • 흡출구 셔터 또는 VAV유니트를 조절한다.<br>• 닥트계통 댐퍼의 열림 정도를 확인한다. 방화 댐퍼의 퓨즈가 끊어진 경우는 업자에게 맡겨서 교체한다. |
| | 흡입풍량이 적다. | • 흡입구가 먼지로 막혀있다.<br>• 흡입구 셔터의 열림 정도를 확인한다.<br>• 댐퍼류의 열림 정도를 확인한다. |
| 흡입구 환기구 배기후드 | 바람 끊는 소리가 난다. | • 흡출구의 셔터를 닫을 때에 소리가 발생하는 경우가 있으므로 셔터의 열림 정도를 조정한다. |
| | 실내장소보다 온도차가 크다. | • 기류의 방향이 나쁠 수가 있으므로 흡출방향을 조정한다.<br>• 냉방시에는 천정을 따라 불도록 난방시에는 하향으로 불도록 한다. |
| | 공기를 빨아들이지 못한다. | • 닥트의 방화 댐퍼를 점검하여 온도퓨즈가 끊어져 있는 경우는 이를 교체한다. |
| | 공기의 흡입이 없다. | • 그리스 필터 기름의 오염·막힘은 빼내서 중성세제로 세척한다.<br>• 오염정도가 심하면 세척이 곤란해진다.<br>• 배풍기가 기름때의 부착으로 오염되면 배기량이 감소하게 되므로 정기적으로 청소한다.<br>• 방화 댐퍼를 점검하여 온도퓨즈가 끊어져 있는 경우에는 교체한다. |

(자료출처 : 한국표준협회 기계설비관리 지침서 인용)

## 25) 기계설비 법정 자격자의 구성 및 자격을 파악하고 이행

| 분야 | 자격대상 | 자격(각 호) | 인원 | 비고 |
|---|---|---|---|---|
| 보일러 | 보일러취급 기능사 | • 보일러취급기능사 이상<br>• 열관리산업기사 이상 | 1 | |
| 위험물 | 위험물 취급자 수첩 | • 위험물관리기능장<br>• 위험물관리산업기사<br>• 위험물기능장사<br>• 소방공무원경력 + 교육이수자 | 1 | |
| 오수정화 시설 | 해당사항 없음 | • 폐수종말처리장지역 제외 2008년 8월중 법 개정 예정 | | 외주 업체 |
| 가스안전 관리자 | 사용시설 안전관리자 수첩 | • 안전관리 총괄자가 안전관리 책임자의 자격을 소지한 경우 겸직가능<br>1. 고압가스취급기능사 2급<br>2. 한국가스안전공사의 사용시설 안전관리자 양성교육 이수자 | 1 | |

| 분야 | 자격대상 | 자격(각 호) | 인원 | 비고 |
|---|---|---|---|---|
| 기계설비 유지 관리자 | 연면적 6만제곱미터 이상 | 특급책임기계설비유지관리자 | 1 | |
| | 연면적 3만제곱미터 이상/6만제곱미터 미만 | 고급책임기계설비유지관리자 | 1 | |
| | 연면적 1만 오천제곱미터 이상/3만제곱미터 미만 | 중급책임기계설비유지관리자 | 1 | |
| | 연면적 1만제곱미터 이상/1만 오천제곱미터 미만 | 초급책임기계설비유지관리자 | 1 | |

(자료출처 : 한국표준협회 기계설비관리 지침서 인용 및 일부 수정)

## 26) 기계설비 적용 자료내용을 파악하고 현장업무에 적용

| 분류 | 분야 | 세부작업 분야 | 자료명 | 자료관리 번호 | 비고 |
|---|---|---|---|---|---|
| 기계 | 보일러 | 안전사항 | 취급설명서 | | |
| | | 사양성능표 | 취급설명서 | | |
| | | 보일러 각부의 명칭 및 성능 | 취급설명서 | | |
| | | 증기 발생 계통 | 취급설명서 | | |
| | | 농축 브로우 감지장치 | 취급설명서 | | |
| | | 배관 계통 | 취급설명서 | | |
| | | 정의와 심벌마크 | 취급설명서 | | |
| | | 운전 전 점검사항 | 취급설명서 | | |
| | | 운전 개시 | 취급설명서 | | |
| | | 운전 정지 | 취급설명서 | | |
| | | 운전 중의 주의사항 | 취급설명서 | | |
| | | 장기간 운전 정지시 보관법 | 취급설명서 | | |
| | | 각종 기기의 조작 방법 | 취급설명서 | | |
| | | 전면 표시창 명칭 및 기종 | 취급설명서 | | |
| | | 운전 상태 표시 | 취급설명서 | | |
| | | 간단한 점검 및 청소방법 | 취급설명서 | | |
| | | 관체 과열 방지장치 | 취급설명서 | | |
| | | 전 배수 실시요령 | 취급설명서 | | |
| | | 경고 및 금지사항 | 취급설명서 | | |
| | | 계절 및 환경 대책 | 취급설명서 | | |
| | | 보일러의 물 처리 | 취급설명서 | | |
| | | 모니터 표시내용 및 상태설명 | 취급설명서 | | |
| | | 고장의 원인 및 대책 | 취급설명서 | | |
| | 연수기 | 각부의 명칭 | 취급설명서 | | |
| | | 밸브셋트 각부의 명칭 | 취급설명서 | | |
| | | 설치 및 배관 | 취급설명서 | | |

| 분류 | 분야 | 세부작업 분야 | 자료명 | 자료관리 번호 | 비고 |
|---|---|---|---|---|---|
| 기계 | | 공기에어 빼기 | 취급설명서 | | |
| 기계 | | 재생방법 | 취급설명서 | | |
| 기계 | | 운전 | 취급설명서 | | |
| 기계 | | 사-150~300DUSTNRL 취급설명 | 취급설명서 | | |
| 기계 | 수처리약품 | 보일러 수처리의 필요성 | 취급설명서 | | |
| 기계 | 수처리약품 | 물에 기인하는 장해와 대책 | 취급설명서 | | |
| 기계 | 수처리약품 | 청관제 | 취급설명서 | | |
| 기계 | 수처리약품 | 스케일 세관제 | 취급설명서 | | |
| 기계 | 수처리약품 | 양이온 교환수지 세정제 | 취급설명서 | | |
| 기계 | 수처리약품 | 만수보존액 | 취급설명서 | | |
| 기계 | 냉온수기 | 특징 및 기능 | 흡수식냉동기 및 냉온수기 사용설명서 | | |
| 기계 | 냉온수기 | 사양 | 흡수식냉동기 및 냉온수기 사용설명서 | | |
| 기계 | 냉온수기 | 표시 조작반의 전면 구성 | 흡수식냉동기 및 냉온수기 사용설명서 | | |
| 기계 | 냉온수기 | 각 기종에 해당하는 메뉴의 설체 | 흡수식냉동기 및 냉온수기 사용설명서 | | |
| 기계 | 냉온수기 | 각 메뉴의 설명 | 흡수식냉동기 및 냉온수기 사용설명서 | | |
| 기계 | 냉온수기 | 운전준비 | 흡수식냉동기 및 냉온수기 사용설명서 | | |
| 기계 | 냉온수기 | 초기설정 | 흡수식냉동기 및 냉온수기 사용설명서 | | |
| 기계 | 냉온수기 | 설정 값 변경방법 | 흡수식냉동기 및 냉온수기 사용설명서 | | |
| 기계 | 냉온수기 | SERVICE KEY 사용방법 | 흡수식냉동기 및 냉온수기 사용설명서 | | |
| 기계 | 냉온수기 | CENTRONIC 10 MICOM CONTROLLER SYSTEM | 흡수식냉동기 및 냉온수기 사용설명서 | | |
| 기계 | 냉온수기 | 분산제어 | 흡수식냉동기 및 냉온수기 사용설명서 | | |
| 기계 | 냉온수기 | PROTECTOR TELAY 사용법 및 구조 | 흡수식냉동기 및 냉온수기 사용설명서 | | |
| 기계 | 냉온수기 | PROTECTORRELAY TIME CHART | 흡수식냉동기 및 냉온수기 사용설명서 | | |

| 분류 | 분야 | 세부작업 분야 | 자료명 | 자료관리 번호 | 비고 |
|---|---|---|---|---|---|
| 기계 | | 전기회로도 | 흡수식냉동기 및 냉온수기 사용설명서 | | |
| | | 주의사항 | 취급설명서 | | |
| | | 흡수식 냉온수 유니트의 원리 | 취급설명서 | | |
| | | 구조 및 작용 | 취급설명서 | | |
| | | 연소장치 | 취급설명서 | | |
| | | 리튬브로마이드 수용액 성질 | 취급설명서 | | |
| | | 설치 및 배관 | 취급설명서 | | |
| | | 부대설비에 대한 주의 | 취급설명서 | | |
| | | 운전제어장치 및 보안장치 | 취급설명서 | | |
| | | 운전방법 | 취급설명서 | | |
| | | 점검 및 보수 | 취급설명서 | | |
| | 냉온수기 | 추기장치 | 냉온수 유닛 사용설명서 | | |
| | | 이상상태의 원인 및 처치 | 냉온수 유닛 사용설명서 | | |
| | | 냉온수 유니트 운전기록표 | 냉온수 유닛 사용설명서 | | |
| | | 전기회로도 | 냉온수 유닛 사용설명서 | | |
| | 냉각탑 | 구조 및 특징 | 냉각탑 취급설명서 | | |
| | | 냉각탑 설치 | 냉각탑 취급설명서 | | |
| | | 냉각탑의 반입 및 조립 | 냉각탑 취급설명서 | | |
| | | 냉각탑의 수배관 | 냉각탑 취급설명서 | | |
| | | 운전 및 유지보수 | 냉각탑 취급설명서 | | |
| | | 고장 원인과 대책 | 냉각탑 취급설명서 | | |
| | 급수펌프 | 부스터 펌프의 구성 | 부스터펌프 USER'S MANUAL | | |
| | | 부스터 펌프의 설치 | 부스터펌프 USER'S MANUAL | | |
| | | ZENITH CONTROLLER | 부스터펌프 USER'S MANUAL | | |
| | | 도면 | 부스터펌프 USER'S MANUAL | | |
| | | 유지관리시 점검사항 | 부스터펌프 USER'S MANUAL | | |
| | | TROUBLE SHOOTING | 부스터펌프 USER'S MANUAL | | |
| | 공조기 | 공기조화기의 전반적 취급방법 | 공기조화기 (운전정비점검지침서) | | |
| | | 송풍기 운전정비 점검 | 공기조화기 (운전정비점검지침서) | | |

| 분류 | 분야 | 세부작업 분야 | 자료명 | 자료관리 번호 | 비고 |
|---|---|---|---|---|---|
| 기계 | | 전동기 운전정비 점검 | 공기조화기<br>(운전정비점검지침서) | | |
| | | 단열재료 | 공기조화기<br>(운전정비점검지침서) | | |
| | | 베어링 유닛 주요치수 | 공기조화기<br>(운전정비점검지침서) | | |
| | | V-벨트 운전정비점검 | 공기조화기<br>(운전정비점검지침서) | | |
| | | 방진스프링의 특성 및 설치방법 | 공기조화기<br>(운전정비점검지침서) | | |
| | | 커플링의 특성 및 설치방법 | 공기조화기<br>(운전정비점검지침서) | | |
| | | 롤 에어필터 운전정비 점검 | 공기조화기<br>(운전정비점검지침서) | | |
| | 흡수식 냉동기 | 흡수기 냉동기의 원리 | 흡수식냉동기 사용설명서 | | |
| | | 구조 및 작용 | 흡수식냉동기 사용설명서 | | |
| | | 리튬브로마이드 수용액 성질 | 흡수식냉동기 사용설명서 | | |
| | | 부대설비에 대한 주의 | 흡수식냉동기 사용설명서 | | |
| | | 제어장치 | 흡수식냉동기 사용설명서 | | |
| | | 운전 | 흡수식냉동기 사용설명서 | | |
| | | 보수점검 | 흡수식냉동기 사용설명서 | | |
| | | 이상 상태의 원인 및 처치 | 흡수식냉동기 사용설명서 | | |
| | 가스경보 설비 | 설치 기준 | 가스누설경보차단장치설치<br>기준 및 사용설명서 | | |
| | | 감시 판넬 | 가스누설경보차단장치설치<br>기준 및 사용설명서 | | |
| | | 긴급차단장치 | 가스누설경보차단장치설치<br>기준 및 사용설명서 | | |
| | | 자동차단장치 | 가스누설경보차단장치설치<br>기준 및 사용설명서 | | |
| | | 경보기 | 가스누설경보차단장치설치<br>기준 및 사용설명서 | | |
| | | 이상압력통보장치 | 가스누설경보차단장치설치<br>기준 및 사용설명서 | | |
| | | 시공 | 가스누설경보차단장치설치<br>기준 및 사용설명서 | | |

| 분류 | 분야 | 세부작업 분야 | 자료명 | 자료관리 번호 | 비고 |
|---|---|---|---|---|---|
| 기계 | 팽창탱크 | 팽창탱크의 개요 | 밀폐형 팽창탱크 KX-TROL | | |
| | | KX-EXTROL의 구조 및 SETTING | 밀폐형 팽창탱크 KX-TROL | | |
| | | PANEL의 구조, 기능 및 SETTING | 밀폐형 팽창탱크 KX-TROL | | |
| | | TROUBLE SHOOTING | 밀폐형 팽창탱크 KX-TROL | | |
| | 약품주입 설비 | 사양선정 조견표 | 돌코미터 D1C사용설명서 | | |
| | | 컨트롤러 전면부 | 돌코미터 D2C사용설명서 | | |
| | | 기능설명 | 돌코미터 D3C사용설명서 | | |
| | | 표시부호 | 돌코미터 D4C사용설명서 | | |
| | | 사용법 | 돌코미터 D5C사용설명서 | | |
| | | 기본 운전 메뉴 | 돌코미터 D6C사용설명서 | | |
| | | 상세 운전 메뉴 | 돌코미터 D7C사용설명서 | | |
| | | 이상시 처리요령 | 돌코미터 D8C사용설명서 | | |
| | 자동제어 | 기본사항에 관한 이해 | EBI 사용설명서 | | |
| | | 출입제어에 관한 이해 및 관리 | EBI 사용설명서 | | |
| | | 빌딩제어 시스템 관리하기 | EBI 사용설명서 | | |
| | | 방재 수신기 감시하기 | EBI 사용설명서 | | |
| | | 경보에 응답하기 | EBI 사용설명서 | | |
| | | 이벤트에 응답하기 | EBI 사용설명서 | | |
| | | 메시지에 응답하기 | EBI 사용설명서 | | |
| | | 발생사건 보고서 | EBI 사용설명서 | | |
| | | 보고서 생성하기 | EBI 사용설명서 | | |
| | | 운전원간 통신하기 | EBI 사용설명서 | | |
| | | 각 관제점 보정하기 | 흡수식냉동기 사용설명서 | | |
| | | 상세 관제점 정보보기 | 흡수식냉동기 사용설명서 | | |
| | | 시스템 상태 감시하기 | 가스누설경보차단장치설치 기준 및 사용설명서 | | |
| | | 출입제어 고급기능 사용 | 가스누설경보차단장치설치 기준 및 사용설명서 | | |
| | | 참조정보 | 가스누설경보차단장치설치 기준 및 사용설명서 | | |
| | | 시작하기 | 가스누설경보차단장치설치 기준 및 사용설명서 | | |
| | | 화면 객체 속성 정의하기 | 가스누설경보차단장치설치 기준 및 사용설명서 | | |

| 분류 | 분야 | 세부작업 분야 | 자료명 | 자료관리 번호 | 비고 |
|---|---|---|---|---|---|
| 기계 | 자동제어 | 화면과 심벌파일 속성 정의하기 | 가스누설경보차단장치설치 기준 및 사용설명서 | | |
| | | 스크립트 작성하기 | 가스누설경보차단장치설치 기준 및 사용설명서 | | |
| | | 사용자에게 친숙한 화면을 생성하기 위한 지침 | 밀폐형 팽창탱크 KX-TROL | | |
| | | 실습 | 밀폐형 팽창탱크 KX-TROL | | |
| | | 참조정보 | 밀폐형 팽창탱크 KX-TROL | | |
| | | 구성개요 | 밀폐형 팽창탱크 KX-TROL | | |
| | | 구성실습 | 돌코미터 D1C사용설명서 | | |
| | | QUICK BUILDER 사용법 | 돌코미터 D2C사용설명서 | | |
| | | 스테이션 및 프린터 구성 | 돌코미터 D3C사용설명서 | | |
| | | 제어기기 구성 | 돌코미터 D4C사용설명서 | | |
| | | 관제점 구성 | 돌코미터 D5C사용설명서 | | |
| | | 동일 관제점 상태 그룹 사용하기 | 돌코미터 D6C사용설명서 | | |
| | | 그룹제어 | 돌코미터 D7C사용설명서 | | |
| | | 경보 페이징 구성 | 돌코미터 D8C사용설명서 | | |
| | | 고급 경보 관리 구성 | EBI 사용설명서 | | |
| | | 시스템 보안 및 현장 파라미터 구성 | EBI 사용설명서 | | |
| | | EXSCRIPT 설정하기 | EBI 사용설명서 | | |
| | | 그룹 및 경향감시 화면 구성 | EBI 사용설명서 | | |
| | | 템플릿 화면 및 컨테이너 관제점 | EBI 사용설명서 | | |
| | | 보고서 구성 | EBI 사용설명서 | | |
| | | 백업서버 시스템 구성 및 감시 | EBI 사용설명서 | | |
| | | 분산형 서버 구조 구성 | EBI 사용설명서 | | |
| | | 예약 구성 | EBI 사용설명서 | | |
| | | 이벤트 저장 확장 시스템 구성 | EBI 사용설명서 | | |
| | | 다른 응용프로그램에서 EBI 데이터 사용하기 | EBI 시스템구성 및 관리설명서 | | |
| | | 명령어 참조 | EBI 시스템구성 및 관리설명서 | | |
| | | 시스템 관리 | EBI 시스템구성 및 관리설명서 | | |
| | | 서버 시작 및 중지하기 | EBI 시스템구성 및 관리설명서 | | |
| | | 파일 구조와 디스크 최적화 | EBI 시스템구성 및 관리설명서 | | |
| | | 백업과 복구 | EBI 시스템구성 및 관리설명서 | | |
| | | 스테이션의 EMALL 설정하기 | EBI 시스템구성 및 관리설명서 | | |
| | | 문제해결 지침 | EBI 시스템구성 및 관리설명서 | | |

### 27) 교대근무시 인수인계

근무 중 업무 및 문제점을 주야간 근무 교대시 또는 조별 근무 교대시에 인수인계서에 따라 인수인계한다.

## 8. 전기설비관리

건축물에 장착하여 사용하고 있는 전기설비의 종류와 기기의 성능, 용량, 제조사 설비별 조작 방법과 운전방법 및 주의사항, 설비 점검방법과 유지보수방법 및 이상시 조치사항이 각각 다르므로 일반적인 주요 전기설비를 중심으로 전기설비 관리에 관한 정보를 개략 적으로 예시하고 있다.

해당관리현장에 장착하고 있는 전기설비에 대하여 〈전기설비운영지침서〉를 사내표준으로 개발하고, 이를 토대로 현장 전기설비를 유지관리 해야 한다. 이 절에서 소개하는 전기설비관리 정보는 전기설비관리 기술자를 위한 정보가 아니라 건축물 유지관리에 입문하고자 하는 학습자를 위한 전기설비관리 입문 수준의 정보임을 참고하기 바란다.

### 1) 전기설비관리의 개념을 확인

수 변전설비, 조명시설, 비상발전기, UPS 등의 전기설비의 기능과 성능을 정상적으로 보전하고 유지하기 위하여 일상적으로 점검정비하고 조작운전하여 건축물 사용자가 요구하는 전원공급과 전열 및 조명 서비스를 생산하고, 적절히 제공하는 건축설비 기술관리 활동을 말한다.

### 2) 전기설비관리 대상을 확정

(1) 수변전설비를 관리한다.
(2) UPS설비를 관리한다.
(3) 비상발전설비를 관리한다.

### 3) 전기설비관리 조직을 구축하고 업무를 분장

### 4) 관계법령에 따라 전기안전 관리자를 선임하고 보고

### 5) 관계법령에 따라 전기설비 안전점검을 실시

### 6) 〈전기설비 운영지침서〉를 사내표준으로 다음과 같이 개발하고 전기설비관리에 적용

(1) 전기설비 운영지침의 적용 범위를 정한다. 사내표준으로 개발한 〈전기설비 운영지침서〉는 ○○ 빌딩 전기설비관리 업무의  운영절차 및 관리방법에 대하여 적용한다.

(2) 전기설비 운영지침서의 목적을 확인한다. 본 지침서는 전기설비의 원활한 운영과 유지관리를 통하여 건축물사용에 필요한 전원, 전열, 조명 서비스를 효율적으로 공급하여 건축물 사용자를 만족하게 하는데 있다.

(3) 전기설비관리 핵심 용어를 정의한다.

① 비상발전기 : 기계적인 동력을 전력으로 변환하는 회전기를 말하며, 수전회로의 정전, 자체사고 등으로 정전이 발생되었을 시 신속한 복구를 도모함과 동시에 사고 및 재해예방, 설비의 신뢰도 유지 및 향상을 도모하기 위해 설치해 놓은 것을 말한다.

② 수변전설비 : 전력회사에서 공급된 전력을 사용 부하에 적합한 전압으로 변환하고 각 부하설비에 전기를 분배, 공급하기 위한 설비의 집합체를 총칭한다.

③ 내선설비 : 전기설비 중 조명설비, 전열설비 등 이용자가 직접적으로 전기설비를 사용 할 수 있도록 구내에 설치한 일반적인 설비를 총칭한다.

④ 모터설비 : 사업장의 사용목적에 따라 설치한 각종 모터와 운전하기 위하여 설치한 부대 장치의 집합체를 총칭한다.

⑤ 중앙감시설비 : 중앙감시설비는 건물 내의 공조, 위생용 동력기기의 운전상황에 대한 감시 및 제어와 실내온도, 습도의 측정, 제어, 수변전설비의 감시제어, 방재설비의 감시 등 건축물전체의 정보수집을 통해 건물의 쾌적성관 안전성 및 보수용이성 확보를 위하여 설치한 관제설비를 말한다.

⑥ 간선설비 : 간선설비는 전동기 등에 전력을 공급하기 위한 설비로서 고압간선과 저압간선이 있으며, 일반적으로는 전기실 저압배전반에 의해 동력제어반 및 전등분전반에 이르는 배선설비 등을 말한다.

⑦ 동력설비 : 동력설비는 일반적으로 동력제어반 이하의 공조, 급배수, 주방, 승강기 등의 전동기 등에 전력배선 및 이러한 운전정지의 제어배선을 말한다.

⑧ 조명기구설비 : 조명기구설비는 실내의 실용적 조명과 장식조명 등에 사용되는 조명기구와, 정전 시에 피난통로를 비추는 비상조명 기구와 유도등이 있으며, 광원으로서는 주로 백열등과 형광등 이 있다.

⑨ 피뢰설비 : 낙뢰에 의한 화재, 인명사고를 방지하기 위하여 법적 기준에 따라 낙뢰로 인하여 발생한 전기흐름을 땅속으로 유도하는 전기설비를 말한다.

(4) 전기설비별 조작방법과 운전방법을 명시한다.

(5) 전기설비별 조작시 주의사항을 명시한다.

(6) 전기설비별 점검관리 절차를 명시한다.
(7) 전기설비별 유지보수 방법을 명시한다.
(8) 전기설비별 이상시 조치사항을 명시한다.
(9) 전기설비별 관련 양식을 개발하고 해당 업무에 적용토록 한다.

## 7) UPS 설비를 〈전기설비 운영지침서〉에 따라 관리

(1) UPS설비 개요를 파악한다.
  ① UPS 용도를 파악한다. UPS란 상용전원 또는 예비전원의 각종장애(정전사고, 순간정전, 전압변동, 주파수변동, SURGE, FLIKER)등에 대해 무정전, 정전압, 정주파수의 안정된 양질의 교류전원을 공급하여 부하장비의 원활한 운영을 도모하기 위한 순시전압 제어방식의 정지형 무정전 전원장치이다.
  ② UPS 구성을 파악한다.
    가. 입력변압기(INPUT TRANSFORMER)
    나. 순변환부 및 충전장치(RECTIFIER/CHARGER)
    다. 역변환부
    라. 출력변압기(OUTPUT TRANSFORMER)
    마. 동기절체부(STATIC TRANSFORMER)
    바. 제어회로부(CONTROL)
    사. LCD 디스플레이 운영반
(2) UPS 제원을 파악한다.
  ① 제작사와 용량을 파악한다.
  ② 냉각방식의 일반적 사항을 파악한다.
  ③ 강제공냉식 일반적 사항을 파악한다.
  ④ 입력과 출력전원을 파악한다.
  ⑤ 소음과 효율을 파악한다.
  ⑥ 절체 시간을 파악한다.
  ⑦ 설비 제원을 토대로 제원 표를 작성하고 유지한다.
  ⑧ 전기설비관리 근무자는 작성한 UPS 제원에 대하여 숙지한다.
(3) UPS 설비관리 업무 프로세스를 파악한다.
(4) 조작방법을 파악한다.
  ① 운전요령을 파악한다.
  ② 정지요령을 파악한다.
  ③ 디지털 패널 사용법을 파악한다.
  ④ 디스플레이 기능을 파악한다.

(5) 조작시 주의사항을 파악한다.
① 운전시 주의사항을 파악한다.
② 정지시 주의사항을 파악한다.
③ 비상운전시 주의사항을 파악한다.

(6) UPS 설비 점검방법을 파악하고 점검한다.
① UPS 설비 점검대상을 파악하고 점검방법을 숙지하여 점검하고, 점검결과를 〈UPS 설비 점검일지〉에 기록하고 관리한다.

가. 소음
나. 진동
다. 냄새
라 베터리 체결
마. 온도
바. 베터리 부식
사. 통푼
아. 조명
자. 실내 청결 상태
차. 판넬 표시 상태
자. 베터리 접속부 과열

② 점검결과 판정은 정상(0), 보통(△), 불량(X)으로 판정하고 불량시 즉시 정비 및 부량 부분을 이상시 조치사항에 따라 즉시 조치한다.
③ 점검결과를 〈UPS설비 점검일지〉에 기록하고 관리한다.

(7) UPS 설비 유지보수 방법을 파악하고 유지 보수한다.
① 자체 유지보수한 경우에는 유지보수한 내용을 장비이력카드에 기록하고 유지 · 관리한다.
② 하자기간 중에 있는 장비 유지보수는 해당 건설사 또는 설비 전문회사 또는 제조사에게 의뢰하여 처리한다.
③ 하자 보수기간이 지난 장비 유지보수는 해당 장비 유지보수 협력업체에게 유지보수를 위탁 처리한다.
④ 건설사, 감리사, 제조사, 유지관리 업체의 연락전화 등 정보를 확보하고 정보관리대장에 등재하여 유지한다.

(8) 이상 발견시 〈전기설비운영지침서/이상 조치요령〉에 따라 조치한다.

### 8) 비상용 발전설비를 〈전기설비운영지침서〉에 따라 관리

(1) 설비개요를 파악한다.
① 비상용 발전설비 용도를 파악한다. 비상용 발전 설비는 상용 전원이 정전됐을 때 수요 설비에 필요한 최소한의 전력을 공급하는 발전 설비를 말하며 이에는 비상 전력용과 배수펌프 전용 발전기 종류가 있다.
② 비상용 발전설비 구성요소를 파악한다.

가. 비상전력용은 디지털 운전반과 발전기세트로 구성되어 있다.

나. 배수펌프용은 디지털 운전 반 탑재 형 발전기세트로 구성되어 있다.

③ 제원을 파악한다.

가. 제조사와 기종을 파악한다.

나. 형식을 파악한다.

다. 전압을 파악한다.

라. 회전수를 파악한다.

마. 전열등급을 파악한다.

바. 냉각방식을 파악한다.

사. 엔진출력을 파악한다.

아. 배기량을 파악한다.

자. 시동모터를 파악한다.

차. 연료소모량을 파악한다.

카. 냉각수용 량을 파악한다.

타. 파악한 제원 정보를 바탕으로 〈비상발전기 제원표〉를 작성하고 공유한다.

(2) 비상용 발전설비관리 업무 프로세스를 파악한다.

(3) 조작방법을 파악하고 조작한다.

(4) 조작시 주의사항을 숙지하고 조작한다.

(5) 설비 점검방법을 숙지하고 점검한다.

(6) 설비 유지보수방법을 숙지하고 유지 보수한다.

(7) 이상 발견시 이상 조치요령에 따라 조치한다.

### 9) 수변전 설비를 〈전기설비 운영지침서〉에 따라 관리

(1) 설비개요(용도 및 구성 및 제원)를 파악한다.

① 용도를 파악한다. 수 변전 설비는 전력을 수전하여 필요한 사용전압으로 변전하고, 이를 필요한 곳(부하)으로 배전하기 위한 장치 및 기기로 구성되어 있는 전기설비를 말한다.

② 구성요소를 파악한다. 수 변전 설비는 특고압 반과 변압기반 및 저압 반으로 구성되어 있다.

③ 제원을 파악한다.

가. 특 고압반의 규격과 수량을 파악한다.

나. 변압기 반의 규격과 수량을 파악한다.

다. 저압반의 규격과 수량을 파악한다.

라. 파악한 제원을 중심으로 〈수변전 제원표〉를 작성하고 근무자 모두가 공유한다.

(2) 수변전 설비관리 업무 프로세스를 파악한다.

(3) 조작방법을 파악한다.

① 정전시 조작방법을 숙지하고 조작방법에 따라 조작한다.

② 복전시 조작방법을 숙지하고 조작 방법에 따라 조작한다.

(4) 조작시 주의사항을 숙지하고 조작한다.

① 수변전설비 조작방법을 숙지하고 조작한다.

② 전기기사 2명이 조작작업에 참여 한다.

③ 조작 작업 후에 정상 작동 여부를 표시램프를 통하여 점검한다.

(5) 전기설비 점검 및 관리 방법을 숙지하고 점검 및 관리한다.

① 전기설비 점검표에 의거하여 육안 검사방법으로 점검하고, 그 결과를 〈수 변전 업무일지〉에 기록 유지한다.

② 수변전설비 표시램프 상태를 수시로 확인하고 이상시 즉시 교체한다.

③ 전기설비관리 관계자 외 출입을 통제하고 항상 청결상태를 유지한다.

④ 수변전설비는 3년1회 법정 전기안전검사를  받는다.

⑤ 수변전설비 점검결과 이상 발견시 조치사항에 따라 조치한다.

⑥ 전기안전관리자를 선임하고 신고한다.

(6) 유지보수 방법을 숙지하고 유지 보수한다.

① 자체 설비보수시 보수결과를 장비이력 카드에 기록하고 유지 및 관리한다.

② 자체 유지보수가 불가능하다고 판단시 승인을 받아 설치 업체에 A/S를 요청한다.

③ A/S 기간이 종료되었을 경우에는 전문 유지보수업체에 의뢰하여 처리한다.

④ 설치 업체와 전문 유지보수업체의 정보(상호, 연락처, 담당자 등)를  항상 확보해 두고 유지한다.

(7) 운전 중 이상현상시 이상 조치사항에 따라 조치한다.

(8) 매일 정한 시간대에 수 변전 설비 상태를 점검방법에 따라 점검하고〈수변전 일지〉에 점검결과를 기록하고 유지한다.

### 10) 전기설비 분야 업무프로세스를 파악하고 설비별 관리에 적용

(1) 발전시설 업무프로세스를 파악하고 현장업무에 적용한다.

> 전압조정시험 → ATS 절환시험 → 무부하 운전시험 → 단락시험 → 냉각수 점검 → 축전지 점검 → 연료량 점검 → 엔진오일유량 확인 → 엔진 히팅코일 점검 → 연료필터, 오일필터 교체 → 비상전력라인 점검 → 비상전등 점등 상태확인

(2) 축전시설 업무프로세스를 파악하고 현장업무에 적용한다.

> 비상발전기 축전지 점검 → 정류기반 축전지 점검 → 비상방송용 앰프점검 → 앰프 축전지 점검

(3) 차단시설 업무프로세스를 파악하고 현장업무에 적용한다.

진공차단기 진공도 검사 → 진공차단기 스프링 진공차단기 장력 검사 → 기중차단기 스프링장력 검사 → 피뢰기용 애자 육안 점검 → PF, COS 비상자재 구비 → 역률 점검 → 연간피크전압 조절 → 수전시설 안전점검 순으로 차단시설을 관리

(4) 변압시설 업무절차를 파악하고 현장업무에 적용한다.

변압기 중성점 접지 측정 → 변압기 케이블 적정 온도 검사 → 변압기 체결상태 점검 → 실내온도 적정유지

(5) 접지시설 업무절차를 파악하고 현장업무에 적용한다.

1종 접지치 측정(변압기 외함) → 2종 접지치 측정 → 3종 접지치 측정 → 전산장비 측정

(6) 조명기구관리 업무절차를 파악하고 현장업무에 적용한다.

조도 점검 → 등 교체 → 안정기교체 → 반사갓 청소 → 조명소모품 재고관리

### 11) 전기설비 분야 조직화 및 업무문장

(1) 관리소장, 전기과장(전기팀장), 안전관리반, 변전실 근무반, 중앙감시반, 보수반, 감시반으로 조직화한다.
(2) 중앙감시반은 일근, 야근(24시간), 비번 삼교대 근무조로 조직한다.
(3) 변전실근무반은 일근, 야근(24시간), 비번 삼교대 근무조로 조직한다.
(4) 비상시 또는 회의시는 필요에 따라 필요 인력을 24시간 근무하도록 조직한다.

### 12) 전기설비관리 종사자의 업무를 분장

(1) 전기과장은 다음 업무를 담당한다.
① 전기설비 계통의 업무관장 및 지휘 통솔
② 건물 내 전기설비 전반에 대한 안전관리 및 운영감독
③ 계원 일상근무 감독 및 신상 파악
④ 작업 지시 처리 확인 및 대내외 관계업무 추진
⑤ 전기설비 사고시 사고보고서 제출
⑥ 해당부문 시설운영서비스 업무 총괄
⑦ 전기과 내 종사자 인력관리

⑧ 전기과 내 교육관리 업무
⑨ 해당부문 시설 및 장비 점검관리
⑩ 정기적인 고객보고 수행
⑪ 시방서, 각종도면 등의 문서관리
⑫ 해당 부문에서 발생되는 품질기록을 설정된 기준에 따라 유지
⑬ 해당부문 업무계획에 따라 근무량을 할당
⑭ 점검방법, 설비 및 공구의 개선이 필요하다고 인정될 때 개선추진
⑮ 품질향상, 자재, 시간, 경비절감에 대하여 감독
⑯ 작업을 지휘 감독하고 작업보고
⑰ 소요자재 및 공구의 운송과 청구

(2) 전기안전관리자는 다음의 업무를 담당한다.
① 전기설비의 유지 및 운영에 관한 업무 및 이에 종사하는 자의 대한 안전교육
② 전기설비의 안전관리를 위한 확인 · 점검 및 이에 대한 업무
③ 전기설비의 운전 · 조작 또는 이에 대한 업무의 감독
④ 전기설비의 안전관리에 관한 기록 및 그 기록의 보존

(3) 중앙 감시반 근무자는 다음의 업무를 담당한다.
① 책임자를 보좌하여 중앙감시반 업무를 관장 수명 작업 하달작업
② 감시반, 제 1, 2회의장, 큐비클 조작 전원 U.P.S 시설의 일일점검 및 유지관리 및 점검카드 확인
③ 정전시 각종 전기 설비점검
④ 계획에 의한 전기 설비점검

(4) 발/변전실 근무자는 다음업무를 담당한다.
① 책임자를 보좌하여 발, 변전실 업무를 관장
② 발, 변전실 및 부속 건물 전기설비를 점검표에 의한 점검사항 이상유무 보고
③ 계획에 의한 전기설비 정기점검
④ 정전시 감시반과 협의 판넬 조작 지휘

(5) 보수반 근무자는 다음 업무를 담당한다.
① 책임자를 보좌하여 보수요원의 일일작업 배치
② 전기설비의 제반 작업 및 안전 작업 관장
③ 보수반 요원의 담당 층 점검사항 이상 유무 보고
④ 정전시 사고에 대비 보수반 요원 대기
⑤ 각층 전기실 및 외등 점검카드 확인
⑥ 각 분야의 금일 작업사항을 일일현황 보고서에 기록

(6) 감시반 근무자는 다음 업무를 담당한다.

① 각 판넬 감시업무(일지에 준한 시간대별 부하상태 기록점검)
② 고장 신고를 각 해당부서에 전달
③ 정전시 별관 변전실과 협의 전력계통의 판넬조작
④ 정전시 또는 송전계통 이상시 원인 파악보고
⑤ 중앙감시반 일지 및 종합 업무일지(작업일지) 작성
⑥ 제1, 2회의장 전기실 및 축전지실 일일점검
⑦ 축전지 육안점검 및 청결 작업
⑧ 축전지 주1회 전압 측정
⑨ 주간 및 월간 계획표에 의한 점검 보고
⑩ 예방정비 및 보수
⑪ 회기 중 1,2회의장 전기실 비상대기

### 13) 직급별 업무를 확정하고 공유

(1) 보수반 근무자는 다음 업무를 담당한다.
① 책임자를 보좌하여 보수요원의 일일작업 배치
② 전기설비의 제반 작업 및 안전 작업 관장
④ 보수반 요원의 담당 층 점검사항 이상 유무 보고
⑤ 정전시 사고에 대비 보수반 요원 대기
⑥ 각층 전기실 및 외등 점검카드 확인
⑦ 각 분야의 금일 작업사항을 일일현황 보고서에 기록

(2) 감시반 근무자는 다음 업무를 담당한다.
① 각 판넬 감시 업무(일지에 준한 시간대별 부하상태 기록점검)
② 고장신고를 각 해당부서에 전달
③ 정전시 별관 변전실과 협의 전력계통의 판넬조작
④ 정전시 또는 송전계통 이상시 원인 파악보고
⑤ 중앙감시반 일지 및 종합 업무일지(작업일지) 작성
⑥ 제1, 2회의장 전기실 및 축전지실 일일점검
⑦ 축전지 육안점검 및 청결 작업
⑧ 축전지 주1회 전압 측정
⑨ 주간 및 월간 계획표에 의한 점검 보고
⑩ 예방정비 및 보수
⑪ 회기 중 1, 2회의장 전기실 비상대기

| 직 위 | 업무 내역 | 비 고 |
|---|---|---|
| 전기과장 | 전기방재 업무관장<br>전기방재 지휘 통솔<br>운전계획 및 일지 감독<br>시설 상태 점검 및 업무 감독<br>설비 기술지도<br>연간 계획표 작성<br>업무일지 검토 및 개선방향 지시<br>작업계획 수립<br>작업지시 및 확인 점검<br>작업시 안전관리<br>안전교육 및 사고예방 대책수립<br>에너지 절약계획 수립 및 시행<br>직원 일상근무 감독<br>사고시 사고처리 및 보고서 제출 | |
| 전기계장(1) | 담당전기설비 업무 관장<br>운전계획 및 일지 총괄<br>전기시설 상태 점검 및 업무 감독<br>전기설비 기술지도<br>전기 연간계획표 작성<br>전기 업무일지 검토 및 개선 방향 지시<br>전기 작업계획 수립<br>전기 작업사항 확인 점검<br>전기 안전교육 및 사고예방대책 수립<br>에너지 절약계획 수립 및 시행 | |
| 전기계장(2) | 담당전기설비 업무 관장<br>운전계획 및 일지 정리 총괄<br>시설 상태 점검 및 업무 감독<br>전기설비 기술지도<br>연간점검 계획표 작성<br>업무일지 검토 및 개선 방향 지시<br>작업계획 수립<br>작업사항 확인 점검<br>안전교육 및 사고예방대책 수립<br>에너지 절약계획 수립 및 시행 | |

| 직 위 | 업무 내역 | 비 고 |
|---|---|---|
| 전기주임 | 전기작업 지휘 통솔<br>운전계획 및 일지 정리<br>전기시설 상태 점검 및 업무 하달<br>전기설비 기술지도<br>전기 업무일지 검토 및 개선 방향 지시<br>작업계획 수립<br>작업지시 및 확인 점검<br>안전관리 및 교육, 사고예방대책 수립 | |
| 전기반장 | 전기 야간 업무 관장<br>전기 야간 근무자 지휘 통솔<br>전기 업무일지 작성 및 정리<br>변전 설비 상태 점검 및 보수<br>1, 2회의장 점소등 및 회의장 대기<br>출입구 및 계단 점소등<br>계량기 검침 및 변전일지 작성 | |
| 방재계장 | 방재 각종 보수작업 지시 및 감독<br>방재 작업지시 처리 확인<br>방재 고장수리 및 보수작업<br>방재 자재 및 공구 관리<br>방재 안전교육 및 사고예방 대책수립<br>방재 업무일지 확인 점검<br>방재 기술지도<br>방재 직원 일상근무 감독 및 안전관리 | |
| 방재주임 | 방재설비 순찰 점검 및 보수 정비<br>방재 자재 및 공구 관리<br>방재 안전교육 및 사고예방 대책 수립<br>방재 업무일지 확인 점검<br>방재 기술지도<br>방재 직원 일상근무 감독 및 안전관리<br>방재 작업지시 및 처리 확인<br>방재 화보협회 정기점검 동반수행 및 지적사항 시정 | |

(자료출처 : 한국표준협회 전기설비관리 지침서 인용)

## 14) 전기설비 제원 및 구성을 파악하고 현장업무에 적용

## 15) 전기설비의 운전순서와 방법 및 조건을 파악하고 현장업무에 적용

## 16) 전기설비 운전시 주의사항을 파악하고 현장업무에 적용

## 17) 장비사고시 다음과 같이 조치

(1) 근무자 근무시 장비사고가 발생되면 신속하게 조치하고 해당 담당자에게 연락한다.
(2) 관리사무소 담당자는 중요장비 사고일 경우 즉시 사고현장에서 관리소장 및 고객에게 사고발생경위 및 지금까지 진행사항을 유선으로 보고한다.
(3) 관리소장은 본사 운영지원본부에 유선으로 최초 보고한다.
(4) 관리사무소 담당자는 장비 사고 시 2차적인 사고가 발생되지 않도록 조치하고 사고현장을 보존하며, 사고발생보고서를 작성하여 관리소장, 고객, 본사 운영지원본부 순으로 제출하고 사고원인을 규명하여 고객과 협의한다.
(5) 고객과의 협의사항이 이루어지지 않을 경우 본사 운영지원본부에 통보하여 조치를 받는다.
(6) (1)의 사항에서 경미한 사고의 업무일지에 기록 후 명일 해당부서 담당자에게 결제 시 보고한다.

## 18) 인명사고시 다음과 같이 조치

(1) 근무자가 근무 중 인명사고가 발생하면 신속하게 사고자에 대한 응급처치를 하고, 2차 사고가 발생하지 않도록 조치 후 현장을 보존한다.
(2) 근무자는 부서담당자에게 유선으로 사고 발생경위에 대해서 보고한다. 관리소장에게도 연락을 취하고 관리소장은 고객 및 본사 운영지원본부에 유선으로 보고한다.
(3) 부서 담당자는 즉시 현장에 와서 사고 상황을 파악하고 관리소장, 고객, 본사운영지원본부로 연락을 취하고 근무자, 목격자, 사고자의 진술을 토대로 사건발생보고서를 작성하여 관리소장, 고객, 본사 운영지원본부 순으로 제출하고 사고발생보고서를 규명하여 고객과 협의한다.
(4) 고객과의 협의사항이 이루어지지 않을 경우 본사 운영지원본부에 연락을 취하고 조치를 받는다.
(5) (1)의 사항에서 경미한 사고의 경우 업무일지에 기록 후 명일 아침 해당 부서담당자에게 결제시 보고한다.

## 19) 전기설비 점검기준을 파악하고 현장업무에 적용

| 구 분 | | 점검 업무 세부 내용 | 점검 주기 | | | | | |
|---|---|---|---|---|---|---|---|---|
| | | | 일 | 주 | 격주 | 월 | 년 | 3년 |
| 수변전 설비 | L.B.S<br>L.S, D.S<br>P.F<br>피뢰기<br>P.T<br>C.T<br>M.O.F | 1. 케이블 헤드, 접촉부 과열, 변색, 부식, 균열, 이완 등 외관의 오손 및 손상은 없는가? | | ○ | | | | |
| | | 2. 지지 애자의 파손, 균열, 또는 먼지의 부착은 없는가? | | ○ | | | | |
| | | 3. 칼, 칼받이의 아크 및 접촉면의 산화 현상은 없는가? | | ○ | | | | |
| | | 4. 스프링, 안전 걸림쇠의 손상, 변형 탄력에 이상 없는가? | | | | | ○ | |
| | | 5. 단자 및 접촉부의 조임 상태는 어떤가? | | | | | ○ | |
| | | 6. 도전부와 대지간의 절연상태는 어떤가? | | | | | ○ | |
| | O.C.R<br>U.V.R<br>GR<br>SGR | 1. 커버의 파손 및 먼지의 침입상태는 어떤가? | ○ | | | | | |
| | | 2. 계전기 배선 및 경보 회로 상태는 어떤가? | | ○ | | | | |
| | | 3. 보호 계전기 동작 표시장치의 동작은 정상인가? | | ○ | | | | |
| | | 4. TAP 조정상태 점검 | | | | ○ | | |
| | | 5. 보호 계전기 특성 및 연동 동작 시험 | | | | | | ○ |
| | 차단기<br>ATS | 1. 동작지시 및 동작 표시 상태는 이상 없는가? | ○ | | | | | |
| | | 2. 외관 훼손, 취부 볼트의 조임 상태는 어떤가? | | ○ | | | | |
| | | 3. 이음 이취는 없는가? | ○ | | | | | |
| | | 4. 가동 및 고정 접촉자의 손상 및 헐거움은 없는가? | | | | | ○ | |
| | | 5. 진공 밸브는 이상이 없는가? | | | | | ○ | |
| | 몰드<br>변압기 | 1. 온도상승의 적부 점검 | ○ | | | | | |
| | | 2. 이음, 이취, 진동은 없는가? | ○ | | | | | |
| | | 3. 냉각 FAN 점검 | | ○ | | | | |
| | | 4. 변압기, 온도계 외함 등의 손상 및 도료의 변색 유무 | | ○ | | | | |
| | | 5. 고압 케이블 헤드의 이상 유무 | | | | ○ | | |
| | | 6. 터미널, S.A 접촉 상태 점검 | | | | | ○ | |
| | | 7. 누설 전류 측정 | | | | ○ | | |
| | | 8. 접지저항 및 절연 저항 측정 | | | | | ○ | |
| | 수 · 배전반 | 1. 외관 및 표시상태는 어떤가? | ○ | | | | | |
| | | 2. 계기의 오손 및 지시치는 정상인가? | ○ | | | | | |
| | | 3. 이면, 배선의 오손 및 헐거움은 없는가? | | ○ | | | | |
| | | 4. 콘트롤 스위치 등 부속 설비는 이상이 없는가? | | ○ | | | | |
| | | 5. 접지 단자의 취부상태는 어떤가? | | | | | ○ | |
| | | 6. 절연 및 접지저항은 양호한가? | | | | | ○ | |
| 배전설비 | 간선<br>부스덕트<br>분전반 | 1. 계측기의 지시, 램프류 점등상태 | ○ | | | | | |
| | | 2. 누전 경보기(E. L. D) 동작상태 | ○ | | | | | |
| | | 3. 단자대의 케이블 접속 상태 | | ○ | | | | |
| | | 4. 케이블 과열상태 | | ○ | | | | |
| | | 5. 내부 정리정돈 청소상태 | | | | ○ | | |
| | | 6. 접지선의 취부 상태는 양호한가? | | ○ | | | | |
| | | 7. BUS DUCT, 케이블 절연 저항 측정 | | | | | ○ | |

| 구분 | | 점검 업무 세부 내용 | 점검 주기 | | | | | |
|---|---|---|---|---|---|---|---|---|
| | | | 일 | 주 | 격주 | 월 | 년 | 3년 |
| | 전력용 콘덴서 | 1. 콘덴서의 설비(콘덴서, 차단기 등)의 이음 이취는 없는가? | | | | ○ | | |
| | | 2. 콘덴서의 오손, 변형, 부식, 누유는 없는가? | | | | ○ | | |
| | | 3. 콘덴서 설비의 접속 부분의 변색 및 온도 상승은 없는가? | | | | ○ | | |
| | | 4. 좌대 및 애자의 오손은 없는가? | | | | | ○ | |
| | | 5. 접지선의 취부 상태는 양호한가? | | | | | ○ | |
| | | 6. 절연 및 접지 저항은 양호한가? | | | | | ○ | |
| 부하설비 | 전동기 MCC판넬 조명 설비 콘센트설비 | 1. 조명 설비 점등 불량 | ○○ | | | | | |
| | | 2. 스위치 및 콘센트는 이상이 없는가? | | | | | | |
| | | 3. 조명 기구의 오염 및 오손은 없는가? | | | | ○ | | |
| | | 4. 부하 증설로 과부하가 된 것은 없는가? | | | | ○○ | | |
| | | 5. 열기구 등의 리드선에 과열된 곳은 없는가? | | | | | | |
| | | 6. 전열 기구 사용 상태 점검 | | | | | ○ | |
| | | 7. 절연 저항은 양호한가? | | | | | ○ | |
| 예비전원설비 | 비상발전기 | 1. 외관 점검 | ○ | | | | | |
| | | 2. 윤활유, 연료, 냉각수 점검 | | ○ | | | | |
| | | 3. 밸브류 | ○ | | | | | |
| | | 4. 배터리 충전 상태 점검 | | ○ | | | | |
| | | 5. 기관의 시동은 잘 되는가? | | | ○ | | | |
| | | 6. 무부하 운전시 계기 동작 및 진동 상태는 어떤가? | | | ○ | | | |
| | | 7. 각종 계전기 차단기는 정상인가? | | | ○ | | | |
| | | 8. 급배기는 정상인가? | | | ○ | | | |
| | | 9. 접지선의 취부 및 각 단자의 접속 상태는 양호한가? | | | | | ○ | |
| | | 10. 절연 및 접지 저항은 양호한가? | | | | | ○ | |
| | 정류기 축전지 | 1. 외관 점검(액 누수, 접점 부식, 목대 뒤틀림 등) | ○ | | | | | |
| | | 2. 셀당 전압 측정 | | ○ | | | | |
| | | 3. 연결 단자 볼트 풀림 점검 | | ○ | | | | |
| | | 4. 정류기의 충전전류는 정상인가? | | ○ | | | | |
| | UPS | 1. 외관 점검(이음, 이취, 과열, 소손, 부식 등) | ○ | | | | | |
| | | 2. 충전 전압, 전류 상태 확인 기록 | ○ | | | | | |
| | | 3. 배터리 셀 전압 측정 | | ○ | | | | |
| | | 4. 냉각 FAN 점검 | ○ | | | | | |
| 외곽 | 피뢰침 접지선 | 1. 외관 점검(파손, 손상, 볼트 풀림, 등) | | | | ○ | | |
| | | 2. 접지선의 단선 및 접속 상태 점검 | | | | ○ | | |
| | | 3. 접지 저항값 측정 | | | | | ○ | |
| | 외등 경관 조명 | 1. 점 소등 점검 | ○ | | | | | |
| | | 2. SUN S/W 동작 상태 점검 | | ○ | | | | |
| | | 3. 외관 점검 | | ○ | | | | |

(자료출처 : 한국표준협회 전기설비관리 지침서 인용)

## 20) 조명설비 유지관리

현장 환경조건은 공기조화기와 같이 조명도 중요하며, 이것을 보수 유지하는데 열 방출이 적고 효율적으로 수명이 긴 것이 경제적이다.

(1) 조명설비는 다음의 조건에 맞추어 관리한다.
  ① 작업 면에 충분한 조명이 되어야 한다.
  ② 심리적인 조건을 가지도록 고려한다.
  ③ 주위와 조화를 이루도록 한다.
  ④ 눈의 피로감을 없도록 한다.
  ⑤ 적당한 광원으로 그늘이지지 않도록 한다.
  ⑥ 표준조도를 항시 유지하여야 한다.
(2) 조명설비는 다음과 같은 점검 요령에 따라 점검한다.
  ① 매일 부착된 기구를 눈으로 확인하여 불량개소를 교환하여 줄 것
  ② 안정기 소손냄새로 확인된 것은 즉시 안정기를 교환할 것
  ③ 소음이 나는 안정기는 확인하고 교체할 것
(3) 조명기구는 다음과 같이 보수와 유지관리를 한다.
  ① 조명기구의 청소
  ② 주위 청소
  ③ 전구의 교환 및 청소 : 조명기구의 청소는 일반적으로 외부 즉 휘도를 방지하는 전구 보호용 아크릴 커버나 유리그로브 등이며 내부는 전구와 반사판을 청소 하여야 한다. 청소를 시행하면 약 25% 정도의 조도를 늘일 수 있다. 청소의 시행 간격은 2~3개월에 1회 실시하는 것이 좋으며 이것은 중성세제를 이용하여 닦고 잘 건조하여야 한다. 전구의 교환 방식은 일반적으로 개별 교환 방법과 집단교환 방법이 있다.
  ④ 외등 및 투광등 관리 : 외등은 건물의 외곽 보안관리에 역할을 하고 건물야간 조명과 건물 외곽 조화를 이루는데도 큰 역할을 한다. 그러나 극히 필요한 부분을 제외하고는 모두 소등을 원칙으로 한다.

## 21) 분전반관리

① 일일 순찰 점검한다.
② Terminal 과열 및 접촉부 접촉상태를 확인한다.
③ 소음 및 냄새 유무를 확인한다.
④ Trip된 N.F.B는 없는지를 확인한다.

⑤ Remocon Relay용 P.T 소손 여부를 확인한다.
⑥ Remocon Relay 소음 및 동작상태 점검한다.
⑦ Main Breaker의 정상동작 여부를 확인한다.
⑧ Bus Bar의 지지볼트 조임 상태 점검 한다.

### 22) 전열관리

각층에 탕비실이 있으므로 가급적 전열기 사용을 억제하여야 한다. 전열기를 사용하는 곳에는 콘센트 용량이 허용하는 범위에서 전열기 및 기타 전기기기를 사용 하여야 하며 용량의 부족으로 N.F.B가 Trip되어 안전관리에 저해되는 일이 있어서는 안 된다.

특히, 전열기의 플러그 접촉 부분에서 접촉사고가 없어야 하며, 점검자가 위험하다고 판단하였을 시는 사용을 금한다. 전열기의 사용은 부주의로 인한 전기계통사고 화재, 위험 및 에너지 소비로 절전 시책에도 위배 되므로 사용자 및 관리자가 모두 유의하여 사용하여야 한다.

### 23) 누전차단기 오 접속시 발생현상을 확인하고 조치

### 24) 전기설비 점검사항을 숙지하고 현장업무에 적용

(1) 점검 전 숙지사항을 확인하고 현장에 적용한다. 점검 중 안전사고 예방을 위하여 안전제일의 자세로 복장을 단정히 하고 제반 안전장구를 준비하고, 연락책임자 또는 담당자에게 안내를 요청한다.
(2) 점검시 안전관리에 유의하여 점검한다.
- 고압이상 연차 및 고충처리, 봉사활동 등의 경우에는 안전모를 착용한다.
- 고압이상 전로에 검전기를 사용할 때에는 절연장갑을 착용하여야 한다.
- 전로를 차단하였을 때라도 검전기로 각 상마다 충전여부를 확인하여야 한다.
- 수전설비를 정전시킨 상태에서 비상용예비발전기를 가동할 경우에는 발전전력이 특고압 수전설비 쪽으로 역 가압 될 우려가 없는지 반드시 확인한다.
- 작업장 또는 점검 장소의 출입을 제한시킬 필요가 있을 때는 구획로프의 설치 또는 '출입금지' 표 시찰을 부착한다.
- 작업 중 관계자 이외의 자가 출입하는 것을 제한하거나 개폐기(차단기)조작의 우려가 있을 경우에는 '접근금지' 또는 '조작금지' 표시찰을 부착한다.
- 고압 또는 특고압 충전부에 근접할 때는 고압 60cm, 특고압 90cm 이상의 안전거리를 유지하여야 한다.

- 고압이상 설비에 대한 작업 시는 전로의 개방을 확인한 후 작업착수 전에 잔류전하를 방전시켜야 한다.
- 콘덴서 및 케이블이 설치되어 있는 전로는 전로의 개방을 확인한 후 작업착수 전에 잔류전하를 방전시켜야 한다.
- 제반 측정시는 접지 측을 먼저 연결한 후 전로 측을 연결해야 하며 제거 시는 측정시의 역 순으로 한다.
- 변류기 2차 측을 개방할 때는 2차 측 단자를 단락(Short)시킨 후 분리하여야 한다.
- 정전작업 시에는 시야확보를 위해 비상조명을 활용하고 인화성물질이 있는 곳에서는 라이터 등 화기에 주의한다.
- 기타 필요한 것은 안전관리요령 및 안전작업수칙을 참조하여 실시한다.

### 25) 측정 및 시험방법을 숙지하여 현장업무에 반영

(1) 측정 및 시험은 다음의 요령에 따라 측정 및 시험한다.
(2) 측정 및 시험시 유의하여 측정한다.
(3) 부하전류 측정방법 및 점검을 확인하고 측정 및 점검한다.
(4) 전압 측정방법을 숙지하고 전압을 측정한다.
(5) 누설전류 측정방법을 숙지하고 점검한다.
(6) 수 · 배전반 점검방법을 숙지하고 점검한다.
(7) EPS실 분전함 점검방법을 숙지하고 점검한다.
(8) 축전지 점검방법을 숙지하고 점검한다. 비중상태와 전해액 수준을 확인(밀폐형 제외)한다. 축전지 설치장소가 대부분 어둡기 때문에 점검시에 라이터, 담뱃불 등을 사용하는 경우 발생된 수소가스 등에 의해 폭발위험이 있으므로 화기물질을 사용하지 않도록 해야 한다.
  ① 일일 점검한다.
  ② 주간 점검한다.
  ③ 연결배선 상태가 정상적인지 확인한다.
(9) UPS 점검방법을 숙지하고 점검한다.

### 26) 비상발전기 관리

비상발전기는 건물의 기능상 정전시간 및 범위를 최소한으로 억제하여야 하므로 한전 계통의 정전시나 수전계통의 이상시 전원을 공급하는 유일한 설비로서 즉시 그 목적을 최대한 달성 할 수 있도록 평상시의 철저한 유지관리를 요한다. 특히 행사가 계획 중일 때는 발전기가 필요한 절대요건이므로 유지 및 보수에 면밀한 노력과 계획을 필요로 한다.

(1) 일일 점검한다.
(2) 주간 점검한다.
(3) 연간 점검한다.
(4) 비상 발전기 운전 및 안전수칙을 숙지하고 현장업무에 반영한다.

## 27) 변압기관리

변압기는 전압을 변화하는 장치로서 부하 설비에 따라 사용전압을 유지 공급하는 목적으로 설치되었다. 이것을 보수 유지 하는데 위험한 작업이 수반되므로, 면밀한 계획에 의하여 보수할 필요가 있다.

(1) 변압기의 온도, 냄새 이상 유무, 진동 상태, 본체의 이완 상태, 외각 맨홀의 누수상태 여부, 이상 음 등을 일일 점검한다.
(2) 온도계 상태, 부싱의 점검, 배기 휀 상태 점검, 계전기 점검, 도료의 변색 유무 등에 대하여 주간 점검한다.
(3) 절연저항 측정, 고압 케이블 헤드 이상 유무, 써지업소버 상태 점검, 외부 도장 면 등에 대하여 연간 점검한다.
(4) 일일점검, 주간점검, 연강 점검 등에 대하여 점검 카드를 작성하고 유지한다.
(5) 변압기의 안전수칙을 숙지하여 관리한다.

## 28) 차단기관리

차단기는 여러 가지 형식을 가지고 있으나 진공 차단기 및 기중차단기가 채택되고 있다. 이것의 사용 목적은 부하의 개폐와 부하 측에 일어나는 모든 사고(접지, 단락, 과부하)에 차단역할을 하고 있으며, 이로 인하여 전원 측 변압기를 보호하는 큰 역할을 하고 있다.

(1) 차단기에 대한 냄새, 기계적인 동작상태, 계전기 점검, 부속 기기 등에 대하여 일일 점검한다.
(2) 외부와 절연 상태, 계전기의 동작 상태, 자동 제어 상태, 단자의 접촉 상태, 외부 부분 볼트, 너트 조임 상태, 부식 상태, 보조 스위치와 제반 스위치 등에 대하여 주간 점검한다.
(3) 절연 저항, 본체 외부 오손 변형 손상, 개폐의 동작 상태, 애자의 청결 상태 및 균열, 접촉부 과열 변색, 볼트, 너트 풀림 상태, 진공 밸브 상태 등에 대하여 월간 점검한다.
(4) 운전수칙 및 안전수칙을 숙지하여 관리한다.

## 29) 전기안전관리 자격조건을 관계법령을 통하여 확인하고 조치

| 분야 | 자격대상 | 자격(각호) | 인원 | 비고 |
|---|---|---|---|---|
| 전기 | 전기안전 관리사 | 전기 산업기사 이상 | 1 | 실무 경력 4년 이상 |
| | 전기안전 관리원 | 전기 기능사 이상 | 1 | 동일 분야 5년 이상 경력자 |

| 종류 | 선 임 내 용 | | | | 관련 법규 | 비고 |
|---|---|---|---|---|---|---|
| | 대상설비 | 선임자 | 자격종류 | 선임일자 | | |
| 전기 안전 관리 | 전기설비 9.4MW | | 전기산업기사 | | 전기 사업법 제73조 시행규칙 제45조 별표 12 | |
| | 전기설비 9.4MW | | 전기기능사 | | | 안전관리보조원 |
| | 전기설비 6MW | | 전기기사 | | | |
| | 전기설비 6MW | | 경력인정자 | | | 안전관리보조원 |
| | 전기설비 10MW | | 전기기사 | | | |
| | 전기설비 10MW | | 전기기능사 | | | 안전관리보조원 |
| | 전기설비 10MW | | 전기기능사 | | | 안전관리보조원 |

## 30) 전기설비 적용자료 목록을 작성하고 업무에 활용

| 분류 | 분야 | 세부작업 분야 | 관련 자료 | | 비고 |
|---|---|---|---|---|---|
| | | | 자료명 | 자료번호 | |
| 전기 | 고압 기기 | 기중 차단기 | 고압기기 제품총람 | | |
| | | 고압진공 차단기 | " | | |
| | | 고압진공 전자 접촉기 | " | | |
| | | 한류형 전력퓨즈 | " | | |
| | | 진공 인터랩터 | " | | |
| | | 자동부하 절환 개폐기 | " | | |
| | | 몰드 변압기 | " | | |
| | 차단 기류 | 차단기의 특징 | LG배선용 | | |
| | | | 차단기, 누전차단기 | | |
| | | 차단기의 항명및 규격 | " | | |
| | | 동작특성곡선및 형치수도 | " | | |
| | | 차단기의 부착과 접속 | " | | |
| | | 차단기의 취급과 보수 | " | | |
| | | 차단기의 단락전류 계산법 | " | | |
| | GIMAC | 전자화 배전반 | GIMAC/GIPAM 사용제안서 | | |
| | | 종합관리제어 시스템 | " | | |
| | | 관련 자료 | " | | |

<table>
<tr><th rowspan="2">분류</th><th rowspan="2">분야</th><th rowspan="2">세부작업 분야</th><th colspan="2">관련 자료</th><th rowspan="2">비고</th></tr>
<tr><th>자료명</th><th>자료번호</th></tr>
<tr><td rowspan="31">전기</td><td rowspan="7">진공 차단기</td><td>진공차단기 정격</td><td>LG 진공차단기 취급설명서</td><td></td><td></td></tr>
<tr><td>진공차단기 사용전 점검</td><td>"</td><td></td><td></td></tr>
<tr><td>진공차단기 구조및 설치</td><td>"</td><td></td><td></td></tr>
<tr><td>진공차단기 조작 순서</td><td>"</td><td></td><td></td></tr>
<tr><td>진공차단기 유지 및 보수</td><td>"</td><td></td><td></td></tr>
<tr><td>진공도 판정 및 수명</td><td>"</td><td></td><td></td></tr>
<tr><td>제어회로 설명서</td><td>"</td><td></td><td></td></tr>
<tr><td rowspan="6">발전기</td><td>안전운전 수칙</td><td>엔진발전기취급설명서</td><td></td><td></td></tr>
<tr><td>장비 설명 및 제원</td><td>"</td><td></td><td></td></tr>
<tr><td>장비운전</td><td>"</td><td></td><td></td></tr>
<tr><td>예방정비 및 고장배제</td><td>"</td><td></td><td></td></tr>
<tr><td>발전기 정비</td><td>"</td><td></td><td></td></tr>
<tr><td>각 부품 설명</td><td>"</td><td></td><td></td></tr>
<tr><td rowspan="5">기중 차단기</td><td>각 부의 명칭</td><td>LG 저압기중차단기 취급 설명서</td><td></td><td></td></tr>
<tr><td>조작 방식</td><td>"</td><td></td><td></td></tr>
<tr><td>트립 장치</td><td>"</td><td></td><td></td></tr>
<tr><td>보수 및 점검</td><td>"</td><td></td><td></td></tr>
<tr><td>결선도</td><td>"</td><td></td><td></td></tr>
<tr><td rowspan="8">L.B.S</td><td>형식 및 정격</td><td>L.B.S 취급설명서</td><td></td><td></td></tr>
<tr><td>형명 표시</td><td>"</td><td></td><td></td></tr>
<tr><td>표준 부속품</td><td>"</td><td></td><td></td></tr>
<tr><td>운전 준비</td><td>"</td><td></td><td></td></tr>
<tr><td>구조 및 동작원리</td><td>"</td><td></td><td></td></tr>
<tr><td>유지 및 보수</td><td>"</td><td></td><td></td></tr>
<tr><td>제어회로</td><td>"</td><td></td><td></td></tr>
<tr><td>외형도</td><td>"</td><td></td><td></td></tr>
<tr><td rowspan="5">변압기</td><td>주의사항</td><td>배전변압기취급설명서</td><td></td><td></td></tr>
<tr><td>변압기 설치</td><td>"</td><td></td><td></td></tr>
<tr><td>변압기 운전</td><td>"</td><td></td><td></td></tr>
<tr><td>변압기 유지</td><td>"</td><td></td><td></td></tr>
<tr><td>변압기 보수</td><td>"</td><td></td><td></td></tr>
</table>

### 31) 전기설비 점검기준을 확인하고 공유하여 현장 전기관리 업무에 반영

(1) 전기설비 일일점검항목에 대하여 일일 점검한다.
(2) 수변전설비에 대하여 주간 점검한다.
(3) 비상발전기에 대하여 주간 점검한다.
(4) 동력설비에 대하여 주간 점검한다.
(5) 수변전설비에 대하여 월간 점검한다.
(6) 비상 발전기에 대하여 월간 점검한다.
(7) 충전기 및 축전지에 대하여 월간 점검한다.
(8) 동력설비(MOTOR)에 대하여 월간 점검한다.
(9) 동력설비(MCC)에 대하여 월간 점검한다.
(10) 각종 절연저항 측정에 대하여 반기 점검한다.
(11) 전선로 및 고압모선 기기절연 측정기록에 대하여 연간 점검한다.

## 9. 승강기설비관리

### 1) 승강기설비관리 개념

승강기설비란 건축물, 기타 공작물에 부착되어 일정한 승강 로를 통하여 사람이나 화물을 운반하는데 사용되는 시설로서 엘리베이터, 에스컬레이터, 휠체어리프트 등 지식경제부 부령으로 정하는 것을 말하며, 이를 상태를 정상적으로 보존하고 기능과 성능을 정상적으로 유지 · 관리하는데 요구되는 점검, 보수, 정비, 교체, 보강 등의 활동을 말한다.

### 2) 승강기설비관리 절차

(1) 〈승강기설비관리지침서〉를 사내 표준으로 개발하고 현장업무에 적용한다.
(2) 승강설비관리 핵심 용어를 정의하고 이해한다.
  ① 승강기 : 건축물, 기타 공작물에 부착되어 일정한 승강 로를 통하여 사람이나 화물을 운반하는데 사용되는 시설로서 엘리베이터, 에스컬레이터, 휠체어리프트 등 지식경제부 부령으로 정하는 것을 말한다.
  ② 기계실 : 기계실은 특수한 경우를 제외하고는 승강로 직상부에 위치하며, 권상기, 조속기, 제어반 등의 기가 설치되고, 승강기를 직접적으로 제어하고 움직이는 기기 류가 설치되어 있다.
  ③ 카 : 승객이 타고 내리는 부분을 엘리베이터에서 ‘카’라고 부른다. 카는 카틀과 카

바닥 그리고 카실로 이루어져 있다. 카내에는 승객이 목적 층까지 가고자 할 때 누르는 행선버튼이 있는 운전조작반과 카내를 밝히는 조명장치, 카내의 승객이 외부와 연락할 수 있는 인터폰, 그리고 정전 등 카내의 조명등이 꺼졌을 때 작동되는 비상등이 있다.

④ 승강로 : 엘리베이터의 카가 오르내리는 카의 통로로서, 카가 움직이는 길을 안내하는 가이드레일(Guide Rail), 이를 지지해 주는 브라켓, 균형추(Counter Weight), 와이어로프(Wire Rope), 각 층 스위치류와 카의 각 정지 층에는 출입구가 설치되어 있다. 특히, 승강로 하부를 피트(Pit)로 호칭하고 완충기, 조속기로프 인장장치, 하부 종점스위치 등이 있다.

⑤ 승강기부품 : 승강기를 구성하는 주요 안전부품으로서 산업자원부령이 정하는 것을 말한다.

⑥ 보수 : 승강기에 고장이 발생한 경우 이를 수리하거나 고장을 예방하기 위하여 정비하는 것을 말한다.

⑦ 승강기검사 : 승강기 제조 및 관리에 관한 법에 의하여 실시하는 검사(정기검사, 자체검사)를 말한다. 정기검사는 산업자원부령이 정하는 검사유효기간이 만료된 후에 계속하여 사용하고자 하는 경우 주기적으로 실시하는 검사를 말한다. 자체검사는 승강기 제조 및 관리에 관한 법에 의한 승강기 관리주체가 동 법의 규정에 의한 승강기에 대하여 일정주기마다 자율적으로 실시하는 검사를 말한다.

⑧ 비상 : 승객이 외부의 도움을 필요로 하는 상황을 말한다.

⑨ 고장 : 승강기의 의도된 사용에 있어서 안전운행이 제한 받거나 불가능한 운행상황을 말한다.

⑩ 수리 : 노후 부품의 교체 또는 수리를 말한다.

### 3) 승강기설비 정기검사절차와 업무프로세스를 파악하고 현장업무에 적용

### 4) 승강기관리를 효율적으로 수행하기 위하여  관리 인력을 조직화하고 업무를 분장

(1) 승강기관리 인력을 조직화한다.

(2) 승강기관리 인력을 배정한다.

(3) 승강기관리 업무를 분장한다.

① 기계과장은 다음업무를 담당한다.

- 승강기 설비계통의 업무관장 및 지휘 · 통솔
- 청사 내 승강기 설비계통 전반에 대한 안전관리 및 운행감독
- 대원 일상근무 감독 및 신상파악
- 승강기 설비사고시 사고보고서 제출

② 계장 및 주임은 다음 업무를 담당한다.
- 책임자를 보좌하며 유고시 업무대행
- 전기설비 예방점검 및 관리상태 확인
- 각종 보수작업 지시 및 감독

③ 근무자(기사)는 다음업무를 담당한다.
- 전체 층 순찰 점검
- 각 기계실 점검 · 청소
- 정기점검 및 보수작업
- 작업일지 작성
- 사고발생 예방을 위한 숙직근무

(4) 승강기 설비관리 기본업무와 세부업무를 파악한다.

| 번호 | 기본 업무 | 세부 업무 |
|---|---|---|
| 1 | 승강기 유지보수 업무 | - 승강기 순회 점검(1회/1일 이상)<br>- 중요 보수작업 지휘<br>- 작업지시 처리 확인<br>- 비상업무시 지휘 · 통솔<br>- 자체검사 업무 수행 |
| 2 | 승강기팀 인원관리 업무 | - 승강기 인원 지휘 · 통솔<br>- 근태관리 및 평가<br>- 안전관리 |
| 3 | 승강기 관리계획 작성 | - 일상점검 계획<br>- 주간/월간 업무계획서 작성<br>- 년간 업무계획서 작성 |
| 4 | 문서관리 업무 | - 장비이력대장 기록 확인<br>- 일일작업일지 기록 확인<br>- 자재관리<br>- 고객요청사항 시행 및 확인<br>- 사고시 사고보고서 작성 |
| 5 | 교육 업무 | - 승강기 운전/작업 기술교육<br>- 신규도입 장비 사용법 교육<br>- 안전교육 및 사고 예방대책 수립 |

### 5) 승강기설비 제원과 구성 및 설치 승강기의 위치를 파악하고, 현장업무에 적용

| 구분<br>근무지 | 구역 | 설치년도 | 설치회사 | 기종 | 설치대수 | 비고 |
|---|---|---|---|---|---|---|
| A빌딩 | A.B뱅크 | | | 인버터(IGBT) | ① 17인승(1150kg)= 12대<br>② 20인승(1350kg)= 4대<br>③ 덤웨이터(150kg)= 2대 | |
| | C.D뱅크 | | | 인버터(IGBT) | | |
| | 외곽호기 | | | 인버터(IGBT) | | |
| | 덤웨이터 | | | | | |
| B빌딩 | 1~12호기 | | | SV, GD | ① 17인승(1150kg)= 6대<br>② 13인승(900kg)= 4대<br>③ 9인승(610kg)= 2대<br>④ 덤웨이터(200kg)= 1대 | |
| | 덤웨이터 | | | | | |
| C빌딩 | 1~6호기 | | | SV, GD | ① 15인승(1000kg)= 6대<br>② 화물용(1500kg)= 1대 | |
| | 7호기 | | | AC-2 | | |
| D빌딩 | 1~3호기 | | | 인버터 | ① 17인승(1150kg)= 1대<br>② 20인승(1600kg)= 1대<br>③ 화물용(2000kg)= 1대 | |
| E빌딩 | 1호기 | | | CE-3004(V.V.V.F) | ① 30인승(2000kg)= 1대<br>② 20인승(1350kg)= 3대<br>③ 13인승(900kg)= 1대<br>④ 17인승(1150kg)= 2대<br>⑤ 무빙워크(1200-9000/h)= 2대 | |
| | 2~4호기 | | | CE-1854(V.V.V.F) | | |
| | 5호기 | | | 300P~MRL | | |
| | 6~7호기 | | | MRL(V.V.V.F) | | |
| | 8~9호기 | | | MRM | | |

### 6) 승강기의 운전순서와 방법 및 조건을 파악하고 현장업무에 반영

(1) 운전결과는 해당 근무자가 승강기 작업일보, 승강기 일일점검표, 보수일지, 각 종 점검표에 작성하고 승강기 책임자가 검토 후 관리소장의 결재를 득하여 관리한다.

(2) 수동시 운전요령을 숙지한다.

- 조명등 스위치를 켠다.
- 표시등 스위치를 넣으면 위치표시등이 점등한다.
- 운전변환스위치를 수동 측으로 넣는다.

(3) 점검요령을 숙지한다.

- 속도변환 스위치를 저속으로 넣는다.
- 안전스위치를 정상으로 넣는다.
- 문 정지 스위치를 정상의 위치로 넣는다.
- 운전시 상, 하 레버 및 터치를 누르면 상승 또는 하강하게 되면 손을 넣으면 즉시 그 위치에 정지한다. 또한 엘리베이터 상부에서 점검할 때는 엘리베이터 상부에 있는 점검스위치 박스내의 ON한다. 케이지 스위치를 넣고 엘리베이터 내부에서와 마찬가지로 상·하 버튼을 누르면 저속으로 운전되어 진다.

### 7) 운전 주의사항을 숙지하고 현장업무에 적용

(1) 작업내용을 사전에 충분히 검토하여 필요 공구 및 장비를 준비하고 작업책임자의 지시를 받아 시작한다.

(2) 작업 대상물에 대한 안전도를 확인한다.

(3) 구동부분은 동작이 완전히 정지한 후 작업을 실시한다.

(4) 모든 작업은 운행을 정지한 후 실시하되 작업시 구동부분에 접촉되는 일이 없도록 유의한다.

(5) 노출된 회전부분 및 구동부분에 접근할 때는 옷깃, 옷소매, 수갑 등에 세심한 주의를 하고 대상물에 시선을 집중시켜야 된다.

(6) 전기스위치, 전기 조작장치에 접근할 때에는 절연치의 이상 유무를 확인한다.

(7) 전기공작물에 작업이 필요할 때에는 전압, 부하량, 회로차단 등 제반사항을 확인한 후 관계부서에 작업내용을 확인시킨다.

(8) 중량물을 취급할 때에는 자기 힘에 맞도록 요령있게 취급한다.

(9) 작업에 임하기 전에 반드시 사용될 공구류의 이상 유무를 확인하고 완전히 준비를 갖춘 후 실시한다.

(10) 감시반 근무자는 호기별 상태를 항시 파악하고 이상이 있을 때는 즉시 보고한다.

(11) 고장이 발생하여 가동 불능일 때는 승객에게 현 상태를 알리고 책임자의 지시에 따라 조치하고, 또한 승객구출이 필요시 응급구출 안전순서에 의하여 신속하고 안전하게 구출한다.

(12) 각 계전기의 작동시 아크 및 작동상태를 수시 점검하고 운행 중인 기계의 소음, 진동, 냄새 등에 주의한다.

(13) 전기 계통의 측정이나 시험은 반드시 계기를 이용 정확히 관찰하고 통신기의 취급을 소중히 한다.

(14) 승강기 상부 및 피트의 작업 시는 주위의 안전 상태를 확인하고 작업을 실시한다.

(15) 각종 스위치 조작은 사전 승낙을 받아 시행해야 하며, 작업에 임하기 전 순위에 따라 보고하고 동료에게도 알린다.

(16) 모든 작업은 승강기 운행 정기 MAIN S/W 또는 안전 S/W를 차단 확인 후 실시한다.

(17) 승강기 상부수동 점거운행 중에는 보호 장비 안전모, 안전벨트를 착용하고 복장을 간편하게 하여 구동부에 말려들지 않게 할 것이며, 카운터 웨이트 및 승강기 운행에 유의해야 한다.

(18) 작업시 승강기 운전자는 작업 원과 사전에 상호연락 후 운전조작 한다.

### 8) 승강기 점검주기와 보수요령을 파악하고 승강기를 유지관리

(1) 엘리베이터가 지니고 있는 기능을 충분히 발휘하기 위해서 세부적으로 면밀한 조정과 점검을 행하여 고장 및 이에 수반된 사고를 미연에 방지함으로서 항상 양호한 운전 상태를 유지시킬 수 있도록 만전을 기하는데 있다.

(2) 일상 점검하고 보수한다.
- 화재 및 지진이 발생하는 비상시를 대비하여 엘리베이터 사용에 대해 충분히 지도훈련을 실시한다.
- 매일아침 이용자가 사용하기 전에 1회 이상 왕복 운전한 다음 이상 유·무를 확인하도록 한다.
- 문이 열릴 때, 문틀에 손이 끼어들 위험이 있으므로 주의시키도록 한다.
- 도어의 받침대에 먼지가 끼면, 개폐과정에서 고장을 일으킬 수가 있으므로 청소하도록 한다.
- 비상시에 대비하여 연락용 전화기 또는 인터폰이 통화가능한가를 확인하도록 한다.

(3) 점검주기 및 조정방법을 숙지하고 현장업무에 적용한다. 엘리베이터가 항상 양호한 기능을 발휘함과 동시에 안전한 운전 상태를 유지하기 위해서는 점검작업을 충분히 한다. 기계적으로는 볼트, 너트의 풀림, 가동접촉부분의 마모, 온도상승, 음향, 냄새 등에 주의해야 한다.

### 9) 승강기에 이상현상 발견시에는 다음과 같이 조치

(1) 출입구 부근에서 정지된 경우에는 다음과 같이 조치한다.
- 감시반 근무자는 비상호출을 받는 즉시 내려가서 외부도어 키를 사용하여 도어를 열고 승객을 안전하게 구출한다.

(2) 계층 공간에 정지된 경우에는 다음과 같이 조치한다.
- 기계실의 각 층 제어기에 표시된 승강기의 위치를 확인한다.
- 기계실의 수전 반에 취부 되어있는 주전원 스위치로 전원을 차단한다.
- 승강기내에 연락해서 승강기가 움직인다는 것을 알리고 출입구 가까이에 있지 말 것을 지시한다.

(3) 중간층에서 정지했을 경우에는 다음과 같이 조치한다.
- 수동으로 움직여서 조작하도록 되어 있으며 이때에는 다음 요령으로 행한다.
- 후로어 표시 층이나 로프 표시 층으로 레벨을 맞춘다. 브레이크 수동 개방시 움직이지 않을 경우 모터측의 핸들을 돌린다.
- 작업자 2~3명으로서 상호연락을 취하면서 마그네트 브레이크를 수동레버로 서서히 열고 모터가 움직이는 방향으로 승강기를 움직여서 승강기를 층에 맞추어 승

객을 외부로 구출한 후 도어를 다시 닫는다.

(4) 완충기(바파) : 승강로 내의 피트바닥에 설치되어 있는 완충기로서 이 완충기의 작용에 의해 피트 바닥으로 엘리베이터가 충돌할 경우 충격완화 장치다.

(5) 승강기장비 사고 시에는 다음과 같이 조치한다.

- 근무자 근무 시에 승강기 고장과 장비사고가 발생되면 비상시 응급구출 대처요령과 안전수칙에 의거 신속하고 안전하게 조치하고 승강기 책임자에게 연락 한다.
- 승강기 관리책임자는 중요 고장정비 사고일 경우 즉시 사고현장에서 관리소장 및 설비과 승강기 담당자에게 사고발생 경위 및 지금까지 진행상황을 유선으로 신속하게 보고한다.
- 관리소장은 본사 운영팀에게 최초 보고를 실시한다.
- 승강기 고장장비사고시 2차적인 사고가 발생되지 않도록 조치하고 사고현장을 보존하며 사고발생 보고서를 작성하여 관리소장, 설비과 승강기담당자, 본사 운영팀 순으로 제출하고 사고원인을 규명하여 설비과 승강기담당과 협의한다.
- 설비과 승강기담당자와 협의사항이 이루어지지 않을 경우 본사 운영팀에 통보하여 조치를 받는다.
- 경미한 사고의 경우 업무일지에 기록 후 명일 아침 해당 관리소장, 설비과 승강기담당자에게 결재시 보고한다.
- 설비과 승강기담당자는 승강기 사고가 발생하였을 경우 승강기 검사기관에 보고하여야 한다.

(6) 승강기장비 고장 시에는 다음과 같이 조치한다.

① 메인 쉬브 및 메인 와이어로프 교체한다.
② 트렉션머신 브레이크 코일을 교체한다.
③ 트렉션모터 베어링을 교체한다.
④ 트렉션머신 웜기어 오일을 교체한다.
⑤ 제어반 릴레이를 교체한다.
⑥ CF 콘텍 곱바 및 카본을 교체한다.
⑦ PCB 교체는 순서대로 한다.
⑧ 후로어 삼각휭거를 교체한다.
⑨ 카본 브러시(T/M, M-G)를 교체한다.
⑩ 도어, 행가, 로라 및 연동로프를 교체한다.
⑪ 가이드 로라를 교체한다.
⑫ 카운터 가이드슈를 교체한다.
⑬ 도어 가이드슈를 교체한다.

(7) 승강기 자체검사자의 자격을 확인하고 조치한다.

(8) 승강기 보수업 등록기준을 파악하고 현장업무에 적용한다.

| 기술인력 | 보수책임자 | 영 제16조의 규정에 의한 자체검사 자격자 2인 이상 |
|---|---|---|
| | 실무 기술인력 | 다음의 기준에 해당하는 자중 3인 이상을 채용하여야 한다.<br>가. 국가기술자격법에 의한 승강기기능사 또는 기계 · 전기, 기타 이와 유사한 분야의 기능사 자격증이상 소지자<br>나. 승강기에 관하여 실무경력이 6개월 이상인 자로서 산업자원부 장관이 지정하는 교육기관에서 승강기 안전에 관한 교육을 받은 자 |

(9) 인수 · 인계사항을 확인하고 조치한다.

(10) 승강기 적용자료 목록을 확보하고 업무에 적용한다.

(11) 승강설비 점검기준을 확인하고 점검한다.

(12) 승강설비 명칭 및 기능을 이해하고 업무에 활용한다.

| 명 칭 | 기 능 |
|---|---|
| T/M 권상기(Traetion Maechine) | 상 · 하로 동작하는 장치 |
| M-G 전동기(Moter Geneerator) | 전동 발전기 |
| 주 로프(Main Rope) | 승강기와 카운터에 연결되어 상 · 하로 움직임 |
| 가이드 레일(Guide Rail) | 승강기가 움직이는 길 |
| 비상정지장치(Safety Denice) | 비상시 정지 장치 |
| 조속기(Governor) | 강제 정지 장치 |
| 완충기(Buffer) | 충격 완충 장치 |
| 균형추(Counter Weight) | 승강기의 하중을 맞추어 주기 위한 장치 |
| 도어 머신(Door Machine) | 도어 개폐 장치 |
| 도어 인터록(Door Interlock) | 문 열림 장치 |
| 리미트 S/W(Limit Switch) | 키 상 · 하부 제한 스위치 |
| I. N. D(Indicator) | 카 외부 위치 표시등 |
| C. P. I(Car Position Indicator) | 카 내부 위치 표시등 |
| S.D. S/W(Slow Down Switch) | 보수시 저속 운전 스위치 |
| 세이프 슈(Safety Shoe) | 발끼임 방지 장치 |
| 삼각 힁거 | 세그먼트와 접속되는 부분 |
| 세그먼트 | 삼각 힁거와 접속되는 부분 |
| 브러쉬 | 정유자 면과 접속하면서 전기자석과 외부회로의 연결부분 |

(자료출처 : 한국표준협회 기계설비관리 지침서 인용)

## 10. 비상발전기 유지관리

### 1) 비상발전기 유지관리의 개념

비상용 발전기라 함은 상용의 전원이 정지되었을 경우 비상용 전원을 필요로 하는 중요 설비나 시설에 대하여 전원을 공급하기 위한 발전장치를 말하며 디젤엔진형, 가솔린 엔진형, 가스터빈 엔진형, 스팀터빈 엔진형 등으로 구분한다. 이와 같은 비상발전기의 상태를 보존하고 기능과 성능을 정상적으로 유지관리하기 위하여 요구되는 점검, 보수, 정비, 교체, 개량, 보강활동을 비상발전설비 유지관리라 한다.

### 2) 비상발전기 유지관리 절차

(1) 비상발전기 유지관리 핵심용어를 이해한다.

① 비상발전기 : 비상용 발전기라 함은 상용의 전원이 정지되었을 경우 비상용 전원을 필요로 하는 중요 설비나 시설에 대하여 전원을 공급하기 위한 발전 장치를 말하며 디젤엔진형, 가솔린 엔진형, 가스터빈 엔진형, 스팀터빈 엔진형 등으로 구분한다.

② 상시 전원 : 상시 전원이라 함은 정상적인 상태에서 외부로부터 전력을 공급받아 사용하고 있는 전력공급원을 말한다.

③ 비상전원 : 비상전원이라 함은 상시전원이 사고나 고장에 의해 공급되지 못 할 경우에 사용하기 위한 전력공급원을 말한다.

④ 자동절환 스위치(ATS : Automatic Transfer Switch) : 자동절환 스위치라 함은 하나 이상의 부하를 한 전원에서 다른 전원으로 자동 전환할 수 있는 장치를 말한다.

⑤ 비상전원공급설비(Emergency Power Supply System) : 비상전원공급설비라 함은 비상전원의 절환장치에서 부하단자까지 사이에 설치된 전선, 단로 장치, 과전류 보호 장치, 절환스위치 등 비상전원 공급을 위한 제어, 감시, 지원장치로 구성된 설비를 말한다.

⑥ 비상전용 수전설비 : 비상전용 수전설비라 함은 상시 전원과는 별도로 외부에서 비상전원을 공급받기 위한 예비 수전설비를 말한다.

### 3) 설비재원 및 구성을 파악하고 현장업무에 참고

| 설치위치 | 수량 [대] | 용량 | 비고 |
|---|---|---|---|
| ○○빌딩<br>(　)F | 1 | (　　) KW | (　)/(　) V |

## 4) 발전기 운전 전/무 부하 운전점검 및 절차를 확인

① 발전기 무 부하 운전은 매 격주 토요일에 정기적으로 실시를 한다.
② 통상 무 부하 운전점검 시에는 발전기 병렬운전을 원칙으로 하며, 운전시간은 보통 15분 이상 가동하는 것으로 한다.
③ 무 부하 운전점검시 '발전기 가동일지'에 기재를 하여 관리한다.
④ 무 부하 운전점검시 사전절차를 숙지하고 운전준비를 한다.
⑤ 무 부하 운전 전 사전절차에 의해 준비가 된 후에는 '발전기 가동일지'를 준비하여 점검을 실시한다.
⑥ 발전기가 가동을 시작하고 난 후 CONTROL PANEL내 전압계에 380V를 지시하며 전압이 확립이 되는지를 확인한다.
⑦ CONTROL PANEL내 주파수계에 주파수가 60HZ를 지시하는지 확인한다.
⑧ 각 종 알람 지시램프에 경고등이 켜지는지 여부를 확인한다. 경고등이 켜질 경우에는 해당 경고등의 원인 확인을 실시해야 하며, 비상시에는 비상정지 버튼을 눌러 해당 발전기를 강제로 정지시켜야 한다.
⑨ CONTROL PANEL내 역률계에 역률이 확립이 되어 0.8P.F 이상을 지시하는지 확인한다.
⑩ 연료탱크의 유량계 및 연료공급이 정상적으로 되는지 확인한다.
⑪ RPM METER는 1,800RPM를 나타내는지 확인한다.
⑫ 냉각수 온도계가 85℃ 이하를 지시하는지 확인한다.
⑬ 엔진 내 윤활유 온도계가 85℃ 이하를 지시하는지 확인한다.
⑭ 발전기가 가동을 시작하면 해당 발전기와 연계된 보조펌프도 자동으로 가동을 시작하게 되므로 보조펌프용 MCC PANEL에서 해당 펌프들의 가동상태 및 이상 유무를 확인을 한다.

## 5) 발전기 운전요령을 숙지하고 운전

(1) 정전시 조치요령 및 확인사항을 확인한다.
(2) 감시반에서 승강기 내부 승객이 갇혔을 때는 승강기 근무자와 협조하여 승객들을 신속하고 안전하게 구출한다.
(3) 비상발전기 가동 후 전원투입 순서를 확인하고 전원을 투입한다. 정전 3초 후 비상발전기 가동 → 비상발전기 VCB ON(발전기 실판넬) → HV-2D VCB ON(수변전실)→ 고층부 동력을 제외한 전체 및 저층 부 일부 전원 투입(정전 후 약15초 후에 발전기 전원 전체 자동 투입)

### 6) 자체 정전 판단시 고장원인을 정확히 파악한 후 복구

### 7) 복구 후 복전

### 8) 발전기 점검요령을 확인 후 정기적으로 점검

발전기는 정전발생 등의 사고에 대비하여 평상시 주기적인 점검활동으로 항상 최적의 상태를 유지하여야 하며, 정전발생시 발전기가동에 의한 중요부하의 안정적인 전원공급이 되어야 한다.

(1) 발전기는 일상점검에 속하는 주간점검과 매 격주 토요일마다 실시되는 무 부하 시험가동 점검으로 나누어 점검한다.
(2) 발전기의 일상점검에는 육안확인점검으로 이루어지며, 매 격주 금요일에 실시되는 점검은 직접 발전기를 무 부하 상태에서 운전함으로써 발전기의 가동상태에서의 이상 유무를 파악하고 점검한다.
(3) 주간점검방법 및 절차를 숙지하고 점검한다.
  ① 발전기 주간점검내용은 '발전기주간점검'에 의해 기록한다.
  ② 육안점검 내용으로는 충전부, 경유탱크, 배터리, 예열장치, 기타 조작판넬의 S/W 상태 등을 중점적으로 점검하여 기록한다.
  ③ 육안점검 세부내용은 세부점검사항에 의거하여 기록한다.
(4) 주간점검사항을 확인하고 주간점검을 실시한다.

| 구 분 | 점검 내용 |
|---|---|
| 발전기용 배터리 | 발전기 배터리가 충전되어 있는지 확인 |
| 배터리 충전부 | 배터리 충전용 DISCONNECTING S/W가 ON 위치 여부확인 |
| 예열장치 | 예열장치의 가동상태 확인 |
| 발전기 PANEL | 배전반 판넬내 MODE SELECTOR S/W 가 AUTO에 있는지 확인 |
| | 운전반 판넬의 모든 SELECTOR S/W 가 AUTO에 있는지 확인 |
| | 배전반 각 표시램프의 정상여부 확인 |
| 연료탱크 | 연료탱크 상태 확인 및 경유 누액 여부를 확인 |
| 급, 배기 FAN | 발전기실 내 급, 배기 FAN 가동상태 확인 |

(5) 발전기의 점검기준을 확인하고 점검한다.
  ① 냉각수 탱크의 수위가 80% 인지 확인한다.
  ② 경유탱크의 연료량을 확인한다. (탱크레벨 60%이상 범위유지)
  ③ 엔진오일의 양을 점검한다.

④ 위 사항을 확인 및 조치후 판넬의 셀렉타 스위치를 수동으로 가동하면 발전기는 기동된다. 이때 솔레노이드의 접속 음과 스타트 모터의 기동소리가 부드러운지를 확인한다.
⑤ 발전기의 가동소리가 정상적일 때(일정한 소리) 회전수 1800RPM 주파수 60HZ, 전압3.3KV를 확인한다.
⑥ RPM METER는 1,800RPM을 유지하여야 한다.
⑦ 엔진오일 압력은 5.0~7.0BAR 범위에 있어야 한다.
⑧ 엔진오일의 온도는 85℃를 초과하지 말아야 한다.
⑨ 냉각수 온도는 85℃를 초과하지 말아야 한다.

## 9) 윤활유 점검을 실시하고 유지 · 보수

| 점검주기 | 점검 및 유지 · 보수사항 |
| --- | --- |
| 매일 매 10시간 마다 | 육안검사 |
| | 엔진오일레벨 점검 |
| | 연료레벨 점검 |
| | 공기청정기 점검 |
| 매 50시간 마다 | 연료나 엔진오일내의 물 함유 여부 점검 |
| | 연료탱크 배수 |
| | 배터리 전해질 레벨과 비중 점검 |
| 매 250시간 마다 | 엔진오일 교환 |
| | 오일필터 교환 |
| | 라이에이터핀 청소 |
| | 소음기물 배수 |
| 매 500시간 마다 | 밸브청결도 점검 및 조정 |
| | 연료필터 교환 |
| | 연료공급 노즐 점검 및 조정 |
| | V-벨트 장력 점검 |
| 매 1000시간 마다 | 볼트 밑 너트 재확인 |
| | 물펌프 윤활유 주입 |
| | 발전기 점검 |
| | 시동기 점검 |
| | 연료투입시간 점검 및 조정 |
| | 동작시 보호장치 점검 |
| 매 40000시간 마다 | 발전기 베어링 점검 |
| 2년 마다 | 냉각제 점검 |
| 필요시 마다 | 연료시스템에 연료주입 |
| | 공기청정기 청소 |
| | 공기청정기 교환 |

(자료출처 : 한국표준협회 전기설비관리 지침서 인용)

### 10) 발전기의 유지관리 기준을 확인하고 및 주의사항을 파악하여 유지관리

(1) 발전기의 유지관리 기준을 확인하고 유지관리에 반영한다.
(2) 발전기의 주의사항을 확인하고 업무에 반영한다.

### 11) 안전예방방법을 숙지하고 안전 예방활동을 수행

(1) 조작자는 사고발생을 피하기 위하여 동작 전에 모든 기초 안전예방을 체크해야 한다.
(2) 엔진을 동작시키기 전에 모든 안전예방과 경고를 숙지한다.

### 12) 기동 전 주의사항을 확인하고 기동

(1) 기동 전 주의사항을 확인한다.
(2) 기동 전 주의사항을 확인한 후 기동한다.

### 13) 전원을 공급한다.

### 14) 이상발생시 고장유형에 따라 복구 조치한다.

### 15) 인수인계 사항을 확인하고 근무교대시 전달사항 등을 인수인계

근무자는 교대시 비상발전기의 이상유무와 각 종 업무일지 및 근무 중에 발생한 상황 등 필요한 전달사항을 인수인계한다.

## 11. 방재설비 유지관리

### 1) 방재설비 유지관리의 개념

방재설비란 화재의 예방과 진화에 사용되는 설비로서 이에는 소방설비, 소방시설, 자동화재 탐지설비, 제연설비, 연결송수관설비, 스프링클러설비, 경보설비, 피난설비, 소화활동설비 등을 말하며 방재설비의 상태보전과 기능과 성능의 정상적 유지에 요구되는 점검, 보수, 정비, 교체, 개량 보강 등을 활동을 방재설비 유지관리라 한다.

### 2) 방재설비 유지관리 수행절차

(1) 방재설비 핵심용어를 이해한다.
① 소방 : 화재의 예방, 경계 및 진압에 관한 제반활동 이라고 정의할 수 있으며, 공공소방과 민간소방의 모든 활동을 포함한다.

② 소방안전기사 : 소방법상 특수 장소로 정해진 시설물의 자체 방화관리 업무를 행하기 위하여 선임되어 방화관리 업무를 전담하는 사람을 말한다.
③ 소방설비 : 물이나 약제를 사용하여 화재를 진압하는 기구, 기계, 스프링클러, 옥외 소화전, 옥내 소화전 등을 말한다.
④ 소방시설 : 대통령령이 정하는 소화설비로서 경보설비, 피난설비, 소화용수설비 그 밖의 소방활동상 필요한 설비를 말한다.
⑤ 자동화재 탐지설비 : 자동화재 탐지설비는 화재에 의해 발생하는 열 · 연기 또는 화염을 이용하여 자동으로 화재를 발견하고, 벨 또는 사이렌 등의 음향장치에 의해 설치 건물 내의 관계자 또는 거주자에게 경보를 발하는 설비로서 수신기, 감지기, 발신기, 음향장치로 구성되어 있는 것을 말한다.
⑥ 제연설비 : 소화활동설비의 일종으로 화재시 연기배출을 할 수 있게 하는 설비를 말한다.
⑦ 연결송수관설비 : 31m 이상 11층 이상 건축물에 설치하는 것으로 화재발생 후 소방대원의 소화작업을 수행하기 위한 설비이다.
⑧ 스프링클러설비 : 초기화재 진압용으로 쓰이는 소화설비의 일종이다.
⑨ 경보설비 : 화재를 자동 또는 수동에 의하여 건축물 내에 있는 인원의 대피 또는 소방관서에 통보하는 시설로서 이에는 비상경보설비, 비상방송설비, 누전경보기, 자동화재 탐지설비, 가스누설경보기가 있다.
⑩ 피난설비 : 화재시 수용인원이 안전한 다른 장소로 피난하는데 쓰이는 기구 및 시설을 말한다. 이에는 미끄럼대, 피난사다리, 구조대, 완강기, 피난교, 피난밧줄, 공기안전 매트와 그 밖의 피난기구, 방열복, 공기호흡기, 인공소생기, 인명구조기구, 유도등, 유도표지, 비상조명등이 있다.
⑪ 소화활동설비 : 소화활동설비의 종류에는 제연설비, 연결송수관설비, 비상콘센트설비, 연결살수설비, 또는 무선통신 보조실비, 연소방지설비 등이 있다.
⑫ 중계기 : 중계기는 감지기 또는 발신기에 의한 화재신호를 수신기로 보내고 또한 소화설비 · 배연설비 등에 제어신호를 발신하는 것이다. 감지기 및 발신기와 수신기의 중간에 중계기를 설치하여 각 회선별 고유신호를 발신하는 경우도 있지만, 최근에는 자동화재 탐지설비 이외의 방재관련 설비에 감지기의 작동신호를 보내어 이를 작동시키는 것이 많다.
⑬ 전원 : 상용전원은 축전지 또는 교류전압의 옥내간선으로서 배선 도중에 다른 배선을 분기하지 않아야 한다. 비상전원으로서의 축전지설비는 통상 니켈카드뮴 전지를 사용하며, 정전 시나 정전복구 시에는 자동 전환되어야 한다.
⑭ 배선 : 배선은 전기설비기술 기준량에서 장한 바에 따르되 특히 상시개로인 배선에는 쉽게 도통시험을 할 수 있도록 종단저항을 설치하고, 감지기 사이의 배선은

반드시 보내기 배선 방법으로 한다. P형 수신기의 감지기 회로 공통선은 1본에 대하여 7경계구역 이하로 한다. 비상전원회로 및 수신기에서 지구음향장치까지의 회로 배선은 내열효과가 있는 방법으로 하여야 한다.

⑮ 경계구역 : 경계구역이란 자동화재 탐지설비의 1회선이 유효하게 화재를 감지할 수 있는 구역을 말한다.

### 3) 방재 분야 업무 프로세스를 파악하고 업무에 적용

### 4) 방재 분야를 조직하고 업무를 분장

(1) 방재 분야를 조직한다.

(2) 방재 분야의 업무를 분장한다.

① 방재과장은 다음의 업무를 담당한다.
- 담당부문 시설관리서비스 업무 총괄
- 부서 내 내 종사자 인력관리
- 부서 내 교육훈련 관리 업무
- 담당부문 시설 및 장비 점검관리
- 정기적인 고객보고 수행
- 고객 빌딩관련 시방서, 각종도면 등의 문서관리
- 해당 부문에서 발생되는 품질기록을 설정된 기준에 따라 유지
- 해당부문 업무 계획에 따라 근무량을 할당
- 점검방법, 설비 및 공구의 개선이 필요하다고 인정될 때 개선 추진
- 품질향상, 자재, 시간, 경비절감에 대하여 감독
- 작업을 지휘 감독하고 작업보고
- 작업장의 정리정돈, 재해방지, 소방관리 등 안전작업을 지휘 감독을 총괄한다.
- 소요자재 및 공구의 운송과 청구
- 종사원의 사기를 고취하며 작업의 능률향상 추진

② 계장은 다음의 업무를 담당한다.
- 방재과장을 보좌하여 방재 업무 수행에 차질이 없도록 한다.
- 계장은 방재관리 유지, 업무 및 지휘를 한다.
- 건물 내 방재설비에 관한 수리 · 보수 등에 대한 작업, 지휘 감독을 한다.
- 방재 일상 근무 감독 및 신상을 파악한다.
- 방재 업무, 화재발생시 보고서를 제출한다.

③ 주임은 다음의 업무를 담당한다.
- 계장을 보좌하여 방재 업무 수행에 차질이 없도록 한다.
- 해당 방재시설설비에 대한 조작 · 보존 · 보수업무를 수행한다.

- 해당 방재시설물에 대한 각종 돌발사고시 인원을 통솔하여 응급처치를 한다.
- 반원에 대한 기술지도 및 지휘를 통솔한다.

④ 근무자(기사)는 다음의 업무를 담당한다.

- 방재설비 및 시설물에 대한 장비조작 및 안전 수칙을 습득하여 원활한 근무체제를 유지한다.
- 근무지에 대한 점검 및 청결을 유지하여 장비기능에 장애가 없도록 임한다.
- 돌발사고 및 비상사태시 응급처치를 한 후 지휘계통에 따라 보고한다.

| 반 별 | 업무 내용 |
|---|---|
| 경보반 | 화재 수신반 감시, 화재시 구내 전파, 계통에 따라 보고 |
| 소화반 | 자체 소화시설을 활용한 소화활동 전개 |
| 급수반 | 소방용수의 보존과 급수관리 |
| 방호/복구반 | 방화문 폐쇄, 피난로 개방, 위험물 및 장애물 제거, 소화 후 복구활동 |

## 5) 소방안전기사의 업무를 파악하고 현장업무에 적용

(1) 소방계획에 의한 소화 · 통보 · 피난 등의 훈련

(2) 소방시설 그 밖의 소방관련 시설의 유지관리

(3) 화기취급의 감독

(4) 그 밖의 방화관리상 필요한 업무

## 6) 방재설비의 재원과 구성을 파악하고 업무에 반영

(1) 소화설비 현황을 파악한다.

| 구분<br>건물명 | 분말소화기(Kg) | | | 하론<br>소화기 | 소화전<br>(방수구) | 자동소화설비 | | 연결<br>송수구 | 옥외<br>소화전 | 비<br>고 |
|---|---|---|---|---|---|---|---|---|---|---|
| | | | 소계 | | | 스프링클러설비 | 하론설비 | | | |
| | | | | | | | | | | |
| | | | | | | | | | | |
| | | | | | | | | | | |
| | | | | | | | | | | |
| | | | | | | | | | | |
| | | | | | | | | | | |
| | | | | | | | | | | |
| 계 | | | | | | | | | | |

(2) 자동화재 탐지설비 현황을 파악한다.

| 구분 \ 위치 | A동 | B동 | C동 | D동 | E동 | F동 | G동 | H동 | I동 | | | 계 |
|---|---|---|---|---|---|---|---|---|---|---|---|---|
| **1. 비상경보설비** | | | | | | | | | | | | |
| 가.수신기(회로수) | | | | | | | | | | | | |
| 나.발신기(P형1급) | | | | | | | | | | | | |
| 다.지구경종 | | | | | | | | | | | | |
| 라.소화전표시등 | | | | | | | | | | | | |
| **2. 비상방송설비** | | | | | | | | | | | | |
| 가.조직반 | | | | | | | | | | | | |
| 나.축전지 | | | | | | | | | | | | |
| 다.스피커 | | | | | | | | | | | | |
| **3. 자동화재탐지설비** | | | | | | | | | | | | |
| 가.수신반(P형) | | | | | | | | | | | | |
| 나.수신반(R형) | | | | | | | | | | | | |
| 다.발신기 셋 | | | | | | | | | | | | |
| 라.감지기 | | | | | | | | | | | | |
| 마.중계기 | | | | | | | | | | | | |
| 바.비상인터폰 | | | | | | | | | | | | |
| **4. 자동화재속보설비** | | | | | | | | | | | | |
| 가.속보기 | | | | | | | | | | | | |
| **5. 피난·유도등 설비** | | | | | | | | | | | | |
| 가.피난등 | | | | | | | | | | | | |
| 나.유도등(통로,복도,객석) | | | | | | | | | | | | |
| 다.유도표지 | | | | | | | | | | | | |
| **6. 소화활동설비(제연설비)** | | | | | | | | | | | | |
| 가.자동제어반 | | | | | | | | | | | | |
| 나.송풍기 | | | | | | | | | | | | |
| 다.배연기 | | | | | | | | | | | | |
| 라.댐퍼 | | | | | | | | | | | | |
| 마.연기감지기 | | | | | | | | | | | | |
| 바.수동조작장치 | | | | | | | | | | | | |
| 사.배연구획 | | | | | | | | | | | | |
| **7. 소화설비(하론설비)** | | | | | | | | | | | | |
| **8. 기타설비** | | | | | | | | | | | | |
| 가.방화셔터 | | | | | | | | | | | | |
| 나.방화문 | | | | | | | | | | | | |
| 다.감지기 | | | | | | | | | | | | |
| 라.배연창 | | | | | | | | | | | | |
| **9. 시각경보기** | | | | | | | | | | | | |

### 7) 방재설비의 운전순서와 방법 및 조건 등을 파악하고 업무에 적용

운전결과는 해당근무자가 방재업무일지 및 각종점검일지에 작성하고 해당 담당자가 검토 후 관리소장의 결재를 득 한다. 운전순서, 방법, 조건은 적용자료 목록에 따른다.

### 8) 점검체크리스트에 따라 점검

### 9) 소방설비를 정기적으로 검사하고 자체적으로 검사하여 유지관리

(1) 소방설비의 세부점검 및 유지관리사항은 해당사업소 방재운영지침서에 따른다.
(2) 근무자는 소방설비의 점검결과 부적합사항이 발견되면 발견즉시 관리소장 및 방화관리자에게 보고 후 방화관리자 입회하에서 조치를 취한 후 관리소장에게 즉시 보고하여야 한다.
(3) 소화기는 항시 사용가능한 상태로 유지하며, 점검결과 이상발견시 즉시 교체한다.
(4) 소방설비의 법정 점검계획은 다음의 표와 같다.

| 내용 | 2024년 | | | | | | | | | | | | 시행여부 | 시행업체 | 비고 |
|---|---|---|---|---|---|---|---|---|---|---|---|---|---|---|---|
| | 1월 | 2월 | 3월 | 4월 | 5월 | 6월 | 7월 | 8월 | 9월 | 10월 | 11월 | 12월 | | | |
| 방재설비 자체검사 | ■ | ■ | ■ | ■ | ■ | ■ | ■ | ■ | ■ | ■ | ■ | ■ | 매월 실시 | 관리주체 | |
| 방재설비 정기검사 | | | ■ | | | | | | | | | | 3월 | 소유주체 지정 | |

주) 소방설비(소화활동설비와 방화구획 설비 등은 언제나 사용이 가능한 상태로 유지해야 한다.

### 10) 화재발생 시에는 다음과 같이 조치

(1) 화재가 자동화재 탐지설비에 감지된 경우에는 다음과 같이 행동한다.
  ① 화재 수신 반 및 설비 반에 화재발생 지역표시등 점등 및 주 경종, 지구경종이 울린다.
  ② 주경종 정지 스위치를 눌러 음향을 정지시킨다.
  ③ 화재복구 스위치를 눌러 복구시킨다.
  ④ 복구가 되지 않으면 화재발생이므로 신속하게 해당지역으로 가서 화재여부를 파악하여 방재실 근무자에게 알린다.
  ⑤ 방재 근무자는 화재 시 비상방송으로 화재임을 알린 후 소방서(☎ 119)에 신고하고 그 내용을 자위대대장(관리소장) 및 건축주에 우선 보고한다.
  ⑥ 만약 야간인 경우에는 당직자에게 즉시 연락하고 당직자는 비상연락망에 따라 자위대대장(관리소장) 및 소화활동에 필요한 인력이 동원될 수 있도록 연락을 취한다.

⑦ 자위대대장(관리소장)은 신속히 화재 현장으로 출동하여 편성된 자위소방대 임무에 따라 화재 진압활동을 전개한다.

⑧ 화재가 완전히 진압되고 재발화의 위험이 사라졌다고 판단되면 임시 복구조치를 취한 후 정상적인 일과에 복귀한다.

## 11) 소방안전기사를 선임 및 보고

| 분야 | 자격 대상 | 자격 요건 | 인원 | 비고 |
|---|---|---|---|---|
| 방재 | 소방안전 관리자 | - 소방시설 관리사, 소방시설 기사<br>- 위험물 취급 기능사 이상<br>(위험물 안전 관리자로 선임된 사람)<br>- 소방안전 관련학과 12학점 이상 이수 또는 전공자로서 3년 이상 실무 경력자<br>- 전문대학이상 소방안전 관련학과 졸업자<br>(2년 실무경력자) | 1명 | |

## 12) 적용자료 목록을 파악하고 유지

## 13) 설비점검기준을 파악하고 점검

(1) 일일점검 기준을 파악하고 점검한다.
(2) 주간점검 기준을 파악하고 점검한다.
(3) 월간점검 기준을 파악하고 점검한다.
(4) 연간점검 기준을 파악하고 점검한다.

## 14) 주요 장비 고장원인을 파악하고 수리

(1) 수신 반 고장원인을 파악하고 수리한다.
(2) 하론 고장원인을 파악하고 수리한다.
(3) 피난구 유도등 고장원인을 파악하고 수리한다.

# 제7절 환경적 시설관리활동

## 1. 환경적 시설관리의 개념

환경적 시설관리라 함은 건축물의 시설관리에 직접 또는 간접으로 관계되는 업무로서 위생성과 보건성 등 주로 환경적 성격을 가지고 있는 시설관리 서비스 수행활동을 말 한다.

이에는 보일러 세관작업 및 보고, 쿨링타워 청소 및 위생검사, 오수처리 정화조 청소 및 소독, 공기 닥트 청소, 실내공기질 측정 및 보고, 실내 환경위생관리, 먹는 물 수질검사, 고가수조 및 저수조 청소, 물탱크 청소, 오수처리 수질검사 등의 환경적 시설관리 업무 등이 있다.

## 2. 환경적 시설관리 주요 업무의 종류

주요 환경적 시설관리 주요 업무에는 다음의 〈표 52〉와 같은 업무 등이 있다.

〈표 52〉 환경적 시설관리 주요 업무의 종류

| |
|---|
| (1) 보일러 세관작업 및 보고 |
| (2) 쿨링타워 청소 및 위생검사 |
| (3) 오수처리 정화조 청소 및 소독 |
| (4) 공기 급기 및 배기 닥트 청소 |
| (5) 실내공기 질 측정 및 보고 |
| (6) 먹는 물 수질검사 |
| (7) 고가수조 및 저수조 청소 |
| (8) 물탱크 청소 |
| (9) 오수처리 수질 검사 |
| (10) 실내 환경오염도 측정 |
| (11) 소독 및 방역 등 |

### 3. 환경적 시설관리 업무수행 절차

1) 환경적 시설관리 해당업무별로 법정 측정, 점검, 검사, 보고, 청소일정을 확인한다.
2) 내부 품의를 거쳐 시행승인을 득한다.
3) 자격 있는 대행사와 측정, 검사, 점검 등 대행업체와 대행서비스 계약을 체결한다.
4) 해당 작업을 수행한다.
   (1) 보일러 세관작업을 수행한다.
   (2) 쿨링타워 청소작업을 수행한다.
   (3) 오수처리 정화조 청소작업을 수행한다.
   (4) 공기 닥트 청소작업을 수행한다.
   (5) 실내공기질 측정작업을 수행한다.
   (6) 실내 환경 위생관리작업을 수행한다.
   (7) 먹는 물 수질검사작업을 수행한다.
   (8) 고가수조 및 저수조 청소작업을 수행한다.
   (9) 물탱크 청소작업을 수행한다.
   (10) 오수처리 수질검사작업을 수행한다.
   (11) 실내 환경오염도 측정작업을 수행한다.
5) 작업 결과 서비스 품질을 확인한다.
6) 필증, 검사보고서 등 보고에 필요한 자료를 접수한다.
7) 관계기관에 보고한다.
   (1) 보일러 세관작업 결과를 보고한다.
   (2) 실내공기 질 측정결과를 보고한다.
   (3) 오수처리 정화조 청소 및 소독결과를 보고한다.
8) 보고결과를 기록하고 유지한다.

## 제8절 안전적 시설관리활동

### 1. 안전적 시설관리의 개념

안전적 시설관리라 함은 시설관리의 한 영역으로서 빌딩내외의 안전을 보호하고,

위험을 사전에 예방하여 빌딩의 자산과 빌딩사용자들의 안전을 보장하는 일련의 활동을 말한다.

안전적 시설관리란 방재, 방범, 빌딩안전 사건사고 등을 예방하여 인적·물적 피해를 최소화 하는 안전확보 측면의 시설관리활동을 말한다.

## 2. 안전적 시설관리 주요 업무의 종류

안전적 시설관리 주요 업무에는 다음과 같은 업무가 있다.

(1) 방화관리 및 소방자위대 운영
(2) 방범 등 빌딩 범죄예방 및 방지
(3) 작업 안전사고 등의 예방 및 방지
(4) 비상연락망 구축 및 운영
(5) 안전교육계획 수립 및 교육실시
(6) 안전수칙 제정 및 준수
(7) 화재보험, 산재보험 등의 피해보상제도 운용
(8) 위험물 관리

## 3. 안전적 시설관리 서비스업무 수행 절차

(1) 근무자는 화재발생 연락을 받으면 관리현장사무소 및 설비과로 연락하고 지구경종을 동작시킴과 동시에 비상방송으로 화재임을 알린다. (방송 내용참조)
(2) 화재발생시 다음과 같이 방송한다.

> 방재실에서 알려드립니다.
> 지금 (　 )층 (　 )호실 부근에 화재가 발생되었으니 신속히 대피하시기 바랍니다.
> 모든 엘리베이터는 운행되지 않으니 각 층 비상계단을 이용하시기 바랍니다.
> 대피시 당황하지 마시고 침착하게 질서를 유지하여 주시기 바랍니다.
> 거듭 알려드립니다.

(3) 화재경보 해제시 다음과 같이 방송한다.

> 방재실에서 알려드립니다.
> 조금 전 (　 )층 (　 )호실에서 발생되었던 화재경보는 화재가 진압되어 복구조치 되었습니다.

조금 전 발했던 화재비상경보를 해제함을 알려드립니다.
거듭 알려드립니다.

(4) 화재감지기 오동작, 작업, 행사시 다음과 같이 방송한다.

방재실에서 알려드립니다.
조금 전 (    )층 (    )호실에서 화재감지기가 동작하여 현장을 확인한바(오동작, 작업, 행사)으로 판명되었으므로, 업무에 복귀하시기 바랍니다.
거듭 알려드립니다.

(5) 자동화재 탐지설비 동작시 대응절차

① 화재수신반에 화재발생구역 표시등 점등 및 주경종이 울린다.
② 주경종을 정지시키고 수신반의 복구 스위치를 동작시킨다.
③ 복구가 되지 않으면 화재발생이므로 근무자는 화재발생구역을 정확히 파악한다.
④ 근무자는 자체경보기로 관리현장 일 · 숙직자를 방재실로 집결시킨다.
⑤ 근무자는 관리현장 기계, 전기근무자와 방호원에게 화재발생 구역을 전파하고 화재발생구역을 확인 및 초기 진화하도록 지시한다.

## 제9절 빌딩시설관리활동의 기대효과

빌딩의 시설관리활동을 체계적이고 전문적으로 수행하는 경우 다음과 같은 효과를 기대할 수 있다.

1. 빌딩의 물리적 상태 정상적 유지보존
2. 빌딩의 기능과 성능 장기적 유지
3. 빌딩의 사용조건의 최적화
4. 빌딩의 사용가치 유지 · 향상
5. 빌딩의 경제적 가치 제고 및 빌딩 사용자 업무생산성 향상
6. 빌딩 소유자의 소유만족과 사용자의 사용만족 및 이용자의 이용만족 달성
7. 빌딩 기반의 삶과 생활과 일(업무)의 바람직한 영위 가능

| 제12장 | 빌딩시설관리 실무 |
|---|---|
| 제13장 | 빌딩환경위생관리(미화관리) 실무 |
| 제14장 | 빌딩시설경비 실무 |

## 제1절 빌딩환경위생관리 기초 개념의 이해

빌딩 환경위생관리 기초 개념의 이해는 다음절에서 설명하는 청소작업에 대한 최소한의 기초지식으로서 빌딩 환경미화관리 업무 중 핵심 업무인 청소에 대하여 기초적으로 이해하고 청소작업을 수행할 수 있도록 지원하고 있다. 환경관리의 기초개념의 설명은 건물 환경위생관리 개념의 설명에서부터 빌딩 환경위생관리의 목적, 빌딩 환경위생관리 대상, 빌딩 환경위생관리 6개 영역별 주요 업무의 종류, 청소작업 수행 4대 요소, 청소의 종류와 청소작업 내용, 그리고 청소작업 프로세스 순으로 설명하고 있다.

### 1. 빌딩 환경위생관리의 개념

빌딩 환경위생관리란 청소를 통하여 빌딩 내외의 환경을 청결하고 위생적으로 유지하는 활동을 말한다. 청소대상 건축물이나 시설물에 대하여 청소활동을 통하여 오염원의 예방과 제거, 정리정돈, 생활 쓰레기나 산업 폐기물 반출, 마감재의 색상과 기능의 장기적 유지와 건축물 마감재 내구성의 장기화로 건축물의 경제적 가치향상에 이바지 하는 빌딩종합관리의 한 분야로서 청소현장 현황파악과 청소작업 수행계획서 작성, 청소활동 수행, 청소활동 결과 품질검증 및 청소활동 사후관리를 담당하는 환경위생관리 성격의 건물종합관리의 한 분야 활동을 말한다.

또한 빌딩 환경위생관리란 빌딩의 청소관리(Building Cleaning Service Management)를 의미하며 건축물 유지관리 분야 중 청결성과 미관성 및 보건성의 유지를 담당하는 환경위생관리 분야로서 건축시설물의 정리정돈과 오염원의 방지 및 제거, 생활쓰레기 및 산업폐기물의 배출 그리고 업무공간의 청결성과 미관성의 유지로 건축물 사용자와 이용자의 업무 생산성을 향상시키고 소독을 통한 위생환경 조성으로 질병의 감염으로부터 재실자의 생명과 건강을 보호하며, 건축물 마감재의 기능과 색상을 장기적으로 유지하여 건축물의 내구성 향상에 이바지하며 결과적으로 건축자산의 경제적 가치를 제고하는 등 이른바 신개념 환경위생관리 성격의 건축물종합관리 활동이라 할 수 있다.

또한 현대의 청소개념은 오염원의 방지 및 제거 중심의 전통적 청소개념에 건축물의 유지관리(Building Maintenance and Management)개념과 융합한 청소개념으로 이해되고 있다. 환경미화 NCS 학습모듈에서는 환경미화(청소)개념을 건축 · 시설물의 청결유지, 마감재의 내구연한 증대, 쾌적한 환경 조성, 보건위생 수준향상을 위하여 청소계획 수립, 청소활동, 성과 측정과 평가, 사후관리 등의 활동을 수행하는 일로 정의하고 있다.

## 2. 빌딩 환경위생관리의 목적

환경위생관리 대상 건축물에 대하여 환경위생관리 활동을 통하여 얻고자 하거나 달성하고자 하는 환경위생관리의 목표나 방향은 〈표 53〉과 같다.

〈표 53〉 환경위생관리의 목적

| |
|---|
| 1) 건물 내외의 청결성 확보 및 유지 |
| 2) 건물 내외의 미관성 확보 및 유지 |
| 3) 건물 보건위생수준의 향상 |
| 4) 쾌적한 사무환경 조성 및 건물사용자의 업무생산성 향상 지원 |
| 5) 건물 마감 부재의 기능과 색상의 장기적 유지 및 내구연한 증대 |
| 6) 건물의 사용가치 제고에 의한 경제적 가치보존 유지 및 개량 |

## 3. 빌딩 환경위생관리의 대상물

환경위생관리의 대상물이라 함은 청소활동의 객체로서 청소작업의 목적물을 말한다. 청소대상에는 물리적 청소대상과 관념적 청소대상이 있다. 물리적 청소대상물에는 건축물의 마감재(바닥재와 벽재 및 천장재)와 건축물의 내외 공간, 시설물과 집기비품, 청소장비와 도구, 청소약품과 청소용품 등이 있다.

관념적 청소대상물에는 청소현장의 청소대상과 청소범위 및 요구 청소수준의 파악, 청소계획의 수립, 청소현장 조직의 구축과 업무 분장, 인사 노무관리, 청소서비스 품질매뉴얼의 작성, 교육훈련, 현장 실행예산서 설계 및 승인, 문서관리, 청소약품 및 소모품 관리, 청소장비도구 관리, 보고서 작성 및 정기적 보고, 청소 관계법령 검토 및 이행조치, 청소서비스 계약체결 및 사후관리, 청소 관련 비용의 청구와 정산 등 여러 가지 눈에 보이지 않으나 존재하여 수행해야 하는 업무들이 산재되어 있다. 청소의 대상 중에는 물리적 청소 대상이 주된 대상이며, 관념적 청소대상은 종 된 청소대상으로서 물리적 청소대상의 청소수행을 측면에서 지원하는 성격을 가지고 있다.

## 4. 빌딩청소작업의 4대 요소

청소는 청소의 목적을 효과적으로 달성하기 위하여 수행되며 청소활동을 통하여 청소의 목적을 달성하게 된다. 청소작업은 청소인력, 청소도구, 청소 장비, 청소약품 등 4가지 요소를 효율적으로 배분하고 활용하여 이루어지는 특징이 있다. 이를 청소작업 4대 요소라 하고 청소작업 4대 자원이라고도 한다. 이를 개괄적으로 설명하면 다음과 같다.

### 1) 청소인력

청소인력이란 청소에 종사하는 사람을 말한다. 미화원, 청소원, 환경미화원, 건물관리원 등으로 호칭되며 통일적으로 사용할 수 있는 정형화된 호칭은 아직 정립되지 못하고 있다. 또한 청소현장에서는 인격 존중의 의미로 여사님으로 호칭하는 경우도 있으나 향후 지양되어야 할 호칭으로 인식된다.

청소인력은 청소 대상 마감재의 종류와 특성을 파악하고 마감재별 청소방법을 알고 있어야 하며, 청소도구나 장비 및 청소약품을 용법대로 사용할 줄 알아야 하고, 청소작업 안전에 유의할 줄 알아야 함은 물론 청소현장 조직의 구성원으로서 협력과 조화에 요구되는 인격을 갖추고 있어야만 청소의 전문적 수행과 함께 개인의 발전에 도움이 될 것으로 판단된다.

### 2) 청소장비

청소장비란 청소작업을 효율적으로 수행하기 위하여 제작된 장비를 말하며, 청소장비는 용도와 특성에 따라 여러 가지로 분류된다. 주요 청소장비를 용도에 따라 분류하면 〈표 54〉와 같다.

〈표 54〉 주요 청소장비의 종류와 용도(예시)

| 장비의 명칭 | 장비의 종류 | 장비의 용도 |
|---|---|---|
| 1) 진공청소장비 | (1) 건식 청소기<br>(2) 건·습식 겸용 청소기<br>(3) 산업용 집진 청소기<br>(4) 크린룸용 청소기<br>(5) 배낭형 청소기 | - 마른 물질, 마른 먼지흡입<br>- 젖은 이물질 액체 흡입<br>- 고용량 흡입<br>- 배출되는 공기 필터 강화<br>- 이동하면서 먼지 흡입 |
| 2) 바닥 청소장비 | (1) 버니셔(돌돌이)<br>(2) 기름걸레 차(리스킹 카)<br>(3) 습식 청소차<br>(4) 건식 청소차 | - 바닥청소, 박리, 연마작업<br>- 기름걸레로 바닥 먼지제거<br>- 더러워 진 흡착 저장<br>- 바닥 먼지, 쓰레기 쓸어 담아 호퍼에 저장 |
| 3) 고압 세척기 | (1) 가정용<br>(2) 일반용<br>(3) 전문가용 | - 최대 압력 100bar 이하로<br>- 최대 압력 120bar 이상으로 먼지, 오물 제거<br>- 최대압력 200bar 이상으로 오물 제거 |
| 4) 특수목적용 청소장비 | (1) 카펫트 청소장비<br>(2) 에스카레이트 청소장비<br>(3) 무빙워크 청소장비<br>(4) 계단 청소장비<br>(5) 외벽 청소장비 | - 카펫트 청소<br>- 에스카레이트 청소<br>- 무빙워크 청소<br>- 계단 청소<br>- 외벽 청소 |

### 3) 청소도구

청소도구라 함은 청소작업을 효과적으로 수행하기 위하여 제작된 수동형 청소용품을 말 한다. 청소도구는 용도에 따라 분류할 수 있으며, 주요 청소도구소개하면 〈표 55〉와 같다.

청소도구는 청소대상의 종류와 규모 및 청소방법 등에 따라 얼마든지 종류와 수량이 가감될 수 있으며, 아래에서 소개하는 청소도구는 예시하는 용도로 소개하고 있음을 참고하기 바란다.

〈표 55〉 주요 청소도구의 종류(예시)

| 종 류 | 용 도 |
|---|---|
| 장목비 | 각 층 청소용 |
| 대비 | 외곽 및 주차장 청소용 |
| 나이롱 비 | 각 층 청소용 |
| 리스킹 | 복도계단 먼지 제거용 |
| 마포대 | 청소작업용 |
| 마포밥 | 청소작업용 |
| 리스킹 카 밀대 | 로비 및 지하층 리스킹 카 보충 |
| 자동마루 패드 | 자동마루청소기 보충용 |
| 수동마루 패드 | 수동 마루 청소기 보충용 |
| 수동홀드 | 브러시 교체 보충용 |
| 광택기 패드 | 광택기 보충용 |
| 롤 브러시 | 세정기 교체용 |
| 세정기 패드 | 세정기 교체용 |
| 청수세미 | 각 층 청소용 |
| 쓰레받기 | 각 층 오물수거 작업용 |
| 양동이 | 청소 작업용 |
| 알루미늄 사다리 | 작업용 |
| 면장갑 및 걸레 | 작업용 |
| 고무장갑 | 작업용 |
| 기계 솔 | 바닥 세척용 |
| 수거용 봉투 등 | 각층 쓰레기 수거 |

주) 상기 청소도구의 종류는 청소의 범위와 대상 및 청소방법 등에 따라 증감될 수 있음.

### 4) 청소약품

청소약품이라 함은 청소에 사용되는 화학 물질이나 세제 등을 말한다. 청소약품은 특성과 용도에 따라 세제(세척제), 광택제, 제거제, 살균 소독제, 보호제 등 다섯 가지 종류로 분류된다. 청소약품의 종류별 특성과 용도는 본장의 제4절(청소작업의 수행)의 4(청소약품의 종류와 주요 특성 및 용도)에서 설명하기로 한다.

## 5. 청소작업의 종류와 내용

환경미화관리자가 청소의 종류와 청소종류별 청소작업 내용에 대하여 이해하고 있어야 함은 매우 당연한 일이다. 왜냐하면 청소는 청소종류별 청소작업계획에 따라 실시되는 환경미화작업이기 때문이다. 청소의 종류는 청소의 시기와 작업 내용에 따라 일상청소와 정기청소 및 특별청소와 임시청소로 분류되며, 그 내용은 〈표 56〉과 같다.

〈표 56〉 청소작업의 종류와 내용(예시)

| 청소작업의 종류 | 청소작업의 내용 |
|---|---|
| 일상청소 | 일상청소작업계획에 따라 수행하는 청소의 종류로서 매일매일 실시하는 청소작업을 말한다. 일상청소의 범위는 현관, 계단, 복도, 화장실 건물주변. 단지내 도로 등 주로 공용부분에 실시하는 청소를 말하며 청소과업지시서 내용에 따라 전용부분도 일상청소의 범위에 포함될 수 있다.<br>- 화장실 청소<br>- 집기 비품의 먼지제거 걸레질 청소<br>- 쓰레기 및 오염물질 수거 및 배출<br>- 건물 주변 청소<br>- 청소과업지시서에 청소범위로 설정한 경우, 사무실 바닥 청소 및 사무실 생활 쓰레기 수거 및 배출 |
| 정기청소 | 일상청소만으로는 건축물 내외의 청결 유지 및 미관성 보존과 유지에 한계가 있다. 이와 같은 청소의 한계를 극복하기 위하여 주 1회, 월 1회와 같이 청소 일정을 정해두고 일상적으로 수행할 수 없는 특별한 청소대상에 대하여 정기적으로 청소작업을 실시하는 청소방법을 정기 청소라 하며, 주로 다음과 같은 청소작업이 정기청소를 통하여 이루어진다.<br>- 바닥 왁스 작업<br>- 바닥의 세척, 바닥 수지피막 보수<br>- 카펫트 부분 또는 전면 클리닝<br>- 계단이나 창틀 금속 닦기<br>- 높은 곳 먼지 털기<br>- 유리창 청소<br>- 주차장 바닥 청소 등 |
| 특별청소 | 정기적으로 청소작업이 요구되지 않으나 계절적 요인 행사나 비노출구역의 청소가 필요하여 특별히 시행하는 청소작업을 말한다. 이를 통하여 다음과 같은 청소작업이 이루어진다.<br>- 외벽, 내벽의 제진, 세정, 고소 청소<br>- 제설, 제빙, 배수 청소 등 |
| 임시청소 | 임시청소는 돌발적으로 청소가 필요할 때 수행하는 청소작업이다. 예기치 않는 재해발생 후, 공사 후, 큰 행사 집기비품의 교체, 내부 부서의 이동, 누수 등 돌발적으로 발생한 상황에 대처하는 청소를 임시청소라 한다.<br>임시청소를 통하여 다음의 청소작업이 이루어진다.<br>- 물 막음 수방작업<br>- 쓰레기 집하장 청소작업<br>- 공사 준공청소작업 등 |

(자료 출처 : 김일효(2010), 건물자산환경관리론, 남두도서, pp.340-341 인용)

## 6. 청소서비스 생산 3단계 주요 업무

### 1) 청소서비스 생산 3단계의 개념

청소서비스를 생산하는 청소서비스 단계는 청소서비스 준비단계와 청소서비스 수행단계 및 청소서비스 사후관리 단계 등 3단계로 나누어 청소서비스 업무가 단계적으로 수행 된다. 이를 표로 정리하면 〈표 57〉과 같다.

〈표 57〉 청소서비스 단계별 업무

| 단 계 | 단계별 주요 업무 |
|---|---|
| 청소서비스 준비단계 | - 청소대상물 파악<br>- 청소서비스 제안 및 청소용역계약 체결<br>- 현장인수 및 사무실 확보<br>- 조직구축 및 업무분장<br>- 청소 운영기준 수립 및 청소매뉴얼 개발<br>- 청소서비스 계획수립 |
| 청소서비스 수행단계 | - 청소방법 선정<br>- 청소구역별 인력배치<br>- 청소장비 선택<br>- 청소약품 선택<br>- 청소작업 실무 및 안전관리 교육실시<br>- 청소서비스 수행<br>- 청소서비스 품질 자체 점검 및 품질 검증<br>- 검증결과 보완작업 수행<br>- 청소서비스 기록 및 보고 |
| 청소서비스 사후단계 | - 고객만족도 조사 및 개선조치<br>- 청소장비 및 약품 정위치 및 관리<br>- 청소서비스 품질 개선방안 검토<br>- 청소현장 정리정돈<br>- 청소작업 사후관리 |

### 2) 청소서비스 생산 3단계 수행 프로세스

청소서비스 수행 3단계업무는 구체적으로 청소서비스 수행 프로세스(절차)를 경유하여 수행된다.

청소서비스의 생산과 제공은 청소서비스 업무 프로세스에 의한 청소서비스 수행은 청소관리자가 청소서비스 업무수행 프로세스에 따라 청소현장을 조사하여 청소대상물과 청소범위를 파악하고 청소대상의 종류와 특성을 파악하여 청소작업 계획과 청소일정을 수립하고, 청소방법을 선정하여 청소인력을 배치하고 청소약품과 청소장비를 선택하여 청소작업에 투입하며 청소작업을 수행한다.

또한 결과에 문제가 있는 경우, 청소활동 사후관리를 통하여 청소품질을 검증하고 다시 청소하여 청소 품질을 개선·보완하여 고객을 만족하게 하는 이른바 청소서비스 활동에 의하여 이루지기도 한다. 따라서 청소서비스 업무수행 프로세스는 제품 생산라인과 같은 청소서비스 생산라인(생산벨트)의 기능을 담당하고 있다. 청소서비스 수행 프로세스를 표로 정리하면 〈표 58〉과 같다.

〈표 58〉 청소서비스 생산 3단계 수행 프로세스(예시)

| ① 청소현장 현황조사 및 파악 → ② 청소의 범위 및 고객요구 품질수준 파악 → ③ 청소대상 마감재 종류 및 특성 파악 → ④ 청소작업 계획 및 청소일정 계획수립 → ⑤ 청소방법 선정 → ⑥ 선정한 청소방법에 따른 청소인력 배치계획 수립 → ⑦ 청소방법에 따른 청소장비 선택 → ⑧ 청소방법에 따른 청소약품 선택 → ⑨ 청소작업 수행 전 직무 및 안전교육 실시 → ⑩ 청소인력, 청소장비, 청소약품 투입 및 청소작업 수행 → ⑪ 청소작업 과정 중 돌발사고 대응 및 고객 요구사항 응대 → ⑫ 청소품질 자체 검사 → ⑬ 자체검사 결과 품질문제 발생시 청소서비스 품질 검증 및 품질 보완작업 → ⑭ 품질 보완작업 결과 고객만족 여부 확인 → ⑮ 청소작업 현장 정리정돈 및 사후관리 |
|---|

## 제2절 청소현장 현황조사 및 파악

### 1. 청소현장 현황조사 및 파악의 개념

청소작업은 청소작업 수행계획에 의하여 수행되며 청소작업 수행계획의 수립은 전적으로 청소현장 현황조사 및 파악에서 비롯된다. 청소작업을 수행하기 위해서는 청소작업 전에 준비하고 확인해야 하는 업무들이 존재하고 있는바 청소현장 조사 및 파악업무가 그 중 하나의 업무이다.

현장 현황파악 업무 중 가장 중요한 파악업무에는 청소대상물 파악, 청소범위 파악, 고객요구 청소품질 수준 파악, 청소대상 마감재의 종류와 특성 파악, 내 · 외부 청소작업조건 파악 등의 업무들이 있다. 이에 대하여 구체적으로 살펴보면 다음과 같다.

## 2. 청소현장 현황조사 및 파악절차

### 1) 청소 대상물을 조사하고 파악한다

청소작업을 수행하기 위해서는 사전에 청소수행계획서 작성이 필요하고 청소작업 수행계획서를 작성하기 위해서는 청소대상물과 청소범위 및 청소대상 마감재의 종류와 특성 등을 조사하고 파악해야 한다.

청소대상물이란 청소활동의 객체인 청소 목적물을 말하며, 청소대상물에는 광의의 청소대상물과 협의의 청소대상물 등 두 종류의 청소 대상물이 있다. 전자에는 건축물과 시설물이 있으며, 후자에는 건물 외곽, 건물 내부 공간의 바닥 면적과 마감재, 내외부 공간에 설치한 각종 시설물, 장비, 집기, 비품, 가구 등이 있다.

청소대상물 파악은 청소대상물 파악 도구인 건축 평면도와 청소서비스 도급 계약서 및 과업지시서, 건축마감재 내역서, 현장 설명서 자료 등을 확보하고 분석함으로서 청소대상물을 파악할 수 있다.

(1) 건축 준공도면을 확보하고 분석한다.
(2) 건축마감재 내역서를 확보하고 분석한다.
(3) 환경미화서비스 도급계약서를 확보하고 분석한다.
(4) 환경미화관리 과업지시서를 확보하고 분석한다.
(5) 입찰 전에 실시한 현장설명회 자료를 확보하고 분석한다.
(6) 분석한 결과를 토대로 건축물 내 · 외부 청소대상물 목록을 작성한다.
  ① 내부 청소대상물 록록을 작성한다.
  ② 외부 청소대상물 목록을 작성한다.
(7) 작성한 청소대상물 목록을 기초로 소유주체와 공동으로 청소대상물을 확인한다.
(8) 작성한 청소 대상물 파악 정보를 청소수행계획에 반영한다.

### 2) 청소범위를 조사하고 파악한다

청소범위 역시 청소계획 수립을 위하여 파악되어야 한다. 여기서 말하는 청소범위란 일상 청소와 정기 청소, 특별청소와 임시 청소를 의무적으로 수행해야 하는 청소 작업의 범주를 의미한다. 청소범위는 청소 대상물 중 일정 부분을 말하는 것으로 예컨대 건축 면적이 청소대상물이 되나 청소 범위는 도급계약서에 따라 건축면적(전용면적과 공용면적/연면적) 중공용 면적만을 일반적으로 청소의 범위로 설정하고 있다. 같은 청소 대상물이라 할 지라라도 청소 도급계약과 청소 과업지시서에 의하여 청소범위가 정해 질 수 있으므로 청소대상물과 첨소범위 개념은 상이하다. 청소대상물은 청소대상 전체의 건축물과 건축시설물을 말하고 청소범위는 청소대상물 중 일정 부분에 대하여 정해지는 관계로 청소대상물과 청소범위를 정확하게 파악해야 한다.

청소범위는 물리적 청소범위와 계약문서상의 청소법위가 있으며, 통상 동일한 청소범위이나 현실적으로 다소 상이할 수 있어 양자 모두 확인이 필요하다. 또한 청소대상물 파악방법과 같이 청소범위 파악도구를 확보하고 분석함으로서 정확히 파악할 수 있다.

(1) 청소도급계약서를 확보하고 분석한다.
(2) 청소과업지시서를 확보하고 분석한다.
(3) 건축 마감재 내역서를 확보하고 분석한다.
(4) 건축물 운영관리 매뉴얼을 확보하고 분석한다.
(5) 파악한 청소범위를 표로 작성하여 유지한다.
  ① 물리적 청소범위를 표로 작성하고 유지한다.
  ② 계약 문서상의 청소범위를 표로 작성하고 유지한다.
(6) 작성한 청소범위 표를 토대로 청소감독자와 공동으로 확인한다.
(7) 작성한 청소범위 파악정보를 청소수행계획에 반영한다.

### 3) 청소서비스 고객 요구 품질수준을 조사하고 파악한다

청소서비스 고객 요구 품질 수준이라 함은 고객이 만족에 요구하는 청소서비스 품질을 청소활동 수행을 통하여 달성하고자 하는 청소의 가치나 품격, 등급 또는 품질 등 일정한 청소품질 기준을 말한다.

고객 만족 청소품질 수준은 고객이 주관적으로 만족하는 품질 수준의 특성은 건축주가 일방적으로 설정한 청소품질의 수준으로서 계량적으로 품질의 등급을 책정할 수 없으며 청소품질 수준을 지표로 설정할 수 없다. 따라서 고객만족 청소품질 수준은 건축물 청소서비스 위탁자와 수탁자 간에 일정한 청소품질 기준을 설정해 두고 이에 따라 품질을 평가하여 청소 품질 수준으로 평가하는 것이 타당하다.

고객(발주자/건축주)이 요구하는 청소품질 수준의 파악 목적은 청소수행계획서 작성에 반영하기 위해서이다. 고객 요구 청소품질 수준의 파악은 건축주와 체결한 청소 도급 계약서와 과업지시서 및 건축주가 청소현장에 적용하고 있는 청소 품질매뉴얼을 확보하고 분석함으로서 파악할 수 있다.

(1) 청소 도급계약서를 확보하고 청소서비스 품질 수준을 분석한다.
(2) 청소 과업지시서를 확보하고 청소서비스 품질 수준을 분석한다.
(3) 청소 품질매뉴얼을 확보하고 청소서비스 품질 수준을 분석한다.
(4) 분석한 청소서비스 품질 수준을 문서로 작성하고 건축주와 공동으로 확인한다.
(5) 확인한 청소서비스 품질 수준을 전체 청소 종사자가 공유하고 현장 청소업무에 적용한다.

### 4) 청소대상 마감재의 종류와 특성을 조사하고 파악한다

청소 마감재라 함은 건축물의 바닥이나 벽면 및 천장 등의 표면에 미적 기능과 안전 및 편의를 위하여 건축마지막 단계인 마무리(수장) 단계에서 시공한 건축마감 부재를 말 한다. 특히 중요한 마감재는 약 50% 이상을 차지하고 있는 바닥재로서 시공된 바닥 마감재의 종류와 특성의 파악은 매우 중요하다. 왜냐하면 바닥재의 종류와 특성에 따라 청소방법이 선정되고, 선정된 청소방법에 따라 청소작업에 사용할 청소장비와 도구 및 청소약품과 용품이 선택되기 때문이다. 청소 마감재의 종류와 특성은 다음의 방법으로 파악할 수 있다.

(1) 건축마감재 목록을 확보하고 분석한다.
(2) 마감자재 납품사의 자재설명서와 취급설명서를 확보하고 검토한다.
(3) 건축평면 도면을 확보하고 분석한다.
(4) 시공 마감자재를 육안 검사를 통하여 점검한다.
(5) 건축 재료학을 참고하여 분석한다.
(6) 분석, 확인, 점검한 결과를 토대로 건축마감재의 종류를 파악한다.
(7) 파악한 건축마감재의 종류별 특성을 파악한다.
(8) 파악한 마감자재의 종류와 특성을 마감자재 기록부에 기록하고 기록자료를 유지한다.
(9) 기록한 마감재의 종류와 특성을 청소서비스 수행계획과 청소작업 수행에 반영한다.

국내 대형건물을 대상으로 일반적으로 마감시공시 사용하고 있는 마감재의 종류와 특성을 살펴보면 〈표 59〉와 같다.

〈표 59〉 마감재의 종류와 특성(예시)

| 마감재의 종류 | 마감재의 종류별 특성 |
|---|---|
| 대리석 마감재 | - 자연적 광택이 있다.<br>- 물결무늬가 있다.<br>- 색상이 다양하다.<br>- 바닥재로 잘 사용하지 않는다.<br>- 오염물질에 강하나 내화학성과 마모성에 약하다.<br>- 바닥 보호재로 사용할 시 보호를 요한다. |
| 화강석 마감재 | - 강도가 높다.<br>- 물결무늬기 없고 석재 알갱이가 보인다.<br>- 커피, 음료수 산성에 강하다<br>- 빌딩의 바닥재로 적합하다. |
| 테라죠 마감재 | - 내구성이 탁월하다.<br>- 산성에 약하다.<br>- 동물성 지방산에 강하다.<br>- 일정한 대리석 돌조각을 시멘트와 섞어 만든 바닥재이다. |
| 아스타일 마감재 | - 화학약품에는 강하나 기름과 염료에 변색된다.<br>- PVC로 만든 바닥재로서 부드럽고 휘어지기 쉽다.<br>- 다층의 타일로 구성되어 있다. |
| 타일 마감재 | - 표면이 일정하게 고르지 않다.<br>- 때가 쉽게 침투한다.<br>- 광택 무광택으로 구분한다. |
| 카펫트 마감재 | - 미려하고 소음 흡수가 탁월하다.<br>- 가용성 오염과 불용성 오염 모두 존재한다.<br>- 백킹, 접착제, 다양한 재질의 파일로 구성되어 있다.<br>- 카펫트 종류에 따라 청소방법이 다르다. |
| 목재 마감재 | - 습기에 항상 민감하다.<br>- 습한 조건을 싫어한다.<br>- 알카리성, 비누, 세제에 민감하다. |

(자료 : 산업인력공단(2016), 환경미화 학습모듈, 01 청소현장 현황파악, pp34-36. 인용)

### 5) 청소작업 영향요인 및 청소작업 조건을 조사하고 파악한다

청소작업에 있어서 긍정적 또는 부정적으로 작용하거나 영향을 미치는 요인을 청소작업 영향요인이라 한다. 청소작업 영향요인에는 내부적 청소작업 영향요인과 외부적 청소작업 영향요인들이 있다.

내부적 청소작업 영향요인에는 예산조건과 청소인력 능력요인과 기술경험 요인, 청소장비 사용조건 요인, 청소약품 조건요인 등이 있으며, 외부 청소작업 영향요인에는 청소작업 환경요인과 청소인력과 자재 및 장비 납품조건 요인 등이 있다. 내부 영향요인 및 외부 영향요인은 다음과 같은 방법으로 조사하고 파악할 수 있다.

(1) 내부 청소작업 영향요인을 조사하여 파악한다.

① 청소예산조건을 분석한다.

- 청소서비스 도급계약서를 확보하고 청소예산을 분석한다.
- 청소현장 실행예산서를 확보하고 현장 실행예산을 분석한다.
- 청소예산 조건에 따라 청소업무 범위와 서비스 품질수준을 결정한다.

② 청소인력 능력 조건을 조사하여 파악한다.

- 연령대와 근무 경력을 조사하여 파악한다.
- 건강상태를 조사하여 파악한다.
- 청소기술과 청소지식(마감재별 청소방법의 선정, 청소장비 및 청소약품 사용 능력 등)을 보유하고 있는지에 대하여 조사하여 파악한다.
- 근무 자세와 태도를 조사하여 파악한다.
- 직장 상하, 동료 간에 조화하고 협동하는지에 대하여 조사하여 파악한다.
- 성실하게 직장생활에 임하고 있는지를 조사하여 파악한다.
- 청소작업 도중 안전사고 경험이 있는지를 조사하여 파악한다.
- 고객만족을 위하여 청소품질 유지에 노력하고 있는지에 대하여 조사하여 파악한다.
- 청소작업에 적합한 인력인지 또는 아닌지에 대하여 최종 파악한다.

③ 청소장비 조건을 조사하여 파악한다.

- 청소방법 별 청소장비가 구비되고 있는지를 조사하여 파악한다.
- 구비되고 있는 장비가 사용가능한 장비인지에 대하여 조사하여 파악한다.
- 청소작업 사용 후 관리가 잘되고 있는지에 대하여 조사하여 파악한다.
- 정기적으로 점검하고 정비를 하고 있는지에 대하여 조사하여 파악한다.
- 청소장비의 최종 사용조건을 파악한다.

④ 청소약품조건을 조사하여 파악한다.

- 청소방법별 청소약품이 구비되고 있는지에 대하여 조사하여 파악한다.
- 청소약품 보관 및 관리상태가 양호한지에 대하여 조사하여 파악한다.
- 청소약품 안전관리가 체계적으로 이루어지고 있는지에 대하여 조사하여 파악한다.
- 청소약품 사용조건에 대하여 최종 판단한다.

(2) 외부 청소작업조건을 조사하여 파악한다.
① 외부 통행자와 차량에 대하여 조사하여 파악한다.
② 소요, 분규, 데모 등 돌발 상황에 대하여 조사하여 파악한다.

### 6) 파악한 청소작업 조건정보를 청소작업 계획에 반영한다

(1) 파악한 청소도급금액 정보를 청소작업계획 수립에 반영한다.
(2) 파악한 청소대상물 및 청소범위 정보를 청소작업계획 수립에 반영한다.
(3) 파악한 고객요구 청소품질 수준을 청소작업계획 수립에 반영한다.
(4) 파악한 마감재의 종류와 특성 정보를 청소작업계획 수립과 청소방법 선정에 반영하고 청소장비의 선택과 청소약품 선택에 적용한다.
(5) 파악한 청소작업 내부 조건과 외부 조건을 청소작업 계획수립에 반영하고, 청소 인력 투입과 청소장비 및 청소약품 선택에 참고한다.

## 제3절 청소계획의 수립

### 1. 청소계획의 개념

청소서비스를 생산하는 청소작업은 청소계획에 따라 수행된다. 청소계획이라 함은 청소작업을 수행하기 전에 미리 세우는 청소범위와 청소방법, 청소일정, 투입 청소자원 및 청소절차 등을 미리 생각하여 얽이를 세우는 것을 말한다.

청소작업계획을 수립하기 위해서는 청소대상과 범위를 파악하고, 청소대상 마감재의 종류와 특성을 파악해야 하며, 파악한 마감재의 종류와 특성에 따라 청소방법을 선정하고, 선정한 청소방법에 따라서 청소작업 일정계획과 예산계획을 세워 청소인력과 청소장비 및 청소약품 등 청소작업 자원을 투입하고 청소활동을 수행하여 마침내 고객이 요구하는 품질 수준의 청소서비스를 생산하고 제공하게 되는 일련의 절차수립을 청소계획이라 할 수 있다. 또한 청소계획 수립이란 청소현장 현황파악에 의거하여 청소대상에 대한 청소방법의 선정, 투입자원 선정, 청소계획서 작성을 수행하는 활동을 의미한다.

## 2. 청소계획 수립절차

청소작업을 수행하기 위하여 수립하는 청소계획은 다음과 같은 절차에 따라 수립되며, 수립된 청소계획에 의하여 청소작업이 수행된다.

1) 청소 용역계약서를 확보하고 분석하여 청소예산과 청소대상물을 파악한다.
2) 청소 과업지시서를 확보하고 분석하여 청소범위와 고객만족 청소품질 수준을 파악한다.
3) 건축마감재 목록을 확보하고 분석하여 마감재의 종류와 특성을 파악한다.
4) 파악한 청소대상 마감재의 종류와 특성에 따라 청소방법을 선정한다.
5) 선정한 청소방법에 따라 청소인력과 청소장비 및 청소약품 투입계획을 수립한다.
6) 청소 도급계약서를 예산을 확보하고 청소현장 실행예산 계획을 수립한다.
7) 일상청소 일정계획을 수립한다.
   (1) 주간청소 일정계획(예시)을 다음과 같이 수립하고 청소작업에 적용한다.

| 청소구분 | 담당 | 청소 시간대 | 청소 작업내용 |
|---|---|---|---|
| 주간 청소 | 오전 조 | 06:00~08:30 | - 담당구역 쓰레기 수검 및 쓰레기 집하장 이동<br>- 화장실 청소 및 소모품 보충 |
| | | 08:30~10:00 | - 조식 및 휴식 |
| | | 10:00~12:00 | - 일상청소작업 및 화장실 2차 청소 작업 |
| | | 12:00~13:00 | - 중식 및 휴식 |
| | | 13:00~15:00 | - 일상작업 마무리<br>- 담당구역 점검<br>- 특별청소 도는 청소보완 작업 |
| | | 15:00~15:30 | - 최종 청소점검 및 청소작업 교육 |

(2) 오후청소 일정계획(예시)을 수립하고 청소작업에 적용한다.

| 청소구분 | 담당 | 청소 시간대 | 청소 작업내용 |
|---|---|---|---|
| 오후 청소 | 오후 조 | 13:00~15:30 | - 특별청소 지원 및 지시청소 수행 |
| | | 15:30~18:00 | - 전 층 화장실, E/l 홀, 로비 현관, 보완 |
| | | 18:00~19:00 | - 석식 및 휴식 |
| | | 19:00~20:00 | - 전층 화장실, E/l 홀, 로비 현관, 보완 |
| | | 20:00~21:00 | - 담당 구역 일상 청소작업 |
| | | 21:00~22:00 | - 최종 청소점검 및 야간 조 업무 인계 |

(3) 야간청소 일정계획(예시)을 수립하고 청소작업에 적용한다.

| 청소구분 | 담당 | 청소 시간대 | 청소 작업내용 |
|---|---|---|---|
| 야간 청소 | 야간 조 | 22:00~22:30 | - 지시사항 수령 및 업무협조 회의 |
| | | 22:30~24:00 | - 대리석, 광택, 삼퓨 스케쥴 청소 실시 |
| 야간 청소 | 야간 조 | 24:00~01:30 | - 식사 및 휴식 |
| | | 01:30~05:00 | - 스케줄 청소 실시 |
| | | 05:00~05:30 | - 외관 청소 및 주차장 청소지원 |
| | | 05:30~06:00 | - 최종점검 및 마무리 미팅 |

(4) 주말청소 일정계획(예시)을 수립하고 청소작업에 반영한다.

| 청소구분 | 담당 | 청소 시간대 | 청소 작업내용 |
|---|---|---|---|
| 주말 청소 | 주말 조 | 10:00~11:00 | - 외부 쓰레기 수거 및 청소 |
| | | 11:00~12:00 | - 전 층 화장실 점검 및 보완 청소 |
| | | 12:00~13:30 | - 점심식사 및 휴식 |
| | | 13:30~15:00 | - 옥내 주차장 점검 및 외부시설물 점검 |
| | | 15:00~16:00 | - 쓰레기 분류 배출 |
| | | 16:00~17:00 | - 최종 점검 및 마무리 미팅 |

8) 정기청소 일정과 특별청소 작업일정(예시)을 다음과 같이 수립하고 청소작업에 반영한다.

# 제4절 청소작업의 수행

## 1. 청소작업 수행의 개념

청소작업 수행은 청소서비스를 직접 생산하고 제공하는 매우 중요한 청소의 작업 과정을 말한다. 청소작업 전에 수립하는 청소계획수립은 청소작업의 낭비나 비효율적

요소를 배제하고 시행착오를 방지하기 위하여 그리고 청소작업을 효과적으로 수행하기 위하여 수행하는 사전적 작업에 불과하며 청소작업 이후에 행해지는 청소품질 검사나 사후관리활동 등은 청소작업의 문제 개선과 보완을 위하여 행해 질 뿐이다. 따라서 고객의 만족에 기여하는 청소서비스의 생산과 제공은 오로지 청소작업 수행에 의하여 이루어지므로 청소관리자는 청소작업 수행에 최선을 다하여 준비하고 수행해야 하며 청소 마무리 작업을 철저하게 수행해야 한다.

## 2. 청소작업 수행 3단계 조치사항

청소작업은 청소작업 준비단계, 청소작업 수행단계, 청소작업 마무리 단계 등 3단계를 거쳐 청소작업이 진행된다. 따라서 청소관리자는 청소작업 단계별로 요구되는 사항을 적절하게 조치하여 청소작업을 사전에 준비하고 수행하며 마무리해야 한다.

### 1) 청소작업 준비단계

청소작업 시행착오, 시간과 비용 낭비의 방지를 위하여 청소작업 수행 전에 청소작업 준비사항을 일일이 확인한다.

(1) 청소범위를 확인한다.
(2) 청소일정을 확인한다.
(3) 마감재 종류와 특성을 파악하고 청소작업 방법을 선정한다.
(4) 청소작업수행 절차를 확인한다.
(5) 투입 청소자원(청소인력, 청소장비 및 도구, 청소약품 및 용품) 준비상태를 확인한다.
(6) 직무교육과 안전관리 교육을 실시하고, 청소작업 유의사항과 안전주의 사항을 확인한다.

### 2) 청소작업 수행단계

청소작업 수행단계에서는 다음사항을 조치하고 청소작업을 수행한다.

(1) 청소일정과 청소방법에 따라 청소작업 자원을 투입하여 청소작업을 수행한다.
① 청소구역별 청소방법(표)에 따라 구역 청소작업을 수행한다.

〈표 60〉 청소구역별 청소 방법(예시)

| 구역 구분 | 청소방법 |
|---|---|
| 사무실 | - 바닥관리<br>- 휴지통 쓰레기 수거<br>- 창문 청소<br>- 비품관리<br>- 출입문 청소<br>- 칸막이 청소<br>- 접대 공간 관리<br>- 브라인드 커틴 관리 등 |
| 복도 | - 휴지통 관리<br>- 비품관리<br>- 벽면 및 바닥관리<br>- 장식물 관리 등 |
| 로비 | - 매트 관리<br>- 바닥 관리<br>- 유리 청소<br>- 비품 및 장식 관리<br>- 장식물 관리 등 |
| 화장실 | - 휴지통 관리<br>- 바닥, 세면대, 거울 청소<br>- 소변기, 대변기 청소 및 위생관리 소독<br>- 비품 관리 등 |
| 승강기 | - 바닥 청소<br>- 장식물 관리<br>- 부착물 관리<br>- 홈 청소 등 |
| 외곽 및 주차장 | - 휴지통 및 비품 관리<br>- 바닥 및 배수구 청소<br>- 쓰레기 집하장 관리<br>- 비품 관리 |
| 사무실 카펫트 | - 먼지 제거<br>- 수성, 유성, 오염물질 및 얼룩 제거<br>- 습식 청소 등 |
| 계단 | - 벽면 및 바닥 청소<br>- 출입문 관리<br>- 휴지통 관리<br>- 장식물 관리 등 |

② 오염원별 청소방법 〈표 61〉에 따라 오염원 청소작업을 수행한다.

〈표 61〉 오염원별 청소방법(예시)

| 구역 구분 | 청소방법 |
|---|---|
| 먼지 | 먼지 쓸기, 마른 걸레로 닦기, 젖은 걸레로 닦기, 건식 더스트 맙 닦기 |
| 쓰레기 | 모으기 및 수거, 쓰레기 집하장 운반하기, 쓰레기 배출하기 등 |
| 오염<br>더러움(때) | 대걸레 세정, 물세정, 유기용제, 화학약품 작업, 수세미 작업 등 |

③ 청소주기별 청소방법에 따라 청소작업을 수행한다.

(2) 청소장비의 특성과 용도 및 사용상의 주의사항을 파악한 후 청소방법에 적합한 장비를 선택하여 청소작업을 수행한다. 청소장비란 청소작업을 효율적으로 수행하기 위하여 제적 된 청소작업 용도 기계류나 설비 또는 도구 등을 말한다. 장비도구의 특성과 용도 및 주의사항은 다음과 같은 방법으로 파악할 수 있다.

① 제조사의 제품설명서를 통하여 청소장비의 특성과 용도 및 주의사항을 파악한다.

② 제품 라벨을 통하여 청소장비의 특성과 용도 및 주의사항을 파악한다.

③ 청소장비 관리 매뉴얼을 통하여 청소장비의 특성과 용도 및 주의사항을 파악할 수 있다.

④ 청소현장 교육교재를 통하여 청소장비의 특성과 용도 및 주의사항을 파악할 수 있다.

⑤ 청소현장 선임 근무자 교육을 통하여 청소장비의 특성과 용도 및 주의사항을 파악할 수 있다.

(3) 청소장비 사용법을 파악한 후 청소작업을 수행한다.

① 탑승식 건·습식 청소장비 사용법을 파악한다.

② 보행식 습식 청소장비 사용법을 파악한다.

### 3) 청소장비 안전 주의사항을 파악한 후 청소작업을 수행한다

(1) 청소장비 사용 전 안전사항을 파악한다.

① 사용 후 또는 정비 시에는 평지에 정차하고 시동을 반드시 끄고, 키를 빼 놓는다.

② 경사진 곳에서 밀거나 끌지 않는다.

③ 장비를 정비할 때는 반드시 보호구를 착용하고 정비해야 한다.

④ 정차 시에는 움직일 수 없도록 완전 고정시킨다.

⑤ 배터리나 배터리 케이블 정비 시에는 반드시 보호장갑을 착용하고 배터리와 배터리 케이블을 분리시켜 둔다.

⑥ 장비를 잭으로 들어 올릴 때에는 지지대를 사용해야 하고 올린 후에는 스탠드로 반드시 받친다.
⑦ 압축공기나 고압수를 사용할 때에는 안면 보호구를 반드시 착용한다.
⑧ 배터리액(산) 접촉에 매우 주의해야 하고, 식초를 다룰 때는 안면 보호구를 착용한다.
⑨ 오작동 발생을 염두에 두고 정비한다.

(2) 청소장비 사용시 안전사항을 파악하고 청소장비를 사용한다.
① 청소장비에 대하여 충분히 받고 청소장비를 사용한다.
② 불꽃과 화염을 멀리하고 충전 중에는 탱크를 열어 환기시켜 준다.
③ 반응성 금속은 폭발 또는 화재의 원인이 됨으로 유입되지 않도록 한다.
④ 가연성 물질 취급장소 또는 폭발의 위험이 상존하는 지역에서는 장비사용을 금한다.
⑤ 장비를 가동하기 전에 안전장치들이 제대로 작동하고, 제 위치에 있는지 확인한다.
⑥ 조향 기능과 주차 브레이크를 확인한다.
⑦ 장비를 정비할 때에 미끄러운 곳이나 경사면을 이동할 때에는 서행한다.
⑧ 후진할 경우 주의하여 하도록 하며, 별도의 제제 투입시 반드시 사용설명서를 참조한다.

(3) 청소장비 사용 후 안전사항을 파악한다.
① 이상 유무를 확인하고 장비 보관장소로 이동한다.
② 다음 사용을 위하여 반드시 정비해 둔다.
③ 장비 사용결과를 장비관리대장에 기록하고 유지한다.

### 4) 청소약품의 특성과 용도를 파악하고 청소작업을 수행한다

〈표 62〉 청소약품 종류별 주요 특성 및 용도(예시)

| 구 분 | 특성 및 용도 |
|---|---|
| 중성세제 | - 일상청소에 사용되며 주로 바닥청소에 많이 사용되는 세제이다. 세척력이 다소 낮으나 표면 소상이 거의 없어 일상청소용으로 적합하다. |
| 산성세제<br>유리세제 | - 산성을 띄는 세제로서 유리, 물 때, 카펫트 복구작업에 주로 사용된다. 염착성에 영향이 적고, 물 때 결합하지 않는다. |
| 다용도(강력)<br>다목적 세제 | - 주로 알카리성 세제로 오염원이 복합적일 때 주로 사용한다. 가장 범용적으로 사용되는 세제이다. |

| 구 분 | 특성 및 용도 |
|---|---|
| 제거제,<br>카펫트 제거제,<br>바닥광택 제거제 | - 알카리성을 띄는 약품군으로 기름 또는 복합적으로 오염된 얼룩 제거용 약품이다. |
| 바닥 광택제,<br>목재용 광택제,<br>금속 광택제 | - 일반 바닥을 보호하고 광택을 높여 외관을 수려하게 만들어 건물가치를 높여주는 바닥에 필름 막을 형성해 주는 약품이다.<br>- 스테인리스, 황동, 은과 같은 금속성 표면의 스테인리스 크리너 오염을 제거하고 광택을 높여 주는 약품황동 광택제이다. |
| 살균 소독제,<br>알콜계 소독제 | - 살균 및 악취제거용도로 사용되는 약품군이다. 국내에서 주로 락스 표백제를 살균 페놀릭계 군이다. 소독제로 사용하고 있다. |
| 보호제,<br>카펫트 보호제 | - 카펫트나 화장실 타일, 그라우트 표면을 보호하기 위하여 사용되는 약품이다. |

(자료 : 한국산업관리공단, 2016, 환경미화학습모듈, 청소약품 운용, p.14 인용)

## 5) 청소과정에서 발생하는 돌발사고 및 비상상황에 적절히 대처하면서 청소작업을 수행한다

(1) 기상특보를 파악하여 자연재해에 대비하면서 청소작업을 수행한다.

(2) 청소작업 돌발사고 유형과 원인을 숙지하고 청소작업을 수행한다.

| 돌발사고 | 유형 발생원인 |
|---|---|
| 화재 | 담배꽁초, 방화, 전기 화재, 불장난, 가스, 불티, 유류 등 |
| 붕괴 | 부실시공, 내부 안전사고, 외부 물리적 충격, 자연재해, 노후화, 화재, 폭발, 부동 침하, 홍수 등 |
| 정전 | 수전 설비 이상, 송전선로 이상, 배선 선로 이상, 이상 기후 등 |
| 누수 | 배관 이상, 저수조 기능 저하 또는 상실, 압력 이상 등 |
| 폭발 | 혼합 가스, 가스 분해, 화재, 유류, 증기, 전기 사고 등 |
| 감전 | 누전, 노출 충전 부분 접촉, 절연물 파손 손상, 충전 부분 접촉 등 |
| 가스 누출 | 정압 장치 이상, 안전장치 이상, 압력 이상 등 |
| 추락 | 난간 높이 낮음, 옥상 및 베란다 출입문 잠금장치 부실, 지지 상태 부실 |
| 테러 | 개인적인 감정, 집단 간 원한, 정신 이상자, 취객의 돌출 행동 등 |
| 독극물 사고 | 청소약품 관리 소홀, 개인감정 및 조직 간의 원한, 약품취급 부주의 등 |

(자료 : 한국산업관리공단(2016), 환경미화 학습모듈, 비상상황대비대응 p.28 인용)

### 6) 청소작업 마무리 단계

청소작업 마무리 단계에서는 다음사항을 조치하여 청소작업을 마무리한다.

(1) 청소현장을 정리정돈한다.
(2) 청소 사용장비를 장비관리법에 따라 점검하고 정비하여 관리한다.
(3) 청소 사용약품을 약품관리법에 따라 상태를 점검하고 약품 보관장소에 보관·관리한다.
(4) 청소결과를 청소업무일지에 기록하고 유지한다.
(5) 문제점 해결 및 보완방법을 청소관리자 전원으로 하여금 공유하게 한다.
(6) 청소작업 결과를 사후관리 한다.

## 제5절 청소서비스 품질검증

### 1. 청소서비스 품질검증의 개념

청소서비스 품질검증은 청소작업결과 청소작업 목표를 달성하였는지에 대하여 객관적인 방법으로 조사하고 판단하는 과정 또는 활동을 말한다. 청소품질 검증방법에는 체크리스트에 의한 품질 검증방법과 설문조사 품질 검증방법, 샘플링 품질 검증방법 등이 있으나 일반적으로 체크리스트에 의한 품질 검증방법이 주로 사용된다.

### 2. 체크리스트에 의한 청소품질 검증절차

청소품질을 체크리트를 활용하여 검증하려면 다음과 같은 절차에 따라 청소작업 결과 청소품질을 검증하여 검증결과에 따라 고객 만족여부를 판단하는 지표로 사용한다.

1) 청소목표를 파악한다. 청소품질을 검증하기 위해서는 우선 먼저 다음과 같은 청소작업 목표를 확인해야 한다.
   (1) 건축물의 청결유지 목표 달성 여부를 확인한다.
   (2) 건축마감재의 기능과 색상이 장기적으로 유지되고, 내구연한의 증대 목표를 확인한다.

(3) 쾌적한 환경조성 목표를 확인한다.
(4) 보건위생 수준의 향상 목표를 확인한다.

2) 검증계획을 수립한다.
3) 청소품질 기준을 합의한다.
4) 검증담당자를 지정한다.
5) 검증도구 체크리스트를 설계한다.

(1) 청소구역 내의 청소 검사단위와 검사항목 청소 품질수준을 설정한다.
(2) 청소항목 작업별 청소 수행목표의 달성 정도를 양호, 미흡, 결함 등의 평가 기준을 설정하고 양호 2점, 미흡 1점, 결함 0점으로 점수화 하여 평가항목의 합이 전체 평가항목 점수 대비 90% 이상 달성시, '양호'로 판정하여 작업별 청소 수행목표가 달성된 것으로 평가한다. 60% 이상 90% 미만 사이를 조건부 합격인 '미흡'으로 판정하고 부분 보완작업을 실시하고, 60% 미만을 '결함'으로 판정하여 전면적 보완작업을 실시하도록 한다.

# 제6절 청소활동 사후관리

## 1. 청소작업 사후관리의 개념

청소작업 사후관리란 청소작업 마지막 단계에서 사후관리 계획을 수립하고 청소작업 과정에서 발견된 미비점을 찾아 개선하고 청소작업 과정에서 발생한 문제를 해결하며 청소작업 노하우를 축적하는 등 일련의 청소작업 결과에 대한 마무리 관리와 청소서비스 소비자인 건축물 소유자와 사용자 및 이용자의 만족도를 관리하는 활동을 말한다.

## 2. 청소작업 사후관리의 목적

청소작업 사후관리는 사후관리 계획을 수립하고 청소작업 미비점 도출과 개선, 청소문제 원인분석과 해결, 고객유지관리, 청소 노하우 축적 및 공유, 청소작업 및 문제개선 기록유지 등의 방법으로 사후 관리할 수 있다.

청소작업 사후관리의 주된 목적은 청소작업과정에서 나타난 미비점과 문제점 등에 대하여 개선 또는 해결책을 강구하고 이에 관한 노하우 축적에도 목적이 있으나 고객의 관계를 정상적으로 유지하고 관리하는데 목적이 있다.

### 3. 청소작업 사후관리 절차

청소작업 사후관리의 수행절차는 다음과 같이 진행된다.

1) 사후관리 계획을 수립한다.
2) 청소품질 수준을 분석한다.
3) 미비점과 품질의 문제점을 도출하고 보완작업계획을 수립한다.
4) 보완작업을 수행한다.
5) 보완작업결과에 대한 고객의 만족 여부를 확인한다.
6) 고객과 원만한 관계를 유지한다.
7) 청소품질 보완작업 결과에 대하여 문서를 작성하고 보관한다.
8) 청소 노하우를 축적하고 종사자 전원으로 하여금 공유한다.

## 제7절 빌딩환경위생관리(청소관리)의 기대효과

빌딩환경 위생관리를 체계적 그리고 전문적으로 수행하는 경우, 다음과 같은 효과를 기대할 수 있다.

1) 빌딩 내외의 청결성을 확보하고 유지할 수 있다.
2) 빌딩 내외의 미(美)관성을 확보하고 유지할 수 있다.
3) 쾌적한 사무환경 조성 및 빌딩사용자의 업무생산성을 지원할 수 있다.
4) 빌딩위생 수준을 향상시킬 수 있다.
5) 빌딩 마감 부재의 성능과 기능을 장기화 할 수 있다.
6) 빌딩의 경제적 가치재고와 경제적 가치를 보존하고 유지 및 개량할 수 있다.

| 제12장 | 빌딩시설관리 실무 |
| --- | --- |
| 제13장 | 빌딩환경위생관리(미화관리) 실무 |
| 제14장 | 빌딩시설경비 실무 |

## 제1절 시설경비 기초 개념의 이해

시설경비(Facilities Security)라 함은 경비를 필요로 하는 시설 및 장소에서의 도난, 화재 그 밖의 혼잡 등으로 인한 사건 사고의 위험발생을 방지하는 활동을 말한다.

경비관리에 있어서 가장 중요한 핵심은 경비서비스를 통하여 경비대상 시설의 도난 방지와 화재 예방 및 각종 재해의 예방 그리고 혼잡으로부터 질서유지를 유지하여 경비대상 시설의 인명과 재산을 보호하는데 있다. 이를 위해서 경비활동을 효과적으로 수행해야 한다.

경비활동을 효과적으로 수행하기 위해서는 우선 먼저 경비의 기본 개념을 이해하고 경비 방법을 숙지해야 하며, 이를 통하여 경비활동을 전문적으로 수행하여 시설의 인명과 재산을 보호할 수 있어야 한다. 그러므로 경비원은 경비의 기본개념을 이해하고 있어야 한다. 왜냐하면 경비개념의 이해는 효과적인 시설경비의 기초이고 출발점이기 때문이다.

### 1. 경비와 보안 개념의 정의

경비(Security/Defence/Guard)의 사전적 의미는 '만일에 대비하여 경계하고 지킴'을 의미하고, 보안(Security/Public Safety)의 사전적 의미는 '안전을 유지하는 일 또는 사회의 안녕과 질서를 지키는 일'로 정의하고 있다.

경비와 보안개념 모두 Security 중심의 서비스 업무인 점에서 유사성이 있는 것으로 보이나, 경비개념은 경비대상 시설의 재산과 인명을 보호하는데 역점을 두고 외부로 부터의 각종 위협을 경계하여 내부의 인명과 재산을 보호하는 동적 활동개념의 성격을 가지고 있는 Security 개념이다. 또한 보안은 보안대상물인 기밀, 산업정보나 산업기술, 노하우에 대한 안전과 보안을 통하여 경비대상 시설 내의 사람과 재산의 보호에 역점을 두고 있는 Security 개념이므로 상호관리 객체와 관리대상에서 다소 차이점을 보이고 있으나 전체 경비대상 시설의 인명과 재산의 보호차원에서는 동일한 Security 개념으로 인식된다.

종전의 건축시설물 관리에서는 만일에 대비하여 경계하고 지키는 경비 개념만으로 시설물의 안전 확보가 가능하였으나, 현대 건축물은 대규모, 고층, 대단지, 복합용도, 첨단의 성격을 가지고 있으며 경비대상 시설물에는 보호해야 하는 사람과 재산 외에 기밀과 산업정보 및 산업기술, 노하우 등이 존재하고 있을 뿐만 아니라 대규모 행사가 개최되고 매일 같이 특정 상주고객 다수가 상주하거나 불특정 방문고객이 빈번하게 출입하고 있어 공공의 안녕과 질서 유지가 시대적으로 필요하게 됨에 따라 시설경비 분야에도 보안 개념의 도입이 불가피하게 되었다. 따라서 현대 건축물의 특성과 상주 또는 비상주 다수 고객의 현황과 보호대상의 다양화, 집단 행사 등의 요인을 고려하여 만일에 대비하여 경계하고 지키는 일 개념의 경비개념과 다수의 상주고객과 방문고객 및 시설내의 기밀과 산업정보 및 산업기술의 보호를 위한 보안개념의 도입과 적용이 불가피한 것으로 판단된다. 따라서 현대 건축물의 안전과 인명과 재산보호 및 질서유지를 위하여 '경비개념과 보안개념이 융합한 신개념의 경비개념'의 도입과 활용이 현명할 것으로 인식된다. 그러므로 이 저서에서는 '경비개념과 보안개념이 융합하여 도출한 신개념의 경비개념'을 차용하여 '경비'라는 용어로 시설경비 이론을 설명하고 실무를 소개하고 있다.

## 2. 시설경비 서비스 활동의 개념

시설경비 서비스 활동이라 함은 '경비 서비스를 필요로 하는 경비대상 시설에 경비인력과 경비시설을 기반으로 도난, 화재, 그 밖의 혼잡 등으로 인한 여러 가지 위험발생을 예방하여 사람의 생명과 신체 및 재산의 보호의 경비 서비스 목표를 달성하기 위하여 애쓰는 행동'을 의미한다. 다시 말하면 시설경비 서비스 활동이란 경비대상 시설에 상주 경비원과 설치한 경비 시스템에 의하여 발견하거나 감지 또는 수신된 정보를 통하여 도난, 화재, 그 밖의 위험발생을 방지하는 위험예방활동과 위협대응활동에 필요한 경비 서비스 활동을 말 한다.

시설경비 현장에는 무단 침입자에 의한 재산 손괴, 도난, 폭행, 살인, 방화 등의 형사적 사건 외에 자연적 요인에 의하여 발생하는 경비 대상물의 침수, 붕괴, 낙하, 멸실 등의 자연재해와 물리적 시설에서 발생하는 누수, 단전, 단수, 화재, 폭발 등의 사고가 발생하고 있어 경계와 순찰 및 안전점검은 24시간 지속적으로 이루어 져야 한다. 뿐만 아니라 경비를 요하는 경비대상 시설에는 특정 또는 불특정 사람과 차량이 출입하고 있는 장소인 관계로 인적·물적 피해를 야기하는 사건사고 발생의 개연성을 항상 내포하고 있다. 따라서 경비활동을 통하여 사건사고 예방활동과 사건사고 발생시 즉각적으로 이우어져야하는 대응 태세도 갖추고 있어야 한다. 그러므로 경비관리는 매우 중요한 시설물관리 분야의 매우 중요한 업무로 자리매김하고 있다.

경비활동으로 통하여 생산·제공되는 경비서비스의 의미는 경비 서비스 사업자가 경비 용역계약에 의하여 정해진 경비구역내의 경비 대상시설에 대한 화재, 도난, 혼잡, 범죄, 침입 등의 위험을 방지하기 위하여 제공하는 제반 안전서비스 말하며, 시설경비 서비스란 경비 인력에 의하여 제공되는 경비 서비스로서 시설의 인명과 재산보호에 필요한 방범 서비스, 방재 서비스, 방화 서비스, 출입자 및 차량통제 서비스, 질서유지 서비스, 주차관리 서비스, 출동 서비스, 순찰 서비스 등 고객요구에 기초하여 제공하는 제반안전 서비스를 말한다.

## 3. 시설경비의 목적

시설경비의 목적이라 함은 시설경비를 통하여 달성하고자하거나 이루고자 하는 것으로 경비대상 시설의 인명과 재산의 보호, 위험사고 예방 및 시설물의 안전확보와 질서유지 및 특별 보호대상 산업정보와 산업기술의 보호에 있다.

다시 말하면 시설경비의 목적은 경비대상 시설의 도난, 화재 그리고 자연현상으로 인한 지진, 홍수, 해일, 폭우, 태풍 등의 자연재해와 인간의 실수나 부주의에 의한 교통사고, 폭발, 추락 등 인위적 재해 그리고 사회현상에 의한 폭동, 테러 등의 사회재해의 위험발생을 예방하여 경비 대상시설의 인명과 재산보호 및 시설 내에 존재하는 특별보호 대상인 산업정보와 산업기술 등의 보호 그리고 시설물의 안전확보와 질서유지에 있다.

## 4. 시설경비의 대상

경비의 대상이라 함은 경비의 목적물을 경비활동의 객체로서 경비활동을 통하여 보호해야할 가치가 있는 대상물이거나 특별히 관리해야 하는 목적물을 말한다. 이에는 주요 경비 대상과 부수적 경비 대상이 있다. 이를 소개하면 다음과 같다.

### 1) 주요 경비 대상

주요 경비 대상이라 함은 경비활동을 통하여 반드시 보호하고 지켜야 하는 대상을 말하며, 이에는 다음과 같은 대상이 있다.

(1) 경비 대상시설의 상주고객 및 방문고객의 생명과 신체
(2) 경비 대상시설의 재산 및 시설내의 산업정보와 산업기술

### 2) 부수적 경비 대상

주요 경비 대상 외에 부수적으로 보호하고 경계하여 완전성을 유지해야 하는 부수적인 경비대상에는 다음과 같은 대상들이 있다.

(1) 경비 대상시설의 화재, 재난, 도난, 침입, 파손 등의 각종 사건사고 위험
(2) 경비 대상시설 출입 상주고객과 방문고객 및 방문차량과 반출입 물품
(3) 경비 대상시설 내외의 혼잡 및 무질서

## 5. 시설경비 서비스 단계별 주요 경비업무

경비업무라 함은 경비관리자 또는 경비 서비스 사업자가 경비의 목적을 달성하기 위하여 수행하는 경비과업을 말한다.

경비업무는 경비서비스 위탁자와 수탁자 간에 체결하는 경비 서비스 계약서와 과업지시서 또는 특별 시방서 등에 따라 경비업무의 범주는 다르게 한정될 수 있으며, 경비 대상시설의 성격과 용도 등에 따라 얼마든지 달라 질 수 있다. 여기에서 소개하는 경비업무는 서비스 단계 이론에 따라 서비스 준비단계 경비업무, 서비스 수행단계 경비업무 그리고 서비스 사후단계 경비업무 등으로 분류하여 단계별 주요 경비업무 중심으로 소개하고 있다. 서비스 단계별 주요 업무를 정리하면 〈표 63〉과 같다.

〈표 63〉 서비스 단계별 주요 경비업무

| 1) 서비스 수행준비단계 주요 경비업무 |
|---|
| (1) 시설경비 대상의 현황 확인 및 위험요소 파악 |
| (2) 경비 서비스(용역)의 제안 |
| (3) 경비용역계약 체결 |

(4) 시설경비 현장인수 및 경비사무실 확보
(5) 경비조직 구축 및 업무분장
(6) 경비계획 수립
(7) 피해보상 대비 배상책임 보험 및 손해보험 가입
(8) 경비원 배치 및 경비시스템 설치
(9) 경비 서비스 품질매뉴얼 개발 및 공유
(10) 경비원 교육훈련 등

### 2) 서비스 수행단계 주요 경비업무

(1) 경비 대상시설 순찰
(2) Post별 경비 서비스 업무수행
(3) 상주고객 및 방문고객 출입안내 및 통제
(4) 출입차량 안내 및 통제
(5) 물품 반출입 통제
(6) 빌딩범죄 대응
(7) 방범시스템 감시 및 대응
(8) 질서유지
(9) 위험발생 예방 및 방지 등

### 3) 서비스 사후관리단계 주요 경비업무

(1) 경비 서비스 고객불만 접수 및 처리
(2) 경비 서비스 고객만족도 관리
(3) 경비사고 피해보상 서비스 등

## 제2절 시설경비 서비스 활동 준비단계 경비실무

경비대상 시설에 대한 경비 서비스 업무는 서비스 수행준비 단계와 서비스 수행단계 그리고 서비스 사후단계 등으로 분류되어 수행되며, 서비스 수행준비 단계에서는 다음에 열거하고 있는 시설경비 업무가 수행된다. 시설경비는 시설경비 대상물에 잠재되어 있는 각종 도난, 화재 등의 위험발생을 방지하고 사건사고를 예방하며 질서유지를 통하여 사람의 생명과 신체 및 재산을 보호하는데 최대의 목적을 두고 있다. 이를 위하여 경비활동을 체계적이고 전문적으로 수행하여야 한다.

시설경비의 핵심 업무는 서비스 수행단계에서 수행하는 경비 서비스 활동에 있으나 이를 준비하기 위한 서비스 수행준비 단계의 경비 서비스 활동 준비업무 역시 중요한 경비 서비스 업무이다. 왜냐하면 경비 서비스 수행활동은 사전준비 없이는 효과적인 경비 서비스 활동을 수행할 수 없기 때문이다. 서비스 수행준비 단계에서는 시설경비 대상물 파악업무와 경비 서비스 제안업무, 경비 서비스 계약체결 업무, 경비시설 인수업무, 경비계획 수립업무 등이 수행된다. 이를 진행순서에 따라 설명하면 다음과 같다.

## 1. 시설경비 대상물과 확인사항 및 위험요소 파악

### 1) 시설경비 대상물 및 확인사항과 위험요소의 개념

시설경비의 대상물이라 함은 시설경비의 목적물을 말하며, 경비활동의 객체로서 시설경비 활동을 통하여 보호해야할 가치가 있는 대상이거나 특별히 관리해야 하는 사람의 생명과 신체 및 재산 등을 말한다.

확인사항이란 경비대상을 경비하여 보호하거나 예방하기 위하여 수행하는 경비계획의 수립이나 경비활동을 위하여 요구되는 각종 정보를 말한다. 또한 위험요소란 시설경비 대상에 잠재되어 있거나 발생하는 위험들로서 인적·물적 피해를 유발할 수 있는 위험요인을 말한다. 이를 설명하면 다음과 같다.

### 2) 시설경비 대상물의 현황파악 확인사항

시설경비 활동을 수행하기 그리고 이를 위한 경비계획을 수립을 위하여 사전에 파악하고 있어야 하는 경비대상과 현황 확인사항을 파악해야 한다.

#### (1) 경비 대상물

① 경비 대상시설의 상주고객 및 방문고객의 생명과 신체(인명)
② 경비 대상시설의 재산 및 시설내의 산업정보와 산업기술
③ 경비 대상시설의 화재, 재난, 도난, 침입, 파손 등의 각종 사건사고 위험 및 위협
④ 경비 대상시설 출입 상주고객과 방문고객 및 방문차량과 휴대물품
⑤ 경비 대상시설 내의 혼잡 및 무질서

#### (2) 경비 대상 현황파악 확인사항

시설경비 대상을 경비하기 위하여 수행하는 경비활동과 이를 위하여 준비해야 하는 경비계획 수립 및 경비용역계약 체결 등을 위하여 사전에 파악하고 있어야할 경

비대상 현황 확인사항은 다음과 같다.

① 경비 대상물의 소재지와 위치
② 경비 대상물의 용도와 규모 및 특징과 성격
③ 구조물의 형태
④ 경비 시스템, 보안 등, 보안경, CCTV 등 방범시설의 유무
⑤ 방문객 및 출입차량 현황 및 관리 실태
⑥ 위험물 저장소 및 관리 실태
⑦ 주변 환경 및 교통망
⑧ 시간대별 이용 실태
⑨ 출입제한 주요 시설
⑩ 상주 입주자 및 근무자의 수
⑪ 유관기관 외부 비상연락망 체계 및 내부 비상연락망 체계
⑫ 주요 경비장비 및 시설유무
⑬ 경비 서비스 요구대상 시설 및 위험 대상물
⑭ 야간 및 휴무일 비상상황 발생시 방호체계 및 보고체계
⑮ 시설관리 청소 부분별 책임자 인적사항과 협력관계
⑯ 경비보안에 영향을 미치는 사항 및 위험요소
⑰ 출입문의 수와 POST의 위치와 업무의 성격
⑱ 경비 서비스 업무의 범위
⑲ 경비 서비스 인력 규모
⑳ 경비 서비스 기간 및 경비근무 시간대
㉑ 경비 서비스 대금규모와 지불조건
㉒ 경비문제 발생시 책임한계
㉓ 배상책임보험 가입부담 여부
㉔ 보고체계 및 보고의 종류와 일정
㉕ 현장고객 경비 서비스 요구사항
㉖ 기타 위험요인 및 안전저해 요인 등

### 3) 위험요소 파악

시설경비를 위한 시설경비 계획수립, 경비요역 계약체결, 경비활동 수행을 위하여 사전에 파악해야 하는 시설경비 대상물에 대한 위험에 대한 조조사와 파악은 매우 중요한 시설경비 서비스 준비단계의 업무이다. 시설경비를 위하여 파악해야 하는 시설경비 대상 위험에는 다음과 같은 위험요소들이 있다.

(1) 화재, 폭발, 재난 등의 인위적 사건사고 위험
(2) 폭우, 폭설, 태풍, 지진 등의 자연재해 위험
(3) 단전, 단수, 누수, 고장, 붕괴, 침하 등의 경비 대상 시설물의 물리적 위험
(4) 무단침입, 무단 기물손괴, 고의적 방화, 절도, 상해, 살인 등의 빌딩범죄 위험 등

### 4) 현장고객 특성 및 경비 서비스 요구수준 파악

(1) 현장 상주고객의 특성을 파악한다.
(2) 현장 고객이 요구하는 경비 서비스의 종류와 수준을 파악한다.

## 2. 경비 서비스의 제안

### 1) 경비 서비스의 개념

경비 서비스(Security Service)란 경비대상 시실의 안전과 상주고객 및 방문고객의 인명 및 재산의 보호 그리고 산업정보와 산업기술의 유출방지 및 보호를 위하여 제공되는 노무를 말한다.

경비 서비스 제안과 설명이란 경비 서비스 사업자가 경비 서비스업을 경영하기 위하여 경비 서비스 수요자에게 제공할 경비 서비스의 업무범위와 제공절차 및 방법 등에 대하여 계약체결을 전제로 요청하고, 그 내용을 소상하게 알게 하는 일련의 영업활동을 말한다.

### 2) 경비 서비스 설명절차

(1) 경비 대상시설의 경비현장 설명을 청취하고 설명자료를 확보한다.
(2) 경비 대상시설의 현황을 파악한다.
(3) 제공할 경비 서비스 제안서를 작성한다.
(4) 작성한 경비 서비스 제안서를 설명한다.

경비 서비스 사업자는 경비 수요자에게 제공할 경비 서비스의 유형과 서비스 종류, 서비스 범위, 경비인력의 수와 경비시스템 설치 및 운용방법 등 경비 서비스에 대하여 전반적으로 설명하고, 경비 서비스 수요자로부터 경비 대상물과 경비 서비스의 범위, 긴급상황에 대비한 비상연락망, 위험시설물 등에 대하여 자세하게 설명을 듣고 정보를 수집하여 수집한 정보를 바탕으로 제공할 경비 서비스 급부와 반대급부인 경비 서비스 용역대금 등에 대하여 제안한다.

## 3. 경비용역 계약의 체결

### 1) 경비용역 계약의 개념

경비용역 계약(Security Management Contract)이란 경비서비스 수요자(발주처/건축주)와 경비 서비스 공급사업자 간에 계약 당사자 중 일방이 일정한 경비 서비스 제공을 청약하고, 계약 상대방은 경비 서비스 사업자의 청약에 대하여 승낙하고, 일정한 경비용역 대금을 지급하기로 약정하여 체결하는 법률행위를 말한다.

경비용역 계약은 전형계약이고 쌍무계약이며 불요식 계약의 성격을 가지고 있으며, 경비용역 계약은 법률 행위이므로 체결한 계약에 대하여 계약 당사자 쌍방이 책임을 져야 하고, 반드시 신의 성실의 원칙에 따라 성실이 이행하여야 한다. 그러므로 경비 대상물에 대한 경비용역을 체결하기 위해서는 신중하게 조사하고 파악하고 있어야 하며, 이를 토대로 청소용역 계약서를 작성하고 유지해야 한다.

### 2) 경비용역 계약체결 절차

(1) 청소용역계약 체결에 필요한 사전 확인사항을 조사하고 파악한다. 경비 보안관리 계약을 체결하기 위해서는 계약체결에 필요한 사전 확인사항을 조사하고 파악한다.

(2) 청소용역 계약체결 사전확인 사항을 파악한다. 경비대상 시설의 경비 서비스 현장 설명자료와 건축도면 및 건축대장과 건물등기부 등본 등을 확보하고 분석함으로서 파악할 수 있다. 계약체결 전에 확인해야 할 확인사항은 다음과 같다.

① 경비 대상물의 소재지와 위치
② 경비 대상물의 용도와 규모 및 특징과 성격
③ 구조물의 형태
④ 경비 시스템, 보안 등, 보안경, CCTV 등 방범시설의 유무
⑤ 방문객 및 출입차량 현황 및 관리 실태
⑥ 위험물 저장소 및 관리 실태
⑦ 주변 환경 및 교통망
⑧ 시간대별 이용 실태
⑨ 출입제한 주용 시설
⑩ 상주 입주자 및 근무자의 수
⑪ 유관기관 외부 비상연락망 체계 및 내부 비상연락망 체계
⑫ 주요 경비장비 및 시설 유무
⑬ 경비서비스 요구대상 시설 및 위험 대상물
⑭ 야간 및 휴무일 비상 상황 발생시 방호체계 및 보고체계

⑮ 시설관리 청소 부분별 책임자 인적사항과 협력관계
⑯ 경비보안에 영향을 미치는 사항 및 위험요소
⑰ 출입문의 수와 Post의 위치와 업무의 성격
⑱ 경비 서비스 업무의 범위
⑲ 경비 서비스 인력 규모
⑳ 경비 서비스 기간 및 경비근무 시간대
㉑ 경비 서비스 대금규모와 지불조건
㉒ 경비문제 발생시 책임 한계
㉓ 배상책임보험 가입부담 여부
㉔ 보고체계 및 보고의 종류와 일정
㉕ 기타 경비 보안관리 저해요인 등

주) 사전 확인사항 항목은 경비 대상시설의 용도와 규모 성격 및 경비 서비스 업무 범위 등에 따라 달라질 수 있다.

(3) 경비용역계약서 양식을 준비한다. 경비 서비스 계약의 양식은 조달청 경비요역 구매계약서 양식을 제외하고는 표준양식은 없으나 경비 서비스 현장에서 주로 사용하고 있는 일반 경비용역 계약서 양식을 차용하여 준비한다. 경비용역계약서 양식 안에는 반드시 요구되는 계약조항을 포함하여 작성해야 한다. 즉, 경비용역 계약서에는 경비대상물의 위치와 경비 서비스의 범위, 경비 서비스 계약기간, 서비스 대금과 지불방법, 배상책임 보험 및 과업지시서와 및 특별 약관(필요한 경우), 계약 체결일과 계약 당사자의 인적사항 등을 포함하여 다음의 〈표 64〉와 같이 경비용역계약 조항을 포함하여 작성해야 한다.

〈표 64〉 경비용역 계약서 일반서식과 계약조항(예시)

| |
|---|
| 제1조 경비용역 계약체결의 목적 |
| 제2조 경비용역 대상물과 업무의 범위 |
| 제3조 경비원 운용 |
| 제4조 경비 수요자의 권리와 공급자의 의무 |
| 제5조 경비 원칙 |
| 제6조 경비원 금지행위 |
| 제7조 순찰 |
| 제8조 계약 유효기간 |
| 제9조 용역 대금 및 지불방법 |
| 제10조 경비원의 자격기준과 채용 및 결원 보충 |
| 제11조 경비원 교육 |
| 제12조 사무실 등의 제공 |
| 제13조 경비원의 보고의무 |

| |
|---|
| 第14조 근무계획 작성 및 통보 |
| 第15조 근무규정 작성 및 지도・감독 |
| 第16조 경비원의 당직근무 보조 |
| 第17조 손해배상 책임 |
| 第18조 하도급 및 채권 양도금지 |
| 第19조 계약해지 |
| 第20조 근로조건 보호 |
| 第21조 관할 법원 |
| 第22조 배상책임 보험 가입의무 |
| 第23조 계약체결일 |
| 第24조 계약당사자 인적사항 |

주) 경비용역 계약은 전형계약이므로 양식과 계약 조항은 정형화 된 것이 없으며 경비대상 시설물의 종류와 용도 및 성격 등에 따라 얼마든지 달라 질 수 있음.

(4) 경비용역 계약을 체결한다. 경비 수요자와 경비 서비스 사업자가 설명하고 제안한 경비 서비스 조건에 상호 합의하면 경비용역 계약을 체결하고 경비 서비스 생산과 제공을 위한 권원을 확보한다. 경비 서비스 계약서에는 경비 대상물의 위치 및 경비 서비스의 범위, 경비 서비스 계약기간, 서비스 대금과 지불방법, 배상책임 보험 및 과업지시서와 및 특별 약관(필요한 경우), 계약 체결일과 계약 당사자의 인적사항 등을 포함하여 경비용역 계약 양식을 토대로 계약을 체결한다. 경비 수요자와 공급자 사이에 합의하여 체결하고 유지한다. 경비보안 용역계약을 체결한 이후에는 계약 당사자는 평등한 입장에서 상호권리 의무를 성실히 이행되어야 한다.

(5) 체결한 경비용역 계약에 대하여 사후관리를 한다. 계약체결 후 체결한 계약에 따라 계약 당사자의 권리와 의무가 이행되고 경비 서비스가 제공되며, 반대급부로 경비용역 대금이 지불된다. 또한 문제가 발생할 경우 경비용역 계약서가 문제해결의 법적 근거로 활용되기 때문에 경비용역 계약서에 대한 사후관리가 요구된다.

## 4. 경비 대상 현장인수 및 사무실 확보

경비용역 계약을 체결 후 계약조항에 따라 경비용역 현장을 인수하고, 사무실을 확보하여 경비 서비스를 제공할 행정 인프라를 설치하고, 담당자를 배치하여 경비서비스 사무실을 정상적으로 운영해야 한다.

### 1) 경비 대상 현장인수

경비용역 계약에 따라 경비대상 현장을 인수하고, 경비대상 시설의 현황을 파악한다.

(1) 경비 현장인수는 경비용역 계약서에 따라 인수한다.
(2) 현장 준공도면을 확보하고, 경비 대상시설의 현황을 파악한다.
(3) 건물 운영자 설명자료를 통하여 위험시설물에 대하여 파악한다.
(4) 순찰 루트와 Gate 및 Post를 확인한다.
(5) 경비 대상시설을 점유하고 경비 취약구역 및 위험시설을 파악한다.

### 2) 경비 사무실 확보

경비용역 계약을 체결 후 계약조항에 따라 사무실을 확보하여 경비 서비스를 제공할 행정 인프라를 설치하고 담당자를 배치하여 경비 서비스 사무실을 정상적으로 운영해야 한다.

(1) 통신망을 구축한다.
(2) 사무자동화 기기를 비치한다.
(3) 사무집기 비품을 확보한다.
(4) 사무실 근무자를 배치한다.

## 5. 경비조직 구축 및 업무분장

### 1) 경비조직의 구축

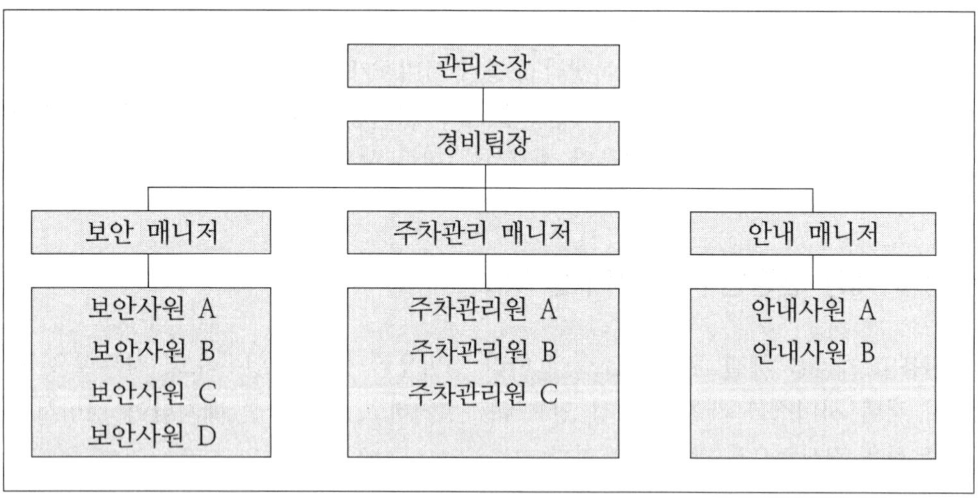


[그림 6] 경비조직(예시)

경비조직은 경비목표를 효과적으로 달성하기 위한 2인 이상의 의도된 힘의 체계를 말하며 조직의 목표와 구성원 및 조직구조로 조직화 된다.

경비조직은 경비 서비스 업무범위와 종류 및 성격 등에 따라서 다르게 설계될 수 있으며, 경비대상 시설의 규모와 용도 및 성격 등에 따라 경비업무가 다양하게 수행되기 때문에 경비조직 역시 매우 다양하게 설계될 수 있다. 여기에서 소개하는 경비조직은 보안업무와 주차관리 업무 및 안내업무를 담당하는 경비조직이며, 일반적으로 시설경비 현장에서 채택하여 활용하는 조직의 틀임을 밝혀 둔다. 일반 경비현장에서 주로 활용되고 있는 경비조직은 [그림 6]과 같다.

### 2) 경비업무 분장

경비 보안관리 업무분장은 주어진 경비 보안관리 업무를 효율적으로 수행하기 위하여 수행업무를 나누어 분담 수행하는 방도를 말한다. 앞에서 소개한 경비 보안관리 조직 각 구성원의 분담업무에 대한 업무분장을 살펴보면 〈표 65〉와 같다.

〈표 65〉 경비업무 분장표(예시)

| 직 책 | 담당 업무 |
|---|---|
| 경비팀장<br>(경비소장) | ① 경비 팀 대외적 대표<br>② 경비/주차/안내업무 총괄 및 지휘 감독<br>③ 건축주 또는 관리소장의 시달 보안업무 수행<br>④ POST별 경비 보안관리 근무지침 작성 및 시달<br>⑤ 직무교육계획 수립 및 시행<br>⑥ 주요 시설 마스트키 관리<br>⑦ 유관기관관리 및 관련 업무수행<br>⑧ 각종 일지, 보고서, 기안 검토 결재<br>⑨ 건축주 및 관리소장 의뢰 경비 보안관리 업무수행 |
| 경비매니져 | ① 경비팀장(소장) 보좌<br>② 경비행정 업무수행<br>③ 종합 통제실 CCTV 모니터링<br>④ 근무자 근태관리 및 근무자능력 배양<br>⑤ 각종 일지, 작성 및 기록관리<br>⑥ 마스터키 관리<br>⑦ 관리소장 요청 경비업무 수행 |
| 경비사원 | ① 경비운영 매뉴얼에 의한 POST 근무<br>② 출입통제 및 물품반입 반출 통제<br>③ 거동수상자 검문검색 및 관계기관 신고<br>④ 위험물 순찰/주차 정산/방문객 안내 등 |

## 6. 경비계획의 수립

경비 서비스를 생산하고 제공하기 위해서는 경비계획을 수립하여 이를 토대로 경비 서비스를 생산·제공해야 한다. 경비 서비스 수행계획을 수립하기 위해서는 다음과 같은 방법으로 경비용역 계획을 수립한다.

### 1) 경비계획의 개념

경비계획이란 고객의 경비 서비스 요구에 부응하기 위하여 사전에 위해요소 사전진단과 이를 토대로 보안 시스템의 설계 및 구축을 의미하며, 이를 통하여 산출되는 인명과 재산보호 결과물을 말한다.

### 2) 경비계획 수립의 목적

경비계획 수립의 목적은 최소의 비용으로 최대의 인명보호와 재산보호의 경비목적을 효과를 달성하는데 있으며, 인명과 재산보호의 경비목적을 효율적 달성에 이바지하는데 있다.

### 3) 경비계획 수립절차

#### (1) 경비개념과 경비계획의 의미를 이해한다

경비(Defence/Guard/Security)의 사전적 의미는 '만일에 대비하여 경계하고 지킴'을 의미하고, 보안(security/Public Safety)은 '안전을 유지하는 일 또는 사회의 안녕과 질서를 지키는 일'로 정의하고 있다.

경비와 보안개념은 상호유사성이 있는 것으로 보이나 경비개념은 경비대상 시설의 완전성과 안전을 지키고 위하여 경계하는데 방점이 있는 반면, 보안은 보안대상물에 대한 안전을 유지하고 보안시설내의 사람과 재산의 안녕과 출입 상주고객 및 방문고객 외에 보호대상인 기밀정보와 산업기술 등의 안녕과 질서유지에 방점을 두고 있어 상호 관리객체와 관리대상에서 다소 차이점을 보이고 있으나 전체 건축물의 인명과 재산의 보호차원에서는 동일한 개념으로 이해된다.

경비계획이란 고객의 경비 서비스 요구에 부응하기 위하여 사전에 위해요소 사전진단과 이를 토대로 보안 시스템의 설계 및 구축을 의미하며, 이를 통하여 산출되는 인명과 재산보호 결과물을 말한다.

### (2) 경비 목표를 설정한다

경비계획 수립에 있어서 경비목표와 경비계획 수립 기본방향을 설정해야 한다. 경비 목표는 경비대상 시설의 소유자와 사용자 및 이용자의 인명과 재산보호에 있다. 또한 경비 목표는 경비 대상시설의 화재, 재난, 도난, 침입 등의 위험을 최소화하고 인적·물적 피해를 최소화하는데 있으며, 경비 대상시설의 질서확립과 완전성과 안전성을 확보하고 유지하는데 경비의 목표를 설정해야 한다.

### (3) 경비계획 수립의 기본방향을 설정한다

경비계획 수립은 다음과 같은 경비계획 수립의 기본방향을 설정하고 세부 경비계획을 수립해야 한다.

① 경비계획은 경비예산의 범위 내에서 경비계획을 수립해야 한다. 왜냐하면 경비 서비스는 일정한 화폐단위로 거래되는 상품이기 때문에 경비 서비스에 소요되는 비용(예산)이 확보되지 않거나 예산을 초과하여 경비계획을 수립하는 경우 현실적으로 거래 도는 집행이 불가능하게 된다.

② 경비계획은 현장의 인적자원의 여건과 CCTV, 감지기, 경보기 등의 물적자원이 상호 조화되고 효과적으로 작동할 수 있도록 수립되어야 한다. 인적자원의 여건과 경비현장의 경비시설 간의 조화되지 않을 경우 경비목표를 효율적으로 달성할 수 없게 된다.

③ 경비계획은 전달이 용이하고, 실천 가능한 내용을 중심으로 수립해야 한다. 경비계획 내용이 매우 난해하거나 전문용어로 작성하여 전달이 용이하게 이루어지지 않거나 실천이 어려운 경우에는 경비계획으로서 효과와 가치가 없게 된다.

④ 경비계획은 관계법령에 위반되지 않은 범위 내에서 수립되어야 한다. 경비계획은 경비업법과 청원경찰법, 형법과 경찰관직무집행법 등 경비 관계법령의 범위 내에서 수립되어야 한다. 경비는 결국 경비 관계법령에서 허용한 범위 내에서 사적 서비스이기 때문이다.

⑤ 경비계획은 고객의 경비수요를 경제적인 방법으로 공급할 수 있도록 수립해야 한다. 수립한 경비계획이 고객이 요구하는 경비 서비스 욕구를 충족하지 못하는 경우에는 경비 서비스는 지속 될 수 없게 되며 경비계약이 종료하게 된다. 따라서 경비계획은 경비 대상 시설현장의 경비 니즈(Needs)를 충족할 수 있도록 수립되어야 한다.

⑥ 경비계획은 국가 공 경비 인프라와 연계하여 작동할 수 있도록 수립해야 한다. 경비계획 수립은 민간 경비계획이나 민간 자체경비 능력만으로는 경비목적을 효과적으로 달성할 수 없는 경우가 허다하다. 지진이나, 소요, 태풍과 대홍수, 대형 화재와 폭발사고, 테러, 집단 침입, 은행 강도와 흉악범의 난동 등의 사건사고는

자체경비인 민간 경비계획 만으로는 인명의 안전과 재산을 완전하게 보호 할 수 없다. 그러므로 국가 공경비와 협력할 수 있고, 공 경비 서비스를 제공 받을 수 있도록 공 경비 인프라와 연계하는 경비계획을 수립해야 한다.

### (4) 경비계획에 반영할 경비현장 현황정보를 파악한다

① 경비 대상물의 소재지와 위치 및 건축물의 개요를 파악한다.
② 경비 대상물의 용도와 규모 및 특징과 성격을 파악한다.
③ 구조물의 형태를 파악한다.
④ 경비 시스템, 보안 등, 보안경, CCTV 등 방범시설의 유무를 파악한다.
⑤ 방문객 및 출입차량 현황 및 관리 실태를 파악한다.
⑥ 위험물 저장소 및 관리 실태를 파악한다.
⑦ 주변 환경 및 교통망을 파악한다.
⑧ 시간대별 이용 실태를 파악한다.
⑨ 출입제한 주요 시설을 파악한다.
⑩ 상주 입주자 및 근부자의 수를 파악한다.
⑪ 유관기관 외부 비상연락망 체계 및 내부 비상연락망 체계를 파악한다.
⑫ 주요 경비장비 및 시설유무를 파악한다.
⑬ 경비 서비스 요구대상 시설 및 위험 대상물을 파악한다.
⑭ 야간 및 휴무일 비상상황 발생시 방호체계 및 보고체계를 파악한다.
⑮ 시설관리 분야별 책임자 인적사항과 협력관계를 파악한다.
⑯ 기타 경비 보안관리에 영향을 미치는 사항 및 위험요소를 파악한다.

### (5) 경비 서비스 계획수립시 반영해야 하는 고려사항을 파악한다

① 출입문의 수와 Post의 위치 및 Gate/Post별 경비업무를 파악한다.
② 경비 서비스 업무의 범위를 파악한다.
③ 경비 서비스 인력 규모를 파악한다.
④ 경비 서비스 기간 및 경비 근무 시간대를 파악한다.
⑤ 경비 서비스 대금규모와 지불조건을 파악한다.
⑥ 경비 문제발생시 책임 한계를 파악한다.
⑦ 배상책임보험 및 손해보험 부담 여부를 파악한다.
⑧ 보고체계 및 보고의 종류와 보고시기를 파악한다.
⑨ 경비보안 저해요인을 파악한다.
⑩ 경비 근무교대 시간 근무시간 및 운영방법을 파악한다.
⑪ 경비 시스템의 유형과 수 및 위치 등을 파악한다.
⑫ 경비원의 보유장비의 종류와 기능 및 용도를 파악한다.

⑬ 경비원의 순찰로선 및 순찰절차와 방법을 파악한다.
⑭ 주요 Post, 안내데스크, 출입문 별 근무지침 및 근무절차를 파악한다.
⑮ 주차관리 지침 및 절차를 파악한다.
⑯ 방문객 출입절차 및 방법을 파악한다.
⑰ 물품의 반입 및 반출 관리절차 및 방법을 파악한다.
⑱ 책임 한계를 파악한다.
⑲ 키(열쇠) 또는 보안카드 관리방법을 파악한다.
⑳ 경비보안 유관기관 협조업무 및 방법을 파악한다.
㉑ 비상상황시 대응방법 및 절차를 파악한다.
㉒ 기타 경비서비스 계획수립에 영향을 미치는 사항 등을 파악한다.

### (6) 파악한 경비현장 현황정보 및 고려사항을 경비계획 수립에 반영한다

① 경비목표와 기본방향 및 경비업무의 범위 등 파악한 정보를 계획수립에 반영한다.
② 경비현장 현황파악 정보를 경비계획 수립에 반영한다.
③ 경비계획 수립 고려사항 파악자료를 경비계획 수립에 반영한다.

### (7) 경비계획을 수립한다

① 경비 예산계획을 수립한다.
② 경비 인력계획을 수립한다.
③ 경비설비 구축 및 운영계획을 수립한다.
④ 교대근무 방법 및 근무시간 계획을 수립한다.
⑤ Post, Gate, Reception Desk별 근무계획을 수립한다.
⑥ 순찰계획을 수립한다.
⑦ 비상상황 대응계획을 수립한다.
⑧ 출입자 및 출입 차량 통제계획을 수립한다.
⑨ 주차관리 계획을 수립한다.
⑩ 마스트키 및 보안카드 관리계획을 수립한다.
⑪ 행사지원 계획을 수립한다.
⑫ 의전계획을 수립한다.
⑬ 비상상황 대응과 돌발 사건사고 처리계획을 수립한다.
⑭ 거동 수상자 검문검색 및 체포 이첩절차를 수립한다.
⑮ 물품반입 및 반품관리 계획을 수립한다.
⑯ 방문객 안내계획을 수립한다.
⑰ 경비 보안관리 직무/친절/안전관리 교육계획을 수립한다.
⑱ 보안장비 점검 및 운영계획을 수립한다.
⑲ 일일경비계획을 수립한다.

#### (8) 수립한 경비계획을 경비 현장업무에 적용한다

① 계획과 적용 간에 나타나는 편차에 대하여 원인을 규명하고 개선한다.
② 제공한 경비 서비스에 대한 고객만족도를 조사하고 개선한다.

## 7. 피해보상 대비 영업배상책임 보험 등 가입

### 1) 영업배상 책임보험의 개념

영업배상책임 보험이란 일정한 영업을 경영하는 자가 영업상 사고가 발생하여 그 피해를 변상하여야할 경우를 대비하여 가입하는 손해보험을 말한다. 영업배상책임보험 외에 산재보험과 손해보험 등에 가입하여 만일의 피해에 대한 보상대책을 강구하고 있어야 한다.

### 2) 보험가입의 목적

보험가입의 목적은 갑자기 사건사고가 발생하여 금전상의 피해가 발생하였을 경우에 부담해야 하는 피해보상을 보험사에 전가하여 피해위험에 대한 보상 부담으로부터 자유롭게 되기 위함에 있다.

### 3) 보험가입 절차

① 피해 예상금액을 산정한다.
② 해당 보험사를 선정한다.
③ 4대 보험과 영업배상 책임보험 및 손해보험에 가입한다.
④ 보험 증서를 교부받아 보관하고 사건사고 발생시 보험금을 청구한다.
⑤ 수령한 보험금으로 사건사고 피해에 대하여 보상 한다.

## 8. 경비원 배치 및 경비 시스템 설치

① 경비원 배치
② 경비시스템 설치

## 9. 경비원 교육훈련

### 1) 교육훈련의 개념

교육의 사전적 의미는 '지식을 가르치고 품성과 체력을 기름'을 말한다. 또한 교육은 '성숙가지 못한 사람의 심신을 발육시키기 위하여 일정한 기간 동안 계획적 · 조직적으로 행하는 교수적 행동'을 의미한다. 한편 훈련의 사전적 의미는 '무예나 기술 등을 실지로 활용할 수 있도록 배워 익힘'을 말한다.

교육은 이성적으로 지식의 이해에 중심을 두는 반면, 훈련은 기능적으로 육체적으로 스스로 활용할 수 있도록 하는 데 목적이 있다. 따라서 경비원이 경비업무를 수행하게하기 위해서는 경비에 대한 이론교육과 실습훈련이 모두 필요하다.

### 2) 경비교육의 목적

경비원 교육의 목적은 경비원으로 하여금 경비 교육훈련을 통하여 경비에 대한 지식과 정보를 학습하고 경비원의 품성과 체력을 함양하여 스스로 경비활동을 전문적으로 수행할 수 있는 능력을 갖추게 하여 경비의 목적인 경비대상 시설의 인명과 재산을 효과적으로 보호하게 하는데 있다. 경비는 단순한 육체적 노동의 직업이아니라 고도의 전문적 지식이 필요한 전문직이므로 경비에 대한 전문교육과 훈련이 필요하다.

### 3) 경비교육의 내용

경비교육은 경비원으로 하여금 효과적이고 능률적인 경비활동을 수행하게 하는데 필요한 지식과 정보의 학습 및 경비활동에 요구되는 체력을 함양하는데 있으므로 다음 항목에 해당하는 교과목을 교육하고 훈련하는 것이 바람직 해 보인다.

(1) 경비원의 직업윤리 및 정신적 자세와 태도
(2) 빌딩범죄 예방법
(3) 순찰활동 요령
(4) 출입통제 방법
(5) 범죄신고 및 현장보존 요령
(6) 방범시스템의 운용방법
(7) 경비관계법령의 내용 및 현장 적용방법 등

### 4) 교육훈련의 절차

(1) 교육계획을 신임교육 또는 직무교육 구분하여 수립한다.
(2) 교육계획은 교육일시, 교육장소, 교육대상, 교육시간, 교육내용, 교육성격, 교육일정 통보인, 교육 시간표, 강사계획, 피교육생 준비사항, 교육 부담비용, 교재계획 등을 포함하여 교육계획을 수립한다.

(3) 해당교과목 교안을 작성한다.

(4) 교육일정을 통보한다.

(5) 강사를 섭외하고 교육훈련 내용을 공유한다.

(6) 경비원 직무교육/신임교육을 실시한다.

① 경비원의 직업윤리 및 정신적 자세와 태도에 대하여 교육한다.

가. 직업윤리 및 정신적 자세와 태도의 개념 : 직업윤리의 사전적 의미는 특정의 직업에 종사할 사람들이 지켜야 하는 행동규범을 말한다. 정신적 태도와 자세란 사고나 감정의 작용을 다스리는 인간의 마음가짐이나 사물에 대한 마음가짐을 의미한다. 이를 토대로 경비원의 직업윤리란 경비원이 경비 직업에 대하여 반드시 지켜야 하는 행동규범을 말하고 정신적 자세와 태도란 경비원이 경비직업에 대하여 마땅히 견지해야 하는 마음가짐을 말한다. 직업윤리와 일반윤리의 개념을 비교하면 일반윤리는 사회구성원 전체가 마땅히 지켜야 하는 행동규범인데 반하여 직업윤리는 그 직업군에 종사하는 사람들이 직업적으로 마땅히 지켜야 하는 행동규범을 말한다.

나. 경비원 직업윤리 및 정신적 자세 및 태도교육의 내용 : 경비원의 교육 훈련교과목에 반드시 포함해야 하는 경비원의 정신적 자세와 태도의 내용은 〈표 66〉과 같다.

〈표 66〉 경비원의 정신적 자세와 태도

| |
|---|
| (1) 경비원은 지정된 복장을 착용하고 경비장구를 갖추어 항상 정 위치에서 근무하며, 담당 경비구역을 순찰하여 고객의 안전과 인명보호 및 재산피해를 예방하여 고객의 재산을 보호하는 경비활동에 전념해야 한다. |
| (2) 경비원은 고객만족 서비스 제공에 만전을 기하여야 하며, 친절하고 예의를 갖추어 고객을 대한다. |
| (3) 경비원은 출입통제를 부드럽고 철저하게 실시하여 음주만취 자나 거동수상자, 배회자, 목적 없이 빈번하게 출입하는자 등의 접근을 통제하고 수상한 물품 발견시 집중적으로 감시하여 만일의 위험사고에 대비해야 한다. |
| (4) 경비원은 경비근무 구역의 청결과 위생환경을 유지해야 한다. |
| (5) 경비원은 경비구역 내에 이상현상이 나타나거나 비상상황 또는 돌발사고 등의 발생시 지휘계통을 통하여 즉시 보고하고 관계기관에 즉각 신고한다. |
| (6) 비상상황 및 돌발사고 발생시 선 구명조치하고 후 보고한다. |
| (7) 경비원은 상주고객의 일과가 종료 된 이후 공공시설을 순찰하여 불필요한 전등을 소등하고 이용 상의 불편사항이 발생유무를 확인하고 조치해야 한다. |
| (8) 경비원은 경비대상 시설 내의 인명과 재산보호에 경비 제1목표를 설정하고, 이를 위하여 경비근무에 만전을 기하여야 한다. |

(9) 경비원은 상주고객의 입주 및 퇴거시 입주 및 퇴거지원 절차에 따라 반입 및 반출물품에 대하여 확인하고 처리해야 한다.

(10) 경비원은 임의로 경비구역을 이탈하거나 경비근무 중에 음주, 잡기, 기타 경비근무에 지장을 초래하는 어떤 행동도 삼가야 하며, 경비원 금지의무를 준수해야 한다.

(11) 경비원은 경비근무 매뉴얼을 반드시 숙지하고 근무해야 하며, 비상상황 및 돌발상황 대처요령을 숙지해야 하고 경비근무 내용을 기록하고 유지해야 한다.

(자료 출처 : 한국산업인력공단 보안 학습모듈 02 경비직무교육 훈련, p.4 인용 및 재구성)

② 빌딩범죄 예방법에 대하여 교육훈련을 한다.

가. 빌딩 범죄의 개념과 예방의 중요성 : 빌딩 범죄라 함은 빌딩에서 일어난 사건으로서 법률에 따라 처벌받아야 하는 위법한 행위를 말한다. 구체적으로 말하면 경비대상시설에서 범죄 구성요건에 해당하는 이른바 고의를 가지고 타인을 해할 목적으로 형법에서 규정하고 있는 처별의 대상죄목에 해당하는 살인, 방화, 절도, 폭행, 상해, 강도 등 위법행위를 자행하여 피해가 발생한 형사적 사건을 말한다. 법률적 범죄는 범죄 구성요건에 해당하는 위법행위를 말한다. 즉, 빌딩 범죄는 고의적으로 타인을 해할 목적으로 형법의 범죄 구성요건에 해당하는 지은 죄를 빌딩 범죄라 한다. 경비원은 빌딩 범죄예방에 초점을 맞추어 적절히 순찰하거나 경계하여 출입을 통제하여야 한다. 시설경비에 있어서 범죄의 예방은 매우 중요하다. 시설 민간경비의 특성상 체포(현행범 체포는 가능함)권한이나 구금의 권한이 없는 민간 경비원이 사건사고가 발생하더라도 독자적으로 사건사고를 대응하는데 한계가 있다. 그러므로 빌딩 범죄가 발생하기 전에 범죄 환경을 차단하고 인적·물적 위험요소를 사전에 파악하고 막음으로서 사건사고 발생에 의한 피해를 최소화할 수 있다. 따라서 경비원은 범죄예방에 주력하여 경비근무를 수행하여야 한다.

나. 빌딩 범죄의 이론적 예방법 : 범죄예방 접근법을 주창한 블랜팅햄(Brantingham)과 파우스트(Faust)는 범죄에 대하여 1차적 범죄예방 접근법과 2차적 범죄예방 접근법 및 3차적 접근법으로 범죄를 예방 할 수 있다고 주장하였다. 즉 1차적 접근법으로 물리적, 사회적 범죄 환경개선을 통하여 범죄를 예방할 수 있으며, 2차적으로 범죄인의 범죄 기회를 차단함으로서 범죄를 예방할 수 있다. 또한 3차적으로 범죄를 저지른 범죄인을 대상으로 교정과 처벌을 통하여 범죄를 예방 할 수 있다고 강조하였다. 그러나 이와 같은 단계별 범죄예방 접근법은 사회범죄를 대상으로 법과 제도가 모두 갖추어 국가나 정부에서 의미가 있는 범죄 예방법으로 인식되나 시설경비 대상 현장의 형편과 사정상 범죄예방 접근법으로 빌딩범죄 예방이 전적으로 유효하게 이루어지지 못하는 한계가 있다. 따라서 빌딩 범죄 예방을 위하여 다음과 같은 실무적 범죄예방 조치가 요구되고 있다.

다. 경비 실무적 빌딩 범죄 예방법 : 경비 대상시설의 환경과 여건 및 경비원 권한의 한계 등을 고려하여 빌딩 범죄를 효과적으로 예방하는 경비 실무적 빌딩 범죄 예방법을 소개 하면 다음과 같다.

- 물리적 범죄위험 환경을 조사하고 분석하여 개선한다. 경비 대상시설에는 도난, 고의적 방화, 무단침입에 노출되는 물리적 환경이 방치되는 범죄 취약시설들이 존재하고 있다. 잠금장치, CCTV 설치, 보안키의 부실관리, 부실한 출입통제 시스템, 부실한 방범시스템 운영, 방범등 부재, 희미한 조도, 현금보관 금고관리 부실 등 범죄 취약성을 보이는 물리적 범죄환경이 방치되는 경우에는 범죄위험 환경이 범죄를 초대하는 경우가 발생할 수 있다. 그러므로 경비대상시설 중 범죄 취약성을 들어내는 범죄 위험환경을 조사하고 분석하여 1차적으로 범죄위험 환경을 개선해야 한다.
- 인적 범죄위험 소지자를 조사하고 분석하여 철저히 감시하고 출입을 통제한다. 거동 수상자, 배회자, 목적 없이 VIP 방문을 시도하는 자, 흉기 휴대자, 도박 중독자, 알콜 중독자, 경제적 파산자, 전과자, 요시찰 인물, 불평불만 토로 및 폭언을 일삼는 자, 폭행 상습자, 과도한 사치 · 방탕 생활자, 자포자기 및 자살 시도자, 이상 행동자, 수상한 행동을 하는 자 등 범죄위험을 소지하고 있는 인적 위험 소지자에 대한 정보입수나 범죄가 확인 되는 경우에는 '범죄위험 소지자 블랙리스트'에 등재하고, 경비원 모두가 블랙리스트 등재 범죄위험 소지자 정보를 공유하여 집중적으로 감시해야 하며 철저하게 출입 통제해야 한다.
- 경비원의 경비의식 개선과 신속한 보고 및 경비시설을 효과적으로 운영한다. 경비 대상시설의 인명과 재산보호 목적의 경비는 각종 위험발생을 예방하고자 하는 경비원의 경비의지와 자세 및 태도와 상관성이 있으며, 이상현상 등의 신속한 보고와 신고는 범죄예방에 매우 유효하며, 경비시설의 효과적 운영 역시 범죄예방에 긍정적으로 작용한다. 그러므로 경비원의 경비에 대한 사명감을 가지고 바람직한 경비의지와 관심 및 태도를 견지하고 거동 수상자, 이상 행동자 등 범죄위험 소지자를 발견 즉시 지휘계통을 따라 신속하게 보고하고 관계기관에 민첩하게 신고하는 등 경비원의 의식과 자세에 대한 개선이 요구되며, CCTV와 감지기 등 경비시설을 정 위치에서 효과적으로 운영하는 경우 기대 이상의 범죄예방 효과를 거둘 수 있다.

③ 순찰활동 요령에 대하여 교육훈련을 한다.

가. 순찰의 개념 : 순찰(Patrol/Round of Inspection)의 사전적 의미는 '순회하여 살핌'을 말한다. 다시 말하면 순찰이란 경비 순찰계획에 따라 경비 대상시설의 경비구역을 순회하여 화재, 도난, 재난, 파손, 파괴 등의 위험과 기타 시설물의 이상 유무를 확인하고 거동 수상자나 만취자, 이상행동자 등 질서유지에 지장을 조

래하는 요인 등의 발견시 적절히 대처하여 인적·물적 피해를 최소화하기 위하여 순회하며 안전을 점검하는 활동을 말한다.

나. 순찰활동의 요령 : 순찰의 목적, 순찰의 원칙, 경비원의 순찰 자세, 순찰 전 준비사항과 유의사항, 요점별 순찰사항, 순찰시 비상상황 발생 보고절차 등에 대하여 교안을 준비하고 교육훈련을 한다.

④ 출입통제 방법에 대하여 교육훈련을 한다.

가. 출입통제의 개념 : 통제의 사전적 의미는 일정한 방침에 따라 제한하거나 제약함을 말한다. 시설경비에 있어서 통제의 의미는 경비 대상시설에 출입을 통제하는 경비업무로서 위험의 예방과 사건사고의 방지를 통하여 시설경비대상 시설 내의 인명과 재산을 보호하기 위하여 출입하는 사람(상주 고객 및 방문고객)과 차량의 출입 및 물품의 반입과 반출하는 물건 등을 시설경비 출입통제 매뉴얼에 따라 제한하거나 제약함을 말한다. 출입통제란 경비 대상시설에 대하여 인력, 차량, 물건, 정보 등의 출입을 효율적으로 통제하여 발생 가능한 보안사고를 예방하고, 발생한 보안사고에 대한 신속한 대응과 사후처리를 통해 경비 대상시설과 구성원의 생명 그리고 신체안전을 보호하기 위한 필수(경비)요소로 설명하도 있다.

나. 상주고객 출입통제 : 통제의 객체(대상) 중에는 출입자 통제가 가장 중요하나 매우 까다로운 경비업무이다. 왜냐하면 상주고객 출입자는 통상 갑의 행사를 주저없이 하고자 하고, 특히 특별고객인 VIP고객은 통제 받기를 매우 싫어하며 오히려 의전 수준의 대접을 받기 원하고 있기 때문이다. 따라서 출입자 대상에는 업무 또는 공사목적으로 방문하는 방문고객 정도가 출입통제의 대상으로 인정되고 있다. 그러나 경비 대상시설의 인명과 재산보호를 위하여 직책의 고하나 신분의 고하를 막론하고 경비계획과 보안절차에 따라 출입자 통제를 철저히 수행하여 각종 보안사고를 미연에 방지하여 인적·물적 피해를 예방해야 한다. 상주고객이라 함은 경비대상 시설에 근무하거나 일시적으로 파견 나온 직원으로 출입증 기타 방법과 절차에 의하여 항시 출입이 허가된 자를 말한다. 상주고객의 출입통제는 일반출입증 발급과 출입증 관리방법으로 통제한다.

다. 방문고객 출입통제 : 방문고객이란 해당 경비대상 시설에 업무나 작업 등의 목적으로 일시적으로 방문하는 자로서 신분확인을 통하여 발급하는 방문자 출입증으로 하여금 일시적으로 출입을 허락 받는 자를 말한다. 방문고객의 출입통제는 방문자 출입증으로 통제할 수 있으며, 방문자 출입통제는 방문자 출입증 발급 및 관리로 통제한다.

라. 특별고객 출입 의전 : 특별고객의 사전적 의미는 특별하게 대우해야 하는 VIP고객을 말하며, 통상 경비시설의 상주회사의 임원 이상의 대표나 경영자를 말하고, 건축물의 소유자와 건축물소유자나 관련 부서로부터 특별히 의전을 요청하는 고

객을 말한다. 상주고객으로 분류되는 특별고객은 현실적으로 통제가 용이하지 않으나, 만일의 경우를 대비하여 의전매뉴얼에 따라 친절하게 의전성격의 통제가 요망 된다.

마. 휴대물품 통제 : 휴대품이라 함은 사람의 몸에 붙어 있거나 손에 들고 있는 물건을 말하며, 시설경비의 통제의 객체로 분류되는 물품은 경비대상 시설의 기밀 산업정보와 산업기술에 관련한 물품이나 사건사고에 사용될 수 있는 위험한 물품 등을 의미한다. 휴대물품의 통제가 필요한 이유는 휴대물품을 이용하여 정보나 기술의 반출이 가능하고, 무기나 위험장비 도구를 통하여 사람을 위해하거나 부상 등 범죄에 사용될 수 있디 때문이다. 휴대물품은 휴대용 금속 탐지기, 문형 금속 탐지기, X-Ray 통과 등을 통하여 통제한다.

바. 출입차량 통제 : 경비 대상시설의 안전과 사건사고 위험의 예방 및 통제를 위하여 시설에 출입하는 전체 차량을 대상으로 차량 통제를 실시해야 한다. 일반적으로 상주고객 소유차량은 통제대상에서 제외하고 있으나, 상주고객 소유차량도 경비통제의 대상에 포함시켜 통제해야 한다. 왜냐하면 상주고객 차량을 통하여 범죄 및 보안사건의 원인 제공자가 종종 나타날 수 있기 때문이다.

출입차량이라 함은 경비 대상 주차장에 일시 주차하거나 장기 주차하는 차량 또는 경비대상 시설에 일시 정차하는 차량을 말한다. 근무로 인한 상주고객 차량이나 업무목적으로 방문하는 차량 및 시설주변에 불분명한 목적으로 일시 정차하는 모든 차량을 출입차량이라 한다. 출입차량은 출입 스티커 발급, 차량 등록 부등재, 불법주차 신고 등의 방법으로 통제한다.

⑤ 범죄신고 및 현장보존 요령에 대하여 교육훈련을 한다.

가. 범죄신고 및 현장보존의 개념 : 빌딩 범죄예방은 경비원에 의한 순찰활동과 출입통제, 경비 시스템의 운용 등의 방법으로 가능하나 이상현상 또는 범죄 의심 상황에 대하여 감지하고 사전에 관계기관에 신고함으로서 범죄예방이 가능하다. 또한 범죄가 발생한 현장을 발견 당시의 현장모습 그대로 보존하는 경우에도 경찰에 의한 범인의 검거 또는 문제해결에 증거를 확보할 수 있어 범죄의 수습에도 매우 유익하다. 따라서 경비원은 범죄 신고요령과 현장 보존방법에 대하여 교육훈련을 반드시 받아야 한다.

나. 범죄신고 요령 : 범죄현장에 관계기관(예 경찰관)이 있는 경우에는 은밀하고 조용하게 접근하여 신고한다. 범죄신고는 국번없이 112(경찰서), 화재신고는 119(소방서), 간첩신고는 111(국정원) 또는 1337(기무사), 테러 관련 원자력 핵물질 사고신고는 080-002-0049, 핵물리 방호신고는 042-860-9791로 신고한다. 신고요령은 신고자 성명과 현재의 위치, 직업 등을 밝히고 신고내용을 언제(When), 어디서(Where), 누가(Who), 무엇을(What), 어떻게(How), 왜(Why) 등 6하 원칙

(Six under Principle)에 따라 신고한다.

다. 범죄현장 보존요령 : 범죄현장 보존 역시 범죄예방의 기능과 역할을 담당하고 있다. 따라서 경비 근무자는 범죄현장 보존에 대하여 범죄사실 발견 당시 그대로 보존하여 증거의 확보나 범인 체포에 도움이 되게 해야 한다. 범죄현장 보존요령은 다음과 같다.

- 사람 동물 등의 출입을 통제한다.
- 발견자 또는 목격자 조사를 실시하여 증거를 확보한다.
- 현장 사진 촬영하거나 동영상 자료를 만들어 두거나 도면작성 및 현장을 종이에 스케치하여 보관한다.
- 경찰관 도착 전까지만 현장을 보존하고, 경찰관이 도착하면 경찰관에게 인계한다.
- 현장 인수인계자 인적사항을 포함하여 인계사항을 기록하여 보관한다.

⑥ 방범 시스템 운용방법에 대하여 교육훈련을 한다.

가. 방범 시스템의 개념 : 방범 시스템이란 도난위험을 예방하고 방지하는 방범장비로서 협의의 방범 시스템과 광의의 방범시스템이 있다. 협의의 방범 시스템은 경비 대상시설에 설치한 여러 종류의 감지기를 의미하고 넓은 의미의 방범 시스템은 침입감지 센서와 영상감시 장비(CCTV)로 구성된 방범장비를 말한다.

경비 대상시설의 시설경비업무 중 방범 및 출입통제와 보안업무는 상주 경비원과 방범 시스템의 상호작용과 보완에 의하여 이루어지는 특징이 있다. 특히 방범 시스템의 기능과 역할은 도난예방과 방지에 결정적으로 기능하고 역할하고 있으므로 경비원은 방범 시스템에 관한 연구와 이해가 매우 중요한 과제라 할 수 있다. 방범 시스템은 침입감지센스(감지기)와 영상감지장비 CCTV(Closed Circuit Television)로 구성되어 있다. 따라서 경비원은 경비대상에 설치하고 있는 감지기와 CCTV에 대하여 살펴 이해할 필요가 있다.

나. 침입감지센스(감지기) 운용절차

- 자석 감지기, 열선 감지기, 진동 감지기, 열선 감지기 중 경비 대상시설에 설치한 어떤 종류의 감지가 설치되어 있으며, 설치된 감지의 종류와 특성을 파악한다.
- 경비대상 시설에 설치란 감지기에 대한 종류별 특성을 숙지한다.
- 수신한 경보신호를 분석하고 해석한다.
- 해석 결과에 따라 즉시 현장에 출동하여 상황을 확인하고, 실제상황 여부와 오작동 여부를 확인한다.
- 실제상황인 경우, 보안요원을 호출하고 철저히 침입자를 추적하고 제압한다.
- 제압 즉시 현장을 보존하고 상급자에 보고하고 관계기관(경찰서)에 신고한다.
- 출동결과 오작동으로 판명되는 경우에는 오작동 원인을 반드시 구명하고 장비

이상시 수선한다.

- 출동결과를 기록하고 보존한다.

다. CCTV 운용절차

- 24시간 모니터링을 한다.
- 모니터링 중에 이상 물체나 수상한 사람이 경비 대상시설 밖에서 포착될 경우에는 1차 경고방송을 실시하여 퇴거를 종용하여야 하며, 불응하고 계속 침입을 시도하는 경우에는 즉시 현장에 출동하여 침입 여부를 확인한다.
- 현장 출동결과 침입이 확실한 경우에는 상황을 파악하여 상급자에 보고하고 경찰에 신고한다.
- 경찰 도착 전까지 현장을 보존하고, 경찰 도착시 현장을 인계하고 출동상황을 종료한다.
- 필요한 경우 영상을 녹화하여 보관하되 '개인정보보호법'에 저촉되지 않은 범위의 녹화를 제공해야 한다.
- 상황의 시작과 종료과정을 기록하고 보관한다.

⑦ 경비관계법령의 내용 및 현장적용 방법에 대하여 교육훈련을 한다.

가. 경비관계법령의 개념 : 경비활동에 직접 또는 간접으로 영향을 미치는 법령을 말한다. 경비관계법령에는 경비업법과 청원경찰법, 형법, 형사소송법 등이 있다.

나. 경비업법 교육 : 경비원이 되고자 하는 자는 일반 경비원의 경우 24시간 신임교육을 이수해야 하고, 일반 경비원이 된 자는 월 4시간의 직무교육을 받아야 한다.

- 경비업법의 목적에 대하여 교육한다.
- 경비업법은 경비업의 육성 및 발전과 그 체계적 관리에 관하여 필요한 사항을 정함으로서 경비의 건전한 운영에 이바지함을 목적으로 한다.
- 용어의 정의, 법인에 대하여 교육한다.
- 경비업 허가에 대하여 교육한다. 시설경비업 허가조건은 다음과 같다.

| 경비인력 | 자본금 | 시설장비 등 |
|---|---|---|
| 일반경비원<br>20명 이상 | 1억 원<br>이상 | • 기존 경비인력수 기준 경비인력 수<br>• 경비지도사 1명 이상<br>• 경비원 복장 및 봉, 분사기, 경적, 경봉<br>• 교육할 수 있는 교육장 |

- 경비지도사 및 경비원에 대하여 교육한다.
- 행정처분에 대하여 교육한다.
- 경비협회에 대하여 교육한다. 벌금과 과태료 및 벌칙에 대하여 교육한다.
- 시설경비업무에 대하여 교육한다. 시설경비는 도난, 화재 그 밖의 혼잡 등으로 인한 위험발생을 방지하는 업무이다.

- 경비업법의 현장적용에 대하여 교육한다.

다. 청원경찰법에 대하여 교육 : 청원법의 제정목적은 청원경찰의 직무, 임용, 배치, 보수, 사회보장 및 그 밖의 필요한 사항을 규정함으로써 청원경찰의 원활하게 운영하는데 있다. 청원경찰법의 교육내용은 다음과 같다.

- 청원경찰의 배치대상과 직무, 배치승인과 임용과 교육에 대하여 교육한다.
- 청원경찰의 경비와 보상, 신분보장과 감독, 표창과 징계 및 배상책임에 대하여 교육한다.
- 무기와 복제, 벌칙과 과태료 등에 대하여 교육한다.
- 청원경찰 직무한계에 대하여 교육한다.
- 청원경찰법의 현장 적용에 대하여 교육한다.

라. 형법에 대하여 교육 : 형법이란 범죄와 형벌의 관계를 규정하는 법규범의 총체를 말하며, 법률요건인 범죄에 대하여 어떤 형벌을 가할 것인가를 규정하는 법규범의 총체를 말한다. 시설경비와 관련하여 다음과 같은 죄에 대하여 교육한다.

- 공공의 안전에 관한 죄로 분류되는 폭발물 사용죄, 방화죄에 대하여 교육한다.
- 재산의 죄로 분류되는 절도죄, 강도죄, 준강도죄, 공갈죄, 점유물 이탈횡령죄, 손괴죄 등에 대하여 교육한다.
- 생명과 신체에 대한 죄로 분류되는 살인죄, 상해죄, 폭행죄, 유기죄 등에 대하여 교육한다.
- 자유에 대한 죄로 분류되는 협박죄, 체포감금죄, 강간죄, 강제추행죄 등에 대하여 교육한다.
- 사생활 평온의 죄로 분류되는 미밀 침해죄, 주거 침입죄, 퇴거불응죄 등에 대하여 교육한다.

마. 형사소송법에 대하여 교육 : 형사소송은 국가의 형벌권의 실행에 관한 절차로서 형사소송법은 형법을 적용, 실현하기 위한 소송절차에 관하여 규정한 법률이다. 형사소송법은 시설경비현장에서 발생하는 빌딩범죄에 대한 형법을 적용하여 형벌을 실현하는 절차법이므로 다음의 형사소송법의 내용에 대하여 교육해야 한다.

- 형사소송과 기초개념에 대하여 교육한다.
- 공소와 수시에 대하여 교육한다.
- 공판절차에 대하여 교육한다.
- 상소와 비상 구제절차에 대하여 교육한다.

(7) 교육훈련 결과를 평가한다.

① 경비업법 현장적용 및 교육에 대하여 서술형 시험으로 평가한다.

② 청원경찰법 현장적용 및 교육에 대하여 서술형 시험으로 평가한다.

③ 형법 현장적용 및 교육에 대하여 서술형 시험으로 평가한다.

④ 형사소송법 현장적용 및 교육에 대하여 서술형 시험으로 평가한다.

(8) 평가결과를 피드백 한다. 시험평가 결과 문제점으로 지적되는 부분에 대하여 피교육생 개인별로 피드백하여 경비관계법령의 현장 적용능력을 향상시켜 바람직한 시설경비 활동을 도모하도록 한다.

### 5) 교육평가결과를 인사관리카드에 기록하고 인사고과에 반영한다

시험 평가결과를 반드시 개인 인사기록카드에 기록하고, 이를 인사고가에 반영하여 교육에 대한 보상을 하도록 한다.

## 10. 경비 서비스 매뉴얼 개발

〈표 67〉 경비 서비스 매뉴얼의 종류(예시)

| 매뉴얼의 명치 | 매뉴얼의 종류 |
|---|---|
| 경비 서비스 업무 매뉴얼 | • 순찰업무 절차서<br>• 출동업무 절차서<br>• 중앙관제소와 경비원 간 통신체계 절차서<br>• 출입통제 절차서<br>• 비상상황 대응 절차서<br>• 고객 만족도관리 및 평가 절차서 |
| 경비시설 및 장비관리 매뉴얼 | • 중앙관제소 및 상황실 운영관리 절차서<br>• 경비시스템 유지 보수 절차서<br>• 출동차량 및 장구점검 및 유지보수 절차서<br>• 경비기기 및 시스템 검사 및 교정 절차서<br>• 경비시설 및 장비의 이력관리 및 기록 절차서 |
| 경비인력관리 매뉴얼 | • 경비인력 채용 절차서<br>• 경비원 자질 정기평가 절차서<br>• 경비원 신원조회 및 신원보증 절차서<br>• 경비원 교육훈련 지침서<br>• 경비원 복리후생 지침서<br>• 경비원 근무 지침서 |
| 품질시스템 매뉴얼 | • 품질방침의 수립절차서<br>• 품질관리 지침서<br>• 품질매뉴얼 개발 및 운영 지침서 |

시설경비 활동수행에 있어서 일정한 경비서비스 표준이 필요하다. 즉, 시설경비 업무관리 매뉴얼과 경비시설 및 장비관리 매뉴얼, 경비인력 관리 매뉴얼 등이 필요하다. 시설경비 매뉴얼은 시설경비 업무를 수행함에 있어서 요구되는 서비스의 표준 또는 기준 역할을 담당하고 있어 경비 서비스 수행준비 단계에서 반드시 준비해야 하는 업무이다. 경비 서비스 매뉴얼 개발은 KS S 1005(경비 서비스 KS 인증 국가표준규격)와 산업인력관리공단에서 2016년에 개발한 보안학습모듈 12권(www.ncs.go.kr로 접속하면 보안학습모듈자료를 얻을 수 있음)을 참고하여 개발이 가능하며, 개발하여 활용해야할 경비 서비스 매뉴얼의 종류를 소개하면 〈표 67〉과 같다.

## 제3절 시설경비 서비스 활동 수행단계 경비실무

시설경비는 경비대상 시설의 안전확보와 질서유지, 물품과 출입자 및 차량 등의 통제와 도난, 화재, 재난위험의 통제 등으로 건축물 사용자의 생명, 신체 및 재산의 보호에 목적을 두고 수행하는 안전관리 활동이다. 그러므로 경비 대상시설의 경비목적을 효과적으로 달성하기 위해서는 경비계획을 수립하고, 수립한 계획에 따라 체계적으로 경비활동을 수행해야 한다. 서비스 수행단계에서는 경비 서비스를 생산하는 실무적 경비활동이 다음과 같이 수행된다.

### 1. 경비 대상시설의 순찰활동

#### 1) 순찰의 개념

순찰(Patrol/Round of Inspection)의 사전적 의미는 '순회하여 살핌'을 말한다. 다시 말하면 순찰이란 경비순찰 계획에 따라 경비 대상시설의 경비구역을 순회하여 화재, 도난, 재난, 파손, 파괴 등의 위험과 기타 시설물의 이상유무를 확인하고, 거동수상자나 만취자, 이상행동자 등 질서유지에 지장을 조래하는 요인 등의 발견시 적절히 대처하여 인적·물적 피해를 최소화하기 위하여 순회하며 안전을 점검하는 활동을 말한다.

## 2) 순찰의 원칙

순찰은 순찰계획에서 명시하고 있는 순찰원칙에 따라 실시해야 하고, 위험과 이상현상을 조기에 발견하고 조기수습 및 원상복구하여 인적·물적 피해를 최소화해야 한다. 순찰자가 경비 대상시설의 경비 순찰구역을 순찰할 때 반드시 견지하고 지켜야 할 순찰의 원칙은 다음과 같다.

### (1) 위험발생 예방 및 피해 최소화의 원칙

경비활동에 있어서 수행하는 순찰은 위험발생을 예방하고, 비상상황을 미연에 방지하는 노력을 해야 하며, 부득이 사건사고 또는 문제가 발생한 경우에는 조기 대응, 즉각 대응, 선 조치 등의 방법으로 그 피해를 최소화해야 한다. 따라서 위험발생 예방 및 피해 최소화 원칙은 반드시 지켜져야 한다.

### (2) 비상상황 및 이상현상 처리절차 숙지의 원칙

경비 순찰자는 순찰시 발견하는 이상현상이나 비상상황에 대하여 처리절차를 숙지하고 적절하게 처리할 수 있어야 한다.

### (3) 비상연락망 연계 및 보고의 원칙

순찰 수행 중에 발견한 이상현상이나 부딪치는 비상상황에 대하여 내부 비상연락망과 외부 비상연락망에 즉시 보고하고, 비상연락망의 연계협조를 받아 수습에 만전을 기하여야 한다.

### (4) 경비안전 및 통신장구 휴대의 원칙

경비 순찰자는 경비 순찰 전에 개인의 안전과 비상상황에 적절이 대응하기 위하여 분사기, 단봉, 경적, 무전기, 손전등 등 안전 및 연락용 통신장구를 휴대하고 순찰에 임하여야 한다.

### (5) 비상상황 발생시 즉각 대응 및 조기수습의 원칙

순찰자는 비상상황 발생시 즉각적으로 대응해야 하고, 조기에 수습하여 현장을 원상 복구해야 한다.

### (6) 사건사고 현장보존 및 유지의 원칙

사건사고 발생시 유관기관인 경찰서, 소방서, 한국전력, 도시가스 등 외부 유관기관이 개입하여 해결하기 위해서 도착 전까지 사건사고 현장을 정상적으로 보존하고 유지하여 도착한 유관기관에 이관해야 한다.

#### (7) 이상현상 발견시 선 조치 후 보고의 원칙

순찰자가 순찰시 발견한 이상현상에 대하여 긴급을 요하는 경우에는 선 조치하여 해결하고, 조치 후에 조치결과를 포함하여 상급자 및 책임자에게 보고한다.

#### (8) 인명보호 우선의 원칙

사건사고 발생시 순찰자는 재산의 보호보다 인명보호를 우선적으로 처리해야 한다. 인공호흡이나 병원이송 등으로 인명구호에 우선적으로 대응해야 한다.

#### (9) 순찰동선 및 시간변화의 원칙

순찰의 방법에는 정선 순찰, 난선 순찰, 정시 순찰, 임시 순찰, 도보 순찰, 자동차 순찰 등의 순찰의 종류가 있으며, 순찰 동선과 시간이 정해져 있으나 범죄자나 침입자가 알고 있는 경우 순찰의 효과가 반감되는 경우가 있다. 따라서 순찰동선과 순찰시간을 주기적으로 변화를 가하여 순찰을 수행해야 순찰의 효과가 배가된다.

#### (10) 혼합 순찰의 원칙

순찰은 범죄나 이상현상을 예방하고 그 피해를 최소화 하는데 있다. 따라서 범죄 등을 예방하기 위하여 여러 가지 순찰의 유형을 혼합하여 순찰해야 효과적인 순찰효과를 거둘 수 있다.

#### (11) 6하 원칙 기록 및 보고의 원칙

순찰 중에 발생하고 조치한 내용을 6하 원칙에 따라 기록하고 보고해야 한다는 원칙이다.

### 3) 순찰의 목적

순찰의 목적은 순찰대상 경비구역의 순찰활동을 통하여 화재, 도난, 재난, 무단침입, 이상현상 등의 위험을 조기 발견하고, 즉각 대응과 조치로 그 피해를 최소화하여 경비 대상시설의 인명과 물리적 재산을 보호하고, 특별 보호대상 산업정보와 산업기술 등의 무단유출을 방지하여 경비 대상시설의 안전확보와 질서유지로 경비 대상물의 완전성을 유지하는데 있다.

### 4) 순찰의 유형

순찰의 유형을 분류기준에 따라 분류하면 다음과 같이 분류된다. 순찰의 유형은 다음과 같으나 경비 대상시설의 성격, 용도, 규모, 경비 대상 등에 따라 적절한 경비 순찰효과가 나타날 수 있도록 적절한 순찰유형을 선택하고 활용하여야 한다. 유형 분류기준에 따라 순찰유형을 정리하면 〈표 68〉와 같다.

〈표 68〉 순찰의 유형

| 분류 기준 | 순찰 유형 |
|---|---|
| (1) 순찰시간 기준 | 정시 순찰, 수시 순찰 |
| (2) 순찰노선 기준 | 정선 순찰, 난선 순찰, 요점 순찰 |
| (3) 순찰자 인원수 기준 | 단독 순찰, 복수 순찰 |
| (4) 순찰수단 기준 | 도보 순찰, 자동차 순찰, 오토바이 순찰, 자전거 순찰 |
| (5) 순찰자 복장 기준 | 제복 순찰, 사복 순찰 |

### 5) 순찰 전 준비사항과 순찰시 유의사항

#### (1) 순찰 전 준비사항

① 복장 및 용모를 확인한다.
② 안전장구 및 통신장비 점검 및 휴대한다.
③ 비상상황 대응 및 이상현상 조치절차를 숙지한다.
④ 비상연락망 연락정보를 확보한다. 특히 경찰 및 소방서, 병원정보는 반드시 확보한다.
⑤ 순찰구역 및 순찰노선을 확인한다.
⑥ 일일 순찰일정을 확인한다.
⑦ 경비 인수인계 사항을 확인한다.
⑧ 경보시설과 피난시설, 소화시설, 보안시설 등의 위치와 조지상항을 숙지한다.
⑨ 순찰 전에 중요 순찰지점, 중요 조치사항 및 처리내용을 확인한다.

#### (2) 순찰시 유의사항

① 인수인계 사항에 유의한다.
② 과거 발생한 유사 사건사고의 사고사례에 유의한다.
③ 순찰코스에 진행하고 있는 작업에 유의한다.
④ 순찰노선 선상에 산재해 있는 위험요소에 유의한다.
⑤ 취약 지역의 안전에 유의한다.
⑥ 이상냄새, 소음, 진동 등에 유의하고, 원인을 철저히 파악하고 필요시 조치한다.
⑦ 거동 수상자와 외부로부터 진입하는 차량에 대하여 유의한다.
⑧ 반입 및 반품 물건에 대하여 유의한다.
⑨ 건축물의 모퉁이나 수상한 구역에 대하여 유의한다.

⑩ 종전 사고지점과 문제시설에 대하여 유의한다.
⑪ 순찰자는 인기척이나 내부의 그림자, 불빛, 냄새, 소리 등에 유의한다.
⑫ 잠금장치 상태 이상에 대하여 유의한다.
⑬ 순찰결과 기록 및 보고에 유의한다.

### 6) 순찰자의 자세와 태도

경비 대상시설에서 순찰을 담하는 경비원은 순찰의 목적을 효과적으로 달성하기 위하여 다음과 같은 순찰자의 자세와 태도를 견지하고 순찰에 임해야 한다.

(1) 순찰자는 경비 대상시설의 인명과 재산보호에 남다른 사명감을 가지고 적극적인 자세로 순찰에 임해야 한다.
(2) 순찰자는 경비 대상시설의 위험지구와 위험물, 경계대상 출입자와 출입차량 등에 대하여 경각심을 가지고 적극적으로 감시, 경계, 순찰, 방호활동을 실시하여 건물 내 질서유지와 안전확보 및 보안을 유지해야 한다.
(3) 순찰자는 출입자와 출입차량에 대한 신분확인으로 불법 침입자와 불법 차량을 통제하여 경비 대상시설 내의 질서유지와 안전한 건물환경을 유지해야 한다.
(4) 순찰자는 방문객 또는 이용자는 친절하고 정정하게 안내하여 친절하고 따듯한 경비 서비스 이미지 제고에 최선을 다해야 한다.
(5) 순찰자는 경비대상 시설의 재산과 인명 및 기밀정보와 산업기술 등의 보호와 완전성을 유지하기 위하여 도난, 화재, 빌딩 범죄와 사건과 사고 및 고장 등에 대하여 철저히 대비하여 인적 · 물적 피해발생을 예방해야 한다.
(6) 순찰자는 테러나 시위 등 집단행동이 발생하는 경우 전심전력으로 이를 방어하고 저지하여야 한다.
(7) 순찰자는 비상상황 발생시 최선을 다하여 수습하여 조기 원상회복할 수 있도록 최선을 다한다.
(8) 순찰자는 안전사고 발생시 사전에 안전사고 대응방법을 숙지하여 인명과 재산보호에 만전을 기한다.

### 7) 요점별 순찰 점검사항

도난예방 순찰을 수행하고 도난 위험요인을 점검한다.

(1) 경비 대상시설의 출입문, 창문, 비상구, 셔터 등 출입구의 개방이나 잠금장치 이상 유무를 점검한다.
(2) 방법기기, 위험 감지기 등의 외관과 기능의 이상유무를 점검한다.

(3) 외부 침입도구 유무를 점검한다.
(4) 외부 침입 루트인 가스배관, 전주, 수목, 이웃집 지붕 등에 대하여 점검한다.
(5) 옥상, 계단 밑, 화장실 등 범인의 은닉가능 장소를 점검한다.
(6) 경비 대상시설 내외의 순찰구역 안에 거동 수상자, 만취자, 노숙자, 알콜 중독자, 배회자 유무를 점검한다.
(7) 화재예방 순찰을 수행하고 화재 위험요인을 점검한다.
① 점화원과 인화물질 상태에 대하여 점검한다.
② 소화기, 소화전, 스프링클러 등 방화시설과 피난설비 등을 점검한다.
③ 인화물질과 가연물질의 관리상태를 점검한다.
④ 화기 사용 상태와 사용 후의 상태를 점검한다.
⑤ 전영기기의 무단사용 및 관리 상태를 점검한다.
⑥ 쓰레기 집하장, 소각장 관리 상태를 점검한다.
⑦ 흡연장의 흡연자, 담배꽁초 무단투기 등에 대하여 점검한다.
⑧ 전원코드 과부하 여부를 점검한다.
(8) 시설물 위험방지 순찰을 수행하고 시설물 위험요인에 대하여 점검한다.
① 가스 정압시설, 보일러, 수변전 시설, 저수조, 가스시설, 건물 내 직원식당 등 위험이 존재하는 장소에 대하여 위험 여부를 점검한다.
② 엘리베이터, 에스컬레이터 등 승강시설 위험에 대하여 점검한다.
③ 저수조, 고가수조, 배관 등을 점검하고 누수위험 유무를 점검한다.
④ 건물 내벽의 균열이나 침하현상 등 건축위험 상태에 대하여 점검한다.
⑤ 외벽 부착 광고판이나 간판 또는 옥상 통신 중계시설물의 상태를 점검한다.
⑥ 시설과 설비의 고장, 벽이나 바닥 등의 손상 여부 및 계단의 방해목적의 적재물 유무 등에 대하여 점검한다.
⑦ 시설물에 의한 이상 소음, 냄새, 진동, 이상 변색 등에 대하여 점검한다.
⑧ 건물 내 잔류인원을 점검한다.
(9) 우범지역, 취약지역 및 장소를 점검한다.
(10) 잠금장치를 점검한다.

### 8) 순찰시 비상상황 발생 보고절차

(1) '도난사고 발생시' 다음과 같이 조치하고 보고한다.

> ① 도난현장 발견 또는 신고접수 → ② 보안요원 현장출동 및 관계부서 및 경찰 112 신고 → ③ 도주로 차단조치 및 제압 → ④ 피해조사 → ⑤ 도난상황 보고서 작성 → ⑥ 보고 → ⑦ 상황종료

(2) '거동 수상자 발견시' 다음과 같이 조치하고 보고한다.

① 현장출동 및 신분확인 → ② 1차 경고조치 → ③ 관계부서 및 경찰협조 요청 → ④ 피해조사 → ⑤ 상황보고서 작성 → ⑥ 보고 → ⑦ 상황종료

(3) '화재발생시' 다음과 같이 조치하고 보고한다.

① 현장출동 및 상황확인 → ② 화재발생 상황전파 및 119 긴급신고 → ③ 초동 진압조치 및 관계부서 협조 요청 → ④ 화재발생 방송 및 대피유도 연속 방송 → ⑤ 화재진압 → ⑥ 피해현황 조사 → ⑦ 화재상황 보고서 작성 → ⑧ 보고 → ⑨ 상황종료

## 2. Post별 경비업무 수행활동

경비 서비스 수행단계에서 수행하는 경비업무 중에는 각 Post별로 담당 경비업무가 보이지 않은 가운데 수행되고 있다. 이를 정리하여 살펴보면 다음과 같다.

### 1) Lobby

(1) 목적 방문객 안내 및 목적없는 방문객 통제
(2) 상주고객 신원 확인
(3) VIP 고객 의전
(4) 잡상인, 각종 배달원, 퀵 서비스 인원 통제
(5) 출입문 개폐
(6) X-ray, 금속 탐지기 등 보안장비 운영
(7) 정문 불법주차 통제
(8) 물품반입 및 반출 통제
(9) 출입인원 경계 및 방호
(10) 흡연자 단속
(11) 기타 안전유지에 필요한 업무

### 2) CCTV 관제센터

(1) CCTV, DVR 기기 모니터링 및 관리
(2) 보안 취약지역 감시
(3) 민원발생시 자료검색

### 3) 주차 정산소

(1) 내방객 안내
(2) 외부차량 통제
(3) VIP 안내
(4) 비 정기차량 통제
(5) 외부 방문차량 확인
(6) 입 · 출입 프로그램 출입시스템 운영
(7) 사건사고 발생시 보안팀 상황 보고

### 4) 현관 안내 데스크

(1) 방문객 VIP 안내 및 의전
(2) 전화 및 방문객 응대
(3) 물품반입 및 반출 확인
(4) 방문증 발급 및 회수
(5) 분실물 관리
(6) 출입자 관리
(7) 구역 내 사건사고 발생시 보안팀 상황 전파

## 3. 출입통제 활동

### 1) 출입통제의 개념

통제의 사전적 의미는 일정한 방침에 따라 제한하거나 제약함을 의미한다. 시설경비에 있어서 통제의 의미는 경비대상 시설에 출입을 통제하는 경비업무로서 위험의 예방과 사건사고의 방지를 통하여 시설경비 대상시설 내의 인명과 재산을 보호하기 위하여 출입하는 사람(상주고객 및 방문고객)과 차량의 출입 및 물품의 반입과 반출하는 물건 등을 시설경비 출입통제 매뉴얼에 따라 제한하거나 제약함을 말한다.

출입통제란 경비 대상시설에 대하여 인력, 차량, 물건, 정보 등의 출입을 효율적으로 통제하여 발생가능한 보안사고를 예방하고, 발생한 보안사고에 대한 신속한 대응과 사후처리를 통해 경비대상 시설과 구성원의 생명 그리고 신체안전을 보호하기 위한 필수(경비)요소로 설명하고 있다.

## 2) 출입통제의 주체와 객체 및 수단

### (1) 출입통제의 주체

출입통제의 주체라 함은 통제행위의 권한을 가지고 통제행위를 정당하게 수행할 수 있는 자로서 이에는 건축물 소유자와 시설경비 서비스 사업자인 경비 용역회사와 그 종사자(경비원) 들이 있다. 경비주체가 되는 법적 권원에는 건축물의 소유권과 경비용역계약 및 관계법령 등이 있다.

### (2) 출입통제의 객체

통제의 객체란 통제의 대상을 의미하며 이에는 시설경비 출입통제의 객체에는 다음과 같은 통제의 객체가 있다.

① 출입자
② 출입차량
③ 휴대물품

### (3) 출입통제의 수단

출입통제의 수단이란 통제의 목적을 달성하기 위한 방법이나 도구를 말한다. 출입통제의 방법이나 도구에는 출입자 인적사항 기록 및 출입신청서 작성 및 제출, 출입증 발급 및 통제, 출입제어 시스템, CCTV, 경비원의 경계 및 질문 검색, 잠금장치, 휴대품 검색장비(X-ray 검색기/휴대용 금속 탐지기/문형금속 탐지기) 등의 통제방법과 도구 등이 있다.

## 3) 출입통제의 필요성과 목적

건축물에는 여러 가지 통재해야 하는 시설들이 산재되어 있으며, 위험물과 위험시설이 존재하고 있을 뿐만 아니라 보호해야하는 인명과 재산 및 산업정보와 산업기술 등이 존재하고 있어 각 종 사건과 사고의 위험발생의 개연성이 높고 이로 인한 인적·물적 피해가 발생될 수 있어 출입통제가 불가피 하다. 특히 국내 경기의 후퇴로 고의성 빌딩 범죄가 발생하고 있으며, 국제정치의 대립 환경이 지속되고 갈등과 전쟁이 산발적으로 일어나고 있으며, 국제적 범죄(테러, 납치, 방화, 폭발, 살인 등)가 현실적으로 발생하고 있어 경비 대상시설의 출입통제의 필요성은 더욱 강조되고 있다.

이와 같은 출입통제의 필요성에 따라 수행하고 있는 출입통제의 목적은 출입통제를 통하여 무단 출입자를 통제하여 혼잡으로부터 질서를 유지한다. 이는 도난, 화재, 살인 등의 빌딩범죄를 예방하고 인적·물적 피해를 유발하는 각종 사건사고를 방지하여 경비 대상시설 내의 인명과 재산을 보호하는데 있다.

### 4) 출입자 통제

통제의 객체(대상) 중에는 출입자 통제가 가장 중요하나 매우 까다로운 경비업무이다. 왜냐하면 상주고객 출입자는 통상 갑의 행사를 주저없이 하고자 하며, 특히 특별고객인 VIP 고객은 통제받기를 매우 싫어하며, 오히려 의전수준의 대접 받기를 원하고 있기 때문이다. 따라서 출입자 대상에는 업무 또는 공사목적으로 방문하는 방문고객 정도가 출입통제의 대상으로 인정되고 있다. 그러나 경비 대상시설의 인명과 재산보호를 위하여 직책의 고하나 신분의 고하를 막론하고 경비계획과 보안절차에 따라 출입자 통제를 철저히 수행하여 각종 보안사고를 미연에 방지하여 인적·물적 피해를 예방해야 한다.

#### (1) 상주고객 출입통제 절차

상주고객이라 함은 경비 대상시설에 근무하거나 일시적으로 파견 나온 직원으로 출입증 기타 방법과 절차에 의하여 항시 출입이 허가 된 자를 말한다. 상주고객의 출입 통제는 일반출입증 발급과 출입증 관리방법으로 통제하며 상주고객의 출입통제 방법은 다음과 같다.

① 상주고객 현황을 조사하고 파악하여 상주고객 인명부를 작성한다.
② 작성한 인명부에 따라 상주고객에 한해 일반 출입증을 발급하고 관리한다.
③ 발급한 일반 출입증은 출입시 항상 잘 보일 수 있도록 목에 패용하게 한다.
④ 출입증 패용상주고객만 통제없이 출입을 허용한다.
⑤ 출입증 패용자 중 의심나는 출입자가 있는 경우, 정중하고 친절하게 그러나 민첩하고 과감하게 질문 검색을 통하여 상주고객 여부를 확인한다.
⑥ 만일 출입증 패용자가 상주고객이 아닌 것으로 판명 날 경우에는 우범자로 분류하고 즉각적으로 제압하여 퇴출하거나 필요한 경우 도주를 차단하면서 경찰의 도움을 요청하여 처리한다.
⑦ 상주고객의 출입증은 부정기적으로 재발급하여 만일의 출입증 위변조를 방지한다.
⑧ 상주고객 중 출입증을 분실 또는 도난당했을 경우에는 개인적으로 재발급하는 경우와 전체 출입증 재발급을 심각하게 고민하여 단행해야 한다.
⑨ 상주고객 중 출입증 도난 또는 분실 신고접수 즉시 부처 출입자 경계를 강화하여 만일의 사건사고가 발생하지 않도록 조치한다.

#### (2) 방문고객 출입통제

방문고객이란 해당 경비대상 시설에 업무나 작업 등의 목적으로 일시적으로 방문하는 자로서 신분확인을 통하여 발급하는 방문자 출입증으로 하여금 일시적으로 출입을 허락 받는 자를 말한다. 방문고객의 출입통제는 방문자 출입증으로 통제할 수 있으며 통제절차는 다음과 같다.

① 방문고객의 방문목적을 확인한다.
② 방문자 신분증 정보를 방문목적 및 방문처 정보와 함께 신청서에 기재하고 신분증과 함께 방문 신청서를 제출하게 한다.
③ 작성 제출한 신청서 정보를 토대로 신분과 방문처 확인을 거처 방문출입증을 발급한다.
④ 방문출입증 발급 즉시 방문자 명부에 방문시간을 기재하고, 방문자로부터 서명 받아 제출한 신분증과 함께 별도 보관하고 관리한다.
⑤ 방문 목적을 종료하고 난 방문자에게 방문 결과를 질문하고 방문처에 다시 확인하여 제출한 신분증을 반환하고 방문 종료시간을 기재하여 보관한다.

#### (3) 특별고객 출입 의전

특별고객의 사전적 의미는 특별하게 대우해야 하는 VIP 고객을 말하며, 통상 경비시설의 상주회사의 임원 이상의 대표나 경영자를 말하고 건축물의 소유자와 건축물 소유자나 관련 부서로부터 특별히 의전을 요청하는 고객을 말한다.

상주고객으로 분류되는 특별고객은 현실적으로 통제가 용이하지 않으나, 만일의 경우를 대비하여 의전 수준의 부드러운 통제가 요망된다.

### 5) 휴대물품 통제

#### (1) 휴대물품의 개념

휴대품이라 함은 사람의 몸에 붙어 있거나 손에 들고 있는 물건을 말하며 시설경비의 통제의 객체로 분류되는 물품은 경비 대상시설의 기밀 산업정보와 산업기술에 관련한 물품이나 사건사고에 사용될 수 있는 위험한 물품 등을 의미한다.

휴대물품의 통제가 필요한 이유는 휴대물품을 이용하여 정보나 기술의 반출이 가능하고 무기나 위험장비 도구를 통하여 사람을 위해하거나 부상 등 범죄에 사용될 수 있디 때문이다.

#### (2) 휴대물품의 통제절차

① 휴대용 금속 탐지기를 사용하여 출입자 금속물품이 있는지 확인한다.
② 문형 금속 탐지기를 통과시켜 출입자의 금속물건이 있는지 확인한다.
③ X-Ray 통과시켜 밀도차이를 가지고 휴대물품을 확인한다.
④ 반입 휴대물품 중 수상하거나 위험한 물건이 확인되는 경우 반입을 금지하고 총

포류 등은 경찰서에 신고하여 처리한다.

⑤ 반출 휴대물품 중 수상한 카메라, 녹음기, CD, USB, 기술 도면, 서류 등이 발견되는 경우, 해당 부서에 즉시 연락하고 문제가 없는 경우 출처확인을 경유하여 반출한다.

⑥ 반출 휴대물품 중 수상한 물품을 발견시 해당에 이첩하여 처리한다.

⑦ 휴대물품 검색결과 문제가 있는 경우에는 반드시 기록하여 보관하고 위험물품은 별도 관리한다.

## 6) 출입차량 통제

경비 대상시설의 안전과 사건사고 위험의 예방 및 통제를 위하여 시설에 출입하는 전체 차량을 대상으로 차량통제를 실시해야 한다. 일반적으로 상주고객 소유차량은 통제대상에서 제외하고 있으나, 상주고객 소유차량도 경비 통제의 대상에 포함시켜 통제해야 한다. 왜냐하면 상주고객 차량을 통하여 범죄 및 보안 사건사고의 원인 제공자가 종종 나타날 수 있기 때문이다.

### (1) 출입차량의 개념

출입차량이라 함은 경비 대상 주차장에 일시 주차하거나 장기 주차하는 차량 또는 경비 대상시설에 일시 정차하는 차량을 말한다. 근무로 인한 상주고객 차량이나 업무목적으로 방문하는 차량 및 시설주변에 불분명한 목적으로 일시 정차하는 모든 차량을 출입차량이라 한다.

### (2) 출입차량 통제절차

① 상주고객 주차차량 통제절차

- 상주고객 소유차량 현황을 파악하고 상주고객 소유차량 등록부에 등재한다.
- 상주고객 무료 출입 스티커를 발급하여 소유차량에 부착시킨다.
- 차량 출입통제 시스템에 차량번호를 입력하여 차량통제 시스템이 인식하게 한다.
- 주차장 내에 설치된 장에 CCTV를 통하여 출입 이상유무를 지속적으로 관찰한다.
- 관찰결과 이상현상 발견시 반드시 확인한다.
- 이상현상 확인결과를 기록하고 보관한다.

② 방문고객 주차차량 통제절차

- 정기적 업무목적 차량(택배 차량/우편물 배달 차량/유지보수 협력업체 차량 등)은 방문자 차량 등록부에 등록한다.
- 방문차량의 위해요소(주차장 진입구 높이/도난/상주고객 주차공간 침범/주차장 교통사고/출입속도 등)를 파악하고 지속적으로 관찰한다.

- 등록차량에 한하여 차량출입증을 발급하고 출입 스티커를 유리창에 부착하게 한다.
- 차량출입증 휴대 및 출입스티커 부착차량에 한하여 일시 출입을 허용한다.
- 업무종료 후 차량 출입증은 반납 받는다.
- 차량 적재물품을 점검한다.
- 방문차량에 수상한 흔적이 있는 경우 차량 내부와 차량 하부 및 트렁크나 짐칸을 검색하고, 문제발견시 경찰의 협조를 구하여 처리한다.
- 문제가 없는 경우, 차량 출고를 허용하고 방문차량 통제업무를 종료한다.

③ 시설주변 일시 주차차량 통제절차

- 시설주변에 일시 주차한 차량에 대하여 주차목적을 확인한다.
- 확인결과 수상하거나 목적이 불분명한 경우에는 사진을 촬영하고 관찰한다.
- 교통에 지장을 주는 경우에는 주차를 허용하지 않는다.
- 허용되지 않은 차량이 계속 주차하는 경우에는 관할 경찰서 교통계에 불법주차 사실을 신고하여 처리한다.

## 4. 빌딩 범죄 대응활동

### 1) 빌딩 범죄의 개념

빌딩 범죄라 함은 빌딩에서 일어난 사건으로서 법률에 따라 처벌받아야 하는 위법한 행위를 말한다. 구체적으로 범죄를 말하면 경비 대상시설에서 고의로 타인을 해할 목적으로 범죄 구성요건에 해당하는 죄를 범한 위법행위를 말한다.

### 2) 빌딩 범죄의 유형

빌딩 범죄에는 살인, 강도, 성범죄, 절도, 재물 손괴, 변사체 방치, 방화, 독극물 저수조 투여, 폭행, 업무 방해, 주거 침입 등 크고 작은 사건사고가 발생되고 있다. 빌딩범죄 유형을 살펴보면 다음과 같다.

(1) 살인죄 : 살인은 형법 제250조-제25조 구성요건에 해당하는 가장 악질적인 빌딩 범죄로 고의로 타인(사람)을 살해하는 위법한 행위를 처벌하는 범죄를 말한다.

(2) 강도죄 : 형법 제333조에 해당하는 범조로 폭행 또는 협박으로 타인의 재물을 강취하거나 재산상의 이득을 취득하거나 제3자로 하여금 이를 취득하게 하는 범죄를 말한다.

(3) 성범죄 : 타인의 성을 직접적으로 침해하는 강간, 강제추행 또는 이를 기초로 가중처벌되는 범죄를 말한다.

(4) 절도죄 : 타인의 재물을 절취하는 범죄를 말한다. 빌딩범죄 유형 중에 가장 빈번하게 일어나는 범죄이다. 경비 종사자는 빌딩 절도사건 예방에 철저하게 노력해야 한다.
(5) 재물 손괴 죄 : 타인의 재물, 문서, 전자기록 등 특수 매체기록을 손괴 또는 은익 기타 방법으로 그 효용을 행한 경우에 성립하는 범죄를 말한다. 빌딩에서 자주 발생하는 범죄로서 거동 수상자 음주 만취자, 주거 부정으로 거리에 방치된 자 등에 대하여 경계활동이 요구된다.
(6) 변사체 : 자연사가 아닌 원인 미상으로 죽어 있는 사람의 시체가 유기되어 있는 상태를 말한다. 발견 즉시 경찰서 해당 부서에 신고하여 처리하되 현장보존에 만전을 기해야 한다.
(7) 독극물 저수조 투여 : 타인을 해할 목적으로 살인 또는 심한 상해나 질병을 유발할 수 있는 무단 침입하여 저수조에 투입한 범죄를 말한다. 빌딩보안상 특별히 경계하고 타인의 출입관리에 만전을 기해야 한다.
(8) 상해죄와 폭행죄 : 불법적으로 유형력의 폭행을 가하여 자연적인 건강상태를 해함으로 성립하는 죄를 말한다. 폭행죄와 유사하나 잔연적인 건강 상태가 유지되는 겨우는 폭행죄이고 자연적인 건강 상태가 해하는 경우에는 폭행죄에 해당된다.
(9) 기타 범죄 : 경비 대상시설에는 차량 절도사건, 차량 접촉사고, 방화사건 등이 종종 발생하고 있어 이에 대한 경계 경비와 함께 관계기관(경찰)의 협조를 받아 대처해야 한다.

### 3) 빌딩 범죄 대응절차

빌딩 범죄 대응방법에는 범죄예방 대응과 사후 대응방법이 있다. 빌딩 범죄는 예방이 매우 중요하기 때문에 사건사고 발생 전에 위해요인과 위험상황을 예의 관찰하여 예방에 전심전력으로 최선을 다해야 경비의 목적을 효과적으로 달성할 수 있다.

#### (1) 빌딩 범죄 예방절차

① 범죄 취약지역을 조사하고 위해 요인을 분석한다.
② 경비 대상시설 내에 불만 집단이나 불만을 가지고 있는 상주고객 또는 방문고객에 대한 정보를 지속적으로 수집하고 관리한다.
③ 상주고객 소속기업이 부도 징후가 감지되거나 세무조사를 당하고 있거나 경영자의 범죄사실이 신문 등의 언론 매체에 보도되는 경우 특별관리에 들어가야 한다.
④ 화재위험을 내포하고 있는 실험실, 쓰레기 집하장 또는 하치장, 유류, 가스 등 위험물 저장소, 위험물 사용기기, 상주고객 중 힘 있는 기업이나 부서 종사자들의 개인 사용 불법 전열기 등에 대하여 집중적으로 순찰하고 감시한다.
⑤ 위험한 장소[가스정압기, 가스저장소, 유류저장소, 질소 또는 수소저장소, 페인트(도장) 작업장 등]에서 점화원이 될 수 있는 전기용접 작업이나 담배 피우는 행

위 등에 대하여 발견 즉시 중단 조치한다.

⑥ 불만을 가지고 경비 대상시설을 자주 방문하는 방문객에 대하여 방문의 목적과 이유를 확인하고 불만 대상자 또는 불만 기업대표에 전달하여 불만 요인을 해소시키거나 격리조치 해야 하며 휴대하고 있는 물품(특히 흉기)에 대하여 특별 경계한다(방치하면 살인사건이 발생할 수 있음. 실제 살인사건 발생 사례 있음).

⑦ 만취 상태에 있는 자, 게임이나 마약 및 도박 중독자, 빌딩 주변을 배회하고 있는 자, 복장이 신분과 어울리지 않은 자, 언설이 횡설수설하는 자, 거동이 수상한 자, 불평과 고성을 일삼는 자, VIP 고객을 방문하고자 애쓰는 자, 식당이나 현관, 엘리베이터 내에서 소속기업이나 경영자를 정도를 넘는 수준으로 비난하거나 욕설 또는 불만을 토로 하는 자 등에 대하여 지속적으로 감시하고 교대경비 근무자에게 인수인계하고 경계하도록 조치하여 만일의 사태에 대비해야 한다.

⑧ 경비대상 시설에 대한 위험지역, 위해요인, 위험인물, 위험시설 등에 대하여 조사한 자료를 취합하여 '○○빌딩 안전지도'에 반영하여 작성하고, 이를 바탕으로 빌딩 범죄예방에 적극 활용한다.

### (2) 빌딩범죄 사후 대응절차

① 범죄 현장을 발견하는 경우, 현장상황을 조용하고 은밀하게 확인한다.

② 범죄 현장 발견 즉시 보안요원에게 협조를 구하여 초동 제압하고, 도주로를 차단하여 현장을 보존한다. 또한 상급자에 보고 및 경찰 등 관계기관에 신고 한 후 위해에 유의하여 후속 경계업무를 수행한다.

③ 다른 라인을 통하여 범죄발생 신고접수 경우에는 접수즉시 현장에 출동하여 범죄 상황을 확인하고 증거 보존, 증거 훼손 방지 타인 접근 및 출입 금지조치 등의 방법으로 현장을 보존하고 범죄현장 상황을 상급자에게 보고하고 경찰 및 병원 등 관계기관에 신고한다.

④ 초동조치를 통하여 사람의 생명과 재산 보호조치를 우선적으로 강구한다.

⑤ 사건사고 현장에 범죄인이 있는 경우, 만일의 피습에 대비하여 다수의 보안요원이 출동하여 필요한 업무를 수행한다.

⑥ 관계기관 요원 도착 전까지 현장을 통제한다.

⑦ 경찰(112), 병원(119) 등 관계기관 요원이 현장도착시 현장을 인계한다.

⑧ 필요한 경우, 관계기관에 출두하여 필요한 정보제공과 증거물 제시 등의 방법으로 적극적으로 협조한다.

⑨ 불미한 빌딩범죄 사실이 과장 또는 호도되어 외부에 유출 또는 전파되어 이로 인한 피해를 입지 않도록 내부 정보망을 통제하고 교육한다. 경찰 등 관계기관 인계 후 사건사고 상황을 종료한다.

⑩ 사건사고 상황종료 후 지체없이 사건사고 처리결과 보고서를 작성 · 보관한다.

## 5. 방범시스템 운영 및 감시활동

### 1) 방범시스템의 개념

방범시스템이란 도난위험을 예방하고 방지하는 방범장비로서 협의의 방범시스템과 광의의 방범시스템이 있다. 협의의 방범시스템은 경비 대상시설에 설치한 여러 종류의 감지기를 의미하고, 넓은 의미의 방범시스템은 침입감지센서와 영상감시장비(CCTV : Closed Circuit Television)로 구성된 방범장비를 말한다.

경비 대상시설의 시설경비업무 중 방범 및 출입통제와 보안업무는 상주 경비원과 방범시스템의 상호작용과 보완에 의하여 이루어지는 특징이 있다. 특히 방범시스템의 기능과 역할은 도난예방과 방지에 결정적인 기능과 역할을 하고 있으므로 경비원은 방법시스템에 관한 연구와 이해가 매우 중요한 과제라 할 수 있다. 방범시스템은 침입감지센스(감지기)와 영상감지장비 CCTV로 구성되어 있다. 따라서 경비원은 경비대상에 설치하고 있는 감지기와 CCTV에 대하여 살펴 이해할 필요가 있다.

#### (1) 침입감지 센서(감지기)

외부로부터 침입을 감시하고 예방하는 침입감지 센서는 주로 감지기를 활용하여 방범 기능과 역할을 수행하고 있다. 침입감지 센서로 사용되고 있는 감지기는 사람의 침입시 체온이나 진동자석의 원리를 이용하여 감지하고 침입경보를 발하는 침입감지 센서이다. 감지기에는 자석 감지기, 열선 감지기, 적외선 감지기, 유리 감지기 등이 있다.

경비 대상시설에 어떤 종류의 침입감지센서(감지기)가 설치되어 있는지를 파악하고, 종류별 감지기별 기능을 파악하고 운용방법을 숙지해야 한다.

#### (2) CCTV

CCTV는 1년 365일 하루 24시간 동안 경비요원을 대신하여 경비 대상시설의 위험을 관찰하고 감시함으로써 도난, 침입, 화재 등의 위험을 감시하여 위험사고를 미연에 방지할 수 있다. 또한 사건발생의 경우 사후증거 확보에 매우 유익한 것이 방범장비 및 화재감시 장비이므로 침입감시센스와 함께 방법시스템으로 널리 사용되고 있다.

CCTV는 화재예방과 시설안전 및 빌딩 범죄예방 및 증거확보에 중요하게 사용되는 영상감시장비로서 촬영부와 전송부 및 수상부로 구성되어 있으며, 그 종류에는 동축 케이블 CCTV와 네트워크 카메라 CCTV 그리고 무선 CCTV 등의 종류가 있다.

### 2) 방범시스템 운영절차

#### (1) 침입감지센스(감지기) 운영절차

① 자석 감지기, 열선 감지기, 진동감지기, 열선 감지기 중 경비 대상시설에 설치한

어떤 종류의 감지가 설치되어 있으며, 설치된 감지의 종류와 특성을 파악한다.

② 경비 대상시설에 설치란 감지기에 대한 종류별 특성을 숙지한다.

③ 수신한 경보신호를 분석하고 해석한다.

④ 해석 결과에 따라 즉시 현장에 출동하여 상황을 확인하고, 실제상황 여부와 오작동 여부를 확인한다.

⑤ 실제상황인 경우, 보안요원을 호출하고 철저히 침입자를 추적하고 제압한다.

⑥ 제압 즉시 현장을 보존하고, 상급자에 보고하여 관계기관(경찰서)에 신고한다.

⑦ 출동결과 오작동으로 판명되는 경우에는 오작동 원인을 반드시 구명하고, 장비 이상시 수선한다.

⑧ 출동결과를 기록하고 보존한다.

### (2) CCTV 운영절차

① 24시간 모니터링을 한다.

② 모니터링 중에 이상 물체나 수상한 사람이 경비 대상시설 밖에서 포착될 경우에는 1차 경고방송을 실시하여 퇴거를 종용하여야 하며, 불응하고 계속 침입을 시도하는 경우에는 즉시 현장에 출동하여 침입 여부를 확인한다.

③ 현장 출동결과 침입이 확실한 경우에는 상황을 파악하여 상급자에 보고하고 경찰에 신고한다.

④ 경찰 도착 전까지 현장을 보존하고 경찰 도착시 현장을 인계하고 출동상황을 종료한다.

⑤ 필요한 경우 영상을 녹화하여 보관하되 '개인정보보호법'에 저촉되지 않은 범위 내에서 녹화와 제공을 해야 한다.

⑥ 상황의 시작과 종료과정을 기록하고 보관한다.

## 제4절 시설경비 서비스 활동 사후관리단계 경비실무

시설경비 서비스 사업이 계약에 따라 종료 되는 경우 다음과 같은 사후 서비스가 진행되어야 하고, 이를 통하여 경비 서비스가 공식적으로 종료하게 된다.

## 1. 경비 서비스 고객 불만사항 접수 및 처리

### 1) 고객 불만사항의 개념

고객 불만사항이란 고객의 입장에서 입주한 건물을 사용 수익함에 있어 필요한 서비스 제공이 없거나 고장신고를 했음에도 불구하고 지체없이 수리 또는 보수공사의 지연 등으로 입주한 건물을 편리하고 쾌적하게 사용할 수 없는 상황을 의미한다.

시설관리 주체는 이와 같은 입주자 고객의 불편사항을 접수하고 지체없이 해결하여 입주자가 편리하고 쾌적하게 건물을 사용 할 수 있도록 조치해야 한다. 이를 위해서 다음과 같은 절차대로 불편사항을 접수하고 조치하며, 이를 분석하고 업무에 반영하는 고객 불편사항 접수 및 처리절차를 수립하고, 이를 활용하여 고객의 불편을 해소해야 한다.

### 2) 고객 불만 접수 및 처리절차

고객 불만사항 접수 및 처리절차는 다음과 같다.

(1) 불만사항 접수센터를 개설한다.
(2) 불만사항 접수센터 개설 및 접수방법을 입주자에게 공지한다.
(3) 불만사항 접수대장을 비치하고 신고 즉시 접수하고 기록한다. 접수대장은 접수번호, 접수시간, 접수자, 신고자 성명 및 연락처, 신고내용, 조치결과(조치자, 조치시간, 조치내용), 결과 통보시간 통보방법 등을 내용으로 하는 불편사항 접수대장을 온라인과 오프라인 방식으로 비치한다.
(4) 접수 즉시 경비 서비스 현장을 점검하고 불만사항을 확인한다.
(5) 처리 담당자에 접수사항을 전파하고 조지를 요망한다.
(6) 조치를 취하고 그 결과를 신고자에게 지체 없이 통보하고, 만족 여부를 확인한다. 통보결과를 기록하고 유지한다.
(7) 신고 고객 불만사항을 분석하고, 경비 서비스 업무계획에 반영한다.

고객 불만사항을 접수하는 접수대장은 접수번호, 접수시간, 접수자, 신고자 성명 및 연락처, 신고내용, 조치결과(조치자, 조치시간, 조치내용), 결과 통보시간 통보방법 등을 포함하는 양식을 개발하고, 불만사항 접수대장을 온라인과 오프라인 방식으로 접수한다. 접수대장의 양식을 예시하면 〈표 69〉와 같다.

〈표 69〉 경비서비스 고객 불만사항 접수 및 처리대장 양식(예시)

| 접수 번호 | 접수 시간 | 접수자 성명 | 신고자 성명/연락처 | 신고내용 | 조치결과 조치자/시간/내용 | 결과통보 시간/방법 |
|---|---|---|---|---|---|---|
| | | | | | | |
| | | | | | | |
| | | | | | | |

(자료 출처 : 국가기술표준원(2011) KS S 1004-1, p.23)

## 2. 경비 서비스 고객만족도 관리

### 1) 경비 서비스 고객만족도의 개념

경비 서비스의 목적은 양질의 경비 서비스를 생산하여 안전을 확보함으로써 경비 대상시설의 인명과 재산을 보호하는데 있다. 경비 서비스 고객만족도라 함은 건물을 사용하고 있는 고객이 시설경비 서비스 주체가 생산·제공하는 경비 서비스의 품질과 서비스 수준 및 친절의 정도가 설문조사 결과 평균 몇 점의 수준인지를 고객만족도 조사결과 나타나는 서비스 만족에 대한 척도를 말한다.

현장고객의 만족도 조사는 다음과 같은 절차에 따라 분석·평가하고, 그 결과를 경영활동에 반영해야 하며 문제가 있는 경우, 시정조치 해야 한다.

### 2) 고객 서비스 만족도 관리절차

고객 서비스 만족도 관리절차는 다음과 같이 진행하고 업무에 반영한다.

(1) 경비 서비스 고객만족도 측정계획을 수립한다.
(2) 만족도 측정도구를 개발(설문조사지 설계)한다.
(3) 만족도 설문조사지를 고객에 배포하여 설문을 의뢰한다.
(4) 설문지를 수거하고 통계방법으로 분석한다.
(5) 설문조사 분석결과를 해석하고 고객만족도를 측정한다.
(6) 설문조사 분석결과 만족도 수준을 건축주와 본사에 보고한다.
(7) 분석결과 불만족의 경우에는 개선대책을 수립하고 개선 조치한다.
(8) 경비 서비스 고객만족도를 시설경비 활동에 피드백하고 반영한다.

## 3. 경비피해 배상 서비스

### 1) 경비피해 배상의 개념

경비피해 배상이라 함은 경비 서비스 사업자가 경비 서비스 수행과정 중에 발생할 수도 있는 경비 대상물의 대인사고나 대물사고 피해를 당한 피해자에게 그 손해를 금전으로 배상하는 것을 말한다.

경비 사업자는 이를 위하여 배상책임보험에 가입해 두거나 피해보상 용도의 자금을 사내에 확보하고 있어야 한다.

### 2) 배상책임보험 가입 및 손해배상 청구절차

경비 사업자는 경비 서비스 수행단계에서 경비 대상물이나 대인사고로 손해나 피해 발생을 보상해 주기 위해서 다음과 같은 보험에 가입하고, 발생한 피해나 손해에 대하여 배상해야 한다.

(1) 배상책임보험에 가입해 두어야 한다.
(2) 경비사고로 발생한 피해나 손해에 대하여 조사하고 피해나 손해규모를 산출한다.
(3) 산출한 자료를 근거로 보험사에게 보험금을 신청한다.
(4) 수령한 보험금을 토대로 피해나 손해를 보상한다.
(5) 보험사고 발생시 경비서비스 사업자가 대신 보상하고 보험사에 구상한다.

### 3) 경비사고 손해배상 방법

경비사고로 발생한 피해와 손해에 대하여 배상하는 방법에는 다음과 같은 피해배상 방법들이 있다.

#### (1) 위험 전가방식에 의한 피해배상 방법

피해 또는 손실위험을 배상책임보험 가입을 통하여 보험회사에 전가하여 경비사고 피해가 발생하는 경우, 보험사가 그 피해나 손해를 배상하는 방법이다. 이를 위해서는 경비사업자가 신뢰할 수 있는 보험사를 선정하고 배상책임 보험에 가입해 두어야 한다.

#### (2) 위험 보유방식에 의한 피해배상 방법

경비사고로 경비대상물에 대한 대물피해나 대인손해가 발생한 경우, 그 피해와 손해액을 합리적인 방법으로 산정하여 경비 서비스 사업자의 자금으로 그 피해나 손해를 배상해 주는 방법이다. 이를 위해서는 경비 서비스 사업자는 경영상 또는 재정상 문제가 없어야 한다.

## 제5절 시설경비 활동의 기대효과

시설경비 활동을 체계적 그리고 전문적으로 수행하는 경우, 다음과 같은 효과를 기대할 수 있다.

1) 인명과 재산의 보호
2) 시설물의 안전확보
3) 위험예방
4) 재해방지
5) 산업정보 및 기술보호
6) 질서유지 및 안정적 환경유지
7) 인적 · 물적 피해 최소화

## 참고문헌


김일효(2014),《건물자산관리학원론》, 도서출판 상학당

김일효(2011),《건물자산운영관리론》, 남두도서

김일효(2010),《건물자산환경관리론》, 남두도서

김일효(2006),《건물자산위험관리론》, 남두도서

김일효(2021),《건축물종합유지관리》, 도서출판 상학당

김일효 외(2021),《청소학개론》, 도서출판 상학당

김일효(2023), 건물종합관리학개론 , 도서출판 상학당

(사)한국경비협회, 신입경비원 교육교재

(사)한국건물위생관리협회, 위생관리자 교육교재

한국산업인력공단, 보안 학습모듈 01-12

한국산업인력공단(대표저자 김일효), 환경미화 학습모듈 01-08

한국산업인력공단, 시설경비 학습모듈

국가기술표준원(2011), 시설관리서비스 국가표준산업(KS S 1004-1.2)

국가기술표준원(2008), 건축물 클리닝서비스 국가표준산업(KS S 1012-1.2)

국가기술표준원(2009), 경비서비스 국가표준산업(KS S 1005-1.2)

한국표준협회(2007), 시설관리서비스 품질매뉴얼 및 지침서

한국표준협회(2007), 건축물 클리닝서비스 품질매뉴얼 및 지침서

국가기술표준원(2005), 시설관리서비스 표준화 연구

민진(1996), 조직관리론, 대영문화사

김무한 외 14인(2004), 건축학개론, 문우당

정창원 외 3인(2004), 건축환경계획, 서우

이학종 · 양혁성(2005), 인적자원관리, 박영사

신민식 · 권중생(2006), 경영의 이해, 법문사

(사)한국방역협회(2001), 소독업무종사자 실무교재

건축법, 건축물관리법, 기계설비관리법, 전기사업법 소방안전관리법 등 빌딩관리 관계법령

최걸성(2011), 상업용 건물관리제도의 평가와 개선에 관한 연구

양준석(2011), 건물의 용도 및 시설관리직종별 적정인원 산정에 관한 연구, 극동대학교 대학원 박사학위 논문

김상준(2011), 시설관리 서비스 만족도에 미치는 영향 연구, 극동대학교 대학원 박사학위 논문

김지영(2015), 건물입주자 건물종합관리 서비스의 불만족 결정 요인에 관한 연구, 극동대학교 대학원 박사학위 논문

성한경(2020), 건물시설관리 서비스표준화의 건물사용 만족도 영향 연구, 극동대학교 대학권 박사학위 논문

# 찾아보기

# 저자 소개

## 김 일 효

〈학력 및 경력〉

- 건국대학교 법정대학 법학과 졸업(법학사)
- 건국대학교 행정대학원 부동산학과(부동산경영전공) 졸업(행정학석사)
- 극동대학교 대학원 경영학과(빌딩경영전공) 졸업(경영학박사)
- 신승기업(주) UAE 지점장, 요르단 지점장, 비서실장, 이사 역임
- 풍림산업(주) 사우디아라비아 얀부건축현장소장겸 젯다 지사장, 젯다담수처리공장 신축공사 현장소장 역임
- (주)석산공영(빌딩유지보수업체) 대표이사 역임
- 전북과학대학 건물관리과 개설 및 겸임교수 역임
- 동원대학교 부동산컨설팅과 전임 부교수 역임(2010년 정년퇴임)
- 경희대학교 사회교육원 학사학위 과정 건물자산관리경영학과 개설 및 겸임교수 역임
- (사)한국경비협회 자문교수 역임
- 극동대학교 대학원 건물자산관리학 전공과정 개척 및 석박사 학위과정 초빙교수 역임
- (사)한국건물위생관리협회 자문교수 역임
- 산업통산자원부, 국가기술표준원, 시설관리 서비스 KS 인증 심사위원(현)
- 산업통산자원부, 국가기술표준원, 건축물클리링 서비스(환경미화) KS 인증 심사위원(현)
- 산업통산자원부, 국가기술표준원, 경비서비스 KS 인증 심사위원(현)
- (사)한국건물관리학회 설립 및 회장(현)

〈저서 및 논문〉

- 김일효(2009), 건물자산관리학총론, 남두도서
- ______(2007), 건물자산관리학개론, 남두도서
- ______(2014), 건물자산관리학원론, 도서출판 상학당
- ______(2009), 건물자산행정관리론, 남두도서
- ______(2006), 건물자산위험관리론, 남두도서
- ______(2010), 건물자산환경관리론, 남두도서
- ______(2009), 건물자산경제관리론, 남두도서
- ______(2016), 건물자산임대관리론, 도서출판 상학당
- ______(2011), 건물자산법률관리론, 남두도서
- ______ 외(2022), 청소학개론, 도서출판 상학당
- ______(2024), 건물종합관리학개론, 도서출판 상학당
- ______(2017), 건축물종합유지관리, 도서출판 상학당
- ______ 외(2019), 청소교육강사의 자격, 도서출판 상학당
- ______ 외(2016), 환경미화 학습모듈, 한국산업인력관리공단
- ______(1997), 부동산거래사고 예방대책에 관한 연구, 건국대학교 행정대학원 석사학위 논문
- ______(2007), 건물자산관리제도 개선방안에 관한 연구, 극동대학교 대학원 박사학위 논문
- ______(2014), 시설관리 직종별 적정인원 산정방안에 관한 연구, (사)한국건물관리학회
- ______(2011), 건물자산관리의 학문적 이론 체계화에 관한 연구, (사)한국건물관리학회
- ______ 외(2015), 비정규직의 정규직 전환정책 역기능에 관한 연구, (사)한국건물위생관리협회
- 김일효 · 이춘경(2024), 빌딩관리소장 법정자격 빌딩관리사의 필요성과 유효성 연구, (사)한국건물관리학회

〈주요 연구 프로젝트〉

- 김일효(2010), 시설관리 서비스 품질매뉴얼 개발연구, 한국표준협회
- ______(2010), 건축물클리링서비스(환경미화 서비스) 품질매뉴얼 개발연구, 한국표준협회
- ______(2013), 첨단산업의료재단 종합시설물의 효율적 운영관리방안에 관한 연구, 대구경북첨단의료산업재단
- ______(2013), 한국뇌과학청사건물의 경제적 관리방안에 관한 연구, 한국뇌과학연구원
- ______(2021), 공중화장실관리 서비스 KS인증 단체표준 개발연구, (사)한국화장실협회

## ■ 이 춘 경

〈학력 및 경력〉

- 서울과학기술대학교 기계공학과 졸업(공학사)
- 교보리얼코㈜ 교보생명 본사사옥 및 교보타워센터 파트장 역임
- 교보리얼코㈜ 안전관리센터 센터장 역임
- 교보리얼코㈜ 물류마케팅 담당 역임
- 교보리얼코㈜ VA사업본부 본부장 역임
- (사)한국빌딩협회 자산관리발전포럼 위원 역임
- (사)한국퍼실리티메니지먼트학회 국제심포지엄 위원 역임
- 교보생명 전국사옥 FM 통합 안전관리시스템 구축
- 한국안전인증원 주관 대한민국안전대상 개인 특별상 수상
- 교보리얼코㈜ ISO45001 안전보건경영시스템 구축
- 교보리얼코㈜ FM서비스 브랜드 'SODIAN' 출시
- 교보리얼코㈜ 30년 근속 메달 수상
- (사)한국퍼실리티메니지먼트학회 한국안전포럼 위원(현)
- 교보리얼코㈜ 안전기술지원실장 상무(현)
- (사)한국건물관리학회 학술위원(현)

〈주요 연구 프로젝트〉

- 이춘경(2008), 자동제어 원격제어 인터페이스 시스템 구축
- ______(2009), 화재 및 정전 등 원격감시 경보시스템 구축
- ______(2016), 빌딩 블랙아웃 침수예방 경보시스템 구축
- ______(2022), 정전시 비상발전기 모니터링 모바일시스템 구축
- 김일효 · 이춘경(2024), 빌딩관리소장 법정자격 빌딩관리사의 필요성과 유효성 연구, (사)한국건물관리학회

**빌딩관리소장 자격화의 방법론**

2024년 11월 10일 1판 1쇄 발행

저 자 김일효 · 이춘경
발행인 남 승 우

발행처 도서출판 상尙 학學 당堂
서울특별시 동작구 사당로9가길 6
TEL : 02) 595-1692 ~ 4
FAX : 02) 595-1394
E-mail : shdbooks@naver.com
신고 : 2-155호 (1968. 11. 29)

**정가 35,000원**

ISBN 978-89-6587-263-4 13320